Monika Ulber
1982

FRANZ VON ASSISI

ANTON ROTZETTER
WILLIBRORD-CHRISTIAN VAN DIJK
THADDÉE MATURA

FRANZ VON ASSISI

EIN ANFANG UND WAS DAVON BLEIBT

BENZIGER VERLAG

Die Beiträge von Willibrord-Christian van Dijk und
Thaddée Matura wurden von Anton Rotzetter übersetzt

Das Buch erscheint gleichzeitig auch in französisch, italienisch, spanisch, englisch, kroatisch

Umschlagbild
Miniatur zur Legende Maior des hl. Bonaventura III/8, Brescia 1457
(Codex im Museo storico francescano,
San Lorenzo da Brindisi, Grande Raccordo Ann., Rom):
Ein Baum neigt sich vor Franz von Assisi.

Zürich Einsiedeln Köln
Umschlaggestaltung: Peter Kunz, Bülach/Zürich
Herstellung: Clausen & Bosse, Leck
ISBN 3 545 20070 1 (gebundene Ausgabe)
ISBN 3 545 20073 6 (brosch. Sonderausgabe für den Franziskanerorden)

INHALTSVERZEICHNIS

TEIL II

GESCHICHTE DER FRANZISKANISCHEN SPIRITUALITÄT

von Willibrord-Christian van Dijk

ZUM BESSEREN GEBRAUCH DES BUCHES

VORWORT

Jedes Buch hat seine Geschichte. 1978 fand sich zur Vorbereitung des franziskanischen Jubeljahres von 1982 eine Gruppe von Franziskanern, Konventualen, Kapuzinern, Regulierten Terziaren und Mitgliedern der franziskanischen Laiengemeinschaft aus allen Ländern Europas zusammen.

Aus ihr ging eine Fülle von Anregungen hervor: ein Wörterbuch zur franziskanischen Spiritualität, ein Buch zur Geschichte der franziskanischen Bewegung, ein internationales Treffen der franziskanischen Jugend in Assisi, ein wissenschaftlicher Kongreß, ein Franziskusbuch von Carlo Carretto, ein Künstlerwettbewerb, ein Brief Kurt Waldheims in seiner Funktion als Sekretär der Vereinten Nationen ... Die Liste könnte noch lange fortgeschrieben werden.

Auch dieses Buch verdankt sich dieser Gruppe. Ursprünglich sollte es ein Handbuch der franziskanischen Spiritualität sein. Man suchte nach Autoren, welche in ihrem bisherigen Werk versucht haben, nicht bloß Geschichte zu schreiben, sondern der Gegenwart und der Zukunft verpflichtet zu sein. Mit einer Ausnahme konnten die angefragten Autoren dem Projekt zustimmen, sofern sie dieses in der gegenseitigen Diskussion neuüberdenken könnten und in der Formulierung freiblieben.

Die Autoren trafen sich dann zu einer Besprechung in Zürich. Sie verstanden das Wort «Handbuch» nicht in einem wissenschaftlichen Sinn. Ein *handliches, leicht lesbares Buch* sollte es werden, ohne großen wissenschaftlichen Anstrich, wissenschaftlich zwar begründet, aber ohne unverständliche Fremdwörter und ohne komplizierte Sätze, eine «haute vulgarisation», wie man in Frankreich sagt.

Nach der Einigung über das Projekt verteilte man die Arbeit untereinander auf. Jeder ging an seine Arbeit.

Der Tag kam, an dem die Texte fertiggestellt und miteinander verglichen werden konnten. Zu diesem Zweck trafen sich die Autoren im Januar 1981 mit Ernesto Caroli/Bologna, dem initiativen Sekretär der oben genannten internationalen

Gruppe. In Grambois, einem kleinen Dorf in der Provence, wo Thaddée Matura in einer kleinen Fraternität lebt, konnten die letzten Fragen entschieden werden.
Unter anderem stellte sich die Frage des *Titels*. Wir haben lange nachgedacht und einigten uns schließlich auf einen Titel, der in der deutschen Ausgabe nun doch nicht berücksichtigt werden konnte: «Auf dem Weg des Evangeliums. Der Geist des hl. Franz gestern und heute». Mit dieser Formulierung wollten wir zum Ausdruck bringen, daß es uns nicht eigentlich um Franz von Assisi, sondern um das Evangelium geht, besser noch um einen Weg, den uns das Evangelium weist. Ebenso sollte deutlich werden, daß wir auch die Wirkgeschichte des hl. Franz miteinbeziehen wollten.
Dieses Anliegen sollte auch der deutsche Leser vor Augen behalten. Denn seinetwegen haben wir eine andere Titelwahl getroffen: «Franz von Assisi: Ein Anfang und was davon bleibt.» Der Untertitel möchte verschiedene Gedanken zusammenfassen. Einmal soll an das Gesetz des Anfangs erinnert werden, das in der Kirchengeschichte immer wieder zu Reformen und Neuaufbrüchen führt. Ein solcher Anfang ist Franz von Assisi: Über Jahrhunderte hinweg findet er den, der «im Anfang war», das Wort des Lebens, Jesus von Nazaret (vgl. 1 Joh 1,1). So kommt uns in Franziskus etwas von diesem Ursprünglichen und Anfanghaften, von der Unverbrauchtheit und der Frische des Evangeliums entgegen. Er selbst ist sich dieses Gesetzes bewußt, etwa wenn er sagt, daß ihn «niemand, sondern der Höchste selbst» auf das Evangelium verwiesen habe. Oder wenn er am Schluß seines Lebens meint: «Laßt uns anfangen, denn bisher haben wir wenig, ja nichts getan» (1 Cel 103). Angesichts dieses neuen Anfangs verschlägt es nicht nur seinen Zeitgenossen die Sprache, auch die Welt von heute bleibt beeindruckt. Etwas anderes kommt im Untertitel zum Ausdruck: Man darf und soll bei Franziskus nicht stehen bleiben, denn er ist ein Anfang, der weitergeführt und weiterentfaltet werden soll. Durch ihn wurde eine Geschichte ausgelöst, die bis heute andauert und sich in vielen Gemeinschaften und Persönlichkeiten fortsetzen will. Ein Vergleich mit diesem Anfang zeigt nun, daß wir in achthundert Jahren nicht über diesen Anfang hinausgekommen, ja

daß wir sogar weit hinter ihm zurückgeblieben sind. «Was davon bleibt», sind aber nicht nur rudimentäre Reste in seiner geistlichen Familie, sondern vor allem ein provozierender Appell, nun doch endlich anzufangen und mit dem Evangelium ernst zu machen.

Beim näheren Überdenken zeigt sich also, daß das ursprüngliche Anliegen gewahrt ist.

Das Buch ist in drei Teile gegliedert:

Der *erste Teil*, den ich zu übernehmen hatte, bezieht sich auf Franziskus, auf sein Leben, auf die wesentlichen Punkte seines Lebensprogrammes und auf die alles einende Mitte. Im Charakter unterscheidet sich dieser Beitrag von den beiden andern. Während diese sich mehr als Essays verstehen und darum auf Quellen- und Literaturhinweise verzichten können, will der erste Teil anregen weiterzugehen, zu den Quellen zu greifen und selbst Neues zu entdecken. Deshalb werden die Zitate belegt und weiterführende Literaturangaben gemacht. Wer sich dafür interessiert, sei auf den Anhang verwiesen. Der *zweite, historische Teil* wurde von Willibrord-Christian van Dijk übernommen. Er zeigt in kurzen Zügen auf, welche Folgen durch Franz von Assisi und sein Lebensprogramm ausgelöst wurden und welche Nachwirkungeen er durch seine drei Gründungen in der Geschichte hatte. Wie gesagt, mußte auf Literaturangaben verzichtet werden. Wer hier über den Essay hinausgehen möchte, sei auf die im Literaturverzeichnis angegebenen Werke von A. Gemelli, M. Heimbucher, H. Holzapfel, L. Iriarte, E. Lindner, B. Willwert, auf das Lexicon Capuccinum, das Lexikon für Theologie und Kirche u. ä. verwiesen.

Der *dritte Teil*, dem sich Thaddée Matura zuwandte, bringt dann eine Reflexion über Franziskus und seine Erben heute. Auch hier wurde bewußt auf ausführliche Literaturhinweise verzichtet.

Jeder Autor schrieb in seiner Sprache. Die Beiträge von Willibrord-Christian van Dijk und Thaddée Matura mußten übersetzt werden. Um eine gewisse Einheitlichkeit von Stil, Form und Sprache zu gewährleisten, habe ich die deutsche *Übersetzung* selbst besorgt. Ich verstand dieses Werk allerdings so, daß ich nicht Satz für Satz und Wort für Wort übertragen

sollte, sondern daß ich auch streichen und hinzufügen konnte, wo es mir für deutschsprachige Verhältnisse angebracht schien. Die beiden Autoren haben ein solches Vorgehen nicht nur zugestanden, sondern von sich aus gewünscht, und zwar nicht nur für unseren Sprachbereich, sondern für alle Sprachen, in welche dieses Buch übertragen werden sollte. Im einzelnen sind die Einfügungen, die auf den Übersetzer zurückgehen, nicht besonders charakterisiert.
Den deutschen Text habe ich zudem in *Leseeinheiten* aufgeteilt. Ich ging nämlich von der Voraussetzung aus, daß das Buch allein oder in Gemeinschaft gelesen wird und daß man froh ist, wenn man sieht, was zusammengehört. Man kann dann nach einer Leseeinheit einhalten, nachdenken, vielleicht miteinander ins Gespräch kommen.
Im Anhang finden sich auch einige Hilfen zum Gebrauch des Buches: Ein Quellen- und Literaturnachweis für den ersten Teil; ein Register, das ermöglicht, das Buch von jedem Punkt aus zu lesen, d. h. thematische Zusammenhänge zu erfassen; ein Sachregister, das dem gleichen Anliegen dient; ein Schema, mit dem man vielleicht einen Einführungskurs gestalten könnte; ein Literaturverzeichnis, durch das man eine Ahnung bekommt, wie reichhaltig heute die Bücher und Artikel über Franziskus sind.
Das Autorenteam hofft, daß dieses Buch eine breite Leserschaft findet: Brüder und Schwestern der franziskanischen Familie, Sympathisanten, Interessenten, Neugierige, vor allem auch junge Menschen.
Zum Schluß möchte ich Br. Robert Gisler/Schwyz und Frau Elisabeth Hug/Luzern danken für die tatkräftige Mithilfe bei der deutschen Ausgabe des Buches.

Schwyz, Ostern 1981 Für das Autorenteam:
Anton Rotzetter

TEIL I

FRANZ VON ASSISI:

LEBENSGESCHICHTE — LEBENSPROGRAMM — GRUNDERFAHRUNG

von
Anton Rotzetter OFMCap

EINFÜHRUNG

1. *Namen* sind wie Sakramente. Sie weisen auf etwas anderes I
hin, auf eine Geschichte, eine Wirklichkeit, einen Charakter, und lassen gleichzeitig dieses andere gegenwärtig sein.

2. Das ist mit *Assisi* so. Wenn man den Namen hört, entsteht ein Bild: Eine Stadt auf dem Berg, eingetaucht (entsprechend der Wortbedeutung) in das Licht der aufgehenden Sonne. Ein durchsichtiger Schleier umhüllt die Dächer, die Türme, den ganzen Berg Subasio, als ob es ein Geheimnis zu schützen gälte. Himmel und Erde, Traum und Wirklichkeit, Friede und Krieg, Licht und Dunkel, Leben und Tod berühren sich. Eine Stadt, deren Wesen es ist, Altar zu sein — gemäß einer anderen möglichen Herkunft des Wortes. Beides, die aufgehende Sonne und der Altar, sind religiöse Symbole. Offenbar fühlt sich die Stadt von alters her zur religiösen Sendung berufen.

3. Diese gipfelt im Namen eines ihrer Bürger: *Franziskus.* Zwar nennt ihn die Mutter in Abwesenheit des Vaters zunächst anders: Johannes (der Täufer). Wie dann der Vater Pietro Bernardone zurückkommt und diesen Namen hört, wird er zornig. Denn dieser Name steht für Aszese, Armut, Fasten, Wüste, Einsamkeit, für Werte, die seiner Lebensauffassung diametral entgegenstehen. Darum muß das Kind anders gerufen werden. Entsprechend dem Land der väterlichen

Träume mit einem Namen, der an Anmut, Reichtum, Poesie, Gesellschaft, Minne, höfische Umgangsformen erinnert. So nennt er ihn Francesco, «kleiner Franzose».

Das Kind wird beides sein: Johannes und Franziskus, eine einmalige und faszinierende Verbindung, die auch heute ihre Wirkung nicht verfehlt.

Seine Zeitgenossen verbinden mit dieseem Namen unerhörte, einmalige Freiheit. In Franz steht ihnen ein Mann vor Augen, der «frank und frei» ist, von dem eine gelöste und freimachende Atmosphäre ausgeht.

2 1. Wo einer als Sohn Gottes offenbar wird, atmet alle Welt auf. Wie kaum ein anderer gehört Franz von Assisi zu den Menschen, nach denen die seufzende Kreatur sich sehnt (vgl. Röm 8,18—22). Die Legende bezeugt es, die Geschichte beweist es: Der Wolf besinnt sich auf Frieden, der Hase verliert seine Scheu, Vögel hören zu, die Menschen gewinnen *Selbsterkenntnis*. In der Begegnung mit dem Heiligen von Assisi kommt die Schöpfung zu sich, sie entdeckt, was sie eigentlich ist, gerät in den Sog eines erlösten Daseins.

2. Zu allen Zeiten entdecken Menschen in der Begegnung mit Franziskus neue Möglichkeiten des Lebens. Nach einer Zeit des Kopfschüttelns schließen sich ihm sehr bald Unzählige an: Männer, Frauen, Verheiratete und Ledige. Allen wird er Vorbild, Regel, Weg. So entstehen *drei verschiedene Gemeinschaften*: ein Erster Orden (heute Minoriten, Franziskaner und Kapuziner), ein Zweiter Orden (heute Klarissen) und ein Dritter Orden, ursprünglich für solche, die durch Ehe oder Amt gebunden sind (heute eine unübersehbare Menge von Gemeinschaften, welche entweder als «Regulierte» in klösterlichen Formen oder «in der Welt» als Laiengemeinschaft leben). «Allen gibt er eine Richtschnur für ihr Leben und zeigt in Wahrheit jedem Stand den Weg zum Heil.» Auch heute noch.

3. Vielleicht nimmt die Bedeutung des Franziskus heute gar noch zu. Noch nie gab es so viele Bewunderer *außerhalb der ausdrücklich franziskanischen Welt*. Vielleicht wird er da sogar besser verstanden. Innerhalb der katholischen Welt knüpft man Hoffnungen an seinen Namen, wenn man von

der Zukunft der Welt, des Christentums, der Kirche, der Orden spricht. Er ist ein Zeuge der ungeteilten Christenheit und findet darum auch unter Nichtkatholiken viele Anhänger, selbst in der Form ausdrücklich franziskanischer Gemeinschaften. Auch außerhalb des Christentums findet er Bewunderung und Gefolgschaft. So knüpfen z. B. in Japan beinahe alle führenden Philosophen bei Franziskus an. Sie sehen in ihm einen Verwandten der altjapanischen Tradition. Solche Bezüge könnten auch in der chinesischen, indischen, islamischen und afrikanischen Kultur hergestellt werden. Die ganze Welt verehrt Franz von Assisi als ihren Bruder, als völkerverbindenden Mann, als Hoffnung für die Welt, die sich oft genug in ihrer Zerstrittenheit erlebt.

1. Für jene, die Franziskus nachfolgen wollen, ist nicht ein 3
Buchstabe, auch nicht in erster Linie eine Regel, sondern er selbst *Orientierungspunkt*. Die Brüder leben zunächst ohne rechtlich verbindliches Versprechen (Profess), das erst 1221 — aufgrund eines päpstlichen Dekretes — eingeführt wird. Doch erst 1239, also 13 Jahre nach dem Tod des Heiligen, diszipliniert man den Orden, indem man ihn als ganzen und jeden einzelnen durch Profess an den Regeltext von 1223 bindet. Vorher besteht diese Bindung vorwiegend im Versprechen eines Lebens nach dem Evangelium, das in Franziskus eine modellhafte Verwirklichung findet. Denn von Personen soll das Leben kommen, nicht von Texten und Buchstaben.
Franziskus weiß, daß viel von ihm selbst abhängt. Seine eigene Lebenshaltung ist für andere Inspiration, gestaltende Kraft, entscheidende Prägung. Er muß sich darum entsprechend aufführen, sogar indem er auf das Amt der Leitung verzichtet und sich darauf konzentriert, nur noch Bild und gestaltgebende Form für seine Brüder zu sein. (Diese Aufgabe überträgt Franziskus angesichts des Todes Bernhard von Quintavalle, dem Bruder, der ihm zuerst gefolgt ist.)
2. Eine interessante Geschichte verdeutlicht das. Sie reicht in die Frühzeit des Ordens zurück. Die Brüder haben noch keine Gebetbücher (Psalterien), geschweige denn Breviere. Ihr Gebet besteht vorwiegend aus Wiederholungsgebeten, dem Vaterunser (vielleicht schon mit Zusätzen zu den einzelnen

Bitten) und dem Kreuzgebet «Wir beten dich an, hier und in allen deinen Kirchen, weil du durch dein heiliges Kreuz die Welt erlöst hast». Einem Bruder will das nicht genügen, er möchte ein Psalterium haben. Franziskus reagiert auf diesen Wunsch sehr ungehalten: «Wenn du einmal ein Psalterium hast, willst du auch ein Brevier haben. Und wenn du ein Brevier hast, willst du bald auf einem Lehrstuhl sitzen, dann wirst du wie ein großer Prälat dem Bruder sagen: Bring mir das Brevier.» Und er rauft sich die Haare und ruft immer und immer wieder: «Ich bin dein *Brevier*, ich bin dein Brevier . . . !» Nachdem er sich wieder ein wenig beruhigt hat, sagt er: «Bruder, auch ich wurde einst von den Büchern versucht. Doch um den Willen des Herrn zu kennen, nahm ich das Evangelienbuch und bat den Herrn, er möge mir beim ersten Aufschlagen des Buches seinen Willen kundtun. Dann schlug ich das Buch auf und fand den Vers: ‹Euch ist das Geheimnis des Reiches Gottes anvertraut, denen aber, die draußen sind, wird alles nur in Gleichnissen gesagt› (Mk 4,11). So viele gibt es, die ganz gerne zu den Wissenschaften hochklettern wollen, daß jene selig sind, die aus Liebe zu Gott darauf verzichten.» Mit andern Worten: Franziskus gibt dem Bruder zu verstehen, daß er selbst eine kurze Zusammenfassung (= Brevier) dessen ist, was die Brüder wissen und tun sollen. Das klingt sehr selbstbewußt, ist es wohl auch. Das Wort bleibt aber für alle Franziskaner ein Stachel, die Orientierung nicht am Buchstaben eines Textes, sondern in der Lebendigkeit des Lebens, in Franziskus selbst, zu suchen, der seinerseits eine «Zusammenfassung», ein Brevier Jesu Christi ist.

4 1. Die Geschichte vom Brevier enthält aber noch eine andere Problematik des franziskanischen Lebens. Die *Entwicklung*, gegen die sich Franziskus stellt, tritt schon zu seinen Lebzeiten ein. Zuerst kommen die Psalterien, dann die Breviere und schließlich die Lehrstühle. Man könnte damit fortfahren und eine stetige Eskalation bis heute feststellen. Es ist die Tragik jeder Entwicklung: einmal eingeleitet ist sie unaufhaltsam.
2. Die Geschichte erinnert an jenen chinesischen *Gärtner*, der mit einem Eimer Wasser aus einem Brunnen schöpft — «eine große Arbeit mit einem sehr kleinen Ergebnis». Da kommt

einer vorbei und empfiehlt ihm, ein Triebwerk zu bauen, um es leichter zu haben. Der Gärtner antwortet: «Die listige Hilfsgeräte haben, sind listig in ihren Geschäften, und die listig in ihren Geschäften sind, haben List in ihren Herzen, und die List in ihren Herzen haben, können nicht rein und unverderbt bleiben, und die nicht rein und unverderbt bleiben, sind ruhelos im Geist, und die ruhelos im Geist sind, in denen kann Tao (Franziskus würde sagen: der Geist der Hingabe: A. R.) nicht wohnen ... Ihr seid einer von denen, die ihr Wissen ausdehnen, um als Weise zu erscheinen; die groß reden, um sich über die Menge zu setzen; die einsam schwermütige Lieder singen, um ihren Ruf zu verbreiten. Könntet ihr all die Geisteskraft vergessen und die Gebärden abtun — dann erst würdet Ihr nahe sein. Ihr aber vermögt Euch selbst nicht zu regieren und wollt die Welt regieren?» Das könnte, wie viele Anekdoten und Stellen aus den Schriften belegen, ein franziskanischer Text sein.

3. Beide, der Gärtner und Franziskus, übersehen, daß sie selbst schon den ersten Schritt zur nachfolgenden Entwicklung getan haben. Jener benützt einen Eimer, dieser ein Buch, wenn auch das Evangelium. Sie stehen darum bereits in der Entwicklung, die sie befürchten. Franziskus wird gar noch weitere Schritte tun: Er wird sein Ja sagen, nicht erzwungenermaßen, sondern sogar gerne, sagt er doch ausdrücklich: «Ich will immer einen Bruder bei mir haben, der das Stundengebet mit mir betet», wozu er Psalterium und Brevier braucht. Doch liegt die Sinnspitze des Satzes bezeichnenderweise nicht auf den Büchern, sondern auf der Nähe des Bruders, mit dem er beten möchte. Auch den dritten Schritt tut Franziskus: Unter *Bedingungen* zwar, die mehr den Studenten als dem Lehrer gelten, wird er dem Antonius von Padua den Segen für seine Lehrtätigkeit geben. Aber eben: hier wird deutlich, unter welchen Bedingungen die Entwicklung bejaht werden kann und muß. Der Ursprung muß auf allen Stufen mitkommen. Wenn zwischen Ursprung und Entwicklung nur noch eine historische Distanz besteht, aber keine geistliche Unmittelbarkeit, verliert man das Recht, sich franziskanisch zu nennen. Darum muß jede Zeit und jede Entwicklungsstufe den Ursprung wieder einholen, auch die heutige.

5 Wie kann Franz von Assisi auch der heutigen Zeit und den Menschen unserer Tage gestaltgebende Form und sinngebende Person sein? Zunächst sicher dadurch, daß er zur Sprache gebracht wird.

1. Nun bergen aber alle Dinge ein *Geheimnis*. Sie bleiben in dem, was sie eigentlich sind, dem forschenden Verstand verborgen. Wer kann schon sagen, was die Kraft ist, mit welcher die Erde die Dinge unwiderstehlich anzieht und zu Boden reißt?

2. Umso mehr ist der Mensch, auch *Franziskus*, ein Geheimnis. Geist von seinem Geist, kongenial, müßte einer sein, um ihn zu erkennen, völlig von der Liebe durchdrungen, um ihn darzustellen. Der Abstand würde dabei nicht geringer, sondern größer, weil die Liebe das Anderssein des andern gerade herausstellt.

3. Was bleibt, sind *Zugänge*, Wege der Begegnung. Bisher haben sich mir drei Perspektiven ergeben.

Man kann die Lebensgeschichte nachzeichnen — innerlich konsequent mitgehend wie ein Freund.

Man kann die großen Grundkräfte und -linien zusammenschauen und eine Art «Theorie» (= Schau) des franziskanischen Weges wagen — alles überblickend wie ein Adler.

Man kann an die Wurzeln gehen, nach der mystisch-sakramentalen Tiefenerfahrung fragen — wie ein forschender Bohrer durch die Oberfläche dringend.

Zunächst ist Franz von Assisi mehr Objekt der Geschichte, 6
von ihr geschoben, geprägt, geschaffen. Erst allmählich und in einem jahrelangen Wandlungsprozeß hebt er sich von ihr ab, wird frei, Subjekt, Handelnder, schließlich zu jenem Mann, der eine neue Geschichte eröffnet. Er wird unvermittelt zum Gründer einer vielfältigen Gemeinschaft, die sich auf ihn beruft. Und bis heute ist diese franziskanische Geschichte nicht zu Ende. Immer noch dauert ihre Wirkung an, und ihre Zumutungen sind so neu wie je.

Die Jugendzeit

1. Zum Zeitpunkt der Geburt Francescos (1182) ist Assisi in 7
zwei sich bekämpfende *Klassen* geteilt: In die höhere, adelige Schicht (*Majores*) und das niedere Volk (*Minores*). Die Familie Bernardone gehört zu den Minores, den Minderen. Später wird Franziskus aus dem Evangelium vernehmen, daß die Minderen Träger der Verheißungen Gottes sind, die Majores aber nur, wenn sie sich zu Minderen machen. Deshalb wird er seine Gemeinschaft «Fratres Minores», Mindere Brüder nennen.

2. Daß dem niedrigen Volk nicht nur keine Bedeutung zukommt, sondern auch keinerlei menschliche Wertschätzung, verrät die Sprache: Die Adeligen nennt man auch «boni homines», die *«guten Menschen»*. Den kleinen Leuten aber spricht man solche Qualität ab, man nennt sie einfach «homines populi», *«Volksleute»*. Die Sprache bringt es also an den Tag: Geburt und Besitz machen einen Menschen zum guten Menschen. Wer solches nicht vorweisen kann, ist wertlos.

Dieses Denken wird Franziskus später nicht akzeptieren können. Er wird die Qualität eines Menschen theologisch, von Gott her begründen. Gott allein ist gut, der Mensch nur, indem er aus Gnade allein teilhat an der Güte Gottes. Oder, um es mit anderen Worten zu sagen, indem er geschaffen ist vom guten Gott. In der Geschöpflichkeit, im Sein, nicht im Haben ist die Würde des Menschen zu suchen.

3. Der *Konflikt* zwischen beiden Klassen ist programmiert. Wenn nämlich etwas anderes zu Geburt und Besitz hinzukommt, wenn es einen dritten Weg zu Macht, Bedeutung und Wert gibt, muß es zur Auseinandersetzung kommen. Dieses Dritte ist das Geld, welches sich vor allem in den Händen der Kaufleute ansammelt. Gewaltsam muß das politische System den neuen ökonomischen Gegebenheiten angepaßt werden.

Franziskus wird zunächst in diese materialistische Revolution hineingerissen, die sich nur auf der Ebene des Habens bewegt und bloß ein Ding durch ein anderes ersetzt. Später wird er jedoch zum Anführer einer geistigen Revolution, indem er die Ebene wechselt und einen materiellen Wert durch einen geistigen ersetzt.

Zunächst jedoch ist *Franziskus* ganz der Sohn des Pietro Bernardone, eines Vertreters der Minores, der durch seine kaufmännischen Fähigkeiten zu Geld und so zu mehreren Häusern in der Stadt und einigen Liegenschaften in der Nähe Assisis kommt.

8 1. Zur Klassengesellschaft tritt die *hierarchische Struktur*. Alles ist unter- und übergeordnet: Die einen sind Diener, die anderen Herren und diese wiederum Diener von anderen. In der Welt ebenso wie in der Kirche.

2. Doch jedes Jahr wird in Assisi und anderswo der Traum der klassenlosen Gesellschaft geträumt und ausgelassen gefeiert. Am 6. Dezember, dem Fest des hl. Nikolaus, ziehen alle Schüler der Stadt in die Kirche. Dort wird einer von ihnen zum «Kinderbischof», zum «Bischöfchen» gewählt, bekommt Mitra und Stab, bischöfliche Kleider, darf, von Akolythen begleitet, der Prozession voraus in die Kirche einziehen, feiert dort die Messe, stimmt Antiphonen an, animiert den Kirchenchor ... Der Brauch ist kirchlich anerkannt und soll der Demut der Amtsinhaber dienen: Die Vorgesetzten sollen ihr Amt der Lächerlichkeit preisgegeben sehen, sich klein machen, nicht nach Höherem streben. Es bleibt nicht allein beim Kinderfest. Auch Erwachsene, Kleriker und Lai-

en, Männer und Frauen, Hohe und Niedere mischen sich unterschiedslos unter die Menge. Die Kirche wird zum Tanzsaal, der Altar zum Tisch, das eucharistische Mahl zum Eß- und Saufgelage. Die hierarchische Ordnung ist weggeblasen, an ihre Stelle die *Anarchie* getreten, so daß die Kirche den Brauch — freilich ohne großen Erfolg — einzudämmen versucht. Er dauert bis zum Fest der Unschuldigen Kinder, an dem das Ordinarium die Rückgabe der bischöflichen Insignien an den richtigen Bischof vorsieht.

3. Wahrscheinlich beteiligt sich auch *Franziskus* an diesen Festlichkeiten in der nahegelegenen Kirche San Niccolo. Wird dieser Traum der klassenlosen Gesellschaft nicht später in seiner Bruderschaft verwirklicht? Ohne Rücksicht auf Stand und Bildung werden alle Brüder dem gleichen Ideal leben. Die Herren werden zu Diener, die Diener zu Herren erklärt. Keiner soll Macht über einen anderen haben. Während beim genannten Brauch der Tisch des Herrn zum Tisch des Volkes profaniert wird, wird Franziskus den Tisch des Volkes (das Betteln) zum Tisch des Herrn erklären. Und den demütigen Minderbruder Antonius von Padua wird er «meinen Bischof» nennen.

Als Fünfjähriger (1187) wird Franziskus wie alle Einwohner 9
von Assisi von einem großen religiösen Fieber ergriffen. *Jerusalem* ist in die Hände Saladins, des Sultans von Ägypten, gefallen: Konsternation, Klagelieder, Selbstbeschuldigungen, Bußübungen, Racheschwüre, Gebete ... Tag und Nacht bleiben die Kirchen offen. Immer und immer wieder betet man den Psalm 79: «Heiden drangen ein in dein erbliches Eigentum, befleckten deinen heiligen Tempel, machten zum Trümmerhaufen Jerusalem. Deiner Knechte Leichen überlieferte man den Himmelsvögeln zum Fraß, deiner Frommen Fleisch des Feldes wildem Getier. Man vergoß wie Wasser ihr Blut rund um Jerusalem, keiner begrub sie ... Schütte deinen Grimm über die Heiden aus, denen du unbekannt bist, über die Königreiche, die deinen Namen nicht rufen ... Erinnere dich nicht an unserer Vorfahren Schuld. Rasch begegne uns dein Erbarmen, sind wir doch überaus schwach. Hilf uns, o Gott unseres Heiles, weil deines Namens Glanz es verlangt!

Rette uns doch, schaffe uns Sühne von unseren Sünden, weil dein Name es will ... Vergilt in den Schoß unserer Nachbarn siebenfach den Hohn ...» Von Jugend an trägt Franziskus das Jerusalemfieber in sich. Aber er wird sich später von seinen Zeitgenossen unterscheiden. An Stelle des Kreuzzuges wird er die Mission propagieren.

10 Als Neunjähriger (1190/91) erfährt Franziskus eine große Gunst. Sein ehrgeiziger Vater schickt ihn in die *Pfarrschule* von San Giorgio. Die meisten Menschen seiner Zeit, sogar viele Priester, bleiben Analphabeten. Er aber darf lesen, schreiben, rechnen lernen, wenigstens in die Anfangsgründe der Bildung Einsicht nehmen. Schulbuch ist das Psalterium. Später wird Franziskus mit Leichtigkeit aus den verschiedenen Psalmen neue Psalmen zusammenstellen, Meditationen zum Leiden Christi. Ebenso wird er fähig sein, Briefe zu schreiben und sich dichterisch auszudrücken. Trotz dieser rudimentären Bildung wird Franziskus aber nie vergessen, woher er kommt. Er wird sich immer als «Ungebildeter und Unwissender» verstehen und fordern, daß auch sein Orden die Nähe zum ungebildeten Volk sucht.

11 1. Mit vierzehn Jahren (1196) wird Franz volljährig. Er wird in die *Kaufmannsinnung* aufgenommen, kann im Namen des Vaters Geschäfte tätigen, in Foligno und auf anderen Märkten Stoffe aus dem Orient einkaufen, im Laden stehen und verkaufen. Mit leichter Hand und mit einer gewissen Verschwendung geht er mit dem Geld seines Vaters um. Dieser freut sich, weil so offenbar wird, was die Bernardone haben und sind.
2. In diesem Jahr wird Franziskus aber auch in die Gehorsamsstruktur der Zeit eingegliedert. Von jetzt an muß er alle zehn Jahre den *Lehenseid* schwören und, wenn notwendig, für fremde Herren in den Dienst ziehen, für die Deutschen, die auf der Rocca herrschen, oder für deren Widersacher, den Papst (je nachdem welches Geschick über Assisi waltet), oder für die Stadt, wenn beider Joch abgeschüttelt ist.
3. Auch in gesellschaftlicher Hinsicht wird er bald einmal für voll genommen. Er findet Eingang in die *«Gemeinschaft der*

Tänzer», die im Tanzschritt durch die Straßen Assisis ziehen, tanzend um die Mädchen werben, auf den Plätzen weltliche oder religiöse Tanzspiele aufführen, etwa den freizügigen Tanz der Herodias, das Leben und Sterben des Bischofs Vetturinus von Assisi (13. Juni), die Freude des Bacchus und des Weines im Herbst, das Wiedererwachen des Frühlings und der Liebe im Mai. Franziskus wird sogar zum Vortänzer gewählt. Als solcher muß er für den guten und phantasievollen Verlauf der Feste, Veranstaltungen und üppigen Gelage einstehen. Nach den Statuten muß er auch jemanden zum Zahlen der Zeche verurteilen. Der Einfachheit halber bezahlt er gleich selber. Wen wundert es, daß er während Jahren Anführer der Gruppe bleibt.

Während seines ganzen Lebens wird Franziskus davon geprägt bleiben. Es ist gut bezeugt, daß er bei der Predigt oft voll Begeisterung Tanzschritte macht, daß seine Predigten eine Art Ballade auf die Liebe Gottes sind. Ebenso wird er den Sinn des Spielens, der Inszenierung, des Dichtens nie verlieren.

Ein ebenso konstantes Phänomen wie die ständigen Tanz- **12**
und Theateranlässe ist in Assisi der *Krieg*.

1. Mit sechzehn Jahren (1198) wird es auch für Franz bluternst. Konrad von Lützen, der Vertreter des deutschen Kaisers auf der Burg in Assisi, muß sich nach langem Widerstreben der Forderung des Papstes Innozenz III. beugen. Er muß die *Rocca* dem Papst übergeben. Doch lassen die Bürger die kurze herrenlose Zeit nicht vorbeigehen. Sie stürmen die Burg und machen sie dem Erdboden gleich. Die Steine finden Verwendung für die Stadtmauer, die fortan die städtische Unabhängigkeit verteidigen soll. Für Franz ist das eine gute Gelegenheit, ein Handwerk zu lernen, das er später für seine Kirchenrenovationen brauchen kann.
2. Als Siebzehnjähriger (1199) wird Franziskus auch in die längst fällige *städtische Revolution* hineingerissen. Die Minores vertreiben die Majores aus der Stadt und stecken deren Häuser in Brand.
3. Die vertriebenen Majores flüchten zur Stadtrivalin Perugia, mit deren Hilfe sie das Geschick in Assisi wenden wollen.

Wie Franz zwanzig Jahre alt ist (1202), kommt es zur Schlacht von *Collestrada*, zu einem Blutbad, aus dem Franz zwar davonkommt, allerdings als Gefangener. Ein Jahr muß er in den dunklen Verliesen Perugias warten, krank und verzweifelt, bis ihn sein Vater loskaufen kann.

Die Zeit der Umkehr

13 1. Zwanzig Jahre lang ist Franziskus also ein von der Geschichte Geprägter, bevor er selber Geschichte prägt. Seine neue Identität ist freilich nicht mit der Plötzlichkeit des Augenblicks da. Vielleicht sogar länger als andere Menschen ist er einem *steten und allmählichen Umwandlungs- und Selbstfindungsprozeß* ausgeliefert.

2. Der Ansatz zeigt sich schon in seinem Charakter, selbst in seinen mehr negativen Eigenschaften. So ist er im Ausgeben von Geld *maßlos*. Zum Eigentum und zum Geld hat er eigentlich nie ein positives Verhältnis. Diese Linie wird nahtlos in seine neue Identität eingehen. Sein ganzes Leben wird er von einer fraglosen Spontaneität geprägt sein, von einem verschwenderischen Einsatz, vom Gedanken des «Umsonst». Das Eigentum wird er schließlich für sich und seine Gemeinschaft grundsätzlich ablehnen.

3. Ein anderer Grundzug seines Charakters ist seine *Eitelkeit* und sein Größenwahn. Zu wiederholten Malen gibt er zu erkennen, daß er zu Größerem berufen ist, zum großen Fürsten, Ritter, Helden, und daß ihn einmal die ganze Welt verehren wird. Dieses Selbstbewußtsein wird Franz nie verlieren. Er wird überzeugt sein, gesandt und gerufen zu sein, einen Auftrag zu haben, wie ein Prophet von göttlicher Inspiration getroffen zu sein, daß darum seiner Lebensform Gültigkeit zuzubilligen sei bis ans Ende der Welt. In geradezu paradoxer Weise steht dieses prophetische Selbstbewußtsein im Gegensatz zu einem ebenso großen Gefühl der Kleinheit, das Brüderchen und der unbedeutende kleine Diener zu sein.

4. Ein direkter Ansatz für das Wirken der Gnade ist dann vor allem seine außerordentliche *Sensibilität für die Armen*, sein ritterliches Verhalten zu allen Menschen. Schon früh geht ihm

auf, daß Armut eine Provokation für das Herz ist, daß sich Ritterlichkeit und Freigebigkeit nicht nur auf Menschen beziehen dürfen, die Gleiches mit Gleichem vergelten können. Wenn es Adressaten für Freigebigkeit und Ritterlichkeit gibt, dann vor allem die, welche nichts zurückgeben können. Einmal zwar übersieht er wegen seines geschäftigen Tuns im Laden des Vaters einen Bettler. Wie ihm das bewußt wird, läßt er alles liegen und rennt dem Bettler nach. Fortan will er seine Sensibilität für die Armen noch mehr als bisher ausbilden.
5. Eine zweite direkte Regung der Gnade kann man im Gefängnis von Perugia feststellen: Ein unerträglicher und darum von allen gemiedener Mitgefangener findet die aufmerksame *Zuwendung* Francescos, der sich von innen heraus zu denen gedrängt fühlt, die am Rand leben müssen, aus eigener oder fremder Schuld. Von einer eigentlichen Wende aber kann man noch lange nicht reden. Nicht einmal die langen Tage und Nächte im Gefängnis bringen ihn auf andere Gedanken. Er bewegt sich auf dem Weg, den Pietro Bernardone mit dem Namen Francesco programmiert zu haben glaubt: Ansehen, Reichtum, Liebe ... Von Johannes zeigt sich noch nichts.

Das Leben Francescos scheint also geradlinig weiterzugehen. **14**
Es erfolgen zunächst zwei *Einbrüche*, Widerfahrnisse, die ihn für Momente aus dem vorgezeichneten Weg werfen. Aber sobald er sich erholt hat, nimmt er den Weg dort wieder auf, wo er zuvor unterbrochen wurde.
1. Ein erster Einbruch ist die *Krankheit*, die er aus dem Gefängnis mit nach Hause bringt und die den 21-jährigen mehrere Monate gefangen hält. Nur allmählich findet er zur Gesundheit zurück. Mit Hilfe eines Stockes muß er wieder gehen lernen.
Die seelischen Aspekte dieser Krankheit werden ausführlich beschrieben: Angst, die man nicht benennen und beschreiben kann, lastet auf dem Herzen. Alle Schönheiten der Welt lassen ihn kühl. In der ganzen Welt sieht er keinen Platz mehr für sich, keine Rolle, die er spielen könnte, keine Aufgabe, die er erfüllen müßte. Das Nichts droht, ihn in den gähnenden Abgrund, in den Tod zu ziehen.
2. Begreiflicherweise überwindet er die Depression, sobald er

wieder eine *Zukunft* sieht und eine Vision vom Leben hat: Die Lektüre des Rolandslieds und der Artussage lassen das Ritterideal erstehen. Er träumt von den Heldentaten Karls des Großen und von der Tafelrunde des Königs Artus. Und wie er hört, daß das alles nicht nur Literatur, sondern in Apulien um den Abenteurer Walter von Brienne Wirklichkeit ist, läßt er sich anwerben. Sein Leben will also auf dem selben Geleise wie vor der Gefangennahme weiterlaufen. Seine Gedanken sind voll von Waffen, Schilden, Lanzen, Sätteln, Pferden, von Walter von Brienne, der im Dienst des Papstes mit scheinbarer Leichtigkeit die schwersten Waffengänge für sich entscheidet. Hier wird er sich sicher einen Namen machen können, vielleicht sogar in den Stand der Ritter aufgenommen werden.

3. Mit solchen Träumen macht er sich auf den Weg, 23jährig. Er kommt nur etwa 40 km weit, bis *Spoleto*, wo der zweite Einbruch erfolgt. Zum ersten Mal zeigt sich etwas Neues: In der Tiefe des Herzens, im Unterbewußtsein, während eines Traumes, meldet sich eine Stimme zu Wort, die tagsüber nicht ankommen kann. Das ganze Vorhaben wird in Frage gestellt, das Ritterideal gewogen und für zu leicht gefunden. Und zwar in einer Art Dialog: Von wem Franz denn Größeres und Besseres erwarte, von einem Diener oder einem Herrn? Selbstverständlich vom Herrn. Warum er denn Walter von Brienne für einen Herrn halte, da er in Wirklichkeit doch ein Diener sei? Und auch der Papst, dem dieser diene, sei letztlich nichts anderes als Diener. Nun sieht Franziskus die Hülle der Welt fallen: Alle Menschen sind bloß Diener, es gibt keine Herren. Nur einer ist Herr, und der lebt über allen Kreaturen. Nur dieser kann Anspruch auf seine Dienste erheben. Aber wie sollen diese aussehen? Welches ist der konkrete Auftrag seines Lebens? Eine Frage, die in Spoleto noch offen bleibt. Eines ist jedoch sicher: Nach Apulien kann er jetzt nicht mehr. Er muß nach Assisi zurück, trotz des Hohnes, der ihn dort wahrscheinlich erwartet. Die Stimme wird sich wieder melden.

15 1. In Assisi geht es zunächst noch einmal auf der gleichen Linie weiter. Er wird wie früher schon zum Anführer der

Tänzergemeinschaft gewählt. Die Menge bewegt sich im Tanzschritt durch die Straßen, singend, musizierend und um die Gunst der Frauen werbend. Plötzlich stellen die Tänzer fest: Franz ist zurückgeblieben und steht regungslos da. Was um ihn herum vor sich geht, kommt nicht mehr an ihn heran, berührt ihn ganz offensichtlich nicht. Er hört nichts mehr, sieht nichts mehr, seine Augen blicken ins Unbestimmte. Man holt ihn zurück. Woran er denn denke, daß er so überwältigt sei? Ob eine Frau im Spiel sei, und ob er bald heiraten wolle? Und wie er vorher schon alle Herren und Mächtigen überstiegen hat, so nun auch alle Frauen dieser Welt: Tatsächlich, er wolle eine Frau heiraten, die alle andern an Schönheit übertreffe. Zum erstenmal denkt er an die Herrin, der er fortan dienen will, an die Religion, in der er nun seine Identität findet. Es gibt kein Zurück mehr. Er und die ganze Welt stehen in einem anderen Licht. Ein *Durchbruch* ist erfolgt.
2. Er *ändert sein Verhalten*, hält sich vom Treiben der Stadt fern. Zunächst bespricht er sich mit einem Freund, sondert sich ab, zieht sich in Höhlen, Kirchen, Wälder, an einsame Orte zurück. Um allein zu sein mit sich und seiner «Herrin». Er meditiert, reflektiert, betet, wiederholt wahrscheinlich jetzt schon immer wieder die gleichen Sätze: «Höchster, herrlicher Gott, höchster herrlicher Gott, erleuchte die Finsternis meines Herzens, erleuchte die Finsternis meines Herzens ..., gib mir Sinn und Erkenntnis, Herr, damit ich erfülle deinen heiligen und wahren Auftrag.» Er wartet, sehnt sich nach der Stimme von Spoleto, hofft auf Antwort auf seine Bitte.

1. In dieser Zeit des Wartens auf Antwort stellt die Mutter Francescos Erstaunliches fest. Wie er zu Hause in der Abwesenheit des Vaters den Tisch deckt, legt er möglichst viele Brote auf den Tisch. Auf die Frage der Mutter, was das solle, antwortet er, er müsse bereit sein, wenn ein Bettler an die Türe klopfe. Seine Sensibilität hat ein Ausmaß angenommen, das nicht mehr mit üblichen Maßen gemessen werden kann. Die Armen und die Not der Welt ziehen ihn immer mehr in Bann. Er ahnt, daß seine Identität etwas mit den *Armen* zu tun hat. **16**

2. Das läßt den Wunsch aufkommen, nach *Rom* zu gehen, um dort ein neues Leben auszuprobieren. Dort kann er, ohne Aufsehen zu erregen, seine eigenen Kleider ausziehen und mit Bettlerkleidern vertauschen. Das ist das eigentliche Ziel seiner Romreise. Selbstverständlich geht er auch zu den Apostelgräbern, um zu beten. Dort gerät er aber in Wut und Zorn, weil er die Diskrepanz von äußerer und innerer Religion feststellen muß. Für ihn steht fest: Die Religion verlangt ein großherziges und spontanes Herz für Gott und die Menschen, die unauflösbare Verbindung von Mystik und Politik. Und hier sieht er, daß es Leute gibt, welche die Einheit zerschlagen, die religiöse Akte vollziehen, aber kein Herz haben. Sie verehren die Apostel, doch sie können nicht geben. Mit dieser Religion will Franziskus nichts zu tun haben. Mit viel Lärm provoziert er alle Anwesenden dadurch, daß er all sein Geld in das Apostelgrab hinunterwirft und demonstrativ die Kirche verläßt. Nun verwirklicht er sein Vorhaben. In Bettlerlumpen verbringt er einen ganzen Tag bettelnd unter Bettlern. Da ereignet sich ein zweiter Durchbruch: Er gerät außer sich und spricht die Sprache seines Herzens: französisch. Er wird das immer tun, wenn er ganz bei sich ist und sein Wesen nahtlos erlebt. Jetzt ist es die Identität eines Bettlers. Er wird von nun an zu den Bettlern gehören, lieber draußen vor der Türe als drinnen bei den «Frommen» sein.

17 Für Franziskus selbst ereignet sich das Entscheidende bei den *Aussätzigen.*

1. Um zu verstehen, was sich hier zuträgt, muß man einen Einblick in die gesellschaftlichen Verhältnisse des 13. Jahrhunderts gewinnen. Zwischen den gesunden Bürgern und den Aussätzigen wird ein vollständiger Bruch vollzogen. Eine *Todeslinie* verläuft zwischen ihnen. Sobald sich an einem Mitbürger die ersten Anzeichen der Krankheit zeigen, wird er in die Kirche geschleppt. In einer heiligen Feier wird die Trennung von der menschlichen Gesellschaft zelebriert. Wie bei einer Beerdigung wird der Ritus der Absolution vollzogen. Der Priester streut eine Handvoll Friedhofserde über das Haupt des Kranken. Er überreicht ihm das Kleid, das ihn von weitem kennzeichnen wird, eine Ratsche, die er immerfort

ertönen lassen muß, damit kein Gesunder in seine Nähe kommt. Man verbietet ihm, aus Flüssen, Quellen, Brunnen zu trinken, gibt ihm Handschuhe, ohne die er nichts mehr berühren darf. Für den Fall, daß es doch einmal geschehen sollte, daß ein Gesunder in seine Nähe kommt, muß der Aussätzige in die Gegenrichtung des Windes blicken. Schließlich muß er auf allen Besitz und das Eigentum verzichten und wird aus der Stadt verbannt.

2. Bei einem solchen Verhalten ist verständlich, daß auch Franz voll Widerwillen und Ekel ist, sich die Nase zuhält, das Gesicht abwendet, wie er unvermittelt einem Aussätzigen gegenübersteht. Auch er lebt in der allgemeinen Berührungsangst. Doch tut er sich — einem inneren Impuls folgend — Gewalt an, steigt vom Pferd, gibt dem Aussätzigen ein Geldstück und küßt ihm die Hand. Aus dem Gebenden wird ein Empfangender. Der Aussätzige gibt ihm den *Friedenskuß*. Gleichzeitig verwandelt sich das Innere des Heiligen: «Was mir vorher widerlich und bitter erschienen war, wurde in Süssigkeit für Seele und Leib verwandelt.» Diesen Zufall wird Franziskus immer als Fügung Gottes interpretieren.

3. Nach diesem Geschehen verfolgt ihn ein Gedanke: Wie, wenn er selbst ein solcher Aussätziger wäre, körperlich mißgestaltet, ein Krüppel? Durch solche Anfechtungen hindurch findet er eine dritte Identität: Er muß sich da verwirklichen, wo die Grenze des Menschlichen überschritten ist, bei den Aussätzigen und denen, die an den Rand des Lebens gedrängt sind. Er wird vorzugsweise bei ihnen weilen und alle Novizen seiner Gemeinschaft durch diese *Schule der Demut* schicken. Nur wer durch die unmenschlich menschliche Not hindurchgeht, wird zu seiner Gemeinschaft gehören können.

1. Schrittweise wird Franziskus zum Wesentlichen geführt. **18**
Zuerst die Religion, dann die Armen und Aussätzigen. Aber immer noch nicht ist er in der Mitte seines Lebens. Immer noch *betet* er: «Höchster, herrlicher Gott, erleuchte die Finsternis meines Herzens . . ., gib mir Sinn und Erkenntnis, damit ich erfülle deinen heiligen und wahren Auftrag.» So auch, wie er als 25-jähriger auf die Felder seines Vaters geht und am zerfallenden Kirchlein *San Damiano* vorbeikommt. Er tritt

ein, kniet nieder, betet, schaut dabei das große Tafelkreuz an. Und plötzlich hört er die Stimme von Spoleto, die ihm versprochen hatte, sich wieder zu melden: Die Kirche müsse vor dem Zerfallen gerettet werden, alles bräuchte eine starke Hand. Er solle sich darum kümmern.

2. Franziskus erfährt das leuchtende und zugewandte Antlitz des höchsten, herrlichen Gottes, den erbarmenden und *zärtlichen Blick Christi*. Das Geschehen drängt später zur Legende: Bis zu diesem Augenblick hätte der Gekreuzigte auf dem Tafelbild geschlossene Augen gehabt, von nun an aber offene — nicht nur für Franz, sondern für jedermann.

Franziskus selbst wird von jetzt an immer und immer wieder wünschen, daß das Antlitz Gottes einem jeden leuchten solle. Viele Jahre später wird er dem Bruder Leo sogar ein Autogramm geben mit diesem Segenswunsch.

3. Durch den Blick Jesu findet Franziskus seine vierte Identität, den Gekreuzigten, das personale Gegenüber, ohne das sein Leben nicht zu deuten ist. Von dieser Stunde an ist Franz der Stigmatisierte, der vom Kreuz Christi bis ins Innerste Geprägte und Geformte, *der am Leiden der Welt Leidende* und sich mit der Not der Menschen Identifizierende. Das Kreuz und die Passionsgeschichte meditiert er täglich.

4. Weil es die Stimme will, wird er nun, wenigstens drei Jahre lang, Kirchen renovieren: San Damiano, San Pietro della Spina/Petrignano und Portiuncula.

Später wird Franziskus die Vordergründigkeit erkennen, mit der er den Auftrag des Gekreuzigten verstanden hat. Eigentlich soll er nämlich mit lebendigen Steinen eine lebendige Kirche bauen, auf dem Fundament, das Jesus Christus gelegt hat. Eine Gemeinschaft für Gott, dessen Freude es ist, bei den Geringen und den von der Welt Verworfenen zu sein. Mit andern Menschen zusammen soll er Glaube, Hoffnung, Liebe leben und im konkreten Zusammenleben das Geheimnis der Kirche greifbar machen.

Doch ist es noch nicht so weit. Mit der *Renovation von San Damiano* beginnt er sofort. Schon beim Hinausgehen gibt er dem dort lebenden Priester seine pralle Geldbörse, damit dieser die ersten Vorkehrungen treffe. Doch geht ihm alsdann auf, daß der Auftrag ihn persönlich angeht und daß es nicht genügt, andere mit seinem Geld arbeiten zu lassen. So arbeitet er von früh bis spät, fügt Stein auf Stein, Steine, die er zuvor in der Stadt zusammengebettelt hat. Er weiß sich diesem Kirchlein so sehr verbunden, daß er sich als Oblate der Kirche betrachtet. Er gehört nicht mehr der Welt, sondern der Kirche.

1. Die Renovationsarbeit führt unmittelbar und konsequent zu einem weiteren Durchbruch. Die Verschwendung des Geldes, das Franz für den Wiederaufbau von San Damiano verwendet, kann *Vater* Bernardone nicht hinnehmen. Es ist schließlich etwas anderes, wenn Franziskus das Geld verschwendet, indem er die Zeche bezahlt und so das Ansehen der Familie fördert. Jetzt geht sein Sohn Wege, die er nicht gutheißen kann. Als Oberhaupt der Familie steht ihm das Recht zu, Franziskus so lange in Haushaft zu halten, bis er wieder «vernünftig» ist. Er tut es, hat aber keinen Erfolg, zumal die Mutter Erbarmen hat und ihn in der Abwesenheit ihres Mannes freiläßt. **19**

So greift Bernardone zu einem weiteren Rechtsmittel. *Er klagt* beim Stadtgericht, sein Sohn habe das Familiengut unrechtmäßig verschleudert. Er fordert Rückzahlung oder die offizielle Enterbung. Franz hingegen beruft sich auf das Recht der Oblaten, für die nicht das städtische, sondern das kirchliche Gericht zuständig ist. So kommt es zur denkwürdigen Gerichtsverhandlung vor dem bischöflichen Palast.

2. Franziskus entzieht sich dem Urteil, indem er dem Vater den noch vorhandenen Rest des Geldes und alle seine Kleider vor die Füße wirft. *Er verzichtet auf Erbe und Namen*, bricht endgültig mit Gesellschaft und Familie: Er sei Sohn Gottes, nicht mehr der Sohn des Pietro Bernardone, nackt und arm. Allein von den Gaben des himmlischen Vaters wolle er leben. Franziskus verläßt die Stadt mit einem neuen Bewußtsein: Sohn Gottes, Herold des Großen Königs. Er bleibt der Umwelt unverständlich, nicht nur den Wegelagerern, die sich über ihn lächerlich machen und ihn in den schneebedeckten Straßengraben werfen.

1. Das *Unverständnis* der Mitbürger und ehemaligen Tanzgefährten hält drei Jahre lang an. Nach seiner Rückkehr in die **20**

Stadt ist er ihnen Ärgernis, Provokation, Frage. Man fürchtet, sein böser Geist könnte auf andere übergreifen. So beschimpft man ihn, hetzt ihm Hunde nach, bewirft ihn mit Steinen.
Doch Franz bleibt stark, hält stand, fährt fort, Kirchen zu renovieren. Bis schließlich in seinem 27. Lebensjahr das Ende eines langen Suchens eintritt.
2. Es ist ein Apostelfest. Die Aussendungsrede (Lk 9 oder 10) wird gelesen. Was Franziskus bisher schon hundertmal gehört hat, wird jetzt zum entscheidenden Wort: «Das ist es, was ich suche, das ist es, was mein Herz zu tun verlangt». Nun liegt sein ganzes Leben vor ihm, gleichsam in einen Augenblick zusammengepreßt. In eine ihn selbst und später viele Menschen faszinierende Lebensform: Das *Evangelium*. Es wird nun sein tägliches Brot, Tat und Wahrheit.
Sein Leben hat seinen Sinn gefunden, Wort, Sprache, Satz und Ausdruck. Was von nun an in seinem Leben geschieht, ist Übersetzung, Konkretisierung, Verwirklichung, ein nie abreißender Versuch, sein Leben zum praktizierten Evangelium zu machen. Kurz vor seinem Tod wird er noch sagen: «Brüder, laßt uns anfangen, denn bisher haben wir sehr wenig getan.»

Die Zeit des erfüllten Lebens

21 1. Bald nach der Entdeckung des Evangeliums als sprachlichen Ausdruck seines Lebens und als Norm seines Handelns geht eine unwiderstehliche Faszination von Franziskus aus. Erst jetzt, nach sieben Jahren des Alleingelassenseins und des einsamen Suchens und nachdem er endlich gefunden hat, was er suchte, stoßen *Gefährten* zu ihm: Reiche, Hochgebildete, Adelige, Einflußreiche wie Bernhard von Quintavalle und Peter Catani ebenso wie Arme, Analphabeten, Kleine, «Unbedeutende» wie Aegidius von Assisi und Philippus Longus. Alle haben Zutritt. Die fragwürdigen Wertvorstellungen der Welt gehen nicht in die Bruderschaft ein. Was alle in gleicher Weise verbindet, ist das Evangelium mit seinem *Ideal der Brüderlichkeit*.

In seinem Testament unterstreicht Franziskus, daß er diese Brüder nicht gesucht habe. Sie werden ihm gegeben. Er erfährt sie als Gabe Gottes, die er gerne empfängt.
Alle tun dasselbe wie Franziskus: Sie ziehen einen Strich unter ihre Vergangenheit. Zum Zeichen dafür verteilen sie den ganzen Besitz an die Armen, sofern sie überhaupt solchen haben.
2. Ebenso gilt für alle das Evangelium als gemeinsames Sprachspiel. Wie die ersten beiden Brüder kommen, versichert er sich, ob die Brüderschaft wirklich die gleiche evangelische Basis haben soll. Er geht mit ihnen in eine Kirche, wo das Evangelium eingesehen werden kann. Und weil er nicht genügend Kenntnisse im Umgang mit diesem Buch hat, schlägt er es aufs Geratewohl dreimal auf. Tatsächlich können sich alle drei in der gleichen Sprache des Evangeliums finden. Später, wie sie die symbolische Zahl Zwölf erfüllen, schreibt er «mit wenigen einfachen Worten auf», was sie vom Evangelium her verbindet. Es sind die Aussendungsreden und einige andere Stellen aus den synoptischen Evangelien, ergänzt durch einige unbedingt notwendige Verhaltensregeln. Die so entstandene «Regel» trägt er zusammen mit den Brüdern nach Rom, um vom Papst die kirchliche Anerkennung zu erbitten.

1. Die *kirchliche Anerkennung* einer neuen Gemeinschaft ist **22**
jedoch an den Nachweis gebunden, daß die materiellen Lebensbedingungen sichergestellt sind. Eine Pfründe, eine Stiftung, ein Kloster oder einen Bischof müßte Franziskus nennen können. Doch er hat keine Garantien, keine Sicherheit vorzuweisen. Durch nichts und niemand ist die materielle Sicherstellung seiner Gemeinschaft gewährleistet — außer durch Gott. Vernünftigerweise kann man einer solchen Gemeinschaft keine Zukunft zumuten. Und was ohne Zukunft ist, kann die Kirche nicht in ihr Rechtssystem aufnehmen.
2. Diese logisch richtige und juristisch notwendige Argumentation der kirchlichen Amtsträger sprengt Franziskus auf, indem er sich gar nicht darauf einläßt. Er nimmt vielmehr *einen prophetisch-poetischen Standpunkt* ein. Völlig unberührt von Kirchenrecht und Logik erzählt er ein Gleichnis, das dann

schon 1218 in England die Runde macht, lange bevor die Franziskaner dorthinkommen:
«Ein König schlief im Wald mit einer Frau, und es kam zur Geburt eines Kindes. Die Frau nährte es eine Zeitlang. Dann ging sie zur Pforte des Königs, damit dieser von nun an das Kind ernähre. Man meldete es dem König. Dieser sagte: ‹An meinem Hof speisen so viele Nichtsnutze und so viel Abschaum. Es ist nur gerecht, daß auch mein Sohn — neben ihnen — seinen Lebensunterhalt findet.› Franziskus fügt alsogleich hinzu: ‹Ich bin die Frau, die der Herr durch sein Wort schwanger werden ließ und mit der er geistliche Söhne zeugte. Wenn Gott also so viele Ungerechte nährt, dann sollte man sich nicht wundern, wenn er auch für seine Söhne Sorge trägt.›»
Der Logik der Vernunft hält Franziskus die Logik des Glaubens entgegen: Die Legalität seiner Gemeinschaft liegt der kirchlichen Gesetzgebung voraus. Sie ist begründet in der Tatsache, daß die Fraternität eine Wirkung Gottes ist. Gott, ist der Gründer, der Zeugvater der neuen, franziskanischen Lebensform auf der Basis des Evangeliums. Franziskus ist Frau, Mutter. Im mittelalterlichen Kontext besagt das: Selbständige, von Gott losgelöste Initiative und Aktivität hat Franziskus keine. Das Schöpferische und Zeugende ist allein Gott eigen — und Francesco nur in der Weise des Empfangens. Die kirchliche Rechtssprechung muß darum notwendig das vorausliegende Recht Gottes respektieren. Für die Sicherstellung der materiellen Lebensbedingungen gilt: Gott wird für seine Gründung einstehen. Er wird sie an den Tisch seiner Schöpfung laden. Wenn es notwendig sein sollte, werden die Brüder es den Bettlern gleichtun.
3. *Der Papst beugt sich* der kühnen Argumentation des Glaubens. Er läßt die Minderbrüder ziehen. Nun können sie der «Stadt und dem Erdkreis» (urbi et orbi) das Lied vom guten Gott singen und auf den Marktplätzen predigen.

23 1. Auf diese Romreise folgt zuerst ein meditativer Aufenthalt der Brüder in einer Scheune in *Rivotorto* in der Ebene von Assisi. Auf engem Raum teilen sie das Leben, Rüben und Trauben vom Feld, das Wenige, das ihnen die Leute geben, das Evangelium und das gemeinsam gebetete Vaterunser. Jeder gibt dem anderen Raum für die ungestörte Begegnung mit Gott. Damit das möglich wird, schreibt Franziskus die Namen der Brüder auf einen Balken, «damit jeder, wenn er ruhen oder beten wollte, seinen Platz kenne und nicht ungewohnter Lärm wegen der Enge und Raumnot die Stille des Geistes störe».

2. Die Stille wird jedoch trotzdem gestört. Nicht aus dem Kreis der Brüder, sondern von außen durch einen Bauern, der seinen Esel mit viel Lärm in die Scheune treibt. Franziskus und seine Brüder suchen sich einen anderen stillen Ort, *Portiuncula*, eine Kapelle, welche die Benediktiner für einige Fische jährlich zur Verfügung stellen.

Mit diesem Ort verbinden sich die Ur-Erlebnisse der franziskanischen Gemeinschaft, jene Ereignisse und Anekdoten, welche im Mund aller Brüder bleiben: Nicht nur der entscheidende Durchbruch zum Evangelium und die Aufnahme z. B. des Bruders Aegidius bleiben in der Erinnerung haften, sondern auch wie Franziskus das erste vorhandene Evangelium wegschenkt, wie er die langen und schönen Haare der Klara persönlich abschneidet, wie er voller Zorn ein von der Stadt erbautes Steinhaus abzureißen beginnt, wie sich Tausende von Brüdern in der Ebene lagern ... Solche Erlebnisse begründen eine Erzähltradition, sie verbinden, schaffen Gemeinschaft. An diesem Ort werden auch die wichtigsten Marksteine der franziskanischen Geschichte gesetzt. Das alljährliche Treffen der Brüder, das Kapitel, findet hier statt, ein großes Fest des Wiedersehens, der Begegnung, des gemeinsamen Betens und Glaubens, der Beratung und Beschlußfassung. Von hier aus strömen die Brüder in alle Provinzen Italiens, über die Alpen und über die Meere hinweg.

Darum wird Franziskus diesem Ort in besonderer Weise verbunden bleiben. Er sieht in ihm den Mutterboden, aus dem alles wächst und gedeiht. An diesen Ur-Ort wird er immer wieder zurückkehren, am Ende sogar, um zu sterben. Für alle Menschen soll dieser Ort zum Segen werden. Darum erwirkt Franziskus vom Papst ein besonderes Privileg, einen Ablaß, durch den jeder, der in die Muttergotteskapelle tritt, mit befreitem Herzen und ohne Furcht vor Sündenstrafen wieder weggehen darf.

24 1. Vielleicht schon in Rivotorto, sicher aber bald darauf, entsteht die *Freundschaft* zwischen Franziskus und *Klara von Assisi.* Er ist zu diesem Zeitpunkt etwa 28 oder 29 Jahre alt, sie zwölf Jahre jünger. Doch nicht nur dieser große Altersunterschied ist zu unterstreichen, sondern auch die Tatsache, daß Klara aus einer jener Familien stammt, die Franziskus einige Jahre zuvor zu verfolgen und aus Assisi hinauszutreiben geholfen hat. 1204, Klara ist zehn Jahre alt, kann die Familie Favarone in die Stadt zurückkehren. Das Mädchen erlebt mit, wie aus dem umworbenen Kaufmannssohn der von allen verachtete und verspottete Narr wird. Eines Tages aber entdeckt sie in ihrem Inneren etwas Verwandtes. Sie sucht Franziskus auf, und er sie, oft und immer wieder, begleitet, um nicht ins Gerede zu kommen, von der Magd Bona di Guelfuccio und dem Bruder Philippus Longus, die es nach dem Tod Klaras im Heiligsprechungsprozeß bezeugen. Die Verwandtschaft, welche Franziskus und Klara immer mehr entdecken, führt schließlich zu jener engen Freundschaft, die das Leben miteinander teilen will. Sie tun es, jedoch nicht in der sonst üblichen Form der Ehe, sondern in der Übernahme der Lebensform, welche auch die anderen Gefährten Franzens miteinander verbindet. So verläßt Klara eines Nachts das Elternhaus, um nicht mehr zurückzukehren. Sie geht nach Portiuncula hinunter, wo Franziskus selbst sie «zum Gehorsam» annimmt. Er bringt sie vorübergehend in ein Benediktinerinnenkloster und dann nach San Damiano, wohin bald auch die leiblichen Schwestern und die Mutter Klaras und viele junge Frauen ziehen, um da ein gemeinsames Leben zu leben.

2. Die Freundschaft zwischen diesen beiden Menschen gehört zu jenen Dingen, welche die Menschheit nicht vergessen kann. Die Sehnsucht, die sie miteinander verbindet, drängt zu einer Vielzahl von *Legenden*, die auf ihre Weise die Wahrheit der Geschichte vermitteln. Einmal, so erzählt eine Legende, gehen Klara und Franziskus einem Fluß entlang, sie auf der einen, er auf der anderen Seite. Voll Sehnsucht will Franziskus zum anderen Ufer hinüber, um seine Freundin zu erreichen. Doch der Fluß ist zu tief und zu reißend. Da legt Klara ihren Mantel auf die Wellen des Flusses und springt auf ihm zu Franziskus hinüber. Worauf Franziskus sagt: «Ich se-

he, Schwester, du stehst bei Gott in größerer Gnade als ich.» Ein andermal will Klara mit Franziskus zusammen essen. Doch schlägt Franziskus ihr den Wunsch aus. Erst der Einsatz der Brüder bringt ihn dazu, Klara und einige andere Schwestern nach Portiuncula einzuladen und ihnen ein bescheidenes Mahl aufzutragen. Was auf dem Tisch steht, wird jedoch weniger wichtig als das, was sich zwischen beiden abspielt. Die Liebe, die sie erfüllt, ist so groß und so stark, daß die Kapelle, die Niederlassung der Brüder, der ganze Wald in Feuer und Flammen geraten. Die Einwohner von Assisi rennen hinunter, um zu löschen. Doch vergeblich, weil es da nichts zum Löschen gibt. Sie treten ein und finden Franziskus und Klara an einem einfach gedeckten Tisch. Sie erkennen, daß nicht ein irdisches Feuer, sondern der Liebesbrand der beiden sie angelockt hat. Erbaut und getröstet kehren die Leute von Assisi in ihre Stadt zurück. So könnte Legende an Legende gereiht werden, um die Freundschaft der beiden Heiligen zu bezeugen.

3. *Klara* verdankt Franziskus ihr neues Leben. Sie nennt ihn darum «Amme», die ihm die süße Milch gereicht hat. Sich selbst bezeichnet sie als «kleines Pflänzchen des heiligen Franz». Ich glaube, daß diese Benennung auf Franziskus selbst zurückgeht, der sie wohl zärtlich so nennt. Bei ihr ist der franziskanische Geist am besten aufgehoben, bei ihr auch immer wieder die eigentliche Absicht des Heiligen zu erfragen.

4. Auch *Franziskus* dankt Klara vieles. Mit ihr bespricht er seine Fragen und Probleme. Bei ihr läßt er sich pflegen, wenn er krank ist. Er erkennt in ihren Schwestern gleichgesinnte und vom gleichen Evangelium erfüllte Glieder seiner Gemeinschaft. Weswegen er sich und seine Brüder verpflichtet, immer besondere Aufmerksamkeit und Sorge für sie zu haben. Er beschenkt sie schließlich mit einem Lied, das erst kürzlich entdeckt wurde, und nennt eine jede darin «Königin», die im Himmel zusammen mit Maria gekrönt werden wird.

Einen besonderen Dienst Klaras an Franziskus gilt es besonders herauszuheben. Je mehr Franziskus nämlich meditiert, **25** umso mehr wird er versucht, sich ausschließlich der Meditation zu widmen, dem «engelgleichen Leben», wie man das in seiner Zeit auch nennt. Er ist fasziniert von der Lebensweise der Eremiten, welche nichts anderes kennen wollen als das Antlitz Gottes. Nun hat sich ihm dieses aber als Antlitz des Gekreuzigten gezeigt. Er entdeckt, daß Jesus «um des Heiles des Menschen willen» gestorben ist. Darf er dann noch in der Abgeschiedenheit leben? *Von dieser Frage bedrängt* läßt er sich zuerst von Bruder Silvester und dann von Klara beraten. Die Begegnung mit diesen beiden Menschen und das Gespräch mit ihnen bringt *Klärung*. Er muß das «engelgleiche Leben» aufgeben und als Mensch unter Menschen leben, die Inkarnation Gottes nachvollziehen und «die Füße des Geistes staubig machen». Er muß dem leben, der für alle gestorben ist (2 Kor 5,14f.). Die Welt und die Menschen sind kein Hindernis, sondern die Bedingung der richtigen Meditation. So beginnt Franziskus erst recht, in der Welt herumzuziehen und zu predigen. Immer aber kommt er aus der Meditation des Gekreuzigten und kehrt dahin zurück.

26 1. Von Franziskus und seinen Brüdern geht eine solche Faszination aus, daß sich die Zahl der Brüder und Schwestern rasch mehrt. Selbst solche, die durch unaufgebbare Verpflichtungen dem Ehepartner, der Familie, einem Amt gegenüber, an ihr Haus gebunden sind, wollen auf eine auch ihnen mögliche Weise franziskanisch leben. Man muß sich nur vor Augen halten, was sich in *Greccio* ereignet. Die Brüder sind in ihrer Einsiedelei und singen abends gemeinsam das Lob Gottes. Da tritt die ganze Bevölkerung des kleinen Städtchens vor die Mauern hinaus, Erwachsene und Kinder, und geben laut Antwort auf die Psalmodie der Brüder, indem sie singen: «Gelobt sei Gott der Herr!» Sie werden also in die franziskanische Glaubenshaltung hineingerissen. Das Leben der Brüder drängt über die engen Grenzen der eigenen Bruderschaft hinaus und will in neuen Formen verwirklicht werden. Tatsächlich wollen viele eine verbindliche Form dieses Lebens. Für sie besteht bereits eine juristische Grundlage, ein Statut der Bußbewegung, der sogenannten Pönitenten. Was aber noch fehlt, ist der Geist, der den Buchstaben lebendig macht.

Darum schreibt Franziskus für diese Menschen zuerst einen kurzen, dann einen überarbeiteten längeren Brief, der als eigentliche Regel der franziskanischen Laiengemeinschaft betrachtet werden muß.

2. Dieser dritte Orden ist also bereits in geschichtlicher Betrachtung eine natürliche, ja notwendige Folge des faszinierenden Lebens der Franziskaner. Man könnte mit W. Dirks sogar weitergehen und sagen, daß in dieser Gründung der eigentlich geschichtliche Auftrag des Heiligen liegt: «Man kann nicht sagen, daß die beiden anderen Orden um des Dritten willen da waren: die Bruderschaft hat ihren Sinn in sich selbst, und die drei Gelübde der monastischen Lebensform sind, wenn nicht um Gottes und um ihrer selbst willen, so doch um der Geschichte willen als selbständige Lebensform da. Aber die besondere franziskanische Form des monastischen Lebens zielt doch ähnlich auf die neuen Reichen ab, wie Benedikts brüderliche Arbeitsgemeinschaft auf die Mächtigen seiner Zeit abgezielt hatte. Der *Sinn des Dritten Ordens* war nicht, die Armen fromm zu machen, die Armen zu Liebhabern der Armut zu machen, und ebensowenig die Reichen ‹fromm› zu machen, die Reichen in ein System von Gebeten und Loskäufen einzufangen. Der Sinn des Dritten Ordens war, die Reichen auf christliche Weise reich sein zu lassen. Gestärkt durch das Gebet, die Bruderschaft und das dreifache Opfer der Mönche und Nonnen des Ersten und Zweiten Ordens, hatte er die Aufgabe, mit dem Geld und dem Zeitalter des Geldes auf christliche Art fertig zu werden. Er hätte die Geschichte mehrerer Jahrhunderte bestimmen sollen — er wurde zu einem frommen Verein.» Harte Worte, aber so oder so bedenkenswert.

1. Es drängt Franziskus in die Weite, seitdem ihm aufgegan- **27**
gen ist, daß er dem leben muß, der für alle gestorben ist. Auch er will sein Leben im Einsatz für die Menschen riskieren. Darum macht er sich auf den Weg: 1212 nach *Syrien*, wohin er freilich wegen eines Schiffbruches nicht kommt. Statt dessen wird er an die dalmatische Küste geschlagen. Nach seiner Rückkehr will er bald einmal nach *Marokko*. Aber auch diesmal gelingt es nicht. Er kommt wahrscheinlich auf dem alten

Pilgerweg bis Santiago di Compostela, wird dort krank und muß umkehren.

2. Nun wird aber sein Reise- und Missionsdrang durch ein kirchliches Ereignis entscheidend beflügelt: Das Laterankonzil, das durch verschiedene Beschlüsse und Gesetze auf die franziskanische Lebensform einwirkt, ruft zu einem neuen Kreuzzug auf. Als hellhöriger, der Kirche verpflichteter Mann geht Franziskus in die neue Begeisterung ein. Doch zieht er andere Schlüsse und entwirft eine Alternative: Statt Gewalt das Argument, statt das Schwert dienstbereite Hände, statt Krieg eine ganz bestimmte Form der Mission. Auf verbindliche Weise fügt Franziskus diese Gedanken in seine Regel ein.

3. Etwa alle zwei Jahre beschließt das Pfingstkapitel in Portiuncula großangelegte *Auslandsmissionen.* 1217 erfolgt die Aussendung nach Frankreich, Österreich, Ungarn, Spanien, Syrien (wofür Franziskus gleichzeitig Bruder Elias als Provinzminister einsetzt) und in die verschiedenen Provinzen Italiens. Franziskus selbst will die Gruppe nach Frankreich anführen, wird jedoch von Kardinal Hugolin überzeugt, in Italien bleiben zu müssen. 1219 konzentriert sich die Mission auf den Nahen Osten, das Heilige Land, Syrien, Ägypten. 1221 werden dann über dreißig Brüder nach Deutschland gesandt, 1224 geht eine Gruppe nach England. So ist nahezu der ganze bekannte Raum mit Minderbrüdern «versorgt». Bald werden sie darüber hinaus drängen und zu wahren Abenteurern werden.

4. Franziskus selbst beteiligt sich an der Mission von 1219. Mit einer Gruppe von Brüdern begibt er sich nach Syrien und *Ägypten*, wo er in Damiette zum Kreuzfahrerheer stößt, das für eine Schlacht bereit ist. Trotz der Bereitschaft des Sultans Melek al Kamil für einen Waffenstillstand ruft der Papstlegat Pelagius zur bewaffneten Konfrontation auf. Franziskus schlägt sich auf die Seite der Fürsten, welche das Angebot des Sultans annehmen wollen. Er warnt sogar ausdrücklich vor den schlimmen Folgen, welche die Schlacht haben könnte. Tatsächlich kommt es dann zu einer der schrecklichsten Niederlagen der Christen.

Von Damiette geht Franziskus zum Sultan, einem Sympathi-

santen einer islamischen Aszetenvereinigung, die den Franziskanern sogar in Äußerlichkeiten verwandt sind. Sie nennen sich «Arme» (arabisch: «fakîr»; persisch: «darvîsh») oder — nach ihrer wollenen Kutte — «Sufi». Die geistlichen Voraussetzungen für eine freundschaftliche Begegnung von mehreren Tagen sind damit gegeben. Sowohl für die Franziskaner, die in Zukunft die Gastfreundschaft des Sultans noch öfter genießen dürfen, als auch für Franziskus selbst ist die Begegnung von bleibender Bedeutung. Nach seiner Rückkehr wird Franziskus einem päpstlichen Schreiben über die Eucharistie, das er möglicherweise gar angeregt hat, mit einer Reihe eigener Schreiben Widerhall geben. Darin kann man eindeutig muslinische Haltungen und Verhaltensweisen feststellen. So die Anregung, wie die Muezzin zu Gebetszeiten aufzurufen, um der Menschwerdung Gottes und der Eucharistie die gebührende Anbetung zu zollen. Oder auch die Aufforderung, sich beim Hören des Namens Jesu bis auf den Boden zu verneigen.
Daß Franziskus auch auf den Sultan nachhaltend wirkt, kann man anhand einiger Spuren in der arabischen Literatur nur vermuten.

1. Die Rückkehr aus dem Orient konfrontiert Franz auch mit **28**
einer neuen Situation in seinem Orden. Bereits in Syrien hat man ihm mitgeteilt, daß einige einflußreiche Brüder die Regel den *traditionellen Regeln* angleichen wollten. Aus an und für sich sehr verständlichen Gründen: Sie seien präziser, konkreter, hätten mehr Bestimmungen und Gesetze, würden die Kontrolle und die Führung erleichtern.
2. Mit Berufung auf das Evangelium als alleiniger Instanz des franziskanischen Lebens spricht er ein entschiedenes Nein gegen dieses Unterfangen. Jetzt, wieder zu Hause, sieht er, wie die Zahl seiner Brüder ins Unüberschaubare angewachsen ist. Er fühlt sich überfordert, diese große Schar Brüder zu leiten. Er zieht es vor, Bruder zu sein statt Chef, die Lebensform exemplarisch zu verkörpern statt autoritär zu verordnen: «Mein Amt ist geistlicher, nicht organisatorischer Art.» So *überläßt er die Leitung* einem anderen, zuerst Peter Catani und nach dessen Tod Elias von Cortona.

3. Man kann nicht sagen, daß der Verzicht auf das Amt eine Minderung seiner Autorität bedeutet. Im Gegenteil: Er gewinnt an innerer *geistlicher Autorität* und verliert sie bis zu seinem Tod nicht. So ist er es, der die notwendig gewordene Neufassung der Regel schreibt, welche 1223 vom Papst bestätigt wird. In Briefen wendet er sich an einen Minister, an den ganzen Orden, an die Kleriker seiner Gemeinschaft, an die Bürgermeister, an die bereits erwähnten Laien, welche sich im Dritten Orden sammeln, und schließlich noch einmal an seinen Orden in den verschiedenen Testamenten. Darin erklärt er seinen geistlichen Weg als für alle verbindlich, hie und da mit Leidenschaft und mit spürbarem Zorn, wenn er Gefahren sieht oder falsche Entwicklungen. Überall ist auch sein Leiden daran herauszuspüren, daß die Kirche und die Ordensleitung seine Lebensform dem Gesetz der Masse unterwerfen, damit sie überhaupt weiterbestehen kann. Er ist nicht mit allem einverstanden, aber im ganzen bekennt er sich zu dieser Angleichung der Form an die Zahl.
Welche Autorität Franziskus in dieser nichtamtlichen Zeit hat, zeigt eine Begebenheit auf dem Kapitel von 1221: 3000 Brüder sind versammelt. Gegen den Schluß des Kapitels kommt Franziskus die Idee, daß es nun an der Zeit wäre, die Brüder auch nach Deutschland zu schicken. Er sitzt zu Füßen des Bruders Elias, der dem Kapitel vorsteht und der sich als Sprachrohr des Heiligen versteht. So zupft er Elias am Habit, der sich sofort zu Franziskus niederbeugt und sich nach dessen Wunsch erkundigt. Elias richtet sich wieder auf und sagt: «Brüder, der Bruder spricht», worauf er das Anliegen Francescos vorbringt. Franziskus ist so sehr Bruder, daß sogar der Name zurücktreten kann. Mit seinem Wort und seinem Leben will man sich identifizieren. Das ist Autorität genug.

29 1223 weilt Franziskus in einer der vielen Einsiedeleien, in die er sich immer wieder zurückzieht, um sich in die Anschauung Gottes zu versenken. Dieses Mal ist es *Greccio* im Rietital. Zum Weihnachtsfest fällt ihm etwas Besonderes ein. Er möchte das Unsichtbare greifen, sehen, hören, das Weihnachtsgeheimnis szenisch darstellen, in der freien Natur und verbunden mit der Eucharistie. Für diese Verbindung eines bereits bestehenden Krippenspiels mit dem Sakrament holt er sich die Erlaubnis des Papstes ein. Wie es so weit ist, versammelt sich eine große Menschenmenge um die Futterkrippe, ein Priester feiert Eucharistie, Franziskus singt das Evangelium und hält die Predigt vom «Deus semper minor»: Gott ist immer kleiner, in der Ohnmacht immer noch mächtig, im Tod immer noch lebendig, im Kleinen groß, im Kind der unbegreifliche Gott.

1. 1224 verbringt Franziskus die Fastenzeit auf dem Berg La 30
Verna. Er meditiert das Bild, das sich seiner Seele bereits in San Damiano eingeprägt hat: den *Gekreuzigten*. Er identifiziert sich so sehr mit ihm, daß die Wundmale Jesu an seinem eigenen Leib durchbrechen. Was er zeit seines Lebens vor Augen hatte und in der eigenen Gestalt empfing, tritt nun nach außen, sichtbar für alle, wenn Franziskus sich nicht alle Mühe gäbe, sein Geheimnis zu verbergen. Nur wenige wissen darum, etwa Bruder Leo, der dadurch in eine große Krise gerät. Wer ist er schon angesichts dieses unerhörten und noch nie dagewesenen Phänomens? Franziskus erkennt die Nöte des Bruders, gibt ihm ein Bild, auf dem er verdeutlicht, daß jeder auf seine Weise ein Stigmatisierter ist, vom Tau (= (griechischer Buchstabe) Zeichen des Kreuzes) gezeichnet, auch er, Bruder Leo.

2. Das Phänomen der Stigmatisation muß zum Nachdenken führen, zumal hier jede Form von Nachahmung bereits vorausgegangener Vorbilder auszuschließen ist. Man kann sich darüber allerhand psychologische Gedanken machen und nach Erklärungen suchen. Gesichertes ist bisher nicht zu sagen. Hingegen darf man eine theologische Deutung geben, wie sie etwa R. Guardini versucht hat: «Das besondere Charisma (des heiligen Franz) besteht darin, an Jesus zu erinnern. Die Behauptung klingt sonderbar. Sagten wir nicht, die Heiligen seien die Verdeutlichung Christi? Wohl, das sind sie. Sie drücken Christus aus. Sie übersetzen Den, welcher der Herr und Inbegriff ist, in eine besondere menschliche Möglichkeit der Struktur, der sozialen Schichtung, der Zeit, der Not, der Aufgabe. Das tun alle; Franziskus tut mehr: er übersetzt nicht, sondern vergegenwärtigt. Wer an ihn gerät, muß an

Christus denken ... Seine Gestalt ist so gebaut, sein Wort, seine Gebärde, sein ganzes Leben sind so geartet, daß sie unmittelbare Verwirklichungen des Evangeliums sind; buchstäbliche Nachfolge; schlichter Nachvollzug der Existenz Jesu ohne alle Abschwächung und Umdeutung — so daß Christi Antlitz selbst aus dem seinen herblickt; Christi Gebärde in der seinen deutlich wird ...Diese Gabe der unmittelbaren Christusverdeutlichung geht so weit, daß sie den, dessen Auge und Sinn nicht durch wirkliche christliche Bindung behütet ist, in eine verhängnisvolle Gefahr bringen kann, nämlich in Franziskus eine Wiederholung der Christussituation selbst, eine zweite Messiasexistenz zu erblicken und dadurch den Herrn ‹aufzulösen›».

Die Stigmatisation als das äußerste Zeichen dieser unmittelbaren *Christusverdeutlichung* zu verschweigen, hieße darum, das Eigentliche des heiligen Franziskus zu verraten. Aber ebenso wäre es Verrat an Franziskus und darüber hinaus an Jesus Christus, wenn man die Stigmatisation aus der Bezogenheit auf Jesus herauslöste. Sie ist Hinweis, Zeichen, Sakrament, von Jesus her zu verstehen. Aus sich selbst hat sie keine Kraft und keine Bedeutung.

31 1. In den letzten zwei Jahren verzehren Franziskus *Leiden und Schmerzen* an Leib und Seele. Von Jugend an leidet er an Malaria, deren Begleiterscheinungen immer stärker werden, seit seinem Aufenthalt in Ägypten an einem Trachom, einer schmerzhaften Augenentzündung mit starken Kopfschmerzen und einer zunehmenden Lichtempfindlichkeit, bis er schließlich nahezu blind ist. Durch sein Fasten legt er die Grundlage für seine Darm- und Magengeschwüre. Schließlich kommen hinzu: Milz- und Lebererkrankungen, Blutarmut, Wassersucht und eine abgrundtiefe Depression. Franziskus ist so schwach, daß er nicht mehr gehen kann.

2. Man bringt ihn zur Pflege nach *San Damiano*, wo die Schwestern ihm ihre ganze Aufmerksamkeit widmen. Er befindet sich in der dunkelsten Nacht seines Lebens. Nicht einmal seine Wundmale sind ihm Halt und Trost. Im Gegenteil: er fühlt sich den Kräften der Hölle ausgeliefert und endgültig, auch vor Gott, gescheitert. Als Geschenk des Himmels er-

fährt er es, wie die Nebel weichen und sein Herz auftaut und wie er ausbricht in den Sonnengesang, in dem er zu allem ja sagt und sich als Bruder aller Geschöpfe erlebt.

3. Die Brüder finden, man müsse die besten Ärzte konsultieren, und bringen ihn nach *Rieti* zum päpstlichen Augenarzt. Dieser versucht es mit einer damals üblichen schrecklichen Therapie, dem Ausbrennen der Schläfen, was aber weder die Krankheit noch die Schmerzen lindert. Bruder Elias ruft die engsten Freunde und Gefährten an das Krankenlager, Bruder Bernhard und Bruder Aegidius, damit der Anblick der ersten Gefährten Franz Linderung und Trost bringe. Franziskus will, daß man singt, damit er so von der Last der Schmerzen frei wird. Er selbst komponiert Lied für Lied, sogar zum Ärgernis der Brüder, welche meinen, ein Sterbender müsse ernst sein.

4. Schließlich entschließt man sich, zu einem anderen päpstlichen Arzt, diesmal nach *Siena* zu gehen. Auf einem Pferd sitzend, von Brüdern gestützt, ist der Weg nach Siena beschwerlich. Dort angekommen wird Franziskus so schwach, daß man den Tod nahe glaubt. Darum bittet man ihn, die Kriterien seines Lebens in kurzen Sätzen zusammenzufassen. Er tut es und diktiert: gegenseitige Liebe, Hochschätzung der Armut und Treue zur Kirche.

5. Von Siena geht es nach *Assisi* zurück, wo er an der bischöflichen Kurie Pflege erfährt. Doch wie der letzte Augenblick naht, will er zum Mutterboden zurückkehren, nach Portiuncula. Dort läßt er sich aus dem Johannesevangelium die Abschiedsreden und den Bericht über die Fußwaschung vortragen. Er bittet um Brot, um es mit allen teilen zu können, läßt sich nackt auf den Boden legen, die Arme zum Kreuz ausgebreitet. Die Brüder beten Psalm 142 und singen den Sonnengesang. Franziskus stirbt am 3. Oktober 1226 abends, 44jährig an einem Herzversagen, kurz nachdem er die Süßspeise gegessen hat, die ihm seine große Freundin Jakoba de Settesole gerade noch rechtzeitig hatte bringen können.

1. Jeder, der über Franz von Assisi sprechen will, muß sich Gedanken machen über die Kraftlinien, die sein Leben bestimmen, und über das Programm, das seiner Lebensgeschichte innewohnt. Er muß seine Lebensform in Denkformen, in Begriffe und Sätze, in Sprache, gewissermaßen auch in eine Theorie übersetzen. Anders als so kann man zwar fasziniert, betroffen, intuitiv bewegt sein, nicht aber anderen Mitteilung davon machen. 32

Allerdings kann man bei diesem Vorgang auch Verrat üben. Man kann sich vom Leben entfernen und sich in abstrakte, kaltlassende Gefilde begeben. Dieser Gefahr ist nur zu entgehen, wenn man sich an einige Bedingungen hält. Im Zusammenhang mit Franziskus hat eine Theorie nur dann Berechtigung, wenn die ursprüngliche Bedeutung zum Tragen kommt. Dann heißt Theorie «schauen», ist sie die Fähigkeit, die auch Franziskus auszeichnet, der Blick der Liebe, die so lange hinschaut, bis die Distanz zwischen Betrachter und Gegenstand schwindet. So schaut Franziskus so lange auf Christus, bis er sich in der Einheit mit ihm erlebt, so sehr, daß diese Einheit in der Stigmatisation durchscheint. *Theorie* in diesem Sinn ist Kontemplation, nicht Wissenschaft.

2. Trotzdem ist *Wissenschaft* notwendig. Denn man muß das, was man anschaut, vor Augen haben. Man muß sich an der wirklichen Gestalt des Franz von Assisi orientieren, nicht an einem Bild, das sich irgendwer irgendwann einmal gemacht hat. Am besten wäre es, wenn Franziskus selbst uns sein Programm offenbarte. Tatsächlich ringt man ihm ein solches ab in den Tagen äußerster Zerbrechlichkeit und angesichts des Todes. So nennt er drei Grundwerte, die er für unaufgebbar hält, so etwas wie Kriterien, welche seine Lebensform kennzeichnen: Gegenseitige Liebe, Hochschätzung der Armut und Treue zur Kirche. Daran müßte man sich halten, wenn Franziskus nicht noch andere Anhaltspunkte gäbe.

So könnte man auch sein größeres Testament im Sinn eines Lebensprogrammes verstehen. Dann aber wird deutlich, daß darin Dinge stehen, die man bei der genannten Dreizahl der Kriterien nicht unterbringen kann. Ich glaube, daß für die Mitteilung des Programms sich jener Text am besten eignet, der Franziskus am nachhaltigsten und längsten beschäftigt hat: Die Regel, die mit wenigen und einfachen Worten anfängt und während Jahren ergänzt, vertieft wird, bis sie schließlich eine stattliche Länge erreicht und damit eine Neufassung notwendig macht. Diese lange Geschichte offenbart dem aufmerksamen Betrachter so etwas wie ein «Fünfpunkteprogramm», das sich jeweils in einer Art «Kurzformel» verdichtet. Ich möchte nun dieses Fünfpunkteprogramm vorlegen, aber noch einmal betonen, daß die Darlegungen dem Blick der Liebe einen Gegenstand geben wollen, hoffentlich Franziskus selbst, der dann im Akt des Schauens im Betrachter Fleisch und Blut wird.

Der Sinn: Das Evangelium leben

33 1. Auf der langjährigen Suche nach seinem Lebenssinn stößt Franz von Assisi schließlich auf das Evangelium. Ein befreiendes Aufatmen kommt in sein Leben. Erst das Evangelium läßt sein Suchen zur Ruhe kommen. Darum ist das Evangelium auch *das erste*, was er nennt, wenn er sein Leben sprachlich umschreibt. Das Evangelium will er leben, nichts anderes. In den letzten Jahren hat man immer überzeugender nachweisen können, wie Franziskus das Wesen des Evangeliums trifft, wie er gerade wegen seines unverbildeten Verstandes den Kern der Sätze richtig versteht.

2. Die *Grundhaltung*, die solch erstaunlich richtiges Verstehen bewirkt ist wichtig, gerade auch in einem «wissenschaftlichen» Zeitalter. Sie wird uns zeigen, mit welchen Haltungen auch heute noch das Evangelium verstanden werden kann.
Weiter führt uns die Frage: Welches sind die bestimmenden Passagen und Texte des Evangeliums, welches die Quellen, aus denen Franziskus trinkt? Denn auch derjenige, der sich an Franziskus orientiert, darf nicht aus zweiter Hand leben, sondern muß zurück zu den Quellen gehen. Erst so wird auch wieder eine neue Lebendigkeit erzeugt werden.

Schließlich ist auch noch zu schauen, welche Folgerungen Franziskus für sein Leben zieht. Sie sind so umfassend und radikal, daß sich jeder in Frage gestellt sieht.

1. Zuerst die *Prinzipien*, mit denen Franziskus das Evange- 34
lium zu verstehen sucht. Er gibt uns durch einige Texte selbst Aufschluß. Vorausgesetzt werden muß, daß nach Franziskus seine *Regel nichts anderes als das Evangelium* ist, Zusammenfassung und Mitte, Mark, und daß deswegen hier wie dort die gleichen Prinzipien gelten.
2. Ich möchte zuerst zwei Texte vorführen, welche die Antwort enthalten. Der eine stammt aus seinem *Testament*:
«Nachdem der Herr mir Brüder gegeben hatte, zeigte mir niemand, wie ich leben sollte. Der Höchste selbst offenbarte mir, daß ich nach der Form des heiligen Evangeliums leben müsse. Ich ließ es in wenigen einfachen Worten aufschreiben, und der Herr Papst bestätigte es mir ... Die Brüder sollen nicht sagen: Dies ist eine andere Regel. Dies ist nämlich Erinnerung, Ermahnung, Aufmunterung und mein Testament, das ich, der armselige Bruder Franziskus euch gebe, damit wir die Regel, die wir dem Herrn versprochen haben, katholischer befolgen ... Sie sollen diese Schrift immer bei sich haben, zusammen mit der Regel ... All meinen Brüdern, den Klerikern und den Laien, untersage ich im Gehorsam nachdrücklich, an der Regel und diesen Worten zu deuteln und zu sagen: So wollen wir dies verstehen. Denn so wie mir der Herr einfach und rein die Regel und diese Worte zu sagen und aufzuschreiben auftrug, so sollt ihr sie einfach und ohne Deutelei verstehen und sie mit heiliger Wirkung befolgen bis ans Ende.»
3. Der zweite Text stammt aus seinen *Ermahnungen*:
«Der Buchstabe tötet, der Geist schenkt Leben (2 Kor 3,6).

Der Buchstabe tötet jene
die nur danach streben Worte zu kennen
Um für weiser zu gelten als andere
Um großen Reichtum zu erlangen
Den sie ihren Verwandten und Freunden schenken

Der Buchstabe tötet jene Ordensleute
Die dem Geist der göttlichen Schrift

Nicht folgen wollen
Die nur danach streben mehr Worte zu kennen
Und sie andern zu erklären

Der Geist der göttlichen Schrift
Schenkt Leben jenen
Die jeden Buchstaben
Den sie kennen und zu kennen erstreben
Nicht sich selbst zuschreiben
Sondern in Wort und Beispiel zurückgeben
Gott dem höchsten Herrn
Dem alles Gut gehört»

35 Aus den beiden Texten können nun einige Prinzipien herausgehört werden:

1. Franziskus versteht das Evangelium als *Anrede*. Es ist die Sprache «des Höchsten», eine Rede von jemandem zu jemandem, ein ganz persönlich gemeinter Text, der eine Antwort verlangt, ein heiliger Ort der Begegnung.

2. Franziskus empfängt den Text, er nimmt ihn auf in der Haltung des Meditierenden, der Intuition, der *einfühlenden Liebe*, nicht in der Haltung des forschenden Zugriffes oder des kritischen Verstandes. Es geht hier nicht eigentlich um Erkenntnis, sondern um das Geschenk des Lebens. Thomas von Celano unterstreicht besonders diesen Aspekt: Franziskus «hatte ein tiefes Verständnis von den heiligen Schriften. Sein von aller Befleckung reiner Geist drang in die verborgenen Geheimnisse ein, und was der Schulweisheit verschlossen ist, zu dem fand sein *liebendes Herz* den Weg. Er las zuweilen in den heiligen Büchern und, was er einmal geistig erfaßt hatte, *das schrieb er unauslöschlich ins Herz*. Sein Gedächtnis ersetzte ihm Bücher; denn es konnte nicht vergebens sein, was er einmal mit Ohren vernommen hatte, *weil es dann die Liebe fortwährend mit voller Hingebung immer wieder bedachte*. Nur diese Art zu lernen und zu lesen nannte er fruchtbringend, nicht in tausenderlei Abhandlungen herumsuchen. Den hielt er für einen wahren Philosophen, dem nichts über das *Verlangen nach dem ewigen Leben geht*. Er versicherte auch, daß der leicht von der Selbsterkenntnis zur Gotteser-

kenntnis gelangen werde, der auf die Schrift achtend, *demütig, nicht vermessen, in ihr forsche.*»

3. Franziskus verbietet darum die mittelalterliche Exegese, welche durch Glossen das Eigentliche verstellt. Das Evangelium braucht *keine Glossen*, keine juristischen und kasuistischen Ausdeutungen, welche den Gehalt verwässern, keine akademischen Spitzfindigkeiten, die es vom Alltag entfernen und dann umdeuten. Das Evangelium soll unmittelbar, ohne Wenn und Aber reden können.

4. Ebenso verweist Franziskus andere *Lehrmeister* in ihre Grenzen, z. B. die Kirche. Der Anstoß zum Verständnis kommt unmittelbar aus dem Text, nicht von einer anderen Instanz: Der Allerhöchste selbst ... Die Kirche steht für ihn nicht am Ursprung des Verstehens, sondern am Ende. Sie kann aber prüfen, anerkennen, verwerfen. Franziskus geht darum nach dem umwerfenden Verstehen der Aussendungsrede zum Priester, wie er später mit der Regel nach Rom geht, um sich sein eigenes Verständnis bestätigen zu lassen.

5. Franziskus hält jedoch das *«Katholischsein»* auch für das Verstehen selbst für wichtig, aber nicht im Sinn eines statischen, vorgegebenen Maßstabes. Er erlebt dieses Katholischsein als dynamisierende Perspektive, als einen Sog, immer noch katholischer zu werden, also nicht irgendwo stehen zu bleiben, sondern immer noch mehr darüberhinauszuwachsen.

6. Franziskus liest das Evangelium *«unverzweckt»*. Er geht nicht mit der Absicht an den Text heran, dadurch intelligenter zu werden. Auch nicht, um an Geltung oder materiellem Gewinn zuzunehmen oder um eine größere Menge Informationen zu haben, die man dann an das Publikum weitergeben kann. Solche Absichten sind der Tod des Verstehens.

7. Für Franziskus will das Evangelium eine neue Praxis schaffen. Man soll es *«mit heiliger Wirkung befolgen»*. Es will also den Leser verändern und in die Nachfolge Jesu rufen. Zuerst ist er ganz allein gemeint. Und wenn dabei das Verstehen wächst, ein Verstehen, das Tat bedeutet, so nicht aufgrund eigener Leistung, sondern aus reiner Gnade, für die man zu Dank verpflichtet ist. Erst diese Haltung läßt aus der Schriftmeditation Geist und Leben hervorgehen.

36 Franz von Assisi ist vom Evangelium und der Bibel ganz durchdrungen. Er geht sehr frei mit den heiligen Texten um, zitiert oft aus dem Gedächtnis, oft unbewußt, so daß die Substanz eines Wortes in die eigenen Worte eingeht. Er kann oft nicht mehr unterscheiden, ob jetzt schon die Bibel spricht oder noch er. Jedenfalls fühlt er sich verpflichtet, seine Worte dem Mund Christi zu leihen: «Allen muß ich die wohlriechenden Worte meines Herrn vermitteln», steht am Anfang seines Briefes an die Gläubigen, und am Schluß: «Ich bitte euch in der Liebe, die Gott ist, und mit dem Wunsch, eure Füße zu küssen, daß ihr diese und andere Worte des Herrn Jesus Christus annehmt, tut und beobachtet.» Weil die Übergänge von den Worten Christi zu denen des Heiligen und umgekehrt fließend sind, wird es schwierig sein, die *Quellen* mit der gewünschten Klarheit auszumachen. Aber ein Versuch kann sich auf jeden Fall lohnen.

37 1. Immer wieder sagt man, daß die *synoptischen Evangelien*, also Markus, Mattäus und Lukas die franziskanische Lebensform ausmachen. Diese Ansicht ist heute zu ergänzen. Aber im Grundansatz bleibt sie gültig. Die Synoptiker sind tatsächlich so etwas wie die Steine, aus denen das franziskanische Haus aufgebaut ist.

2. Die wichtigste Stelle haben wir bereits kennengelernt: *Die Aussendungsreden* (Lk 9 und 10; Mt 10), die in Portiuncula den befreienden Aufschrei auslösen: «Das ist es, was ich suche ...» Sie sind also der zündende Funke, der die Leidenschaft Francescos entfacht, das Feuer, das Jesus auf die Erde geworfen hat und das nun in Franziskus brennt. Sie enthalten eigentlich sämtliche Grundanliegen des Heiligen und sind der eigentliche Hintergrund seiner Regel und seines Lebens: Wie die Apostel durch die Welt ziehen, das Reich Gottes verkünden, Kranke und Aussätzige heilen, die Welt entdämonisieren, umsonst arbeiten und wirken, weil man letztlich auch alles umsonst empfängt, ohne Eigentum, ohne Verteidigung, ohne Macht und Gewalt.

3. Eine zentrale Idee, welche das Leben des Heiligen und auch seine Regel, Briefe, Gebete bestimmt, ist der Satz: *«Gott allein ist gut»* (Lk 18,19). Der Gedanke eröffnet und schließt

das gemeinsame Beten. Er ist vor Augen zu halten, wenn man sich selbst und seine Werke beurteilen will. Kein Mensch und keine Gruppe darf sich als gut bezeichnen. Die selbstherrliche Selbsteinschätzung der Katharer darf keine Wiederholung finden. Alles Gute ist Erscheinung des allein guten Gottes.

4. Schon der Name des Ordens ist durch das Evangelium bestimmt: *«Wer der Größere unter euch ist, mache sich zum Kleineren»* (Lk 22,26). Weil es die ständige Zielsetzung aller Brüder und jedes einzelnen sein soll, sich gegenüber dem anderen immer als der Kleinere zu verstehen, sollen sie sich «Minderbrüder» nennen. Dazu gehört: *«Der Erste sei euer Diener»* (Mt 20,25—28). Darum lehnt Franziskus die bisher üblichen Amtsbezeichnungen ab. Statt Abt (Vater), Magister (Lehrer), Prior (Erster) nennt er die Amtsträger «minister» (Diener). Alle sollen sich als «unnütze Knechte» (Lk 17,10) wissen. Damit ist ein revolutionäres Organisationsprinzip eingeführt, denn für Franziskus sind Worte und Bezeichnungen nicht einfach Luft, sondern Wirklichkeit.

5. Stark ins Gewicht fällt in den Schriften des Heiligen auch die *Bergpredigt* (Mt 5,3—11), die Franziskus kreativ umgestaltet und in die Lebenswelt der Minderbrüder umsetzt. So entstehen die 15 Seligpreisungen, die zweite Hälfte der «Ermahnungen», die K. Esser «das Hohelied der inneren Armut und der christlichen Brüderlichkeit» nennt.

6. Die sogenannte *Goldene Regel* (Mt 7,12) findet vielfältige Anwendung: Man soll den andern in seiner Schwachheit ertragen, wie man in der eigenen Schwachheit ertragen sein möchte; als «Diener» gegenüber anderen Barmherzigkeit üben, wie man selbst Barmherzigkeit erfahren möchte; gegenüber Schuldiggewordenen Umsicht und Sorge walten lassen, wie man selber als Schuldiger behandelt werden möchte; Kranke so einfühlend pflegen, wie man selber gerne gepflegt sein möchte. Und wenn einer in der Diskrepanz von Wollen und Vollbringen steht und die franziskanische Lebensform nicht mehr zu leben vermag, soll man ihm die ganze Aufmerksamkeit und Umsicht zukommen lassen, die man für sich selber «im ähnlichen Fall» beanspruchen möchte. Dieser Begriff vom «ähnlichen Fall» als Übersetzung der Goldenen Regel läßt beliebig viele Anwendungen offen.

7. Ebenso konstitutiv sind die Stellen, welche ein radikales Hintersichlassen des *Besitzes* (Mk 10,17—31; Lk 18,22; Mt 19,21), des eigenen *Ichs* (Mt 16,24), der mitmenschlichen *Beziehungen* (Lk 14,26; Mt 19,19) fordern. Dabei ist freilich zu beachten, daß hier vielleicht die Kirche die Hand mit im Spiel hat, welche Franziskus und seine Gemeinschaft in die Tradition der evangelischen Räte einholen will.
8. Besondere Beachtung müßten dann auch die *Jugend- und Passionsgeschichten* Jesu finden: die irdische Existenz Jesu von der Krippe zum Kreuz will in der konkreten Lebensweise Francescos zur Entfaltung kommen. Freilich verweist gerade diese Aussage auf eine andere, ebenso notwendige Quelle: Johannes.

38 1. Wenn man die Schriften des Franz von Assisi aufmerksam studiert, drängt sich bald einmal eine überraschende Erkenntnis auf. Es stimmt gar nicht, daß sich Franziskus ausschließlich auf die Synoptiker und darum auf den irdischen Jesus konzentriert. Der erhöhte Christus des *Johannes* und dessen Schriften spielen eine große Rolle. Das ist übrigens gar nicht verwunderlich. Ist doch Johannes als Verfechter der wahren Menschwerdung Gottes ein Feind der Katharer, was diese aber nicht hindert, ihn als einen der ihren zu betrachten. Entsprechend seiner Haltung, nicht zu polemisieren, sondern durch eigene Verkündigung und Praxis «wiedergutzumachen», setzt Franziskus ihnen «seinen» Johannes gegenüber.
2. Der *Johannesprolog* (Joh 1,1—18) wird für Franziskus nicht nur dem Inhalt, sondern sogar auch der Form nach zu einer entscheidenden Quelle.
Eines Tages nämlich muß Franziskus auch für jene Männer und Frauen eine verbindliche Lebensweise aufschreiben, die an ihr Haus gebunden sind, aber dennoch seine Inspirationen teilen wollen. Er schreibt ihnen zunächst ein paar Sätze auf, die für das alltägliche christliche Leben wichtig sind und die vor allem auch — gegenüber den leibfeindlichen und antikirchlichen Katharern — das unterscheidend Christliche herausstellen. Es sind Sätze, die so oder ähnlich auch in der Regel der Franziskaner stehen. Mit der Zeit erweitert er diese Sätze und stellt ihnen einen Prolog voraus, eine Art Kommentar

zum Satz: «Und das Wort ist Fleisch geworden». Jesus ist das Wort des Vaters. Was er während 33 Jahren lebt, ist darum die Sprache Gottes. Das Wort ist eingegangen in das Fleisch unserer Menschlichkeit und Zerbrechlichkeit. Ein Beispiel, dem man folgen muß. Franziskus versteht sich und sein Leben also von Johannes her, als Konsequenz der Menschwerdung Gottes, als Ausdruck und Gegenwart des Wortes.

3. Die Art und Weise, wie Franziskus Gott, Jesus, der Eucharistie begegnet, ist johanneisch: *«Gott ist Geist, und alle, die ihn anbeten, müssen im Geist und in der Wahrheit anbeten»* (Joh 4,24). Eine rein innerweltliche Betrachtungsweise genügt nicht. Man muß hinaufgehoben werden auf eine neue Ebene des Sehens. Nur so wird deutlich, was die Eucharistie, wer Jesus, wer Gott eigentlich ist. Das zitierte Johanneswort wird zur Quelle für seine erste Ermahnung.

4. Franziskus zitiert häufig den Satz: *«Die Worte, die ich zu euch gesprochen habe, sind Geist und Leben»* (Joh 6,63), nicht immer den ganzen Satz, hie und da bloß den Ausdruck *«Geist und Leben»*. Er ist überzeugt von der Wirkmächtigkeit des Wortes, wo immer es verkündet wird, sei es von Theologen und Predigern, denen deswegen Respekt gebührt, sei es von der Heiligen Schrift oder ihm selbst in seinen Regeln und Briefen. Das Wort ist Leben, will Leben und Geist stiften.

5. Ein wichtiges Motiv ist für Franziskus *«der gute Hirte»* (Joh 10,1—16), der im Einsatz für die Schafe sein Leben riskiert und dem darum alle Aufmerksamkeit geschenkt und konsequente Nachfolge geleistet werden muß. Franziskus macht dieses Wort zu einer besonderen Ermahnung, es steht ihm aber auch vor Augen, wie er nach Ägypten abreist, um dort bei den Sarazenen sein Leben zu riskieren.

6. Die Szene von der *Fußwaschung* (Joh 13) steht immer vor seinem Geist, wenn er das Minderbrüderideal beschreibt, besonders auch bei der Organisation seiner Gemeinschaft: Jeder soll dem anderen die Füße waschen, besonders die «Diener». Und als Zusammenfassung seines Lebens läßt er sich vor seinem Sterben diese Stelle vorlesen.

7. Eine der wichtigsten Quellen für Franziskus ist der Satz: *«Ich bin der Weg, die Wahrheit und das Leben»* (Joh 14,6). Das Wort «Leben» kommt in den Schriften 63mal vor, gerade

auch im Zusammenhang mit der Regel (dieses Wort erscheint nur 26mal). Eine Leidenschaft für das Leben wird hier greifbar, der sich andere Wirklichkeiten wie Ordnung, Gesetz, Regel unterzuordnen haben. Seine erste Ermahnung ist eine Rückbindung dieses Lebens an Jesus und im Grund eine Auslegung der Johannesstelle. Man kann sogar sagen, daß sie das am meisten johanneische Werk des Heiligen ist.

8. Im gleichen Johanneskapitel steht ein anderer Satz, der bei Franziskus Widerhall findet und in vielen Schriften des Heiligen weitergeführt wird: *«Wir werden kommen und Wohnung bei ihm nehmen»* (Joh 14,23). Gott ist für Franziskus das innerste Geheimnis des Menschen. Viermal kehrt der Gedanke in Francescos Werken wieder, daß der Mensch die Wohnung des dreifaltigen Gottes ist. Jeder einzelne, zuerst aber Maria, ist eine Art konsekrierte Kirche, jeder ist Mutter, Braut, Bruder. Ja, Jesus ist sogar Sohn eines jeden. Eine Aussage, die einmalig ist und nicht einmal bei Johannes steht: «Ohne Zweifel finden wir hier uns ganz nahe bei Franziskus, der uns in außerordentlicher Weise das Geheimnis seiner mystischen Seele offenbart. Er erklärt uns mit Tiefe das dreifaltige Leben der Seele, indem er die Worte und Gedanken des Johannes aufnimmt, weiterführt und auf seltene und kühne Art auf alle in der Kirche anwendet, nach dem Modell Marias, die zur Kirche gemacht ist. Ein hervorragendes evangelisches Ideal!» (Optatus)

9. Eine der wichtigsten Quellen, die man in den Schriften des Heiligen feststellen kann, ist *das Hohepriesterliche Gebet Jesu* (Joh 17). 54mal zitiert Franziskus aus diesem Kapitel. Am meisten innerhalb des Passionsoffiziums, wo er die Psalmen mit einer johanneischen Einfügung verändert: Das Wort «Herr» ersetzt er meist mit «allerheiligster Vater». Immer wieder spricht er von der Liebe, die in diesem Gebet ausgedrückt ist. Und viele Schriften sind eine direkte Nachahmung dieses Gebetes, etwa das 22. Kapitel seiner Regula non bullata, eine Art Abschiedsbrief oder Testament, bevor Franziskus in den Orient verreist, aber auch das Testament von Siena. Vor seinem Sterben ist geradezu ein johanneisches Klima festzustellen.

In diesem Kapitel ist vor allem auch von der Sendung des Sohnes die Rede, an der Franziskus und seine Jünger teilhaben sollen: Die Menschen sollen hineinwachsen in die Sohnschaft Jesu. «Bis jetzt unterstreichen die franziskanischen Autoren vor allem die ‹apostolische›, äußere, missionarische Sendung, wogegen diese innere ‹sohnhafte› und ‹brüderliche› vergessen wird. Franziskus dagegen gründet seine Sendung in jener des Sohnes aus dem Vater, gemäß Joh 17» (Optatus).

10. Eine Quelle des franziskanischen Lebens ist auch *der erste Johannesbrief*, besonders der Satz: «Gott ist Liebe». (1 Joh 4,8—16). Neunmal wird er zitiert, jedoch nicht wörtlich, sondern in einer eigenständigen Formulierung: «In der Liebe, die Gott ist, bitte ich ... » «Das ist ein Satz, der den Wert eines Autogramms hat, eines persönlichen Siegels des Franz von Assisi. Er benützt sich seiner, um jene Dinge zu erbitten, die ihm am Herzen liegen und welche die innersten und höchsten Wünsche darstellen» (W. Viviani).

11. Schließlich ist auch die Apokalypse zu nennen, die vor allem das Gebetsleben des Heiligen bestimmt. Christus ist *«das Lamm, das geschlachtet ist»* und «das würdig ist, alle Macht und alles Lob zu empfangen» (Offb 5). Die Gesänge der himmlischen Liturgie, wie sie in diesem johanneischen Buch geschildert ist, werden von Franziskus aufgegriffen und in vielen Gebeten nachgeahmt.

12. Wenn man diese Aufzählung der wichtigsten Johanneszitate überblickt und bedenkt, daß auch viele einzelne Assoziationen und Sätze noch hinzugenommen werden müßten, dann sieht man, daß wir hier das Innerste des Heiligen anrühren. Von einem oberflächlichen *Christusbild*, das sich mit den Synoptikern begnügte, kann wahrhaftig nicht mehr die Rede sein. Wenn die Synoptiker das Haus darstellen, dann Johannes die Innenausstattung.

Eine dritte, nicht zu übersehende Quelle für das geistliche 39
Leben des Franziskus ist der *erste Petrusbrief*.

1. Fünfmal kommt der Ausdruck *«den Fußspuren Christi folgen»* (1 Petr 2,21) vor, noch viel mehr jedoch der davon abgeleitete Begriff «folgen». Dieser Ausdruck bezeichnet den Lebensnerv Francescos.

2. Immer wieder kehrt bei Franziskus der Gedanke wieder,

daß man allen Menschen, ja sogar der unvernünftigen Kreatur *«untertan»* (1 Petr 2,13) sein soll. Sowohl innerhalb der Bruderschaft oder der Kirche als auch bei den Sarazenen und gegenüber den Bestien, «sofern es ihnen von oben gegeben ist», soll der Minderbruder die Haltung einer vollständigen Disponibilität leben. Erst so ist einer wahrhaft «Minderer Bruder», auf dem der Geist des Herrn ruht.

3. Ebenso zentral ist der Gedanke, daß der Christ auf dieser Erde keine Heimat hat, sondern bleibend *«Pilger und Fremdling»* ist (1 Petr 2,11). Darum muß der Franziskaner auf die «stabilitas loci» der Benediktiner ebenso verzichten wie auf feste Bauten. Alles soll daran erinnern, daß man nur vorübergehend da ist.

4. Charakteristisch ist 1 Petr 1,22: «Der Wahrheit gehorsam, habt ihr euer Herz rein gemacht für eine aufrichtige Bruderliebe». Freilich muß man die Fassung der lateinischen Übersetzung der Bibel, der sogenannten Vulgata vor Augen haben. Dann wird noch deutlicher, wie Franziskus diese Stelle in seine Bruderschaft übersetzt. Dort werden nämlich Gehorsam und Liebe so zueinander gerückt, daß die Begriffe austauschbar werden, ebenso wie Brüderlichkeit und Liebe. Von «diesem wahren Liebesgehorsam, der allein Gott und dem Nächsten genügt» spricht Franziskus in vielen Stellen.

5. Die Kapitel 2—4 des ersten Petrusbriefes stehen auch sonst durch viele Assoziationen und Anwendungen im Hintergrund der Schriften Francescos, vor allem auch die Ausdrükke *«Gutes sagen (= segnen) und Gutes tun»*. Er sieht es geradezu als Sendung der Franziskaner an, die schlechte Rede und die schlechte Tat anderer zu ersetzen, (nicht einmal dagegen zu polemisieren, sondern einfach positiv «wiedergutzumachen»). Optatus geht so weit, daß er sagt, daß neben dem 17. Kapitel des Johannes kein Text so großen Einfluß auf Franziskus habe wie der erste Petrusbrief.

6. Verwandt mit diesen Gedanken aus dem ersten Petrusbrief sind zwei Anweisungen aus den Pastoralbriefen: Die Brüder sollen «nicht um Worte streiten» (2 Tim 2,14). Ebenso sollen sie «niemand schmähen, nicht streitsüchtig sein, sondern freundlich und gütig zu allen Menschen» (Tim 3,2). Das ist

das Grundgesetz, welches das Verhalten der Brüder inmitten der Welt immer und überall bestimmen soll.

Die vierte Quelle, aus der Franziskus täglich trinkt, sind die 40
Psalmen. Er hat sie ja schon als kleiner Junge kennengelernt und kann sie jetzt auswendig. Sie sind seinem Beten stets gegenwärtig. Er kann sie jeden Augenblick und für jede Situation abrufen. Aber er begnügt sich nicht einfach mit der Rezitation ganzer Psalmen, sondern geht kreativ damit um. Eine ganze Reihe neuer Psalmen entsteht um einen zentralen Gedanken herum, Meditationspsalmen zum Leiden des Herrn. Franziskus stellt sich das Bild Jesu vor Augen, als Gefangenen, Verratenen, Gefolterten, Verspotteten, Verurteilten, Erhöhten, Auferstandenen, Neugeborenen, und ordnet diesem Bild dann assoziativ Psalmverse zu, hie und da auch andere Stellen aus dem Alten oder Neuen Testament. Diese Meditationspsalmen heißen als ganzes Passionsoffizium und sind für das Gebetsleben Francescos wichtig.

1. Die Aufzählung der biblischen Quellen beweist, wie tief 41
und reich Franziskus dadurch geworden ist. Das Evangelium führt zu einer eindeutigen Überzeugung und zu praktischen Konsequenzen, die man eigentlich nur «exklusiv» formulieren kann, so wie das später die Reformatoren tun werden. Da und dort wagt es Franziskus selbst.

2. *Die Gnade allein* (sola gratia)! Das Evangelium befreit Franziskus von sich selber. Es hat emanzipative Wirkung. Je mehr Platz er dem Evangelium in seinem Leben einräumt, umso weniger ist er von sich und seinen Taten eingenommen. Man kann unmöglich behaupten, außer man verstünde nichts von Franziskus, er sei «ein Manager der Armut», ein «Leistungsfetischist» und würde «in höchstem Streß mit üblen Folgen» leben. Wenn man sein Testament liest, dann wird man sofort entdecken, daß Franziskus einen anderen in seinem Leben am Werk sieht: Gott, der ihn unter die Aussätzigen führt, der ihm in Süßigkeit der Seele und des Leibes verwandelt, was ihm vorher bitter war, der ihm Vertrauen in die Kirche gibt, der ihm Brüder schenkt, der ihm zeigt, daß er nach dem Evangelium leben soll, der ihm offenbart, den Frieden überall hinzutragen,

der ihn befähigt, die Regel schlicht und einfach zu schreiben. Gott ist es, der die Geschichte schreibt, nicht Franziskus. Hier und auch in anderen Schriften des Heiligen trifft man auf ein gelöstes Dasein, auf einen Menschen, der sich nicht in der eigenen Aktivität verkrampft, dessen Kreativität und Initiativen Ausdruck und Wirkung Gottes sind, dem man alles zurückgeben muß. Veränderung des Lebens und der Welt kommt nicht aus dem ichbezogenen Menschen, nicht aus der Hektik des Aktivismus, sondern aus Gnade allein.

3. Franziskus weiß, daß das Evangelium eine frohmachende Botschaft ist, weil die Gnade Gottes im Mittelpunkt steht. Wer sich auf sie einlässt, wird nicht einem düsteren Asketenleben verfallen können, das glaubt, alles selber leisten zu müssen. Er wird vielmehr die *Freude* im Gesicht geschrieben haben und anmutige Umgangsformen pflegen. Einmal muß Franziskus einige Brüder aufmerksam machen, daß sie doch nicht mit nebligem Blick und verkrampftem Gesicht durch die Welt ziehen sollen. Er findet diese Mahnung so wesentlich, daß er sie seiner Regel einfügt: «Die Brüder sollen sich hüten, sich traurig zu zeigen und als düstere Heuchler. Sie sollen sich vielmehr zeigen in der Freude des Herrn, froh und anmutig.»

Diese Freude soll selbst in der widerwärtigsten Situation Bestand haben. Sie stammt ja nicht aus der eigenen Tat, etwa daraus, daß Franziskus solche Wirkungen erzielt, daß alle Professoren der Universität von Paris gesamthaft in den Orden eintreten oder daß ihnen auch die Prälaten und Bischöfe der Kirche und die Könige Frankreichs und Englands nachfolgen oder daß schließlich alle Ungläubigen sich bekehrten. Die Freude des Franziskaners kommt aus der Gnade Gottes, die ein neues Sein schafft, das trotz aller Widerwärtigkeit immer noch Grund der Freude ist. Diese frohmachende Botschaft, daß Gott der Gnädige ist, hält Franziskus auch in seinem Apostolat durch. Er unterscheidet sich wesentlich von der Moralpredigt der Katharer und Waldenser, die mit dem Drohfinger auftreten und eine strenge Gerichtsatmosphäre verbreiten. Franziskus und seine Jünger singen ein Lied auf den guten Gott, schaffen eine Atmosphäre des Dankes, des Lobes, der Freude und sprechen dann erst die notwendige Forderung aus, sich zu bekehren.

4. Eine andere Konsequenz ist die alternative Handhabung der *Ablaßpraxis*. Man muß wissen, daß die Kirche für bestimmte Leistungen, etwa eine Pilgerfahrt nach Jerusalem oder Santiago di Compostela, die Teilnahme an einem Kreuzzug oder die Zahlung einer bestimmten Summe Geldes, einen Ablaß gewährte. Franziskus glaubt, daß solche Vorleistungen unchristlich sind und daß die Kirche sie folglich auch nicht fordern darf. Mit seinem Portiuncula-Ablaß, dessen Geschichte (oder Legende?) hier angefügt werden soll, unterhöhlt Franziskus ganz allgemein eine kirchliche Praxis, im besonderen aber die Kreuzzugsidee.
Franziskus geht also mit seinem Anliegen nach Rom. «Heiligster Vater, vor einiger Zeit habe ich zu Ehren der Jungfrau Maria, der Mutter Jesu Christi, eine Kirche restauriert. Nun bitte ich Ihre Heiligkeit, am Jahrestag der Kirchweihe diesem Ort einen Ablaß zu gewähren, und zwar ohne daß einer eine materielle Leistung erbringen muß». Der Papst antwortet: «Das geziemt sich nicht, denn wer einen Ablaß verlangt, muß ihn verdienen. Aber sage mir, wie viele Jahre Ablaß soll ich diesem Ort gewähren? Ein Jahr? Oder willst du einen Ablaß von drei Jahren?» Franziskus antwortet nicht, der Papst fährt fort: «Vier? — fünf? — sieben?» Darauf sagt Franziskus: «Heiliger Vater, geben Sie mir, bitte, nicht Jahre, sondern Seelen.» Der Papst versteht nicht und fragt: «Was meinst du mit Seelen?» Franziskus antwortet: «Wenn es Ihrer Heiligkeit gefällt und wegen der Wohltaten, die Gott an diesem Ort getan hat, möchte ich, daß jeder, der seine Sünde bereut und bekennt und, wenn notwendig, von einem Priester absolviert wird, beim Betreten dieser Kirche von aller Schuld und Strafe befreit wird — im Himmel und auf Erden.» — «Du verlangst viel, Franziskus, und es entspricht nicht den Gepflogenheiten des Heiligen Stuhls, einen solchen Ablaß zu gewähren.» — «Herr, was ich erbitte, erbitte ich nicht von mir aus, sondern im Namen dessen, der mich schickt, im Namen unseres Herrn Jesus Christus.» Auf diese prophetisch-autoritäre Aussage hin gewährt ihm der Papst jenen Ablaß, der noch heute besteht: «Ich bin einverstanden, so soll es sein. Im Namen des Herrn.»

42 1. *Allein das Evangelium* (solum Evangelium)! Diese Formulierung ergibt sich aus Francescos Testament, auch aus seiner Regel, die nichts anderes sein will als das Evangelium. Nicht nur, daß sich Franziskus unmittelbar, d. h. ohne theologische und lehramtliche Tradition, dem Evangelium stellt, macht ihn zum evangelischen Mann. Er will seine Regel auch freihalten von zusätzlichen und erschwerenden Gesetzesbestimmungen. Nach seinen eigenen Worten handelt es sich bei der Regel um einen kurzen, sehr einfach gehaltenen Text, der, nach dem Zeugnis der Biographen, nur ein Minimum an Bestimmungen enthält, die für das gemeinsame Leben unbedingt notwendig sind. Dieser ursprüngliche Text wird allmählich angereichert durch Meditationen, einige Warnsignale, welche sich aus der Erfahrung als notwendig erwiesen haben, und einige Bestimmungen, welche von der Entwicklung diktiert sind. Aber in jedem Fall hat die Regel keine eigene Autorität, sondern immer nur in ihrer Beziehung zum Evangelium.

2. Eine solche Regel hat aber auch ihre Nachteile. Sie läßt zu viel Spielraum für die Freiheit des einzelnen und zu wenig Anhaltspunkte für die sogenannte reguläre Observanz, d. h. man kann die Regel weder als Gesetzbuch noch als Maßstab deuten, die alles und jedes regeln. Und man kann darum mit einer solchen «Regel» auch nicht zu einem Minderbruder kommen und ihm sagen, daß er sich da und da einordnen müsse. Diesem Mangel wollen in der Abwesenheit Francescos einige *gesetzesfreudige Minister* abhelfen. Sie wollen Anleihen machen bei den traditionellen Regeln Benedikts, Bernhards und Augustins. Die Entwürfe einer solchen Regel werden Franziskus von ergebenen Brüdern hinterbracht, über das Meer hin nach Syrien, wo er gerade weilt. Mit Leidenschaft und sichtlichem Zorn wischt er die Entwürfe vom Tisch und läßt sich das Evangelium bringen. Er weiß, daß mit etwas anderem als dem Evangelium nichts gewonnen ist. Dieses zielt nicht auf äußere, sondern auf innere Konformität. Das Herz soll an der Gnade allein seinen Halt haben, das Leben im Evangelium allein verankert sein. Gesetze, Strukturen, Institutionen können, wenn sie das absolute Minimum überschreiten, das evangelische Leben nicht nur nicht herbei-

führen, sondern sogar hindern, vielleicht auch die Illusion wecken, daß alles in Ordnung sei.
Die Regel der Minderbrüder soll das Evangelium zur Sprache bringen, nichts anderes. Denn dieses ist die einzige Autorität des Christen. Alle anderen Instanzen empfangen Autorität vom Evangelium, bzw. von dem, der in ihm bezeugt ist, von Jesus Christus.

1. *Nur Kontemplation, Gebet, Liturgie* (sola oratio, nihil 43
aliud)! Für Franziskus ist das Evangelium der alleingenügende Inhalt seines Lebens. Er will darum in ausschließlicher Weise nur dem Evangelium leben, bzw. auf den hören, der sich in ihm ausdrückt: «Nichts anderes wollen wir wünschen, nichts anderes wollen, nichts anderes soll uns gefallen und erfreuen als der Schöpfer, der Erlöser, unser Retter, der einzig wahre Gott ... Nichts soll hindern, nichts trennen, nichts stören. Überall, an jedem Ort, zu jeder Stunde, zu jeder Zeit, täglich und fortwährend, wollen wir den ewigen Gott im Herzen behalten, lieben, ehren, anbeten, loben, segnen, verherrlichen ...» Von einem solchen Text her muß man sagen, daß Franziskus eine Gemeinschaft will, die ausschließlich der Kontemplation, dem Gebet und der Liturgie lebt. Es ist darum nicht verwunderlich, wenn Franziskus im Beten seine höchste Identität erfährt. Das läßt sich auch sprachlich feststellen: Jedesmal, wenn er in seinen Regeln, Briefen usw. das Wort Gott oder Jesus ausspricht, erhebt sich seine Sprache zum dichterischen Ausdruck.
2. Das Gebet und die Kontemplation ist also die eigentliche Heimat des Heiligen. Darum ist er zunächst versucht, sich und seine Brüder als *Einsiedlergemeinschaft* zu verstehen. Diese Idee fasziniert ihn sein ganzes Leben lang, auch nachdem er sich für eine andere Lebensform entschieden hat. Immer wieder zieht er sich in die Tiefe der Erde (Höhlen), auf ihre Höhen (Bergspitzen), auf Inseln, in Wälder, in verlassene Kirchen zurück, immer irgendwie an den Rand des Geschehens, um Gott ungestört zu verherrlichen. Er schreibt eine «Regel» für die, welche für einige Zeit ein solches Leben führen wollen. Darin unterstreicht er die Wichtigkeit der Einsamkeit, die durch nichts und niemand gestört werden

soll. Sie ist ihm also nicht etwas Negatives, sondern etwas Positives, das ihm die Chance der Gottbegegnung und des echten Zusichselberkommens gibt. Er betont die Wichtigkeit des Schweigens, der Stille, des geregelten Tagesablaufes, der kleinen Gemeinschaft, auch des brüderlichen Gespräches, sofern es «mit den Müttern» geschieht, d. h. mit Brüdern, denen Intimes anvertraut werden kann.
3. Aber auch mitten *im Lärm und in der Hektik der Welt* bleibt das Ideal des Eremiten gültig. Franziskus will es auch auf seinen apostolischen Reisen leben: «Wenn ihr auf Wanderschaft seid, so sei euer Wandel so ehrenwert, als ob ihr in einer Einsiedelei oder in einer Zelle geblieben wäret. Denn wo immer wir auch sind und wandeln, haben wir die Zelle bei uns. Denn Bruder Leib ist unsere Zelle, und die Seele ist die Einsiedlerin, die zum Gebet und zur Meditation darin weilt. Wenn daher die Seele nicht in der Ruhe und in der Einsamkeit ihrer Zelle bleibt, nützt eine religiöse, von Hand gemachte Zelle wenig.»

44 1. Über die oft tagelange, einsame Meditation und das Privatgebet Francescos weiß man naturgemäß sehr wenig. Was auf den Bergen und in den Höhlen, in den Waldlichtungen und den kleinen, verlassenen Kirchen sich abspielt, bleibt verborgen. Wir können nur erahnen, was sich da ereignet, wenn wir eine interessante Beobachtung bedenken. Franziskus lebt in einer *ständigen Gebetsbereitschaft*, in einer Haltung, die leicht in ekstatisches Schauen und Jubeln übergeht. Ein Bild, ein Wort, ein Ereignis, eine Begegnung — und schon ist er bei Gott. Selbst seine Briefe, Regeln und Testamente sind vom Gebet und von eigentlichen Gebetstexten durchdrungen. Immer wieder bricht der Gebetshintergrund durch.
2. Schon sehr früh wird Franziskus von seinen Gefährten als *Lehrmeister des Gebetes* angesehen. Schon in Rivotorto bitten sie ihn um Gebetshilfen. Franziskus stellt das Vaterunser in die Mitte, ebenso wie die Kreuzantiphon: «Wir beten Dich an, Herr Jesus Christus, hier und in all Deinen Kirchen auf der ganzen Welt. Wir segnen Dich, denn durch Dein heiliges Kreuz hast Du die Welt erlöst.» Er lehrt sie, diese Texte nach alter Vätertradition, der sogenannten «ruminatio», zu beten.

Diese Technik besteht darin, daß man ein Gebet in seinen Teilen ebenso wie als ganzes «wiederkäut», d. h. immer und immer wieder ausspricht und so in die Tiefe des Herzens einsinken läßt. Dazu lehrt er sie die verschiedenen Stufen der körperlichen Gebärde. Später, vor allem in der Kapuzinertradition, wird man hier ansetzen und tiefe Hintergründe aufzeigen: Die erste Gebärde ist das Stehen und dazu die Verneigung des Hauptes. Diese Haltung entspricht den Söhnen Gottes. Die zweite Gebärde besteht im Knien und geziemt den Knechten Gottes. Schließlich die dritte Stufe, welche den Schuldiggewordenen eigen ist: das Liegen auf der Erde, das Antlitz nach unten.

3. Es gibt noch andere Hilfen, die Franziskus seinen Brüdern gibt, etwa die großartige Gotteslitanei, welche er dem Bruder Leo schenkt — nach der Stigmatisation, damit dieser nicht so völlig außerhalb dieses tiefen Erlebens steht. Vor allem aber muß man *das Passionsoffizium* erwähnen, in dem die Art und Weise erkennbar wird, wie Franziskus betet und andere zum Beten anleitet. Er schreibt ja eine bestimmte Anordnung der Gebetstexte vor, welche für die Dynamik seines Betens bezeichnend sind:

An den Anfang des Gebetes stellt Franziskus das Vaterunser, wozu er für jeden Satz eine Erklärung schreibt. Der Beter kann nur richtig beten, wenn er am Gebet Jesu teilhat. Er muß in das intime Verhältnis des Sohnes zum Vater hineinwachsen, in eine johanneisch geprägte Einheit mit Gott, weswegen die Anrede bereits verändert wird: «O unser heiligster Vater ...»

Nach dem Vaterunser folgen Gebetstexte aus der Apokalypse. Im Horizont der Verheißung kommt der Mensch los von den Verbogenheiten der Welt. Darum begibt sich der Beter in seine eigene Zukunft. Er läßt sein Herz fortreißen in die himmlische Liturgie, in das Dreimalheilig der Engel vor dem dreifaltigen Gott und in den Lobgesang der Schöpfung. Alles soll zurückfluten zum «höchsten erhabensten Gott», alle Lieder, alle Herrlichkeit, aller Segen.

Der dritte «Ort» des Beters ist Maria in ihrer Verbundenheit mit den Heiligen. Franziskus ist sich bewußt, daß das Gebet Begegnung mit Gott ist. Er schließt daraus, daß der sündige

Mensch, auch er, Franziskus, die Heiligen als Fürbitter braucht oder auch, wie im Sonnengesang, die Geschöpfe, die Gott mehr gehorsam sind als der Mensch. Aus diesem Grund umgibt Franziskus das Psalmengebet mit einer marianischen Antiphon, einer Klammer, welche seiner Meditation Halt gibt.

Innerhalb der Klammer identifiziert sich der Beter nun mit einem Geheimnis aus der Passionsgeschichte Jesu, wobei die Geburt der Anfang und die Auferstehung die Vollendung dieser Geschichte ist.

Der Abschluß des Gebetes ist noch einmal die Haltung des Zurückgebens, wobei der Akzent dieses Gebetes auf dem Segen liegt, den die betende Gemeinschaft an Gott zurückgibt: «Segnen wollen wir Gott den Herrn, den Lebendigen und Wahren.»

Der Stand: Im Gehorsam stehen

45 Durch das Evangelium gewinnt Franz von Assisi einen neuen Standpunkt. Der Ort, an dem er und seine Gefährten stehen wollen, heißt Gehorsam.

Nun ist aber Gehorsam ein oft mißbrauchtes und mißverständliches Wort. Es fehlt im Vokabular des modernen Menschen, und wenn es doch einmal aufscheint, dann werden die Kräfte der Abwehr freigesetzt. Man darf es jedoch nicht einfach streichen. Schon deswegen nicht, weil es in der Sprache des Franziskus eine zentrale Stelle einnimmt und neben «Evangelium» das zweitwichtigste Wort ist. Aber auch der moderne Mensch muß jene Dimension zurückgewinnen, die mit diesem Wort gemeint ist und die durch andere Worte nur ungenügend zum Ausdruck gebracht werden kann.

46 Schuld an der Abwehr des Gehorsams trägt unter anderem das Schlagwort vom «Kadavergehorsam», das fälschlicherweise den Jesuiten angelastet wird. Der Ehrlichkeit halber muß gesagt werden, daß schon Franz von Assisi — wenigstens nach seinem Biographen Thomas von Celano — das Bild gebraucht, wonach der gehorsame Ordensmann einem

Leichnam zu vergleichen sei. Da das Bild aber aus der Tradition der Wüstenväter stammt, ist nicht einmal sicher, daß es von Franziskus selbst gebraucht wurde. Wie dem auch sei, man muß den Sitz im Leben beachten, also fragen, in welchem Lebenszusammenhang das Gleichnis erzählt wird:

Das Gleichnis ist eine Antwort auf eine bestimmte Situation. Franziskus stellt fest, daß die Verfügbarkeit der Brüder alles andere als vollkommen ist. Diese Feststellung wirft dann die Frage auf, was er sich denn unter dem vollkommenen Gehorsam vorstellt. Daraufhin braucht er das Bild vom Leichnam: «Nimm den entseelten Körper, und lege ihn, wohin du willst; du wirst sehen, er leistet keinen Widerstand gegen die Bewegung, er murrt nicht wider seine Lage, er widerspricht nicht, wenn man ihn liegen läßt. Setzt man ihn auf einen Thron, so richtet er den Blick nicht nach oben, sondern nach unten. Kleidet man ihn in Purpur, so erscheint er doppelt bleich. Das ist der wahrhaft Gehorsame. Er forscht nicht, warum er geschickt wird; er kümmert sich nicht darum, an welchen Platz er gestellt wird; er besteht nicht darauf, daß er versetzt werde. Wird er zu einem Amt befördert, bewahrt er seine Demut. Je mehr er geehrt wird, um so unwürdiger erachtet er sich.»

Gleichnisse sind immer in der Gefahr, mißverstanden zu werden, besonders wenn man nicht beachtet, wo die Pointe liegt. Diese ist, wie mir scheint, nicht das Unbeteiligtsein oder das Desinteresse, sondern die totale Verfügbarkeit, die Bereitschaft, an jedem Ort und unter allen Umständen zu dienen. Und wenn man bei Thomas von Celano zwei Sätze weiterliest, stößt man auf einen Ausdruck, der das Gleichnis noch verständlicher macht. Danach geht es Franziskus um eine «Gehorsamstat, an der Fleisch und Blut (vgl. Mt 16,17) keinen Anteil haben», d. h. in der das eigenmächtige, egozentrische Wollen nicht zum Zug kommt, sondern «die göttliche Eingebung» zur Dynamik des Menschen wird.

Für Franziskus ist Gehorsam, ebenso wie «Evangelium» und 47
die andern Begriffe des «Fünfpunkteprogramms» das Ganze. Besser gesagt: Gehorsam meint einen Aspekt, eine Ansicht des Ganzen, nicht nur einen Ausschnitt neben anderen. Franziskus ist nämlich überzeugt, daß der Mensch, der Christ zu-

nächst Hörer, Zuhörer ist und daß er im Hören auf die andern die eigentliche Freiheit erfährt und verwirklicht. Er ist gegen das eigenmächtige, allzuschnelle und darum oft falsche Tun. Er lebt selbst und fordert von andern die Priorität des Hörens gegenüber dem Tun. Hören muß ein Zustand des Menschen werden, eine Grundbefindlichkeit, der eigentliche Ort seines Lebens. Jakob von Vitry, dieser gute Beobachter und Zeuge des franziskanischen Lebens, sagt es in einer Predigt an die Minderbrüder: «Zuerst muß einer Hörer sein, dann Verkünder, zuerst Schale, dann Kanal, zuerst Schüler, dann Lehrer, zuerst Empfänger, dann Täter. Sehen wir zu, Brüder, wie sehr einer beschenkt werden muß, bevor er schenkt.» Gewiß ist dieses Zuhören zunächst gleichbedeutend mit Kontemplation und bezieht sich in erster Linie auf die Heilige Schrift, bzw. auf Gott, der sich in Jesus Christus durch diese Schrift bezeugt. Aber ebenso bezieht sich dieses Hören auf den Mitbruder, die Gemeinschaft, auf die Kirche, auf die verschiedensten Situationen, ja selbst auf die stumme Kreatur, wie Franziskus einmal sagt. Auf alles und auf jeden gilt es hinzuhören, ob sich darin der Wille Gottes kundtue. So wird Kontemplation auf die Beziehungsebene und in die tägliche Situation hineingetragen. Es gibt nichts, worauf sich Kontemplation und Hören nicht beziehen müßte.

48 1. Die franziskanische Brudergemeinschaft ist so sehr durch das gegenseitige Hören konstituiert, daß einer, der ohne Wissen und Einverständnis der Brüder etwas tut, *«außerhalb des Gehorsams»* steht. Und umgekehrt wird einer, der in die Gemeinschaft eintritt, *«zum Gehorsam angenommen»*.
2. Es gibt einige Geschichten über Brüder, welche diesen Zustand des Hörens aufgegeben haben. Da ist zum Beispiel einer, dem das franziskanische Ideal zu wenig ist und der nach «größerer Vollkommenheit» strebt. Er trennt sich von der Gemeinschaft und versucht, allein, einsam christlich zu leben. Bald aber verrennt er sich, er verfängt sich wie ein Vogel in der Schlinge, erfährt Unheil und seelische Not. Schließlich kehrt er zurück, in den Orden, in den Zustand des Hörens, in den *«Schoß der Mutter»*. Bezeichnenderweise ist das Motiv dieses Ungehorsams, bzw. dieses Lebens «außerhalb des Ge-

horsams» der Wille, heiliger und vollkommener zu sein. Ein andermal verläßt ein Bruder aus einem ähnlich «löblichen» Motiv die Gemeinschaft. Ohne Einverständnis der anderen, oder, wie man bis heute sagt, ohne Obödienz, macht er sich — und das ist noch einmal eine Mißachtung des Hörens — allein auf den Weg, um Franziskus zu sehen. Franziskus will ihm eine Lehre erteilen, indem er ihm die Kapuze abnimmt und in ein Feuer wirft. Weil alle sich vor der Erregung und dem Zorn Francescos fürchten, bemüht sich keiner, die Kapuze aus dem Feuer zu retten. Da befiehlt dieser, sie aus dem Feuer zu holen. Die Kapuze jedoch ist, zur Verwunderung aller, ohne Brandspuren. Thomas von Celano deutet das Geschehen: «Wenn dies auch den Verdiensten des Heiligen zuzuschreiben ist, so fehlt vielleicht doch nicht das Verdienst jenes Bruders. Ihn hatte nämlich das ehrfürchtige Verlangen, den heiligen Vater zu sehen, bezwungen.»

Die Gemeinschaft der Brüder ist also für das franziskanische Ideal wesentlich. Sie ist der notwendige Lebensraum des einzelnen, indem sie ihm das Hören als Zustand möglich macht.

3. Ebenso ist der *Gefährte und Begleiter* für die franziskanische Lebensform unersetzbar. Der Bruder, den die Sehnsucht zu Franziskus treibt, wird auch deswegen gerügt, weil er den Weg allein gegangen ist. Franziskus will, daß man nie allein, sondern immer mindestens zu zweit durch die Welt zieht, gemäß dem Evangelium (vgl. Lk 10,1). Er selbst will nie allein sein, auch nicht in den Einsiedeleien. Immer muß einer da sein, mit dem er beten kann, dem er zuhören darf, der ihm den Willen Gottes und der Gemeinschaft vermittelt. Mag der Gefährte um vieles jünger sein, gänzlich unerfahren und ein Neuling in der franziskanischen Lebensweise, er ist der Stellvertreter der Gemeinschaft, notwendig, um den Standort nicht zu verlieren, der Franziskus wie jedem anderen Minderbruder eigen ist: Der Gehorsam, der Zustand des Hörens.

1. Die Gemeinschaft ist für Franziskus und seine Jünger der 49
notwendige Lebensraum oder, wie sie sagen, der «Mutterschoß», ohne den sie nicht leben können, weil nur im Hören echtes Leben möglich ist. Dieser Mutterschoß zeigt sich nun

auch im Erbarmen, das die Gemeinschaft gegenüber jenen haben soll, die *schuldig geworden* sind.

2. Einmal macht ein «Diener» der Bruderschaft eine böse Erfahrung: Einige Brüder hören nicht auf ihn. Nicht nur das: sie schmähen ihn, mißachten seine Anordnungen, schlagen ihn. Darum hat er genug von seinem Amt und will sich in die Einsamkeit flüchten. Franziskus verwehrt ihm diesen Ausweg, heißt ihn zu bleiben und das Böse zu leiden. Und nun holt er aus zu einer großartigen Perspektive: Neues Leben wird möglich durch die *Vergebung*. Daran will Franziskus die Liebe erkennen, die der «Diener» für Christus und ihn selbst hat. Sein Versöhnungswille soll sich ausnahmslos auf alle Menschen beziehen, auf alle möglichen Versagen, selbst auf die Böswilligen und Rückfälligen. Es gibt überhaupt keine Schuld, die größer sein könnte als die Vergebung. Man soll also jemanden nicht bei seinem Versagen behaften, sondern ihm, indem man ihm vergibt, eine neue Zukunft eröffnen und ein anderes Verhalten ermöglichen. Franziskus geht weiter: Er verlangt vom Minister, daß er die ganze Bruderschaft von diesem Gedanken her zu beeinflussen versucht, er soll ein Klima der Vergebung schaffen. Schließlich schlägt er vor, den Gedanken nicht nur im Unverbindlichen verbleiben zu lassen, sondern institutionell durch ein besonderes Kapitel in der Regel zu verankern. Die päpstliche Kurie erlaubt diesen Zusatz nicht mehr, weil sie die Regel — im Unterschied zu Franziskus — für einen ein für allemal fertigen Text hält. Daß es nicht mehr zu dieser Einfügung kommt, ist aber nicht von Bedeutung. Entscheidend ist der Wille, der dahintersteht: Schuld mag den durch das Hören gestifteten Lebensraum gefährden, Vergebung stellt ihn wieder her.

3. Freilich ist auch *Franziskus* nicht immer auf der Höhe dieses Ideals. Er selbst verflucht einmal die Brüder, welche das Studienhaus in Bologna gegen seinen Willen durchsetzen, und er weigert sich, diesen Fluch zurückzunehmen. Und in seinem Testament läßt er Schuldiggewordene durch einen Instanzenweg nach Rom schleppen. Der Zorn spricht anders als die Gelassenheit.

1. *Gehorsam und Liebe* gehören bei Franziskus wesentlich zusammen, sogar so, daß die beiden Begriffe austauschbar werden. Gehorsam ist Brüderlichkeit, Einfühlung in den anderen. Jeder soll innerhalb der Bruderschaft Zuhörer finden: Wenn einer in Not ist, soll er erleben, daß der Bruder wie eine zuhörende und bergende Mutter ist. Wenn einer schuldig geworden ist, soll er wissen, daß ein Bruder verständnisvoll sein Ohr leiht und die Vergebung Gottes vermittelt. Wenn einer krank ist, soll er um das bitten, was er braucht und soll nicht auf taube Ohren stoßen. Wenn einer in die Krise der franziskanischen Berufung gerät, dann soll er keine Angst haben müssen, zu einem anderen zu gehen. Jeder Bruder muß sich als Zuhörer verstehen, der ohne Vorurteil und mit viel Einfühlung hört und dann das Notwendige tut, um die Not zu wenden. Darum ist hören immer mit «dienen» verbunden. Der Bruder ist als Hörer zugleich der Diener des anderen. Und der andere ist in seiner Not zugleich der Herr, dem man dienen muß. 50

2. Franziskus selbst ist ein *Modell* solchen Gehorsams. Eines Tages befindet er sich zusammen mit anderen mitten in der Fastenzeit. Sie haben sich vorgenommen, ohne feste Speise auszukommen. Da stöhnt mitten in der Nacht ein Bruder vor Hunger. Franziskus hört es und bereitet mit den Speisen, die gerade da sind oder auf dem Feld geholt werden, ein Mahl. Damit der schwachgewordene Bruder sich nicht beschämt fühlt, ißt Franziskus als erster.

Ein andermal sieht er, wie Bruder Leo bedrückt herumläuft, an seiner Berufung zweifelt, in der dunklen Nacht lebt. Franziskus gibt ihm einen Zettel mit seinem Autogramm, zusammen mit einer Zeichnung, die wir heute nur schwer deuten können, dem Segen und einem Gebet. Bruder Leo fühlt sich getröstet und glücklich. Ein andermal haben die beiden ein langes Gespräch. Wie Franziskus wieder zu Hause ist, läßt er die Not des Bruders noch einmal vor seinem Auge vorbeiziehen. Dann schreibt er ihm einen Brief, in dem er das Gespräch in einem Satz zusammenfaßt «wie eine Mutter dem Sohn» und hinzufügt: «Wenn es notwendig ist und du Trost brauchst und wenn du zu mir kommen willst, Bruder Leo, dann komm».

Die beiden Geschichten bezeugen nicht nur den zuvorkommenden Gehorsam und die Einfühlungsgabe des heiligen Franz, sondern unterstreichen auch seine geistliche Auffassung vom Gehorsam. Nicht erst dem Wort, sondern schon dem Gedanken, nicht erst dem Befehl, sondern schon dem Wunsch muß ein Minderbruder nach den Vorstellungen des Franziskus gehorsam sein.

51 1. Gehorsam ist auch gleichbedeutend mit *«Minoritas»*, der Steigerung des Dienens. In Jesus von Nazaret erkennt Franziskus das Geheimnis Gottes, in unserem Fleisch der Menschlichkeit und Zerbrechlichkeit das Wort des Vaters. Gott ist uns nicht erfahrbar als Allmächtiger und Herrscher, sondern als Demütiger und als Diener. Er ist nicht gekommen zu herrschen, sondern zu dienen. Er mag gewiß der immer Größere sein, in Jesus jedoch offenbart er sich als der immer noch Kleinere, als der, der auf Macht und Herrschaft verzichtet und den Weg der Demut geht. Darum darf kein Bruder über dem anderen stehen oder sich höher oder besser als ein anderer fühlen. Es muß sogar sein bleibender Wille sein, jede Überordnung, jedes Monopol und Privileg, jede Form von Vorzug und Machtausübung als Widerspruch abzulehnen. Die Brudergemeinschaft Francescos soll ein macht- und herrschaftsfreier Raum sein, indem es nur Zuhörer und Diener gibt, nicht aber Machthaber und Herren. Für diese Grundhaltung steht das Wort «Minoritas», die so wichtig ist, daß sie der Gemeinschaft den Namen gibt: Fratres minores, Mindere Brüder.

2. Zuhören, Dienen, Gehorchen sind also immer noch zur Steigerung fähig. Als bleibendes Symbol dafür steht die *Fußwaschung*, diese eindrückliche Geste Jesu. Sie muß stets die Aufmerksamkeit aller haben.

3. Franziskus weiß um das Paradox des Christen: «Wer sich erniedrigt, wird erhöht» (Mt 23,12). Er könnte jener Eremit sein, der — nach Jakob von Vitry — auf die Frage, wie man den Fangarmen entrinnen könne, von denen die Welt voll sei, zur Antwort gibt: *Sola humilitas! Die Demut allein!* Die Minderbrüder sind, so fährt Jakob von Vitry fort, «die Weiseren, da sie Christus nachfolgen und ihm ausdrücklicher gleichge-

staltet sind: Sie entäußern sich der Majestät bis zum Sklavendienst, des Reichtums bis zur Armut, der Ruhe bis zu Angst und Not, des Lebens bis in den Tod.» Selbstverständlich zeichnet hier der Prediger ein Ideal, nicht die Wirklichkeit, aber immerhin den Maßstab, an dem sich die Minoritas zu messen hat.

4. *Wenn sich Gehorsam und Minoritas trennen*, pervertiert das franziskanische Leben in das Gegenteil. Schon zu seinen Lebzeiten erlebt es Franziskus, daß die Minister Brüder als Kapläne an Fürstenhöfe schicken. Der Gehorsam ist gewahrt, die Minoritas aber verraten. Franziskus nennt sie «Fehlgeburten, die aus dem Mutterschoß gezogen wurden». In seiner Regel lehnt Franziskus privilegierte Stellungen wie Kämmerer und Kanzler und Präsidentenfunktionen als Verrat am Minderbrüderideal ab. Später wird er aus dem gleichen Grund höhere kirchliche Ämter für seine Brüder ablehnen. Er will, daß alle auf dem Basisstand bleiben, an jenem Ort, wo man hört, dient, und zwar in der Weise jenes Gottes, der sich zum Knecht gemacht hat und gehorsam war bis in den Tod (vgl. Phil 2,1—11).

52

1. Die Verbindung von Minoritas und Gehorsam führt zu einer *neuen Gemeinschaftsform* in der Kirche, die sich von den traditionellen Ordensgemeinschaften wesentlich abhebt. Die gültige hierarchische Ordnung ist bei Franziskus auf den Kopf gestellt.

2. Auch hier finden wir in der Predigt des *Jakob von Vitry* interessante Ausführungen. Nach ihm ist der Führer der Minderbrüder Gott, der Erzieher die eigene Vernunft, der Fürst eine nicht näher beschriebene Lehrinstanz: der Bruder, die Gemeinschaft, die Kirche, die Oberen, die Regel, wer weiß? «Die Franziskaner sind wie Heuschrecken: Sie haben keinen König, der ihnen auf ihren Wegen vorausgeht, denn nur wenige oder niemand übertrifft sie in der Armut und in der Demut. Sie haben keinen Erzieher in den Gesetzen, denn niemand könnte es wagen, ihnen solche Härte des Lebens zu diktieren. Und ihr Heer hat keinen Fürsten, denn wer könnte da vorausgehen und wer wäre größer im geistlichen Kampf?» Dem Außenstehenden erscheint also die Gemeinschaft der

Franziskaner ohne hierarchische Befehlsstruktur, als eine Schar von Brüdern, die durch andere Bande als die des Befehls und der Herrschaft aneinander gebunden sind. Modelle der Anarchie, welche allein durch innere Gesetzmäßigkeiten bestimmt sind, stehen den Minderbrüdern näher als Modelle der Hierarchie. Diese ist auf den Kopf gestellt: Wo in anderen Gemeinschaften die Obern stehen, stehen die Brüder, welche die anderen durch Zuhören, Dienen, durch Gehorsam und Minoritas überbieten sollen. Sie werden darum auch «ministri», «Diener» genannt. Mit ihnen sollen jene, die in anderen Gemeinschaften «Untergebene» sind, umgehen können wie Herren mit ihren Dienern. Selbstverständlich ist hier ein Gedanke auf die Spitze getrieben. In Wirklichkeit soll jeder der Diener und Untergebene des jeweils anderen sein. Die Minderbrüder sind demnach eine Gemeinschaft ohne hierarchische Spitze. Die ministri sollen im Gegenteil den Stand des Gehorsams von Amtes wegen in letzter Konsequenz leben.

53 1. Selbstverständlich kommt den *«Dienern»* auch eine besondere Kompetenz zu. Sie müssen erstens die Regel in ihrem eigenen Leben verkörpern und zweitens diese im Hinblick auf das Leben der Bruderschaft auslegen. Sie unterstehen darin der Beobachtung und Kritik aller. Für den Fall, daß sie dem ersten oder dem zweiten nicht entsprechen, sollen sie ermahnt, ja sogar abgesetzt werden. Die Kompetenz der «Diener» ist also eine verantwortete. Sie darf sich weder von der Regel entfernen noch von der Bruderschaft isolieren.
2. Unter dieser Voraussetzung kann der «Diener» auch in das Leben der einzelnen Brüder entscheidend *eingreifen*, ihnen zum Beispiel den Ort ihres Lebens und die Zugehörigkeit zu einer bestimmten Fraternität zuweisen. Er kann sie zur Predigt ermächtigen, zur Mission freigeben.
3. Seine Aufgabe ist allerdings *mehr geistlicher als organisatorischer Art*. Er soll jeden einzelnen Bruder besuchen, ihn in seinem Leben ermutigen, ermahnen, vielleicht korrigieren. Nie aber oder höchstens im äußersten Notfall darf er sich auf die Autorität berufen. «Was ist die Sprache der Autorität in den Händen eines unüberlegten Erziehers anderes als ein Schwert in der Hand eines Tollen?» Es braucht solche Autori-

tät nicht für jene, die im Gehorsam stehen. Und wenn die Sprache der Autorität notwendig wird, dann lebt einer ohnehin nicht mehr im Zustand des Hörens, der das Kennzeichen eines Franziskaners sein sollte.

4. Franz von Assisi selbst sieht sich gezwungen, die Autorität sprechen zu lassen. Er tut es sogar in einer Zeit, in der ihm selbst das Amt des «Dieners» abgeht. Im Testament spricht er diese Sprache, und zwar weil er die Kirchlichkeit in Gefahr sieht und die Ursprünglichkeit seines Ideals. Er ist ungehalten und zornig und ergreift das Mittel der Autorität, ja der Strafe, auf eine Weise, zu der wir heute keinen Zugang mehr haben: «Sollten sich einige finden, die das Stundengebet nicht nach der Regel beten, die es auf irgendeine Weise abändern wollen oder die nicht katholisch sind, sind alle Brüder überall im Gehorsam aufgefordert, wo sie einen solchen finden, diesen dem nächsten Kustoden vorzuführen. Der Kustos soll nachdrücklich im Gehorsam verpflichtet sein, ihn Tag und Nacht streng zu bewachen, wie einen Menschen im Gefängnis, damit er seinen Händen nicht entfliehen kann und er ihn persönlich in die Hände seines Ministers übergeben kann. Der Minister soll nachdrücklich im Gehorsam verpflichtet sein, ihn durch solche Brüder zu schicken, die ihn Tag und Nacht bewachen wie einen Menschen im Gefängnis, damit sie ihn der Sorge des Herrn von Ostia übergeben, der der Herr, Beschützer und Erzieher der ganzen Gemeinschaft ist.»

In der Dreigefährtenlegende steht ein Wort, das ich an den 54
Schluß dieser Ausführungen über den Stand der Minderbrüder stellen möchte: «Als einer von ihnen sah, daß man Steine auf einen andern warf, wollte er lieber, daß man ihn treffe als seinen Bruder, und dies um der Liebe willen, die sie beseelte. Sie waren bereit, daß einer für den andern sein Leben einsetzte. In der Demut und Liebe waren sie so fest gegründet und verwurzelt, daß einer den andern wie seinen Vater und Herrn ehrte; und jene, die durch das Amt eines Vorgesetzten oder durch eine andere Gabe ausgezeichnet waren, benahmen sich noch demütiger und bescheidener als die übrigen. Alle waren durch und durch gehorsam und stets bereit, den Willen des Befehlenden zu erfüllen».

Damit ist der letzte Grund für diese stete Hörbereitschaft angegeben: Die Liebe, die sie drängt, den andern höher einzuschätzen als sich selbst, jene Liebe, die auch Gott bewegt hat, Mensch zu werden und gehorsam zu sein. Um dieser Liebe willen, die letztlich Gott ist, können sie den andern als ihren Herrn anerkennen, dem sie gehorchen und dienen dürfen.

Die Vorentscheidung: «Die heilige Armut suchen, finden und treu festhalten»

55 Der dritte Begriff, der sich bei der Analyse der franziskanischen Regel aufdrängt, ist die Armut. Mehr noch als beim Begriff «Gehorsam» regt sich der Widerstand des modernen Menschen. Tatsächlich scheint es pervers, etwas als Wert zu empfinden und sogar dichterisch zu besingen, worunter der größere Teil der Menschheit zu leiden hat.
Nun kann selbst Franz von Assisi mit seiner radikalen Armut nie so arm sein wie ein Mensch, der nichts, nicht einmal ein Selbstwertgefühl hat. Wer an seiner Situation verzweifelt und keinen Ausweg sieht, ist durch Welten getrennt von einem Menschen, der freiwillig auf alles verzichtet. Mag Franz sich mit der nackten Existenz zufrieden geben, er weiß immer noch, daß dieser Verzicht einen Sinn hat. Dieser Unterschied zwischen aufgezwungener und freiwilliger Armut kann und darf durch nichts beschönigt werden.
Ich denke, wir sollten uns dieser Provokation überlassen. Nur so wird deutlich, was Franziskus und mit ihm die Tradition der «geistlichen Armut» im Grunde will.

56 Franziskus kann die Armut nicht genug preisen. Er spricht so von der «höchsten Armut», daß die Sprache der endgültigen Regel in Ekstase gerät. Das ist um so verwunderlicher, als diese typisch franziskanische Offenheit für Ekstase und die Bereitschaft zur dichterischen Form, wie sie zum Beispiel der vorausliegenden Regel durchgängig zu eigen ist, in diesem Regeltext vollständig fehlt. Der Wert «Armut» dagegen führt zu einem zweistrophigen Gedicht:

«Die Erhabenheit
der höchsten Armut
hat euch
meine geliebten Brüder
zu Erben und Königen des himmlischen Reiches bestellt
Sie macht arm an Dingen
Sie erhöht durch Tugenden

Sie sei eure Zuflucht
Sie führe euch
ins Land der Lebenden
Ihr sollt ihr
meine geliebten Brüder
ganz anhangen
Nichts anderes sollt ihr auf immer wollen
unter dem Himmel
Um des Namens
unseres Herrn Jesus Christus willen»

Wenn einer beim Sprechen über eine Sache zum Dichter wird, dann ist er ganz bei sich. Nur wenn Franziskus von Gott oder Jesus spricht, ist das so. Wie nahe muß ihm also die Armut sein? Sie ist sein Wesen, sein Halt, seine Zuflucht, das, was sein Herz erfüllt und beglückt. Armut ist für ihn also alles andere als eine düstere aszetische Maßnahme: Eine Grundhaltung, die mit der Freude des Herzens verbunden ist.

1. Die Armut ist in der franziskanischen Lebensform im Verhältnis zu anderen Werten eine *«Prärogative»*. Das heißt: Sie muß gegenüber anderen Wertvorstellungen bevorzugt, ja erkämpft werden. Denn die Armen stehen nicht zufällig an erster Stelle der Seligpreisungen (Mt 5,3). Die Armen sind «die privilegierten Erben jenes Reiches, das Jesus verkündet». Weil Jesus selbst zu diesen Armen gehört und weil er ihnen das Reich Gottes eröffnet, muß auch Franz von Assisi zu den Armen gehören und bei ihnen leben. 57

Es gibt eine frühe Schrift aus der franziskanischen Gemeinschaft, welche sich dieser Prärogative zuwendet: «Der Bund des heiligen Franziskus mit der Herrin Armut.» Darin wird die Ansicht geäußert, daß die Armut die «Grundlage», die

«Hüterin», das «Fundament» der christlichen Werthierarchie überhaupt ist. In ihr sind alle anderen Tugenden mitausgesagt, ohne sie gibt es kein christliches Heil.

2. Sehr oft hört und liest man, die Armut sei die Braut des heiligen Franz. Dieses Bild stammt jedoch nachweislich aus einer späteren Zeit, aus der Zeit der sogenannten «Niederen Minne». Für Franziskus ist die Armut, wie alle frühen Schriften über Franziskus bezeugen, die Herrin, die er verehrt, der er dient, die er besingt und der er die Treue hält. Er spricht sich also aus in den Formen der *«Hohen Minne»*, wonach die Armut nicht seine, sondern die Braut Christi ist. Jesus Christus hat sie mit besonderer Liebe gesucht, gefunden und geliebt. Als Braut dessen, der ihm und seinen Jüngern alles bedeutet, ist sie die Herrin. Sie ist darum eine Art «Person», zu der man in personalen Begriffen reden muß: «Zu dir kommen wir, unsere Herrin; wir bitten inständigst, nimm uns auf in Frieden. Knechte des Herrn der Heerscharen wünschen wir zu werden. Wir werfen uns dir zu Füßen und flehen dich demütig an, daß du mit uns zu sein dich herabläßt und uns der Weg seiest, zum König der Herrlichkeit zu gelangen, wie du ihm der Weg gewesen bist. So schließe Frieden mit uns, und wir werden gerettet sein, damit uns durch dich aufnehme, der uns durch dich erkauft hat.» Die Bitte wird dann im weiteren Ablauf der Schrift erhört. Es entsteht der Bund der Armen mit ihrer Herrin, der Armut, der Braut Christi.

3. Diese Aussage ist *ein Stachel im Fleisch der Kirche*. Denn sie behauptet, daß die Kirche nur unter der Bedingung der Armut der Neue Bund ist. Es ist darum nicht verwunderlich, wenn sich hundert Jahre später ein theologischer Streit darüber entfacht, ob die franziskanische Auffassung auch theologisch wahr sei. Papst Johannes XXII. wendet sich zwar nicht gegen die Auffassung, daß Jesus arm lebte, aber dagegen, daß er, wie die Franziskaner sagen, auf das «dominium» verzichtet habe. Das ist ein schwieriger Ausdruck und könnte etwa mit «Herrschaft» oder mit «Verfügungsgewalt» übersetzt werden. Heute ist klar, daß sich der Papst aus politischen Gründen so entscheiden mußte. Sonst hätte er ja auf seine politischen Funktionen verzichten müssen, ebenso wie auf die materiellen Güter.

Aber auch der Durchschnittschrist und die heutigen Franziskaner müssen sich von Franziskus verunsichern lassen. Das zeigte sich zum Beispiel an der Synode der Bistümer der Bundesrepublik Deutschland. In einem Beschluß mit dem Titel «Unsere Hoffnung. Ein Bekenntnis zum Glauben in dieser Zeit» steht: «Der Weg in die Nachfolge führt immer auch ... in die Armut und Freiheit der Liebe, in der Jesus am Ende selbst den Tod ‹überlistete›, da er nichts mehr besaß, was dieser ihm hätte rauben können. Er hatte alles gegeben, für alle. In solche Armut und Freiheit der Liebe, die sich zu allen gesandt weiß, ruft die Nachfolge. — Sie ruft uns dabei immer neu in ein solidarisches Verhältnis zu den Armen und Schwachen unserer Lebenswelt überhaupt. Eine kirchliche Gemeinschaft in der Nachfolge Jesu hat es hinzunehmen, wenn sie von den ‹Klugen und Mächtigen› (1 Kor 1,19—31) verachtet wird. Aber sie kann es sich — um dieser Nachfolge willen — nicht leisten, von den ‹Armen und Kleinen› verachtet zu werden, von denen, die ‹keinen Menschen haben› (vgl. Joh 5,7). Sie nämlich sind die Privilegierten bei Jesus, sie müssen auch die Privilegierten in seiner Kirche sein.» Daß solche Sätze an den Lebensnerv des modernen Menschen gehen, daß sie ihn in seinem Lebensstil angreifen und daß die Kirche als solche in Frage gestellt ist, ergab sich bei den vorausgehenden Diskussionen, die mit Leidenschaft geführt wurden, welche die eine oder andere Abschwächung zur Folge hatten, aber schließlich dennoch nichts an der Grundaussage ändern konnten.

4. Die urfranziskanische Schrift, welche die Prärogative der Armut so leidenschaftlich hervorhebt, erhebt ihre Stimme auch gegen zwei an und für sich positive Verhaltensweisen, *gegen die Klugheit und gegen die Vorsorge*. Sie behauptet, daß dahinter sehr wohl die Habsucht sich verstecken könne. Darum sei «solche Klugheit eher Verwirrung und solche Vorsorge mit allen Gütern verderbliches Vergessen zu nennen». Wer sich auf Franziskus berufen will, muß in der Armut einen Vorzug sehen, einen Wert, der durch nichts anderes ersetzbar ist.

1. In der Gerichtsverhandlung beim Bischof von Assisi wird 58
die Armut in Beziehung gebracht mit der *Vaterschaft Gottes*.

Franziskus heißt jetzt nicht mehr Sohn des Pietro Bernadone, sondern Sohn Gottes. Ausschließlich von dessen Erbe will er in Zukunft leben, nicht von der Substanz seines irdischen Vaters. Der Verzicht ermöglicht ein neues Menschsein, eine neue Geburt, nicht aus Fleisch und Blut, sondern von oben, aus dem Geist und der Wahrheit. Er ist jetzt ein anderer, arm zwar an materiellen Dingen, aber reich an göttlichem Leben.

2. Von daher ist Franziskus überzeugt, daß er und seine Brüder allein vom himmlischen Vater leben sollen. Er verzichtet auf Garantien und Sicherheiten, die von anderswo her als von Gott kommen. Ihm genügt zu wissen: Gott ist Vater, d. h. er wird schon sorgen. Mit dieser Argumentation erreicht er für sich und seine Brüder das *«Privileg der höchsten Armut»*. Die Kirche gewährt auf dem Weg des Privilegs, was von Rechts wegen unzulässig ist. Die Brüder dürfen ohne Besitz und Eigentum leben, die Kommunität ebenso wie die einzelnen Brüder. Nach einem jahrzehntelangen Kampf wird dieses Privileg auch auf die Schwestern der hl. Klara ausgedehnt.

Franziskus will an dieser Konzeption festhalten, selbst als aus der kleinen Schar eine große Menge geworden ist. Die «Diener» sehen das anders. Man muß doch etwas haben, womit man eine so große Menge ernähren kann. Sie wollen darum zwar die höchste Armut des einzelnen wahren, aber der Gemeinschaft als solcher Vorräte zugestehen. Da geht Franziskus in die Einsamkeit, zu Christus, betet, berät sich mit ihm. Er hört, wie Christus sagt: Sowohl die einzelnen wie die Gemeinschaft sollen nichts haben, weil sie seine Familie sei. Er sei immer bereit, für eine noch so große Brüderschar zu sorgen, sofern man nur auf ihn hoffe.

3. Franziskus nennt diese Vorsorge Gottes bzw. Christi *«Tisch des Herrn»*. Wenn man einmal den Lohn für die Arbeit nicht bekommt, soll man zum Tisch des Herrn Zuflucht nehmen, entweder betteln oder die Gaben empfangen, die den Brüdern gebracht werden. Die Brüder sollen in diesem Vertrauen auf den Tisch des Herrn leben. Wo immer Franziskus die Brüder aussendet, sagt er zum Abschied jedem einzelnen: «Richte dein Denken auf den Herrn, und er wird dich ernähren» (Ps 54,23). Im Vertrauen auf die Vorsorge Gottes sollen sie durch die Welt ziehen.

Es gibt viele Geschichten, welche dieses Vertrauen Francescos bezeugen: So hält sich Franziskus einmal in einer Einsiedelei bei Rieti auf. Sein Augenarzt ist auf Besuch. Franziskus will ihn zu Tisch laden, doch die Brüder haben nichts vorrätig. Trotzdem bleibt Franziskus bei der Einladung. Die Brüder decken den Tisch, ein wenig Brot und ein wenig Wein, was aber nie ausreicht, um ein Mahl zu halten. Da greift Gott ein: «Der Tisch des Herrn hat Erbarmen mit dem Tisch der Knechte. Es klopft an der Türe; man eilt sogleich hinzu und siehe, eine Frau bringt einen Korb, gefüllt mit schönem Brot, mit Fischen und Hummerpasteten, obendrein beladen mit Honig und Trauben. Die Tafelrunde der Armen jauchzt.» So kommt das Mahl trotzdem zustande. Thomas von Celano deutet diesen «wunderbaren Vorgang»: «So übersieht jenes väterliche Auge keineswegs die Seinen, nährt vielmehr die Bettler um so fürsorglicher, je ärmer sie sind. Der Armen Tisch ist reichlicher gedeckt als der des Fürsten, und zwar in dem Maß, als Gott im Schenken freigebiger ist als der Mensch.»

1. Wenn wir über Armut reden, tun wir das meist mit einem 59
negativen Vorzeichen, selbst wenn wir die freiwillige Armut meinen. Sie erscheint uns im Gewand des Verzichts. Nicht so dem heiligen Franz und seinen Brüdern, denen die Armut Reichtum ist. Sie glauben sogar, daß sie die *ursprüngliche Situation des Menschen* kennzeichnet und zur paradiesischen Existenz gehört. Dahin muß der Mensch zurückkehren. In der bereits mehrfach zitierten Schrift, sagt die Armut zu Franziskus: «Vor langer, langer Zeit war ich im Paradies meines Gottes (Offb 2,7), wo der Mensch nackt war. Ja, ich wandelte im Menschen und mit dem nackten Menschen durch jenen ganzen, überaus prächtigen Garten ohne Furcht und Bedenken, nichts Widriges argwöhnend. Ich glaubte, für immer mit ihm zusammen zu sein, denn recht, gut und weise ist er geschaffen worden vom Allerhöchsten und an den liebsten und schönsten Ort gestellt. Übergroß ist meine Freude, und ich spielte vor ihm allezeit (Spr 8,30); weil er nichts zu eigen besaß, war er ganz Gottes.» Nach diesen Worten ist Armut die Würde des Menschen, seine Gottunmittelbarkeit: nichts steht zwischen ihm und Gott, je weniger er hat, um so mehr

ist er Gottes. Armut ist nur ein anderes Wort für *«Geschöpf Gottes sein»*, *«Gott gehören»*.
Das Bekenntnis zur Armut ist demnach ein Bekenntnis zum Schöpfergott, der alles Gute, Schöne, Wahre schafft, alles Sein und Leben gibt. Franziskus folgert daraus, daß er sein Leben verdanken muß, weil es ihm letztlich nicht gehört. Er muß das Leben zu einem einzigen eucharistischen Hochgebet machen. Alles soll Zurückerstattung sein, Rückgabe, Antwort auf die Güte des guten Schöpfergottes: «Allmächtiger, heiligster, höchster und erhabenster Gott, jedes Gut, höchstes Gut, ganzes Gut. Du allein bist gut. Dir geben wir zurück alle Lieder, alle Herrlichkeit, alle Gnade, alle Ehre, allen Segen, alles Gute. Es geschehe. Es geschehe. Amen.»
2. Einmal bringt Franziskus diese *Grundhaltung* in einem eindrücklichen Gleichnis zur Sprache. Er predigt dem Volk von Terni. Auch der Bischof ist unter den Zuhörern. Wie Franziskus die Predigt beendigt, steht der Bischof auf und sagt zum Volk: «Der Herr hat seine Kirche immer ins Licht gestellt, am Anfang schon und heute wieder — durch heilige Männer, welche sie durch Wort und Tat schmückten. Gott hat diesen unansehnlichen einfachen und ungebildeten Mann ausgewählt. So liebt denn Gott und ehrt ihn, bewahrt euch von Schuld. Denn nicht jedem Volk tat Gott so Großes.» Darauf wirft sich Franziskus vor die Füße des Bischofs und ruft aus: «Ich sage ehrlich, Herr Bischof, bisher hat noch kein Mann mir solche Ehre erwiesen wie Ihr mir heute. Die anderen Menschen sagen immer nur: ‹Das ist ein heiliger Mann!› und schreiben die Ehre und die Heiligkeit dem Geschöpf zu und nicht dem Schöpfer. Du aber hast das Kostbare vom Billigen geschieden.» Hie und da sagt er auch: «Wenn mir Gott eines Tages seinen Schatz wegnehmen wollte, den er mir anvertraute, was würde mir dann bleiben außer dem Leib und der Seele, welche auch die Ungläubigen haben. Ich glaube, wenn Gott einem Verbrecher all die Gnade schenkte, die er mir gibt, er würde mit größerem Glauben und mit mehr Treue leben als ich. Es ist wie mit einem Tafelbild, auf dem Christus oder Maria dargestellt ist. Sie werden verehrt und in guter Erinnerung behalten. Das Holz und die Farben schreiben sich dennoch nichts zu, außer daß sie Holz und Farben

sind. So ist auch der Diener Gottes eine Art Gemälde, ein Geschöpf Gottes. In ihm wird Gott geehrt wegen seiner Wohltat, nicht der Diener. Dieser darf wie Holz und Farben sich nichts zuschreiben. Allein Gott ist die Ehre und die Herrlichkeit zu geben.»

3. Wer sich arm im Sinn Francescos weiß, realisiert, daß er nicht aus sich selbst lebt, sondern alles nur in der Weise des Empfangens hat. Gegenüber den häretischen Bewegungen der Zeit betont er, daß *auch der Leib* von Gott stammt: «Den ganzen Leib, die ganze Seele, das ganze Leben hat Er uns gegeben und gibt es noch.» Darum muß der Mensch Gott ganzheitlich lieben. In einem einzigen Satz braucht Franziskus zwölfmal das Wort «ganz»: dreimal um zu sagen, daß der Mensch ganz und gar von Gott geschaffen ist, neunmal dafür, daß er seinen Schöpfer ganz und gar lieben soll.

Nun erlebt Franziskus, daß der Leib seinem Wollen nicht immer nachkommt, daß er sehr oft störrisch und schwach ist. Er nennt ihn darum Bruder Esel und nimmt ihn in harte Zucht. So sehr, daß sein frühzeitiger Tod vielleicht auch darauf zurückzuführen ist. Wenn wir genau hinsehen, entdecken wir, daß diese schwere Aszese nichts zu tun hat mit der platonischen Leibfeindlichkeit. Franziskus bejaht den Leib als Geschöpf Gottes, er sieht in ihm einen, wenn auch störrischen, Bruder. Trotzdem kann ihm Thomas von Celano einen Vorwurf nicht ersparen: «In diesem Punkt allein standen Tat und Wort bei unserem heiligen Vater nicht in Einklang.» Franziskus selbst sieht diese Widersprüchlichkeit gegen Ende des Lebens ein und bittet seinen Bruder Esel um Vergebung für die vielen Kasteiungen, die er ihm zugefügt hat und wofür er jetzt nur noch das Wort «Sünde» kennt.

Armut will also den Gedanken der Geschöpflichkeit in der ganzen Tiefe ausloten: Alles, das Ganze soll Gott gehören und den Menschen nur in der Weise des Geschenkes zukommen, wofür dem Schöpfer immer und zu jeder Zeit zu danken ist.

1. Die *Sünde* des Menschen verkennt Gott den Schöpfer. Sie 60
besteht darin, daß der Mensch sich falsch versteht. Für das, was er ist oder tut, findet er eine selbstherrliche Erklärung. Er

deutet alles aus der eigenen Biographie, innerweltlich, innermenschlich. Er schreibt sich selber zu, was seine Quelle in Gott hat, beansprucht, was er zurückgeben müßte, greift nach Art des Besitzers nach dem, was ihm nicht gehört. Statt Gott zu rühmen, rühmt er sich selbst, statt Gottes Gnade die eigene Leistung. Er schließt sich selbst ein in Besitz, Bedeutung, Aktivität, Leistung, Eigentum, im Raffen, in einem *egozentrischen Weltbild*, in dem Gott ausgeschlossen ist, mag man seinen Namen noch so oft anrufen. Der Mensch ist seinem Ursprung entfremdet, fühlt sich nicht mehr als Geschöpf Gottes, weiß Gott nicht mehr als den Geber alles Guten und den Schöpfer allen Seins.

Diese Auffassung spricht Franziskus aus in einer Schriftmeditation zum Satz: «Iß von jedem Baum, doch vom Baum der Erkenntnis von Gut und Bös darfst du nicht essen» (vgl. Gen 2,16f.). Er deutet die Sünde Adams so, daß jeder sich in die Unheilsgeschichte hineinbegibt, der «seinen Willen sich aneignet und sich rühmt über die Dinge, die Gott in ihm sagt oder wirkt». In diesem Wort kommt die zutiefst innerliche Armutsauffassung zum Ausdruck, nach der Armut zunächst ein ganz bestimmtes Selbstverständnis bedeutet. Ein Mensch, der sich von Gott her versteht, kann im Grunde gar nicht ein raffender und besitzergreifender Mensch sein, wiederholt er sonst doch die Sünde Adams. In diesem Raffen und Besitzergreifen liegt nach franziskanischer Auffassung das Unheil der menschlichen Geschichte.

2. Diese Geschichte wird in der Schrift «Der Bund des hl. Franziskus mit der Herrin Armut» sehr eindrücklich geschildert. Sobald sich der Mensch dem Raffen oder, wie hier gesagt wird, der Habsucht überläßt, kommt eine Lähmung über den Menschen. Denn die Sicht auf den göttlichen Horizont wird verstellt und man bleibt in Situationen, und vor allem im Besitz eingeschlossen. Die Folgen sind: Kleinmut im Geist, Tod des Herzens, Traurigkeit und Resignation, lustloses Erfüllen der Gebote, mangelnder Lebensgeist, Verbitterung, gegenseitiger Neid. In einem Wort: *Trägheit*, die man bis in unsere Tage zu den sieben Hauptsünden zählt.

Es ist schon eine Provokation, wenn Franziskus die mangelnde Dynamik der Christen auf die Habsucht und somit auf die Kraft zurückführt, die der Armut entgegengesetzt wird. Die Dynamik des Christen kommt aus der Armut. Das ist die Überzeugung des heiligen Franz, er selbst ein Beweis dafür.

Für Franziskus gibt es so etwas wie die vergegenständlichte Sünde: das *Geld*. Es ist ihm das *Symbol für die Raffgier des Menschen*, für einen selbstherrlichen Lebensentwurf, für praktische Gottlosigkeit. Es steht für all das, was Franziskus hinter sich gelassen hat, für jenen Lebensabschnitt, den er «Sünde» nennt. Dort konnte er sich noch die Gunst Assisis kaufen, indem er verschwenderisch mit dem Geld seines Vaters umging. Jetzt aber will er aus Gott leben. **61**

Wenn wir die Schriften und das Leben Francescos unter dem Gesichtspunkt des Geldes studieren, fällt auf, daß er dem Geld gegenüber sehr aggressiv ist. Weil es in einem Zirkel gehen läßt, aus dem man nicht entkommen kann, weil es blind macht für die tieferen und religiösen Werte, will er es «mit Füßen treten», wie Staub ansehen, als Mist verachten. Die Biographen betonen, daß er nichts so wie das Geld verabscheut und daß er in ihm einen inkarnierten Teufel sieht, den man fliehen muß.

Einmal bringt Franziskus dieses Verhalten drastisch zum Ausdruck. Ein Kirchenbesucher läßt beim Kruzifix ein Geldstück zurück, in der guten Meinung, ein Opfer zu bringen. Wie er wieder gegangen ist, ergreift ein Bruder die Münze und wirft sie in die Fensternische. Schon die Berührung ist für Franziskus Grund genug, dem Bruder eine Lehre zu erteilen, die er nie mehr vergessen soll. Er heißt ihn, das Geldstück mit dem Mund aufzuheben, es zum Eselmisthaufen zu tragen und dort zu deponieren. Damit ihm auch durch den Geruch deutlich wird, daß Geld nichts anderes als *Mist* ist.

Wie sehr Franziskus im Geld eine antigöttliche Kraft sieht, kommt in einer anderen Geschichte zum Ausdruck. In den letzten Jahren seines Lebens, in denen immer mit dem Hinschied des Heiligen zu rechnen ist, läßt die Gemeinde von Assisi eine militärische Eskorte erstellen, um ihn zu begleiten. So kommen sie mit dem schwerkranken Mann in ein Dorf in der Gemeinde von Assisi. Sie haben Hunger und wollen sich etwas zu essen kaufen, können aber nichts finden.

Franziskus dagegen findet gastliche Aufnahme bei einem Mann, dem es eine Freude ist, Franziskus zu bewirten. Die Soldaten kommen zurück, ohne etwas gefunden zu haben. Franziskus sagt ihnen: «Deswegen habt ihr nichts gefunden, weil ihr auf eure Mücken baut, auf das Geld statt auf Gott.» Er schickt sie aus, im Namen Gottes um etwas zu bitten — und sie werden reichlich beschenkt.
Wo immer man hinschaut, entdeckt man, wie Franziskus im Geld ein sichtbares Symbol für die Sünde und die Gottlosigkeit sieht. Er kann darauf verzichten, weil die ökonomischen Verhältnisse ihm das gestatten, er muß es, weil es ihm mehr als ein Zahlungsmittel ist, dem gegenüber man neutral sein kann. Unterdessen haben wir eine gründliche Entmythologisierung des Geldes vorgenommen, um uns den Gebrauch ohne schlechtes Gewissen zu gestatten. Aber ob wir nicht doch zu harmlos sind im Umgang mit ihm?

62 1. Der Mensch lebt in der Fremde, nicht mehr im Ursprung Gottes, nicht mehr als Geschöpf, dem nichts eigen ist, außer daß es Gott gehört, sondern in der Sünde, in der Aneignung und im Raffen dessen, was ihm nicht gehört. Darum wird eine neue Initiative Gottes nötig, die den Menschen wieder zurückführt und zu Gott erhebt.
Gott selbst tritt in *Jesus von Nazaret* in die entfremdete Welt des Menschen ein. Er stellt den Ursprung wieder her, indem er *sich entäußert*, sich selbst enteignet, auf Macht und Vorzug verzichtet, unter den Menschen ein Sklave wird und am Kreuz den Tod eines Verbrechers stirbt. In völliger Nacktheit — deswegen muß Jesus auch noch die Bekleidung genommen werden — stellt das Kreuz das ursprüngliche Menschsein wieder her: Weil Jesus nichts zu eigen hat, nur die nackte Existenz, gehört er ganz Gott, ist Gottes Sohn (vgl. Mk 15,39).
2. Die Erlösung geschieht also auf dem Weg der Entäußerung, der Selbstenteignung. Damit ist durch Christus eine neue Existenzmöglichkeit des Menschen eröffnet. Die Tradition des geistlichen Lebens drückt das in zwei Formeln aus, die auch in der franziskanischen Spiritualität übernommen werden. Die eine Formel lautet: *«Als Nackter will ich dem Nackten folgen.»* Gemeint ist die radikale Armut, welche sich

Christus angleicht, die nichts hat, außer sich selbst, um sich Gott hinzugeben. Die zweite Formel soll hier auch gleich erwähnt werden, obwohl sie eine andere Stoßrichtung hat: *«Nackt mit dem Nackten kämpfen.»* Dahinter steht das Bild des antiken Ringkampfes: Der Christ will auf alles Verzichten, möglichst nichts haben, um dem Teufel keinen Anhalt, keine Griffmöglichkeit zu bieten. Die Erfahrung der Mystiker und Heiligen, auch jene Francescos, lehrt freilich, daß sich dann viel subtilere und gefährlichere Gefährdungen einstellen, denen auch feinere Kampfformen entsprechen. Denn wenn einer nichts mehr hat und nur vor dem eigenen Herzen steht, öffnen sich die Abgründe und Schlünde des eigenen Wesens, Mechanismen der Selbstvergottung, Wahnvorstellungen, Regungen und Bedürfnisse aus dem geschlechtlichen Bereich. Man muß sich nur an die Versuchungen des hl. Franziskus erinnern.
In der Tradition dieser Formeln formuliert Bonaventura das franziskanische Armutsideal so: Es handelt sich dabei um jene «Armut, durch die einer immer ausdrücklicher und gleichförmiger die Nacktheit des Kreuzes ergreift und dem nackten Gekreuzigten nachfolgt».

1. In der Regel steht schon am Anfang das Stichwort, das die 63
franziskanische Armut kennzeichnet. Es geht hier um ein ständiges Bemühen, *«ohne Eigentum zu leben»*, also um eine grundlegende Verneinung und Ablehnung des besitzergreifenden Verhaltens. Weder Besitz noch Verfügungsgewalt soll das reine Empfangen und Schenken verdunkeln oder gar verhindern. Unter diesem Gesichtspunkt ist Armut eine negative Haltung: sie verzichtet auf jede Form von Haben, Besitzen, Verfügen. Sie verlangt von sich aus nach dem positiven Aspekt, der unter dem Gesichtspunkt des Gehorsams Erwähnung fand, nach der einfühlenden, helfenden und dienenden Brüderlichkeit.
Franziskus versteht unter Armut einen ständigen Enteignungsprozeß, in dem alles dem eigentlichen Eigner, Gott, zurückgegeben werden soll: Worte, die man sagt, Taten, die man vollbringt, Fähigkeiten, die einem geschenkt sind, Ämter, zu denen man bestellt ist, Häuser, in denen die Gemein-

schaft wohnt, Kirchen, in denen sie betet — alles soll zurückgegeben und der Großzügigkeit Gottes verdankt werden.

2. Eine solche Auffassung, die so radikal auf jede Form des Besitzens verzichtet, führt bald einmal zu einer *raffinierten Unterscheidung*, die alles wahrt und alles verrät: Man kann ja etwas benützen, ohne es zu besitzen. So kehrt alles zurück, worauf man verzichtet hat, sofern man bloß jemanden findet, der sich als Besitzer des Hauses, der Kirche, ja auch der unzähligen kleinen Dinge zur Verfügung stellt. Bald einmal ist vieles nur noch eine rechtliche Fiktion: Der Heilige Stuhl, eine Stadt, eine Institution, die bloß auf dem Papier steht, ist Eigentümer, die Franziskaner Nutznießer. Schon zu Lebzeiten Francescos setzt diese Entwicklung ein. Das Testament zeigt bereits deutliche Spuren. Da gibt es Männer, welche für die Minderbrüder Kirchen bauen und andere, welche ein Grundstück zur Verfügung stellen, auf dem sich die Brüder niederlassen können. Franziskus wehrt sich in seinem Testament mit deutlich spürbarer Leidenschaft gegen diese «Mittelmänner», gegen die Dispensen und Privilegien, gegen die juristischen Auslegungen und Spitzfindigkeiten. Deswegen muß man ja nach dem Tod sogar diese Willenskundgebung durch päpstliche Interpretation als nicht verbindlich erklären lassen.

Papst Johannes XXII. wird gegen diese Ideologie ankämpfen: Unter der fiktiv gewordenen Armut verbirgt sich großer Reichtum. Die Glaubwürdigkeit der Franziskanerorden ist damit verloren, jene der Kirche in Mitleidenschaft gezogen. Darum verlangt der Papst vom Orden, sich zur Realität zu bekennen, die Entwicklung zu bejahen. Er will jedoch auch das Armutsideal selbst verändern, wieder im Sinn der alten monastischen Tradition als Ideal für den einzelnen, nicht aber für die Gemeinschaft. Das könnte wiederum Franziskus nicht akzeptieren. Die Gemeinschaft als solche muß ohne Eigentum leben, ebenso wie der einzelne.

3. Diesen gemeinschaftlichen Aspekt unterstreicht Franziskus in der Regel: «Die Brüder sollen sich hüten, in der Einsiedelei oder anderswo sich einen Ort anzueignen oder einen zu verteidigen. Sie sollen gütig aufnehmen, wer auch zu ihnen kommt: Freund oder Feind, Dieb oder Räuber.» Anders ge-

sagt: Der Eigentümer eines Hauses kann anderen Menschen auch den Zugang verwehren. Wer jedoch auf das Eigentum verzichtet hat, muß *sein Haus grundsätzlich allen öffnen.* Nicht einmal zwischen gut und bös zu unterscheiden, ist ihm gestattet.

4. Die *Geschichte von den Räubern in Monte Casale* erläutert diese Regelstelle. Männer, welche in der ganzen Gegend als Räuber bekannt sind, klopfen eines Tages an die Türe der Niederlassung und bitten um Brot. Die Brüder sind sich nicht einig. Die einen sagen: «Es ist nicht gut, ihnen Almosen zu geben, weil sie Räuber sind und den Menschen so viel und so großen Schaden zufügen.» Die andern aber sehen nur ihre Not und wollen ihnen geben, worum sie bitten, allerdings so, daß sie die Räuber gleichzeitig zur Umkehr ermahnen. Inzwischen kommt Franziskus nach Hause und trifft die diskutierenden und unschlüssigen Brüder. Er sagt zu ihnen, was sie tun sollen und was dann geschehen wird: «Geht, holt gutes Brot und guten Wein und bringt es in den Wald, wo die Räuber sind. Sagt: ‹Brüder Räuber, kommt zu uns, denn wir sind Brüder und bringen euch gutes Brot und guten Wein.› Sie werden gleich kommen. Legt dann ein Tischtuch aus, und legt das Brot und den Wein darauf, bedient sie demütig und mit Freude, so lange sie essen wollen. Nachher sagt ihnen als erstes, sie möchten euch doch versprechen, niemanden mehr zu schlagen und zu schädigen. Laßt es damit bewenden, denn wenn ihr alles auf einmal verlangt, werden sie nicht auf euch hören. Und wegen der Demut und der Liebe, die ihr ihnen gezeigt habt, werden sie es euch versprechen. Anderntags macht euch dann wieder auf den Weg. Und wegen des Versprechens, das sie euch gegeben haben, fügt zum Brot und zum Wein auch Eier und Käse und bedient sie beim Essen. Nachher sagt ihr: ‹Was tut ihr hier den ganzen Tag? Und sterbt vor Hunger und erleidet all die Unbill und fügt anderen Menschen Böses zu. Es ist doch besser, Gott zu dienen, der euch dann auch die notwendigen Dinge für den Leib gibt und schließlich auch eure Seele rettet.› Und Gott wird sie dann mit seiner Barmherzigkeit erfüllen und ihnen eingeben, wegen eurer Demut und eurer Liebe sich zu bekehren.» Die Brüder tun so, und es tritt ein, was der Heilige gesagt hat: Die Räuber

geben nicht nur ihr bisheriges Leben auf, sondern treten auch in die franziskanische Gemeinschaft ein, wo sie von ihrer Hände Arbeit leben wollen.
Die spätere Legende wird die Geschichte noch ausdehnen, indem vor allem der Guardian einen demütigenden Weg unter die Füße nehmen muß, weil er, der Hüter des franziskanischen Lebens in der Niederlassung, seinem Auftrag untreu war. Er muß die Räuber um Vergebung bitten. Wie immer aber, so oder so, zeigt sich darin, wie dem Verzicht auf Eigentum eine grundsätzliche Gastfreundschaft entsprechen muß.
5. Eine andere Anekdote, die in die Frühzeit des Ordens zurückgeht, ist eine Illustration zum Wort *«verteidigen»*, das in dem obengenannten Satz (63,3) steht. Der Bischof von Assisi meint, das Leben ohne Eigentum sei zu schwer und zu streng. Franziskus jedoch antwortet: «Herr, wenn wir irgendwelches Eigentum besitzen würden, so müßten wir unbedingt zu unserem Schutz auch Waffen haben. Daraus entstehen aber Streitigkeiten und Zank, und dadurch wird die Liebe Gottes und des Nächsten gewöhnlich stark gehemmt. Und deshalb wollen wir in dieser Welt nichts Irdisches besitzen.» Nirgendwo wird der große Zusammenhang der Liebe zu Gott und zu den Menschen so deutlich wie hier. Der Besitz löst diesen Zusammenhang auf, statt zu einen trennt er. Er zwingt zur Distanz, zur Verteidigung, zur Abgrenzung. Der Verzicht auf das Eigentum dagegen macht die Liebe möglich.
6. Schließlich ist auf die *Radikalität* hinzuweisen, die dieser Armutsauffassung zugrundeliegt. Franziskus will sich mit dem Existenzminimum begnügen, mit der Nahrung, mit der Kleidung, mit den für die Arbeit notwendigen Werkzeugen und (später) mit dem Brevier, also mit jenen Dingen, welche die Grundbedürfnisse des Leibes und der Seele zufriedenstellen. Alles andere erscheint ihm als Überfluß.

64 1. Bei einer solchen Grundeinstellung zu den Dingen dieser Welt muß auch die *Not* bewältigt werden, jene Situation, in welcher der Grundbestand des Menschlichen gefährdet ist, die *«necessitas»*, wie sie in der Regel des Franziskus genannt wird, welche den Menschen zwangsweise in äußerste Bedrängnis bringt. Nicht daß er und seine Brüder solche Situationen suchen sollen, aber sie werden sie zu erwarten haben, wenn sie den Verzicht auf das Eigentum und das Begnügen mit dem Existenzminimum ernst nehmen: «Man soll nicht nach dem Unglück verlangen; das ist wider die Natur; das ist eine Perversion; und das Unglück ist vor allem seinem Wesen nach das, was man wider Willen duldet. Wenn das Unglück fern ist, kann man nur wünschen, falls es über einen käme, möchte es eine Teilhabe am Kreuz Christi sein» (Simone Weil).

2. *Franziskus* kennt offenbar aus eigener Erfahrung die verschiedenen Formen der Not und Bedrängnis und weiß, wie sehr ein Mensch darin isoliert und verzweifelt sein kann. Er sprengt in seiner Regel die Mauern der Isolation in verschiedener Hinsicht. Zunächst einmal, indem er dem Bedrängten eine Perspektive gibt: In der Einheit mit dem bedrängten Christus soll er die eigene Not dulden, zulassen, sie bejahen und von daher den Mut finden, das Lebensnotwendige zu erbetteln. Denn, so folgert Franziskus weiter, durch seine Armut hat Christus ein für allemal allen Armen dieses Erbe und Recht erobert. An zweiter Stelle verweist Franziskus den Bedrängten an den Bruder: Er soll das Vertrauen haben, im Bruder einen Zuhörer zu suchen, der nicht nur alle Qualitäten einer fürsorgenden Mutter hat, sondern diese sogar überbietet. Schließlich verwirft er die Normen und Regeln, welche im Normalfall das Verhalten des Menschen regeln: In der Bedrängnis gibt es nur noch die Unmittelbarkeit des Gewissens vor Gott. Alle Gesetze können in Ausstand treten, um die Not zu wenden und als Mensch zu bestehen.

Auch die Gemeinschaft kann in Not geraten, wenn ein Bruder krank ist. Wenn sie sich überfordert weiß, dem Kranken aus eigenen Kräften die notwendige Pflege zu geben, sollen die Brüder außerhalb der Gemeinschaft nach Möglichkeiten suchen. Gegen die Not des Kranken soll alles Erdenkliche und Mögliche getan werden, um ihm die notwendige Zuwendung zu sichern.

3. Die franziskanische Geschichte ist der radikalen Armutsauffassung des Heiligen nicht gefolgt. Die Form wurde der Zahl angepaßt. Auf jeden Fall muß ein jeder diese Ausführungen als *Provokation* auffassen. Dabei muß er genau unter-

scheiden zwischen der Intention des Heiligen und den konkreten Ausformungen derselben. Während diese zeitbedingt und nur in einem falschen romantischen Sinn reproduzierbar sind, bleibt jene auch heute noch gültig.

65 1. Der Akzent der bisherigen Ausführungen lag mehr auf den theologischen Aspekten, auf Ableitungen aus dem Gedanken der Geschöpflichkeit des Menschen. Nun geht es um die sozialen Folgerungen, die Franziskus zieht. Wenn Gott der eigentliche Eigentümer ist und dem Menschen nichts gehört, dann muß dieser mit anderen Menschen zusammen *teilen*.

2. Die Biographen berichten seitenlang von der *Großzügigkeit des Heiligen gegenüber den Armen*. Sie ist ein Kennzeichen seines Charakters bereits in den Zeiten vor der Bekehrung und nimmt dann in dem Maß zu, wie seine Christusbeziehung wächst, bis er sich schließlich zu einem der ihren macht. Die solidarische Teilhabe an der Existenznot der Armen gehört zum verbindlichen Grundbestand der franziskanischen Spiritualität: «Die Brüder sollen sich freuen, wenn sie unter unbedeutenden und verachteten Leuten, unter Armen, Geisteskranken, Kranken, Aussätzigen und am Wegrand Bettelnden weilen.» Es drängt sie an den Rand, zu den Benachteiligten, um mit ihnen das Leben zu teilen.

Man kann sich darüber streiten, was einem Menschen mehr hilft: wenn einer das Leben mit einem anderen teilt oder wenn er ihm ein bißchen von seinem Vermögen abgibt. Dieses ist im Augenblick vielleicht die wichtigere Hilfe, weil sie einer konkreten Not begegnet. Jenes aber letztlich die weitsichtigere Haltung, weil sie einem Menschen das Gefühl der Würde gibt: Ich werde nicht um irgendeines Gutes willen geliebt und geachtet, sondern um meiner selbst willen, so sehr, daß einer sogar bei mir bleibt. Franziskus jedenfalls geht diesen Weg. Er ist nicht einer, der ein Sozialprogramm entwirft und durchsetzt. Die Möglichkeit und die Mittel dazu fehlen ihm. Aber er gibt alles, was er hat, sogar die Kleider von seinem Leib, wie die Biographen mehrfach erzählen. Die Brüder müssen es ihm verwehren, ihn aufmerksam machen, daß er kein Verfügungsrecht über seine Kutte hat. Er kann es einfach

nicht ertragen, daß ein anderer ärmer ist als er. Er muß teilen, was er hat und teilen, was er ißt.
3. Dieses Teilen wird den ersten Biographen so wichtig, daß sie in der christlichen Tradition nach Vergleichen suchen. Einer der Heiligen, der am meisten Verehrung findet, bietet sich dafür geradezu an: der *hl. Martin von Tours*, der seinen Mantel mit einem Armen teilt. Die Biographen überbieten dieses Beispiel, indem sie sagen, daß Franziskus vom Pferd heruntersteigt, also sich auf die gleiche Ebene mit dem Armen begibt und daß er den Mantel nicht bloß teilt, sondern als ganzen verschenkt. Darin mag eine gewisse Überheblichkeit der Franziskaner mitschwingen, vielleicht auch bloß Begeisterung. Jedenfalls ist ihnen im hl. Martin ein Symbol für franziskanisches Teilen ansichtig geworden.

1. Weil die Begegnung mit den Aussätzigen in der Lebensge- **66**
schichte des heiligen Franz eine entscheidende Rolle spielt, bleibt er ihnen ein Leben lang verbunden. Seine Solidarität bezieht sich vorwiegend auf diese Gruppe, die von der Gesellschaft so schrecklich unmenschlich behandelt wird. Die Aussätzigen sind ihm so etwas wie ein Sakrament, ein Zeichen, unter dem Christus zu suchen und zu glauben ist, der «Christus leprosus» (*«der aussätzige Christus»*). Er gibt ihnen darum auch einen neuen Namen: «Christliche Brüder».
2. Aus diesem Grund will Franziskus auch die Schicksalsgemeinschaft mit den Aussätzigen zum *Fundament des Ordens* machen. Er schickt alle Novizen durch diese harte Schule der Demut: «Am Anfang des Ordens wollte Franziskus, nachdem sich die Zahl der Brüder zu mehren begann, daß alle in Aussätzigenheimen wohnen, um den Aussätzigen zu dienen. Adeligen und Niederen, die in den Orden eintreten wollten, sagte er, daß sie den Aussätzigen dienen und in ihren Häusern wohnen sollten.»
3. Diese *Schicksalsgemeinschaft* wird in den vorliegenden Dokumenten sehr deutlich. Es gibt Brüder, die sich einen Aussätzigen als Gefährten wählen. Bruder Jakob z. B. nimmt eines Tages einen besonders stark verwundeten und eiternden Aussätzigen mit zur Niederlassung der Brüder in Portiuncula. Nun hat aber Franziskus angeordnet, daß es weder für die

Gesunden noch für die Kranken gut sei, wenn so stark vom Aussatz Befallene sich außerhalb des Heimes aufhalten. Er schilt darum den Bruder, vor allem auch deswegen, weil der Aussätzige die Leute abschrecken könnte. Aber wie er die Schelte ausgesprochen hat, reut es ihn, und er will als Buße mit diesem Aussätzigen aus einer Schüssel essen. «Franziskus und der Aussätzige setzten sich an den Tisch, die Schüssel zwischen beiden. Der Aussätzige war buchstäblich mit eiternden Wunden übersät. Vor allem die Finger, mit denen er aß, waren verformt und blutend, so daß jedesmal, wenn er in die Schüssel griff, Blut ins Essen floß.» Es handelt sich hier um einen Augenzeugenbericht, nicht um eine Legende, die etwas überzieht oder gar erfindet, so sehr man versucht sein mag, die Geschichte ins Legendarische zu verlegen.

4. Im Anschluß an die grundlegende Schicksalsgemeinschaft mit den Aussätzigen wird auch verständlich, was Bruder *Johannes a Capella* unternimmt, der innerhalb der franziskanischen Bewegung den Ruf eines Verräters hat und der sich darum auch erhängt haben soll. Offensichtlich steht hier das Judasmotiv im Hintergrund. Daß er allerdings eigene Vorstellungen über die Verbundenheit mit Aussätzigen hat, ist gewiß. In der Abwesenheit Francescos sammelte der Bruder «eine große Schar von Aussätzigen, Männern wie Frauen, um sich, machte sich aus dem Orden davon und wollte Stifter eines neuen Ordens sein. Er verfaßte eine Art Regel und stellte sich, um sie bestätigen zu lassen, mit seinen Leuten dem Apostolischen Stuhl vor.» Offenbar geht ihm Franziskus zu wenig weit. Johannes will, daß die Aussätzigen voll- und gleichberechtigte Mitglieder seines Ordens sind. Doch die päpstliche Kurie will davon nichts wissen. Sie weist Bruder Johannes mit Schimpf und Schande weg. Über das weitere Schicksal dieser Gemeinschaft wissen wir nichts, außer daß Johannes selbst aussätzig geworden ist.

5. Von welcher Einfühlungsgabe Franziskus für *die Kranken* ist, zeigt folgende Geschichte: Ein alter, kranker Bruder aus der ersten Zeit weilt in Portiuncula. Es herrscht äußerste Armut, und man lebt doch in größter Freude. Da sagt sich Franziskus: «Wenn dieser Bruder reife Trauben zu sich nähme, ich glaube, sie würden ihm helfen.» Anderntags steht Franziskus

frühmorgens auf, holt den kranken und schwachen Bruder und führt ihn in den nahegelegenen Weinberg. Er sucht sich eine Rebe, an der gute und gesunde Eßtrauben hangen, setzt sich mit dem Bruder zu ihr hin und beginnt zu essen, damit sich der Bruder nicht zu schämen braucht. Tatsächlich kommt dieser zu neuen Kräften und erzählt ein Leben lang, was Franziskus für ihn getan hat.

1. *Nichts ist heiliger* als die Armen. Nicht einmal das Evange- 67
lium oder der Muttergottesaltar. Die Bedürfnisse der Kontemplation und Devotion haben gegenüber den Bedürfnissen der Armen zurückzutreten. Die beiden diesbezüglichen Anekdoten sind es wert, hier in Erinnerung gerufen zu werden.
2. Bei der ersten Geschichte muß man vorausschicken, daß der Besitz eines *Evangeliums* zur Zeit Francescos eine Seltenheit ist, weil es ein Vermögen kostet. Denn ein Mönch muß ein ganzes Leben aufbringen, um es abzuschreiben. Auf nicht mehr feststellbaren Wegen kommt die Brüdergemeinschaft von Portiuncula zu einem solch wertvollen Schatz. Wertvoll in doppeltem Sinn, denn das Evangelium ist zudem für die Brüder die Quelle des Betens und der Kontemplation, der Ort, an dem sie ihre Lebensform täglich innerlich erneuern können. Nun kommt eines Tages die Mutter zweier Brüder zu Franziskus. Sie ist in Not geraten und sucht bei ihm Hilfe. Dieser wendet sich an seinen Stellvertreter, den Bruder Petrus Catani: «Haben wir für unsere Mutter ein Almosen?» Der Bruder verneint die Frage: Es sei gar nichts mehr im Haus außer dem Neuen Testament. Und das würde doch wohl für die Matutin gebraucht. Doch Franziskus: «Gib unserer Mutter das Neue Testament. Sie soll es verkaufen um ihrer Not willen, denn im Buch steht, daß man den Armen zu Hilfe kommen soll. Ich glaube, es gefällt Gott mehr, wenn wir es verschenken, als wenn wir bloß daraus lesen.»
3. Eine andere Geschichte zielt in die gleiche Richtung. Auch hier muß man eine Bemerkung vorausschicken, um sie zu verstehen. Die Brüder müssen beim Eintritt in den Orden alles verschenken, was bisher ihr Besitz war, und zwar an die Armen. Dabei darf der Orden in keiner Weise profitieren, wie die Regel ausdrücklich festlegt. Nun sind die Brüder eines

Tages in Not und darum versucht, entgegen der Regel vom Ordenseintritt eines Bruders zu profitieren. Sie wollen sich von ihm beschenken lassen. Franziskus ist mit dieser Lösung nicht einverstanden und sieht in ihr eine Versuchung, die mit allen Mitteln abzulehnen ist. Er schlägt vielmehr vor, den *Schmuck des Muttergottesaltars* gegen notwendige Lebensmittel einzutauschen und fügt hinzu: «Glaube mir, (Maria) wird es lieber haben, wenn wir das Evangelium ihres Sohnes beobachten und ihren Altar berauben, als wenn ihr Altar geschmückt bleibt, ihr Sohn aber verachtet wird. Der Herr wird jemand schicken, der der Mutter zurückerstattet, was sie uns geliehen hat.»
So bleiben Kontemplation und Liturgie nicht im Unverbindlichen. Sie sind, was sie sind, nur wenn sie mehr Menschlichkeit, mehr Gerechtigkeit, mehr Liebe zur Folge haben.

68 Schließlich ist die *nomadische Existenzweise* der ersten Franziskaner eine Form der Armut. Sie weigern sich, Häuser, Klöster und feste Bauten zu haben. Ihre Niederlassungen heißen schlicht «Orte». Meist übernachten sie ohnehin im Freien, in Kirchen, Höhlen, auf Bauernhöfen, in Aussätzigenheimen, in Backstuben, bei fremden Leuten. Erst später bauen sie — teilweise trotz Widerstand des Heiligen, teilweise mit dessen Einverständnis — Klöster. Die ersten Versuche, in Portiuncula und Bologna Häuser zu errichten, werden von Franziskus mit eigenen Händen zu vereiteln gesucht. Denn nach seiner Meinung sollen die Franziskaner «Pilger und Fremdlinge» sein, die auf der ganzen Erde nichts besitzen als die Verheißungen Gottes. Alles soll davon sprechen, daß die Franziskaner nur vorübergehend da sind, auf der Durchfahrt. Die Heimat ist anderswo, nicht auf Erden. Damit wird die franziskanische Armut zu einem Zeichen, das auf die Zukunft hinweist. Weil es eine absolute Zukunft gibt, wollen Franziskus und seine Jünger arm sein an Dingen. Franziskus weiß, daß er dadurch die Chance hat, reich an lebendigem Leben zu sein.

1. Erst an vierter Stelle möchte ich über das Verhalten Francescos zur Welt sprechen, obwohl da und dort immer schon auch davon die Rede war. Das hat zunächst einen rein formalen Grund: In dieser Reihenfolge fallen die Stichworte bei Franziskus selbst: Evangelium, Gehorsam, Armut, Welt. Die Reihenfolge scheint mir wichtig zu sein, um auch die Sache, um die es geht, richtig verstehen zu können. Man soll nicht die Meinung haben können, franziskanisches Weltverhalten könne losgelöst vom Evangelium, vom Zustand des Hörens und von der Armut gelebt werden. Tatsächlich muß das alles bei der Reflexion über die Welt mitbedacht und beim Ziehen durch die Welt mitgelebt werden. 69
2. Wonach die Welt verlangt und was die Franziskaner zu bringen haben, ist nicht in erster Linie eine bestimmte Tätigkeit, sondern ein ganz bestimmtes Leben, eben das Leben, das mit den Stichworten «Evangelium», «Gehorsam» und «Armut» umschrieben ist. Franziskus betont einmal, die Brüder «seien in jüngster Zeit vom Herrn dazu gesandt, den vom Dunkel der Sünde umhüllten Menschen Beispiele des Lichtes zu zeigen». Und ein andermal sagt er, der franziskanische Lebenswandel müßte so sein, daß alle Menschen in Jubel und ins Lob Gottes ausbrechen. In einer Auslegung zu Ez 3,18—20: «Wenn du dem Gottlosen seine Gottlosigkeit nicht verkündest, will ich seine Seele von deiner Hand fordern», trifft Franziskus die Mitte seines Anliegens: «Wenn das Wort ganz allgemein verstanden werden soll, fasse ich es so auf: Der Knecht Gottes muß durch sein heiligmäßiges Leben so sehr zu einer Flamme werden, daß er durch das Licht seines guten Beispiels und durch die Sprache, die sein Leben spricht, alle Gottlosen im Gewissen trifft. So, meine ich, wird *der Glanz seines Lebens* und der Wohlduft seines guten Rufes allen ihre Sündhaftigkeit kundtun.» Man muß also die Akzente richtig setzen, wenn man vom Verhalten zur Welt reden will.

1. Noch einmal ist mit der Feststellung zu beginnen: Nichts anderes als das Evangelium will Franziskus leben und ihm 70

stündlich, täglich, unaufhörlich zugewandt bleiben. Gerade dieser Wille aber führt zur *Krise* seiner Berufung. Statt zu beruhigen, bedrängt ihn die Meditation, denn ein sehr beunruhigendes Geschehen steht da im Mittelpunkt: der Gekreuzigte, die Passion Jesu, das Leiden Gottes an der Welt. Franziskus erkennt, daß dieses Geschehen die Welt angeht, daß sich Jesus für alle Menschen hergibt und daß dies die einzige Möglichkeit ist, wovon Menschen leben können. Darf er dann noch für sich allein leben, fern von der Welt, in ausschließlicher Kontemplation? Muß er nicht vielmehr sich auf die Straßen der Welt begeben, um den Menschen das Heil zu verkünden und das Reich Gottes anzusagen? Wird sein Blick auf Gott nicht mit göttlicher Kraft heruntergerissen in die Niederungen der Welt? Mit dieser Fragestellung geht er zu Schwester Klara und zu Bruder Silvester. Beide Gespräche führen zum gleichen Ergebnis: Er darf nicht für sich allein leben, sondern für den (Christus), der für alle gestorben ist. Er ist glücklich, daß er von seiner bisherigen Intention nichts aufzugeben braucht. Er darf und will auch in Zukunft nur Christus kennen. Der aber befreit ihn zur Welt, heißt ihn, der Welt zugewandt zu leben.

2. Man darf also bei Franziskus nicht von einer «vita mixta» sprechen, d. h. von einem Leben, in dem in ungefähr gleichgewichtiger Mischung aktives und kontemplatives Leben abwechseln. Es ist auch nicht so wie bei den Dominikanern, die verkünden, was sie vorher in der Kontemplation empfangen haben («contemplata aliis tradere»). Es geht ihm vielmehr darum, daß die Aktivität selbst ein Akt der Kontemplation ist: eben Hingabe an den, der für alle gestorben ist. Man könnte die Formel der Dominikaner abändern und sagen: in der Kontemplation sich selbst geben (tradere se contemplando). Damit würde deutlich, daß der Franziskaner nicht irgend etwas, z. B. ein Predigtthema, sondern nichts weniger als sich selbst ins Spiel bringen will. Franziskus nimmt darum eine Transplantation vor, um ein Bild des Jakob von Vitry zu gebrauchen. Er versetzt sich in eine andere Umwelt, von der Einsiedelei mitten in die Welt. Der Ort der Kontemplation, das Kloster (Claustrum), ist fortan die Welt.

Von daher wird verständlich, wenn das innere Feuer in seiner

Predigt weiterbrennt, wenn sich dabei die Beschwingtheit des Herzens in tänzelnde Bewegungen übersetzt, wenn sich seine Predigt nicht nur dem Inhalt und der Grundstimmung nach, sondern auch der Form und dem Stil nach von denen anderer Prediger wesentlich unterscheidet.

1. Das Leben und die Lebensform des heiligen Franz ist von 71
einer einzigartigen *Dynamik* geprägt, von einem Drängen, Ziehen, Ausschreiten, Eilen, Gehen — alles Worte, welche die Regel des Franziskus kennzeichnen — von einer Energie, welche die ganze Welt ergreifen will.

2. Nicht umsonst malt Giotto an den Ausgang der Oberkirche von San Francesco in Assisi die Vogelpredigt, und zwar unter dem Bild von der Himmelfahrt Christi. Franziskus fühlt sich tatsächlich in alle Welt gesandt und berufen, *allen Geschöpfen* die Frohe Botschaft zu verkünden (vgl. Mk 16,16). Er ist ja von den Aussendungsreden (Lk 9 und 10) getroffen, aufgefordert, wie die Apostel zu leben, ohne Eigentum, ohne Macht, ohne rechtlichen Schutz, das Reich Gottes anzusagen im Wort und in Taten.

3. Immer wenn die Zahlensymbolik das Ganze in den Blick stellt, wird auch gleich der *Missionsgedanke* aktuell. Sie sind vier Brüder, die Zahl der Elemente, welche die Welt zusammenhalten, also fähig, eine erste Missionsreise zu wagen. Mit acht kann man vier Paare bilden und in alle Himmelsrichtungen ausströmen, Bernhard und Aegidius kommen so bereits im ersten Jahr der franziskanischen Gemeinschaft bis nach Santiago di Compostela. Die Zwölfergruppe sieht sich in der Tradition des Zwölfstämmevolkes, der zwölf Apostel, der Kirche. Darum geht sie zur Hauptstadt (urbi), um dann von da aus in den Erdkreis (orbi) vorzudringen. Bald darauf drängt es Franziskus zuerst nach Syrien, dann nach Marokko, beide Male scheitert er, einmal wegen eines Schiffsbruchs, der ihn nach Dalmatien verschlägt, dann wegen Krankheit, die ihn in Spanien, wahrscheinlich in Santiago, befällt und zur Heimkehr zwingt. Seinen Brüdern Elias und Aegidius jedoch gelingt eine Reise in den Nahen Osten. 1217, 1219, 1221, 1223 sind offizielle Aussendungen in die meisten der europäischen Länder. Schon zu Lebzeiten des Heiligen sieht die gan-

ze Welt, sowohl die christliche wie nichtchristliche, so weit sie bekannt ist, die Brüder Francescos. Und bald danach werden diese auch nach Indonesien, Tibet, China, Rußland und in die Mongolei gelangen.
4. Freilich muß bei solchem Ausgriff auf die Welt darauf aufmerksam gemacht werden, daß er nicht im Sinn einer Bemächtigung verstanden werden darf. Franziskanisch kann eine solche Dynamik nur sein, wenn sie sich verbindet mit *dem Stand des Gehorsams* (Disponibilität, Dienstbereitschaft, Minoritas) und mit der Prärogative (arm mit den Armen).

72 1. Die franziskanische Dynamik will sich zunächst in der *Arbeit* entfalten. Zum erstenmal in der Geschichte, wie mir scheint, ist bei Franziskus die Arbeit mehr als ein Übel, das man leider Gottes in Kauf nehmen muß. Die monastische Tradition, die durch «Arbeit und Gebet» bestimmt ist, läßt die «knechtlichen Arbeiten» durch Laienkräfte ausführen. Die Mönche selbst betreiben vorwiegend Kulturarbeit.
2. Franziskus dagegen meint die Handarbeit und gerade nicht die Arbeit des Gebildeten und Geschulten. Und er nennt sie eine Gnade, die man dankbar annehmen und ausgestalten soll, ja eine *Selbstverständlichkeit*, die man in der Demut des Herzen bejahen soll. Franziskus entläßt sogar einmal einen Bruder, der sich nicht an diese Selbstverständlichkeit hält: «Geh deinen eigenen Weg, Bruder Fliege, denn du willst die Arbeit deiner Brüder essen, bist träge im Dienst des Herrn wie Bruder Drohne, der keinen Ertrag bringt und die Arbeit der guten Bienen wegfrißt.»
In seinem Testament ist die Leidenschaft noch herauszuspüren, mit der er diese Selbstverständlichkeit wieder unterstreichen muß: «Ich arbeitete mit meinen Händen. Ich will arbeiten. Ich will sehr wohl, daß alle meine Brüder eine ehrbare Arbeit tun. Wer es nicht kann, soll es lernen. Nicht aus Gier nach Arbeitslohn, sondern damit er ein gutes Beispiel sei und den Müßiggang vertreibe.»
3. Was hier besonders auffällt, ist, daß Franziskus eine andere, bis heute geltende Selbstverständlichkeit auflöst. Franziskus will die Arbeit nicht für eine Gegenleistung verzwecken. Zwischen Arbeit und Lohn soll keine Wesensbeziehung be-

stehen. Die Arbeit ist auch ohne Lohn sinnvoll, so sehr natürlich ein solcher Lohn gegeben werden soll. Doch soll man nicht um des Lohnes willen arbeiten.
Während Franziskus in der Regel von der Gnade der Arbeit spricht, also von einem in sich ruhenden positiven Wert, sieht er im Testament auch Motive zweitrangiger Art: Man soll schon deswegen arbeiten, um anderen ein gutes Beispiel zu geben und den Müßiggang fernzuhalten. Die Arbeit wird also aszetisch verzweckt, hier sogar vorwiegend, was zeigt, daß noch ein langer Weg zu gehen ist bis zur Auffassung, daß die Arbeit Teilnahme am Schöpfungsakt Gottes ist.
4. Noch etwas ist zu betonen: Franziskus will, daß die *kontemplative Grundstruktur* auch die Arbeit bestimmt — Arbeit nur unter der Bedingung, daß der Geist des Gebetes und der Hingabe nicht gelöscht wird. Heute würden wir es vielleicht so sagen: Die Arbeit soll so sein, daß sie den Menschen in seinen eigentlich personalen Werten nicht zerstört. Auch in der Arbeit soll sich der Mensch als dankbares Gegenüber Gottes erleben können.
An anderer Stelle wird auch noch eine weitere Bedingung formuliert: Die Arbeit darf das Minoritas-Ideal nicht verraten. Deswegen müssen Arbeiten ausgeschlossen bleiben, die verbunden sind mit Privileg, Monopol, Herrschaft, Geld. Arbeit verträgt sich nicht mit Geld und Geltung — so wenigstens innerhalb der franziskanischen Lebensweise.

1. Die ersten Franziskanergemeinschaften sind kleine Arbei- 73
tergruppen, die gleichzeitig etwas zu sagen haben. Darum gehört auch die *Predigt* von Anfang an zum Lebensprogramm des Franziskaners.
2. Wie die vorher entstandenen *Waldenser* verbindet Franziskus Armut und Predigt, evangelisches Leben und Verkündigung. Wie sie geht Franziskus auf die Marktplätze, Brücken, Straßenkreuzungen, an Orte, an denen viele Menschen zusammenkommen. Er will sie im Alltag aufsuchen, im Werktagsgewand, mitten in ihren Geschäften.
Bei den Waldensern hatte die Kirche nicht die notwendige Weitsicht, sondern war von Blindheit geschlagen, fühlte ihr Predigtmonopol angetastet. Sie exkommunizierte eine evan-

gelisch gesinnte Gemeinschaft, die erst nach dieser Verurteilung häretisch wird. Dabei hatten die Waldenser die Rolle der Kirche gar nicht angegriffen. Ihre Predigt unterschied sich dem Inhalt, dem Anliegen, der Form und auch dem Ort nach, an dem sie gehalten wurde, von der Kirche.
Jetzt aber, bei Franz von Assisi, ist ein weitsichtiger Papst, Innozenz III., auf dem päpstlichen Stuhl, ein Papst mit Träumen und voll visionärer Kraft, wie die Legende berichtet: Er sieht, wie ein arm gekleideter Mann, Franziskus, die Kirche stützt. Schon vorher hat er versucht, die Waldenser in die Kirche zurückzuholen, was in vielen Gruppen tatsächlich auch gelang. Und wie Franziskus mit seinen Brüdern kommt, ermächtigt er sie ausdrücklich, nach Art der Wanderprediger zu predigen, zur sogenannten Exhorte.
3. Freilich: Die Exhorte des Franziskus und seiner Brüder unterscheidet sich auch von derjenigen der Waldenser. Im Gegensatz zu den Waldensern verbreiten sie nicht eine Weltuntergangsstimmung, keine düstere Gerichtsatmosphäre, keine bloße Gebotsverkündigung. Sie fühlen sich vielmehr als Sänger, als Menschen, die froh sind ob der Schöpfungs- und Erlösungstat Gottes und die anderen diese Freude mitteilen wollen. «Was sind wir Knechte Gottes anderes», sagt Franziskus, «als herumziehende Sänger und Spielleute, welche die Herzen der Menschen bewegen und zur geistlichen Freude erheben wollen.» Darum beauftragt er auch den «Dichterkönig» Pazifik, einen Bruder, der vor seinem Eintritt in den Franziskanerorden dem sizilianischen Dichterkreis angehört und dort einen Preis errungen hat, mit seiner Laute und dem Sonnengesang herumzuziehen und so die Predigt zu begleiten. Die Minderbrüder sprechen also zuerst vom guten und gnädigen Gott und laden zur *Anbetung* ein. In einem zweiten Teil werden die Zuhörer aufgefordert, sich aus dem ichbezogenen Leben zu lösen und sich dem Evangelium zuzuwenden. Man nennt das auch «Buße». Diesem *Inhalt* entspricht eine *neue Form*. Die Franziskaner wählen und fördern die sogenannte «Lauda», eine Art Loblied. Franziskus beginnt damit sehr zaghaft, kommt aber immer mehr auf ein poetisches Niveau. Später wird daraus eine eigene literarische Form.

4. Für diese Predigt braucht es keine besonderen Voraussetzungen. Jeder Bruder kann sie halten. In der Regel gibt es dafür eine verbindliche *Vorlage*. Wenn wir sie vor Augen halten, geht uns der Grund auf, warum eine Befähigung überflüssig ist, sofern man nur Franziskaner ist. Die Exhorte ist gar nichts anderes als die sprachliche Entfaltung des eigenen Lebens. Die eigene Freude an Gott, die eigene Zuwendung zu ihm wird ins Wort gebracht und dem Nachvollzug empfohlen.

Bei Franziskus selbst ist immer wieder abzulesen, wie hautnah Leben und Wort beisammen sind. Sein Leben ist das Tragende seiner Sprache. Thomas von Spalato ist einmal Augenzeuge, wie Franziskus vom Erleben überrannt wird, so daß er nicht grammatikalischen oder logischen Regeln folgt, sondern einfach dem Drang des Herzens. Dies begegnet uns auch in seinen Schriften, die auf weiten Strecken nichts anderes sind als eine Aneinanderreihung von «Laudi». Selbst mehr praxisbezogene und disponierende Briefe sind von der gleichen Übermannung des Wortes durch das Herz bestimmt. Der Romanist E. Auerbach, dessen Beruf es ist, mit Texten umzugehen, sagt es so: Da «gibt es weder Schriftausdeutung noch Redefiguren; der Satzbau ist hastig, ungeschickt und ohne berechnende Einteilung des Ganzen; alle Sätze beginnen mit ‹et›. Aber der Mensch, der diese hastigen Zeilen schrieb, ist augenscheinlich so hingerissen von seinem Gegenstand, derselbe erfüllt ihn so vollkommen, und das Bedürfnis, sich mitzuteilen und verstanden zu werden, ist so überwältigend, daß die Parataxe zu einer Waffe der Beredsamkeit wird; wie die immer neu sich bildenden gewaltigen Wellen einer starken Brandung schlagen die Et-Sätze aus dem Herzen des Heiligen gegen das des Adressaten.»

1. Zur «Lauda», der Predigt, die allen Brüdern möglich ist, 74
tritt aber auch die eigentliche Predigt, die, *im Auftrag der Kirche*, im Gotteshaus und im Rahmen der Liturgie stattfindet. Dafür braucht es eine spezielle Erlaubnis, die sich auf eine besondere Befähigung abstützt. Franziskus macht sich diese kirchliche Auffassung, die erst kurz vorher wieder auf dem Laterankonzil bestätigt worden ist, zu eigen.

2. In der Regel warnt Franziskus auch vor den besonderen Gefahren, denen der Prediger ausgesetzt ist. Das Wort kann sich vom Leben wegbewegen, indem man dem *Sog der Worte* unterliegt, viele Worte macht, die dann nicht mehr durch den eigenen Gottesbezug und die eigene Heiligkeit gedeckt sind.
3. Wie in allen Bereichen der franziskanischen Tätigkeit unterstreicht Franziskus auch hier die *kontemplative Dimension*. Die Predigt muß aus der Meditation und aus dem Gebet kommen, nicht so sehr aus dem Studium und dem wissenschaftlichen Erarbeiten, wie wichtig das auch sein mag. Denn die Predigt will empfangen, nicht gemacht werden.
4. Was die Wirkung der Predigt betrifft, den *«Erfolg»* — nach Franziskus hat das sehr wenig mit dem Prediger selbst zu tun. Auf jeden Fall steht dahinter das Wirken Gottes, vielleicht das Gebet und die Meditation eines einfachen und ungebildeten Bruders im Hintergrund.
Man kann also dreimal zu kurz sehen, wenn man den Erfolg auf die Leistung des Predigers zurückführt. Das Entscheidende liegt der Predigt voraus: in der Meditation des Predigers selbst, im Gebet der Kommunität, *in Gott, der alles zum Guten wendet*.

75 1. Im Zusammenhang mit der Predigt unterstreicht Franziskus den Wert der *Verborgenheit*: «Diese Brüder sind die Ritter von der Tafelrunde, die in verlassenen und abgeschiedenen Orten sich verbergen, um mit größerer Liebe und Aufmerksamkeit sich frei zu machen für das Gebet und die Meditation. Ihre Heiligkeit ist Gott bekannt, wenn sie auch den Mitbrüdern und den Menschen verborgen sein mag.»
2. Franziskus selbst verbringt darum eine große Zeit seines Lebens in der Abgeschiedenheit. Weil er weiß, daß sich sonst die Akzente allmählich verschieben, nicht nur daß einer bald einmal der eigenen Leistung mehr als dem Wirken Gottes vertraut, sondern auch daß die Kraft der Worte und des Lebens schwindet. Auch seine Brüder sollen darum diesen Ort aufsuchen, wo sich *das Leben erneuern* kann. Vorwiegend in den großen Fastenzeiten des Jahres: von Allerheiligen bis Weihnachten, von Epiphanie bis Ostern, vielleicht sogar für noch länger.

3. Nun kann die Meditation allerdings auch zur *Flucht* werden. Franziskus kann das mit erstaunlicher Sicherheit entlarven. Ein «Diener» will von seiner Verantwortung für die Brüder, auch von den damit zusammenhängenden Reisen durch die Welt, entlastet werden. Weil ihm alles zu viel ist, bittet er Franziskus, in eine Einsiedelei gehen zu dürfen. Dieser verwehrt es ihm jedoch: Er möge bleiben, ausharren, den Konflikt mit den Brüdern und der Welt leiden. Das sei Gnade, Gehorsam, der Wille Gottes, nicht die einsame Meditation in der Abgeschiedenheit. Der bereits einmal zitierte E. Auerbach kommentiert den Brief auf eine Weise, wie man es kaum besser sagen kann: «Der Inhalt dieses Briefes ist eine bis zu dem äußersten Grenzfall hochgetriebene Lehre, dem Übel nicht auszuweichen und ihm sich nicht zu widersetzen; eine Beschwörung, nicht etwa die Welt zu verlassen, sondern sich mitten in ihre Qual zu mischen und das Böse leidenschaftlich zu leiden; ja, er soll es sich nicht anders wünschen. Franz geht dabei bis zu einem moraltheologisch schon beinah bedenklichen Extrem, wenn er schreibt: ‹darin liebe sie und wolle nicht, daß sie bessere Christen seien› — denn darf man der eigenen Prüfung durch Leiden zuliebe, den Wunsch, der Nächste möchte ein besserer Christ sein, unterdrücken? Nur in der Unterwerfung unter das Böse kann nach seiner Überzeugung sich die Kraft der Liebe und des Gehorsams erweisen.»

1. Franz von Assisi kommt aus einer konfliktgeladenen Ge- 76
sellschaft: Aufstand, Revolution, Krieg, Kreuzzugstimmung. Er kann darum seinen Auszug aus der Gesellschaft nur so verstehen, daß er von einem neu gewonnenen Standort aus zu ihr zurückkommt. In seinem Testament bezeugt er selber, daß der *Wille zum Frieden* ihn ein Leben lang beseelt hat und daß er darum bei jeder Begegnung, bei jedem Überschreiten einer Türschwelle zum Gruß sagt: «Friede diesem Haus, Friede und Heil.» Auch am Anfang und am Ende einer Predigt, gleichsam als Rahmen, steht der Friedensgedanke. Hie und da bezieht er ihn ganz konkret auf eine konfliktgeladene Situation und fordert die zerstrittenen Parteien auf, Frieden zu schließen. So wird Franziskus zum Friedensstifter in ver-

schiedenen Städten: in Arezzo, Siena, Bologna, zuletzt auch in Assisi selbst zwischen dem Bürgermeister und dem Bischof. Er tut es mit allen Mitteln, entweder mit dem Wort oder mit einem Lied oder auch mit dem Gebet im Hintergrund, während er Brüder beauftragt, die Versöhnung zu vermitteln.

2. Viele Belege gibt es für dieses Engagement für den Frieden. Einmal sagt Franziskus zu seinen Brüdern: «Wie ihr den Frieden mit dem Mund verkündet, so und noch mehr sollt ihr *ihn in eurem Herzen tragen*. Niemand soll durch euch zu Zorn oder Zank gereizt, vielmehr sollen alle durch eure Milde zu Friede, Güte und Eintracht aufgerufen werden. Denn dazu seid ihr berufen, die Verwundeten zu heilen, die Gebrochenen zu verbinden und die Verirrten zurückzurufen» (vgl. Ez 34,16). Die drei Gefährten, von denen diese Sätze stammen, schließen daraus, daß die franziskanische Bewegung wesentlich eine Friedensbewegung sein soll. Wie schon oft, fällt auch hier auf, wie nah beieinander Leben und Wirken ist. Nur wer selbst den Frieden hat, lebt, wird andere zum Frieden bewegen können. Alexander von Bremen, ein Franziskaner aus dem 13. Jahrhundert, stellt fest: «Die Männer und Frauen, die im Streit lagen, führte Franziskus zum Frieden zurück, wenn er ihnen begegnete, damit in seinem Orden Jerusalem aufscheine, d. h. die Schau des Friedens.» Die Menschen sollen also im Leben und Wirken der Franziskaner ihren Traum vom Frieden verwirklicht und ihre Sehnsucht nach einem echten Auskommen untereinander erfüllt sehen.

77 1. Auch das *Missionskapitel*, das zum erstenmal in der Geschichte den missionarischen Gedanken in einer Regel verankert, verdankt meines Erachtens seine Entstehung dem Friedenswillen des heiligen Franz.

Selbstverständlich lebt der Missionsgedanke auch schon von den Impulsen, welche von den Aussendungsreden im Neuen Testament ausgehen. Anders als bei den bisherigen Ordensgemeinschaften, die sich mehr am brüderlichen Zusammensein der Urkirche orientieren, ist der Ursprung der Franziskaner im Jüngerkreis zu suchen, der ausgesandt ist zur Mission.

Doch, wie gesagt, die konkrete Fassung des Missionsgedankens kommt dadurch zustande, daß das Laterankonzil zu einem neuen Kreuzzug aufruft. Wie immer, wenn die Kirche spricht, ist Franziskus dabei, jetzt allerdings mit einer Alternative. Er schreibt sein Kapitel über «jene, die unter die Sarazenen oder andere Ungläubige gehen wollen» und bezeugt dann, was er schreibt, indem er selbst über Damiette zum Sultan von Ägypten geht.

2. Die *Missionskonzeption*, die zum Ausdruck gebracht wird, läßt sich kurz so charakterisieren: Zuallererst soll man weder mit Worten noch mit dem Schwert streiten, sondern in allem sich disponibel und dienstbereit zeigen und dabei bekennen, daß man Christ ist. Auf der Grundlage dieses Lebens der Verfügbarkeit — was im Grunde nichts anderes ist als das franziskanische Ideal von Gehorsam und Minoritas, wie es auch in einer christlichen Umwelt Geltung hat — soll und kann man dann auch ein Zweites anstreben: das Wort Gottes verkünden, wahrscheinlich ebenfalls in der Form der Lauda: Gott, der Dreifaltige, ist Schöpfer, Erlöser und Retter aller, weshalb man sich zu ihm wenden und an ihn glauben soll. Der einzige Unterschied zum Leben und Wirken zu Hause liegt in jenem Geschehen, das den Vorgang der Verkündigung und Umkehr abschließt, in der Taufe.

3. Auf dem Hintergrund dieses Kapitels erscheint der Bericht des Jakob von Vitry über den Aufenthalt Francescos beim Sultan wie ein Kommentar. Franziskus kommt zu den Sarazenen, begegnet ihnen in Demut und sagt: «Ich bin ein Christ!» und überzeugt sie durch die Art seines Lebens (= erste Art, unter die Ungläubigen zu gehen). Hernach weilt er einige Tage *am Hof des Sultans* und verkündet ihm und den Seinen das Wort Gottes (= zweite Art, unter den Ungläubigen zu weilen). Zur Taufe kommt es allerdings nicht, aber zu einem Gebet des Sultans, in dem deutlich wird, welche Wirkung Franziskus auf ihn macht: «Bete für mich, daß Gott mir jenen Glauben und jenen Geist offenbaren möge, der ihm besser gefällt.»

4. Die *Ernsthaftigkeit*, mit der Franziskus das Missionsanliegen umschreibt, ist auch daran ersichtlich, daß er den «Dienern» nur die Kompetenz zuspricht, die Missionswilligen auf

ihre Fähigkeiten hin zu prüfen. Für Franziskus ist die Unfähigkeit der einzige Grund, mit dem einem die Ausreise in die Mission verweigert werden kann. Wie ernst es ihm bei dieser Regelung ist, zeigt seine Betonung des Endgerichts: vor diesem Forum muß der Entscheid des «Dieners» bestehen können.

78 1. Man hat auch schon davon gesprochen, daß Franziskus eine *eucharistische Mission* erfüllen wollte. Tatsächlich können wir bei ihm ein starkes eucharistisches Engagement feststellen. Dessen äußere Fakten können hier schon angeführt werden, während die inneren Motive noch aufgeschoben sein sollen.

2. Wahrscheinlich nimmt Franziskus vor seiner Abreise in den Orient Einfluß auf Papst Honorius III. Er macht ihn aufmerksam auf die geringe Wertschätzung, welche man ganz allgemein der Eucharistie entgegenbringt: man kommuniziere kaum, die Gestalten von Brot und Wein würden nicht genügend angebetet, schlecht aufbewahrt, hie und da würden sogar die Würmer aus den Oblaten kriechen. Während Franziskus zum Sultan reist, schreibt der Papst ein Schreiben über die Eucharistie, worin er eine größere Achtung vor dem Sakrament verlangt. Andernfalls müßte man mit dem Gericht und dem Zorn Gottes rechnen. Nach seiner Rückkehr findet nun Franziskus dieses Schreiben vor. Sofort übernimmt er die Gedanken, erweitert sie sogar, schreibt nun seinerseits *sechs Briefe* an die verschiedensten Adressaten. In allen fordert er größere Ehrfurcht vor dem Sakrament und — worin sich Franziskus vom Papst unterscheidet — in gleicher Weise auch vor dem Wort. Er trägt sogar den Gedanken in sich, ein eigenes Regelkapitel zu verfassen, in dem die Priester seiner Gemeinschaft aufgefordert werden sollten, die Weltpriester zu ermahnen, die eucharistischen Gestalten gebührend aufzubewahren. Wenn sie das nicht tun würden, sollten die Franziskaner selber dafür besorgt sein. Er will seine Brüder mit Kelchen in die ganze Welt schicken, um die ungebührend aufbewahrten Hostien einzusammeln. Es kommt nicht zu diesem Kapitel, weil die «Diener» finden, daß es vielleicht doch zu viel des Guten sei, solches als verbindliches Gesetz zu formu-

lieren. Wenn die Regel auch ohne diese sicher interessante Feststellung geblieben ist, sind doch die Briefe und das Testament Belege genug für die eucharistische Grundeinstellung des Heiligen.
Bezeichnend ist auch jene kleine Geschichte, in der Franziskus die Brüder mit schönen und guten Hostieneisen in die verschiedenen Provinzen schickt, um würdige Hostien zu backen.
3. Das alles mag zeitbedingt, überholt, vielleicht auch kleinlich scheinen. Wenn aber zu den äußeren Fakten die innere Motivation und der geistliche Kontext vermittelt wird (siehe Nr. 114), wird deutlich, was eigentlich auf dem Spiel steht und daß die *dahinterstehende Grundeinstellung* wohl bleibende Gültigkeit beanspruchen darf.

1. Franziskus weiß sich nicht nur zu den Menschen gesandt, sndern *zu allen Geschöpfen*, auch zu den Tieren. Er predigt den Vögeln, findet lauschende Hasen und Fische. Denn er erinnert sich des Evangeliums: *«Geht hinaus in die ganze Welt, und verkündet das Evangelium allen Geschöpfen»* (Mk 16,15). Nach der berühmten Vogelpredigt macht er sich bittere Vorwürfe, daß ihm nicht schon früher aufgegangen ist, auch den unvernünftigen Geschöpfen zu predigen. **79**
Franziskus gibt ihnen so quasipersonalen Charakter. Auch sie können hören. Sie sind vielleicht sogar gehorsamer als der Mensch. Darum begegnet er ihnen mit aller Behutsamkeit und Achtung.
2. Von der Art und Weise, wie Franziskus mit der Natur umgeht, gibt es unzählige und *eindrückliche Zeugnisse*. Bäume sollen stehen bleiben; für den Fall, daß sie notwendigerweise umgehauen werden müssen, soll man sie etwa auf einem Meter Höhe vom Boden absägen, «damit sie noch Hoffnung haben». Hie und da geht er durch den Wald und umarmt die Bäume. Einmal steht er in der Nähe eines Feuers, wobei seine Hosen Feuer fangen. Jemand stürzt heran um zu löschen. Er jedoch sagt: «Liebster Bruder, tu dem Feuer nicht weh!» Er will nicht, daß man Kerzen ausbläst oder Lampen auslöscht, weil er das Licht so sehr liebt. Und weil die Flamme ein Geschöpf Gottes ist, will er nicht, daß man brennende

Fackeln auf den Boden wirft, sondern daß man sie legt. Er rettet einen Regenwurm aus dem trockenen Sand der Straße, weil er in ihm den erblickt, der kein Mensch mehr ist, sondern ein Wurm (Ps 21,7), Christus am Kreuz. Auch der Kieselstein wird ihm lieb, weil er ein Symbol der Passion Jesu ist. Solche Beispiele könnten beliebig viele aufgezählt werden. Zu jedem Geschöpf steht er in einem «dialogischen» Verhältnis. Jedes Ding und jedes Tier rückt er in die Nähe der personalen Würde, allem sagt er Bruder oder Schwester. Gegen Ende seines Lebens wird diese Haltung zum Gedicht, zum Sonnengesang, in dem nun wirklich alles einbegriffen ist: Himmel und Erde, das All also, und Luft, Wasser, Erde, Feuer, die Elemente, die nach dem antiken Weltbild das All innerlich konstituieren. Wer bedauert oder beklagt, daß die Tiere in diesem Schöpfungslied nicht vorkommen, muß bedenken, daß mit der Nennung der Elemente auch sie mitgedacht sind. Zwei Wirklichkeiten nehmen allerdings eine Sonderstellung ein: der Dulder, der Friedensstifter und der Versöhnungsbereite verdienen besondere Aufmerksamkeit, ebenso wie die letzte der irdischen Wirklichkeiten, der Tod. Franziskus verkündet eine versöhnte Welt. Er kann alles annehmen, allem zustimmen, in allem den Bruder oder die Schwester sehen, auch im kleinsten Ding. Denn er ist überzeugt, daß Gott alles in allen ist und daß gerade so jedes Ding und jedes Tier — selbstverständlich auch jeder Mensch — das ist, was es unaustauschbar ist.

80 Oft wird darüber diskutiert, ob Franziskus auch Politik betrieben habe. Viele bejahen es, andere lehnen es heftig ab. Zu unterscheiden ist zwischen den Wirkungen, die er erzielt, und den Intentionen, die er verfolgt. Franziskus erzielt natürlich politische Wirkungen. Etwa wenn er Frieden stiftet, durch die Aussätzigenpflege ein anderes Verhalten demonstriert, das Geld ablehnt, eine Alternative des Zusammenlebens versucht, dem Reichtum seine Armut entgegenhält. Das muß jeden beunruhigen und kann seine Wirkungen nicht verfehlen. Was die Intentionen betrifft, sind sie gewiß exklusiv religiöser Natur. Nur muß man gleich hinzufügen: Franziskus hat ein ganzheitliches Verständnis von Religion: Reli-

gion ist nicht neben die Politik zu stellen, sondern diese kann, ja muß innerhalb der Religion Platz haben. Ansätze zur politischen Intention werden sichtbar: Etwa wenn er an die Bürgermeister oder die Universität Bologna schreibt oder sich mit dem Gedanken trägt, Gesetze zu erwirken, wenn er sich dem Kreuzfahrerheer entgegenstellt oder Kaiser Otto einen Bruder entgegenschickt. Aber über Ansätze kommt Franziskus nicht hinaus. Man würde ihn und seine Zeit auch überfordern, wenn man mehr verlangen wollte. Welche Möglichkeiten politischer Einflußnahme stünden ihm denn zur Verfügung? Ich bin überzeugt, daß Franziskus ein religiöser Mensch ist, dem weder die politische Intention noch die politischen Wirkungen fremd sind, sofern sie sich innerhalb der ganzheitlichen Zuwendung zu Gott abspielen.

Auf den vorausliegenden Seiten ist ein vielschichtiges Pro- 81
gramm für das franziskanische Weltverhalten beschrieben. Nicht jeder kann alles und alles gleichzeitig tun. Darum gibt es bereits im ersten Jahrzehnt so etwas wie eine Arbeitsteilung: Es gibt solche, die sich ausschließlich dem Gebet widmen, andere, die in der Handarbeit ihre kontemplative Dimension ausgestalten wollen, schließlich solche, die sich vorwiegend der Verkündigung zuwenden.

Auffallen mag, daß hier von den Priestern noch nicht als von einem besonderen Stand die Rede ist, obwohl es sie vereinzelt schon in dieser Zeit, ja von Anfang an gibt. Aber sie sind kein bestimmendes Element. Später gewinnen sie so großen Einfluß, daß sie schließlich sogar alleinbestimmend werden. Für Franziskus ist es äußerst wichtig, daß alle den gleichen Lebenssinn (das Evangelium) leben, den gleichen Standort einnehmen (Gehorsam), die gleiche Prärogative wählen (Armut) und die gleiche universale Dynamik (Weltzuwendung) entfalten. Die gemeinsame Basis soll immer gesucht werden, erst darin erfährt sich die Gemeinschaft auch in ihrer Einheit. Die Brüderlichkeit ist das alle verbindende Band, alle Unterteilung und Arbeitsteilung sekundär, wenn auch notwendig. Wahrscheinlich wechseln die ersten Brüder ohnehin von einer Gruppe zur andern: Bald sind sie Beter, bald Arbeiter, bald

Prediger, immer aber Brüder, die nichts anderes wollen, als sich selbst im Akt der Kontemplation ins Spiel der Welt zu bringen.

Die Bedingung: Innerhalb der katholischen Kirche dienen wollen

82 1. Der letzte Punkt des Programms ist die Kirchlichkeit. Schon im *Prolog*, welcher der Regel vorausgeschickt wird, wird dieser Aspekt betont, gleichsam als Faktor, der zu jedem anderen Satz hinzuzudenken ist. Und dann unterstreicht Franziskus diese Bedingung auch *im letzten großen Kapitel* der Regula non bullata, kurz vor dem Schluß. Auch das ein Zeichen, daß darin so etwas wie eine Zusammenfassung gegeben werden soll.

Die Kirchlichkeit ist das unterscheidend Franziskanische. Denn mehr oder weniger werden die anderen Punkte auch von anderen Gruppierungen gelebt, wenn auch nicht in dieser Zuordnung und nicht in dieser Faszination. Was Franziskus von ihnen unterscheidet, ist die Verbindung von evangelischem und apostolischem Leben einerseits und Kirchlichkeit andererseits. Er will innerhalb der katholischen Kirche dienen, in den Raum der Großkirche hinein sein neues Leben zur Entfaltung bringen, das Evangelium mit allen Konsequenzen in sie hinein integrieren.

2. Das zeigt sich schon in der Tatsache, daß er mit seinen Brüdern nach Rom geht, um da die *kirchliche Anerkennung* seiner Lebensform zu erbitten. Symbolisch bringt er damit zum Ausdruck, daß er auch der Kirche gegenüber den Stand des Hörens leben will. Was die Kirche als ganze mehr oder weniger versteckt schon in sich trägt, will er von ihr empfangen und ausdrücklich leben.

In seiner Regel formuliert er es dann so: Zusammen mit anderen Gruppierungen wollen wir Minderbrüder innerhalb der Kirche Gott dienen und im wahren Glauben und in der «Buße» leben. Gar nichts anderes als das, was auch die anderen Glieder der Kirche zum Ziel haben oder haben sollten, wollen er und seine Brüder leben: Die Orthodoxie, den rechten

Glauben, und die «Orthopraxie», das rechte Leben, beides in der radikalen Zuwendung zu Jesus von Nazaret und so konkret und bestimmt, wie es in der franziskanischen Lebensform ausgedrückt ist.

1. Auch für Franziskus ist die Kirchlichkeit nicht eine leichte 83
Angelegenheit. Denn es ist zu bedenken, daß er in der unmittelbaren kirchlichen Umgebung, in der *Pfarrei*, in der er aufwächst und sein neues Leben versucht, nicht gleich verstanden wird. Man schüttelt nicht nur den Kopf, sondern hält ihn für krank, glaubt, er sei von einem Dämon besessen, weswegen man mit Steinen nach ihm wirft, ebenso wie nach seinen ersten Gefährten. Und die Frauen und Mädchen fliehen vor ihnen. Während Jahren findet er so Ablehnung bei seinen Mitchristen. In diesem Konflikt mit der traditionellen Glaubenspraxis seiner Vaterstadt hält er durch, bleibt seinem Suchen und seiner Berufung treu. Die Ablehnung wird dann später in Begeisterung umschlagen. Seine Kirche wird ihn als einen der ihren verehren. Nur sollte sie nicht vergessen, wie sehr sie ihn zunächst abgelehnt hat.

2. Ebenso besteht ein jahrelanger Konflikt mit den *Bischöfen*, von denen einige zu ihm stehen, auch der eigene Bischof Guido von Assisi, und sich für ihn am päpstlichen Hof verwenden. Aber ebenso viele, wahrscheinlich die meisten, stehen ihm ablehnend gegenüber. Sie vermögen den Unterschied nicht zu erkennen, der zwischen den Häretikern und den Minderbrüdern besteht. In vielen Diözesen werden sie darum nicht geduldet. Die päpstliche Kurie muß sich mit entsprechenden Strafdrohungen einsetzen. Sie erzwingt so die Bejahung der franziskanischen Bewegung als katholisch und evangelisch. Eine Konfliktlösung, die Franziskus nicht nur nicht gutheißt, sondern ausdrücklich ablehnt. Ihm ist es lieber, wenn das Leben selber ein überzeugendes Argument ist, daß es der äußeren Mittel des Rechts nicht bedarf. Wenn das Leben nicht genügende Überzeugungskraft besitzt, soll man einen anderen Ort aufsuchen, um dort franziskanisch zu leben.

Konfliktlösung unter dem Ausschluß des Rechtsweges! Franziskus sagt es so: «Ich will von Gott dieses Privileg, kein Privileg von Menschen zu haben, außer allen Ehre zu erweisen und durch den Gehorsam gegenüber der Regel alle Welt zu bekehren, und zwar mehr durch das Beispiel als durch das Wort.»

3. Ein weiterer Konflikt, den Franziskus allerdings nicht mehr selbst erlebt, besteht zwischen dem franziskanischen Leben und der *Theologie*. In der Tradition sehen die damaligen Theologen keinen Ansatzpunkt für ein Leben, wie es die Franziskaner führen wollen. In der Nachfolge der Apostel ist man Bischof und in der Nachfolge der Jünger bestallter Pfarrer mit einer Pfründe, nicht aber besitzloser Franziskaner oder Dominikaner. Die Theologie rüstet sich zu einem Großkampf, vor allem die Pariser Universität. Sie greift jene Argumente auf, die hundert Jahre zuvor die offizielle kirchliche Lehre gegen die Waldenser und andere apostolisch orientierte Wandergemeinschaften waren. Was nun die Argumente auf die Verliererseite bringt, ist der Positionswechsel des Papstes. Er verurteilt die Wortführer, verbrennt ihre Schriften, identifiziert sich mit den Bettelorden. Leider wird auch hier eine wirkliche Konfliktlösung durch ein Machtwort verunmöglicht.

4. Auch ein Konflikt mit dem *Kirchenrecht* ist festzustellen. Nach hundert Jahren noch sagt der angesehene Jurist Bartolo da Sassoferrato († 1357): «Der Orden der Minderbrüder wurde vom Christusbekenner Franziskus in der höchsten Armut gegründet und von vielen Päpsten bestätigt. Sein Leben war aber derart neu, daß im Rechtssystem kein Paragraph auf es zutraf. Dennoch verordnete das Kirchenrecht vieles diesbezüglich und sorgte dafür, daß die beißenden Gegner widerlegt und ihre Gewissen sich reinigen konnten.» Obwohl der Papst den Franziskanern die Lebensform bestätigt und ihnen die kirchliche Anerkennung ausspricht, müssen sie sich ihren Platz in der Kirche erdulden und erkämpfen.

5. Auch mit *Innozenz III.* besteht zunächst ein Konflikt. Zwar gehört die Anekdote, wonach der Papst Franziskus zu den Schweinen schickt, zu den böswilligen und antipäpstlichen Unterstellungen. Aber sie zeigt an, daß der Papst nicht sofort auf das Ansinnen Francescos eingeht. Dieser muß die Anerkennung erbeten, erkämpfen, wie das Gleichnis von der

schwangeren Frau beweist. Franziskus trifft jedoch auf einen grundsätzlich offenen Papst, der bereits vorher seine Sympathie zur Armutsbewegung unter Beweis gestellt und ihr einen Platz in der Kirche zugewiesen hat. Das tut er nun auch mit den Franziskanern. Dem Papst kommt ebenso sehr wie Franziskus das Verdienst zu, daß Evangelium und Kirche beisammen bleiben können. Unvorstellbar, was aus Franziskus geworden wäre, wenn ein anderer Papst auf dem Throne gesessen hätte.

1. Das Verhältnis der Minderbrüder zur Großkirche ist nicht 84
ohne Konflikte. Das muß so sein. Seit den Anfängen der Kirche stehen an der Basis der Kirche immer wieder Menschen und Gruppen auf, die vom Geist des Ursprungs entflammt sind. Gegen den Tod des Glaubens und die Trägheit des geistlichen Lebens haben sie ein prophetisches Amt zu erfüllen. An ihm nehmen nun auch die Minderbrüder teil.

Allerdings muß ein Mißverständnis abgewiesen werden. Die Institution ist auf ihre Weise notwendig, ja vom gleichen Geist gesetzt, der während der Geschichte zu immer neuen Aufbrüchen führt. Sie muß dafür sorgen, daß die Neuanfänge des Glaubens, wie sie in neuen Lebensformen greifbar werden, innerhalb der Kirche Raum bekommen und in Übereinstimmung mit dem historischen Jesus bleiben. Doch ist die Institution oft in Gefahr, zu erblinden und gegen die Regungen des Geistes anzugehen. Wie es übrigens auch die Gefahr der neuen Lebensformen ist, schismatisch und sektiererisch zu werden. Darum müssen beide, Institution und Neuaufbruch, miteinander im Gespräch bleiben.

Was nun den heiligen Franz und die Minderbrüder kennzeichnet, ist *die Treue, die Geduld, der lange Atem*, mit dem sie die Konflikte durchtragen.

2. Man kann aber noch etwas anderes feststellen, was für das Verhältnis zur Kirche von Wichtigkeit ist. In allen Schriften und in allen Lebensbeschreibungen gibt es *kein einziges Wort der Kritik* gegenüber der Kirche. Ebensowenig aber gegen die Häretiker. Das heißt also, daß dieses Fehlen des kritischen Wortes nicht gleichbedeutend ist mit einem Verhalten der

völligen Übereinstimmung, sonst müßte Franziskus ebenso Häretiker sein wie Katholik.
Seine Zurückhaltung im Wort hat mit etwas anderem zu tun, wie gerade der Vergleich mit seinem Verhalten zu den Häretikern zeigt. Franziskus will keine Polemik. Wenn seine Brüder sehen, daß irgendwo falsch geredet oder gar falsch gelebt wird, sollen sie auf eine positive Weise reagieren, d. h. ohne direkten Bezug zu diesen negativen Erscheinungen. So kann man viele Worte aus den Regeln und den Briefen eigentlich nur verstehen, wenn man weiß, welche negativen Dinge dahinter stehen, die zu Kritik Anlaß geben. Die Kritik des heiligen Franz ist also immer positiv. Sein ganzes Leben ist Kritik an den bestehenden Verhältnissen der Gesellschaft, der Kirche, der Häretiker.
3. Man kann sich fragen, welchen *Stellenwert* man diesem Verhalten beimessen muß. Daß es ein faszinierendes und gültiges Verhalten ist, ist sicher unbestritten. Aber ob es die einzige Art ist, wie man im Geist des heiligen Franz der Kirche und den Dingen gegenüberstehen kann, ist zu bezweifeln. Jedenfalls hat sich gerade auch innerhalb des Franziskanerordens eine Kirchenkritik aus dem Geist des Gründers herausgebildet. Schon Aegidius, einer der ersten Gefährten des heiligen Franz und als Seliger verehrt, findet zu einer teilweise harten Kritik an der Kirche. Dabei kann man ihm die Geistes- und Herzensverwandtschaft mit Franziskus nicht abstreiten, ebensowenig wie dem seligen Jacopone da Todi. Eines Tages erscheint dieser im Konsistorium der Kardinäle und hält eine der kürzesten und härtesten Bußpredigten der Geschichte: «Ich wundere mich, ich wundere mich, daß sich die Erde nicht auftut und euch alle miteinander verschlingt. Behüt euch Gott.» Seit der Thronbesteigung Bonifaz VIII. ist er dessen heftigster Gegner, schreibt Gedichte gegen ihn, prangert seinen unchristlichen Lebenswandel an, vor allem auch seine Lust an der Macht. Schließlich unterzeichnet er einen Brief zur Ungültigkeitserklärung der Papstwahl. Dafür muß er büßen: Er wird für mehrere Jahre ins Gefängnis geworfen, oft vom Papst verhöhnt. «Die aktive Auflehnung gegen den Herrscher im Lateran ist der einzige Punkt, in dem sich Franziskus und Jacopone unterscheiden. Franziskus hätte sich

wahrscheinlich nicht einer Rebellion gegen den päpstlichen Thron angeschlossen. Doch Jacopone hat gezeigt, daß man auch gegen die Obern in der Kirche, wenn sie pflichtvergessen sind, eine offene Sprache sprechen darf, und daß die mit Demut niemals zu verwechselnde kriechende Unterwürfigkeit eines Christen unwürdig ist» (W. Nigg). Eine typisch franziskanische Kirchenkritik verbindet sich auch mit dem Namen Roger Bacons, der in einem Brief an Clemens IV. ein umfassendes Reformprogramm vorlegt (der Brief hat den Umfang eines Buches!), oder mit Ockham, der sich mit Johannes XXII. anlegt. Das Verhalten eines Menschen kann sich von dem eines andern unterscheiden, der Geist jedoch da und dort derselbe sein.

4. Aber schon bei Franziskus zeigt sich, daß Kirchlichkeit nichts mit äußerer Übereinstimmung zu tun hat: ein radikalerer Gegensatz zwischen seinem Leben und dem Leben der Kirche seiner Zeit kann kaum gedacht werden. Ebenso ist Kirchlichkeit nicht mit *Unterwürfigkeit* zu verwechseln. Franziskus muß um die kirchliche Anerkennung und um die Erhaltung des ursprünglichen Geistes mit den Vertretern der Kirche kämpfen. Seine treueste Schülerin, die heilige Klara, kämpft zusammen mit der seligen Agnes von Prag über Jahrzehnte hinweg gegen die typisch männliche Argumentation der Päpste. Ihr beharrlicher Einspruch, der sich in vielen Briefen zeigt, führt schließlich dazu, daß der Papst nachgibt: Die Klarissen dürfen wie Franziskus das Privileg der höchsten Armut empfangen, d. h. als franziskanische Schwestern leben.

In den ersten Abschnitten des Testamentes stehen *zwei Wort-* 85
reihen nebeneinander, die für die Kirchenauffassung des heiligen Franz wichtig sind.

Da ist einmal die Wirklichkeit der Kirche, wie sie in den Worten «Kirche (= Gebäude) — Priester — Eucharistie — Wortverkündigung — Theologen» zum Ausdruck kommt. Für Franziskus ist Kirche nicht ein abstrakter Begriff, auch nicht ein unfaßbares Gebilde, sondern konkret erfahrbar. In dieser Verkettung wird auch schon deutlich, was bei Franziskus eine unauflösbare Einheit ist. Wir rühren hier an die geistliche Grunderfahrung des Heiligen.

Der konkreten Wirklichkeit der Kirche steht Franziskus konkret gegenüber, wie es in einer zweiten Wortreihe zum Ausdruck kommt: «Vertrauen — Zuflucht — fürchten — lieben — ehren — hochachten — den Sohn Gottes erkennen.» Vor allem Tätigkeitsworte! Weil man nur im Tun sich konkret genug verhält. Gleichzeitig zeigt das letzte Stichwort an, worum es geht: Die konkreten kirchlichen Wirklichkeiten haben einen Hintergrund: Der Sohn Gottes setzt sich in den vordergründigen Erscheinungen gegenwärtig. Die Kirche ist Franziskus auf diese Weise eine sakramentale Größe.

86 1. Das erste, was von der Kirche greifbar wird, ist das *Gottesdienstgebäude*. Es ist für Franziskus der bevorzugte Aufenthaltsort, wo er sich zu Hause fühlt, wo er betet, meditiert, von der Gegenwart des Gekreuzigten erfüllt wird, wo sein Herz weit wird, wo er aber auch schläft, die Nacht verbringt, Schutz vor Hitze und Kälte sucht.
Das Gebet, das er in dieser Kirche spricht, wird zu einem der wichtigsten Gebete seines Lebens und seiner Gemeinschaft: «Wir beten dich an, Herr Jesus Christus, hier und in allen deinen Kirchen auf der ganzen Welt. Wir segnen dich, denn durch dein heiliges Kreuz hast du die ganze Welt erlöst.»
2. Es mißfällt Franziskus, er kann es nicht ertragen, wenn dieses sein Zuhause vernachlässigt wird und in Schmutz und Staub verkommt. Darum trägt er eine Zeitlang immer einen Besen mit sich, um die *Kirchen* zu *reinigen*. Oft versammelt er nach dem Gottesdienst die Priester, um ihnen eine Sonderpredigt zu halten: Sie möchten doch die Kirchen und Altäre sauber halten wegen des Geheimnisses, das sich in der Verbindung mit ihnen vollziehe.
3. Das Wort «Vertrauen» bezieht sich interessanterweise zuerst auf das Kirchengebäude, eine Haltung, die sich doch sonst ausschließlich auf Personen bezieht. Man muß sagen, daß sich Franziskus einem personalen Geheimnis gegenüber weiß, wenn er in der Kirche ist. Er ist von einer Art *Urvertrauen* erfüllt, weil er darin das Erst- und Letztgültige, den eigentlich tragenden Grund seines Lebens anbetet.

87

1. Das Urvertrauen des heiligen Franz bezieht sich auch auf die *Priester*. In ihnen wird der *personale Hintergrund der Welt* greifbar, Gottes Sohn, von dem — nach der Überzeugung des Franziskus — nichts sichtbar wird, außer die eucharistischen Gestalten, «sein heiligster Leib und sein heiligstes Blut, das diese allein empfangen und anderen austeilen». Keine Dummheit und keine Sünde des Priesters kann so groß sein, daß sie Gott hindern könnte, gegenwärtig zu sein. Um dieser Gegenwart willen, welche die ganze Aufmerksamkeit verlangt, will er alles übersehen und alles in Kauf nehmen.
Der moderne Mensch ist kritischer geworden. Auch hat sich inzwischen sowohl im Verständnis des Amtes wie in der Praxis der Kirche vieles verändert, was ein kritischeres Verhalten fordert. Trotzdem bleibt die Wirklichkeit, auf die sich Francescos Urvertrauen bezieht, auch für unseren Glauben maßgebend.

2. Um der Wirklichkeit Christi willen respektiert Franziskus nicht nur das *Amt des Priesters*, sondern auch dessen Willen. Ohne seine Zustimmung will er in einer Pfarrei nicht predigen.
Mit eindrücklichen Worten und guter Argumentation verlangt er von seinen Brüdern, Volk und Priester für das Evangelium zu gewinnen. Was den Priestern möglicherweise abgeht, sollen die Brüder durch persönlichen Einsatz, durch ein authentisches Leben und durch entsprechende Fähigkeiten ersetzen. Doch sollen sie sich von ihnen nicht absetzen, sondern deutlich machen, daß es ein gemeinsames Ziel gibt: das Heil der Menschen. Im Frieden mit den Priestern soll dieses Ziel verwirklicht werden. Der Zweck heiligt die Mittel eben nicht, sondern fordert angemessene Mittel. Franziskus äußert sich gegenüber solchen, die sich nicht daran halten wollen, ganz entschieden: «Ihr, Minderbrüder, kennt den Willen Gottes nicht. Ihr laßt nicht zu, daß ich die ganze Welt bekehre, wie Gott das will. Denn ich soll durch Demut und Respekt zuerst die Priester und Prälaten bekehren. Wenn diese dann unser heiliges Leben und unsere Ehrfurcht sehen, werden sie selbst uns bitten, dem Volk zu predigen.»

3. Das Verhalten des heiligen Franz ist auch vor dem *zeitgeschichtlichen Hintergrund* zu sehen: Häretische Gruppierun-

gen lehnen im Namen der Heiligkeit Gottes die in Sünde verstrickte Kirche ab. Das läuft letztlich auf die Leugnung der Menschwerdung Gottes hinaus. Im Unterschied zu ihnen will Franziskus ausdrücklich und unbedingt daran festhalten. Das wird deutlich in einer Anekdote, die der Dominikaner Stephan von Bourbon († 1261) überliefert. Einmal kommt Franziskus in ein Dorf der Lombardei. Die ganze Bevölkerung hat sich auf dem Dorfplatz versammelt, um ihn gebührend zu empfangen, unter ihnen auch einige Katharer. Einer von ihnen glaubt, in Franziskus einen möglichen Anhänger zu finden, weil er im Grund dasselbe Heiligkeitsideal wie sie verwirklicht. So macht er ihn denn auf den Dorfpfarrer aufmerksam, der im Konkubinat lebt und einen lasterhaften Lebenswandel führt. Darum müsse man ihn ablehnen, ihm die Ehrfurcht verweigern, die Gefolgschaft aufkünden. Franziskus verhält sich jedoch völlig entgegengesetzt. Er küßt die Hände des Priesters und sagt: «Die Hände sind vielleicht schuldig geworden; eines jedoch ist gewiß: sie können Gott nicht hindern, den Weg zum Menschen zu gehen, auch durch das Sakrament, das dieser spendet.» Gegenüber der totalen Verneinung des Amtes durch die Katharer betont Franziskus total die Institution der Kirche. Vielleicht darum auch ein wenig übertrieben: Denn er verneigt sich vor jedem Priester, der ihm begegnet, ja er küßt selbst die Hufe des Pferdes, welches einen Priester trägt.

88 Auch der *Theologe* ist für Franziskus so etwas wie ein heiliger Ort. Er denkt ja die Gedanken Gottes nach, versucht sie zur Sprache zu bringen, vermittelt so Geist und Leben. Wenn es beim Priester die eucharistischen Gestalten sind, um deretwillen Franziskus eine geradezu unkritische Haltung der Ehrfurcht einnimmt, dann beim Theologen um des Wortes der Heiligen Schrift willen, dessen Diener dieser ist.

89 1. Im weiteren Verlauf des Testamentes spürt man in zunehmendem Maß Zorn und Leidenschaft. Franziskus kann es offenbar nicht leiden, wenn jemand seiner Gemeinschaft nicht mehr katholisch denkt, handelt, lebt. Er kann sich kaum mehr halten angesichts einer solchen Möglichkeit, so daß er nicht einmal mehr überlegt, ob die *Strafmaßnahmen*, die er in diesem Fall vorsieht, auch durchführbar sind. In einigen Fällen stößt er Mitbrüder sogar aus der Gemeinschaft aus.

2. Da ihm die Kirche als Bedingung seines Lebens so wichtig ist, erbittet er vom Papst einen Kardinalprotektor. Er fühlt sich je länger je mehr nicht in der Lage, seine Brüder «unter die Fittiche» zu nehmen. Er weiß um das Gesetz der Menge, weshalb er nur noch eine Überlebenschance für seine Gemeinschaft sieht: daß die Kirche sich der Gemeinschaft annimmt und, wenn nötig, korrigierend und schützend auf sie einwirkt. Die Bezeichnung *«Korrektor der Bruderschaft»* — wie der Protektor auch heißt — scheint eine wichtige Nuance zu enthalten, die zu beachten mir wichtig ist. Kirchlichkeit bedeutet nicht dasselbe wie Konformität. Sie verlangt eine neue Lebendigkeit, vom Evangelium her neue Wege, vielleicht sogar einen gewissen Gegensatz zur bisherigen Lebenspraxis der Kirche. Franziskus selbst ist das beste Beispiel dafür. Aber wenn diese Wege über das Ziel hinausschießen, Ab-Wege werden, dann soll jemand da sein, der die Brüder zurückführen kann.

3. Der *Protektor* hat allerdings auch noch eine andere Aufgabe. Ob sie von Franziskus in gleicher Weise gewollt ist wie die erste, ist nicht mehr ganz sicher auszumachen. Ich sehe jedenfalls eine gewisse Unvereinbarkeit mit seinem Willen, nichts außer das Leben selbst einzusetzen und darauf zu verzichten, sich mit rechtlichen Mitteln durchzusetzen. Wie dem auch sei, Franziskus sieht seine Gemeinschaft auch durch die Traditionalisten gefährdet, die keine neuen Lebensformen aufkommen lassen wollen. Der Protektor soll seine schützende Hand vor die Brüder halten.

Für das Verhältnis Francescos zur Kirche ist auch seine Ein- **90**
stellung zum *Amt* wichtig. Er will nicht, daß sich seine Lebensform mit einem offiziellen Amt in der Kirche verbindet. Weil er überzeugt ist, daß Christentum «von Amtes wegen» eine nicht geringe Gefährdung des Christentums selbst bedeutet. Je mehr Macht einem gegeben ist, um so dunkler wird die eigentliche Intention eines Lebens. Was Franziskus gerade noch zuläßt, für sich selbst jedoch verweigert, ist das Prie-

stertum. Ganz entschieden lehnt er es ab, daß Franziskaner das Amt eines Bischofs verwalten. Die päpstliche Kurie trägt sich offenbar mit dem faszinierenden Gedanken, die Kirche auf diese Weise zu reformieren. Die Ämter sollen von denen innegehabt werden, die auch am glaubwürdigsten das Evangelium leben. Warum also nicht Dominikaner und Franziskaner zu Bischöfen machen? Franziskus gibt die Antwort: «Mindere sind meine Brüder genannt, damit sie sich nicht herausnehmen, Höhere zu werden. Ihre Berufung lehrt sie, unten auf dem Basisstand zu bleiben und so den Spuren der Demut Christi zu folgen. Wenn Ihr wollt, daß sie in der Kirche Frucht bringen, so haltet sie, und bewahrt sie im Stand ihrer Berufung, und führt sie zum Basisstand zurück, selbst wider Willen. Ich bitte Euch daher, Vater, laßt sie unter keinen Umständen zu kirchlichen Ämtern emporsteigen, damit sie nicht um so stolzer werden, je ärmer sie sind und gegen die übrigen sich überheblich zeigen.»

91 Die *Weltkirche* ist für Franziskus ein komplexes Gebilde. Sie zeigt sich ihm als eine unendlich große Versammlung pluriformer Lebensformen, Stände, Klassen, Berufe ... Was die verschiedenen Menschen und Gruppierungen zusammenhält, ist der Wille, im gegenseitigen Miteinander Gott zu dienen. Franziskus weiß, daß dieses Miteinander bestimmt ist durch eine gemeinsame Geschichte, in der Gott und Menschen innig verbunden sind. Alle von diesem Gott geprägten Menschen, die Heiligen, bleiben im Gedenken der Kirche gegenwärtig, ebenso wie sie im Namen der ganzen Schöpfung Gott eine ewige Präfation singen.
Franziskus sieht seine Gemeinschaft als eine der vielen Gruppierungen, die mit anderen verbunden ist und zu ihnen in einem dialogischen Verhältnis steht. Darum legt er in der Öffentlichkeit der Kirche das Bekenntnis ab, daß seine Gemeinschaft wie auch alle anderen Stände und Glieder der Kirche im wahren Glauben und in der radikalen Zuwendung zu Gott leben wollen.

92 Schließlich verwirklicht sich in der Kirche fortdauernd das Geheimnis Marias. Was Maria war, ist heute Kirche. Sie ist die erste konsekrierte Kirche, die Wohnung, das Zelt, das Haus, der Palast Gottes, all das, was auch von der Kirche gilt. Sie ist Erwählte des Vaters, Verlobte des Geistes, Mutter des Sohnes. Ausdrücke, die ebenso von der Kirche, ja von jedem einzelnen Christen gelten dürfen, sofern er Christus empfängt und gebiert «in einem heiligen Wirken».

Hier gerät Franziskus mit seiner Auffassung von Maria/Kirche vor den Abgrund des göttlichen Geheimnisses. Maria-Kirche-Seele ist der Ort, an dem Gott der Dreifaltige in der Welt gegenwärtig ist, von wo aus er auch überall auf der Welt sichtbar werden will durch ein entsprechendes Handeln.

Mit dieser mystischen Schau ist aber bereits übergeleitet zum kommenden Abschnitt.

DIE GRUNDERFAHRUNG

1. Die Darstellung des Fünfpunkteprogramms ist eine Art Panorama, eine Übersicht und Zusammenschau der Grundanliegen des heiligen Franz. Doch darf man nicht dabei stehenbleiben. Denn so sehr die Sicht des Adlers oder des Fliegers beeindruckt durch den Überblick, die sie gewährt, bleibt sie doch nur an der Oberfläche hängen, kommt nicht hinter die Dinge. Darum muß man sich fragen, welche *Tiefendimension* das Fünfpunkteprogramm zusammenhält und welche Grunderfahrung allem zugrundeliegt. 93

2. Man wird dabei auch von Mystik sprechen müssen. Denn Franziskus kennt viele Augenblicke, in denen er ganz bei Gott und so auch ganz bei sich ist, in denen alle seine Sinne voll sind von der Gegenwart Gottes. Diese Erfahrung übersetzt sich auch bei ihm in eine Anzahl Begleiterscheinungen. Die Hingerissenheit der Ekstase, das Aufgehen in Raum und Zeit, das Vergessen der Umwelt sind Zustände, von denen oft berichtet wird. Auch ein oft wiederholtes Gebet spiegelt dieses Glück wider, das bereits auf Erden Ewigkeit verlangt: «Die feurige und honigsüße Kraft Deiner Liebe entreiße meinen Geist von allem unter dem Himmel, damit ich sterbe aus Liebe zu Deiner Liebe. Denn Du hast dich herabgelassen zu sterben aus Liebe zu meiner Liebe.» Man darf aber diese ekstatischen Zustände nicht verabsolutieren. Wichtiger als sie sind bei Franziskus andere mystische Zeichen. Wenn er übervoll ist von Gottes Gegenwart, sucht er regelmäßig eine neue Sprache, die französische der Troubadoure und Minnesänger oder die poetische der Begeisterten und Verwunderten. Ebenso wichtig ist das, was Franziskus *«Süßigkeit»* nennt, schon im eben genannten Gebet, aber auch im Zusammenhang mit seiner Begegnung mit dem Aussätzigen. Das Wort klingt im Deutschen heute unmöglich, gewinnt aber, wenn man den romanischen Hintergrund desselben beachtet. Es stammt wahrscheinlich aus dem Milieu der französischen Liebesdichtung. Im «douceur» klingen darum viele sinnliche Wahrnehmungen mit: Das Sanfte, Liebliche, Süße, Zärtliche.

Solche Gefühlslagen werden erzeugt, wenn Gott in der Lebensgeschichte durchbricht: Bei Begegnungen mit Aussätzigen, Bettlern oder auch, wenn Franziskus den Namen Gottes, Jesu oder auch «Bethlehem» hört.

3. Wenn man diese Erfahrung als mystisch bezeichnet, muß man aufpassen, daß man die Unterschiede nicht einebnet, die zwischen der *franziskanischen Mystik* und anderen mystischen Strömungen innerhalb des Christentums bestehen. Bei Franziskus löst sich die mystische Erfahrung nie von der Menschwerdung Gottes. Darum möchte ich die Glaubenserfahrung, die dem Leben des Heiligen zugrunde liegt, als mystisch-sakramental bezeichnen. Was das heißt, soll in den folgenden Leseeinheiten deutlicher werden.

94 1. Franziskus lebt eine konsequent *heilsgeschichtliche Mystik*, die stets dem Greifbaren und Sichtbaren verbunden bleibt, dem Geschöpf, der Geschichte, Jesus Christus, dem Sakrament, der Kirche.

2. Mit dem Wort «Mystik» ist das nicht notwendig gegeben. Es gibt auch innerhalb des Christentums eine Mystik, die sich von der franziskanischen grundlegend unterscheidet, wie etwa «Die Wolke des Nichtwissens», ein mystisches Meisterwerk aus dem 14. Jahrhundert, deutlich macht: «Beschäftige dich weder in deinen Gedanken noch in deinen Wünschen mit irgendeinem von Gottes Geschöpfen und dem, was sie betrifft — weder im allgemeinen noch im besonderen. Ein solches Tun erscheint dir vielleicht nicht richtig. Doch ich sage dir: Löse dich innerlich von allen Geschöpfen, und schenke ihnen keine Aufmerksamkeit.» Ich glaube, daß Franziskus diesen Sätzen heftig widersprechen würde. Es gibt von ihm dieses wunderbare Gebet: *«Mein Gott und alle Dinge.»* So muß man es wahrscheinlich übersetzen und nicht: «Mein Gott und mein Alles.» Wenn man sich zu Gott bekennt, ist auch die ganze Schöpfung einbezogen: Jedes einzelne Ding bekommt durch den Glauben an Gott einen inneren Zusammenhang mit allen anderen Dingen. Es fügt sich ein in das All, das von Gott geschaffen ist. Darum ist es nicht verwunderlich, wenn die Dinge zu Kündern und zu Zeichen des großen Gottes werden. Franziskus kann sie nicht beiseite schieben,

wie die «Wolke» das tut. Sonst stünde er auch nicht vor Gott, sondern vor dem Nichts. Erst eine solche Einstellung macht den Sonnengesang möglich. Gott führt zum Menschen, weil er das Heil des Menschen will. Darum muß Franziskus auch dem Heil der Menschen ein Heimatrecht geben in seiner Kontemplation.

3. «Gewiß ist es nicht schlecht, Gottes Güte zu betrachten, ihn dafür zu lieben und zu loben. Doch jetzt ist es weitaus besser, ganz und gar in der Wahrnehmung seines unverdeckten Seins zu Verweilen und ihn um seiner selbst willen zu loben und zu lieben.» Ganz gewiß lobt auch Franziskus Gott um seiner selbst willen. Aber er kann keinen Unterschied machen zwischen seiner Güte und seinem Selbst. *Dieses Selbst Gottes ist seine Güte.* Vor allem diesen Aspekt unterstreicht Franziskus in allen Gebeten immer wieder. Angesichts Gottes Güte wandelt sich sein eigenes Herz in Güte, Seligkeit, Zärtlichkeit, ekstatische Freude. Die Güte Gottes hat Geschichte gemacht und wird weiterhin Geschichte machen: Gott ist Schöpfer, Erlöser, Tröster und Retter. Franziskanische Mystik und Kontemplation ist darum auf die Selbstmitteilung Gottes, auf die geschichtliche Offenbarung seiner Güte bezogen.

4. «Du entdeckst dich bei Gedanken an Jesu Menschenfreundlichkeit, sein Verzeihen, seine Güte und seine Liebe. Wenn du aber genau hinsiehst, wirst du bald merken, daß sie erreicht haben, was sie wollen. Sie wollen dich ablenken. Sie erinnern dich an Jesu Leiden, dann folgen Vorstellungen über seine große Freundlichkeit ... Es waren keine schlechten Gedanken. Wenn jemand sich aber lange Zeit in diesen Betrachtungen geübt hat, ist es für ihn an der Zeit, diese langsam aufzugeben und die Wolke des Vergessens über sie zu breiten.» Franziskus würde auch hier widersprechen. Seine Gotteserfahrung ist bleibend an Jesus gebunden, an seine Menschwerdung, sein Wirken, sein Leiden, seine Auferstehung und sein Erhöhtsein im Himmel. Christus könnte in seiner Kontemplation nie eine störende Stellung einnehmen. Im Gegenteil: seit der Begegnung mit dem Kreuz in San Damiano ist Franziskus der innerlich von der Passion Geprägte, sein Beten kreist um das Kreuz und um das getötete Lamm.

Freilich ist auch diese Christusbezogenheit auf Gott bezogen, der letztlich alles in allem ist. Aber Franziskus kann den Weg, auf dem er zu Gott gelangt, nicht beiseiteschieben. Dadurch unterscheidet sich Franziskus von der «Wolke des Nichtwissens», aber auch von anderen mystischen Strömungen innerhalb des Christentums.

95 1. Es gibt einige Stellen in den Schriften des heiligen Franz, in denen die Grunderfahrung seiner Mystik sozusagen in einer Kurzformel ausgesprochen ist. Hier berührt man den Kern der franziskanischen Welt- und Gotteserfahrung.
2. Eine solche Stelle steht im Brief Francescos an die Kleriker: «Nichts haben und sehen wir leiblich in dieser Welt von ihm dem Höchsten außer den Leib und das Blut, die Namen und die Worte, durch die wir geschaffen sind.» Eine fast wörtlich gleiche Stelle steht im Testament, unmittelbar nach dem Wort, das uns bereits einmal beschäftigt hat: daß Franziskus in allem den Sohn Gottes erkennen will, der sich in Wort und Sakrament, in Institution und Ereignis der Kirche verleiblicht.
3. Weiter holt Franziskus in seiner *ersten Ermahnung* aus. Da sie so zentral und entscheidend für seine Grunderfahrung ist, soll sie vollumfänglich zu Wort kommen, obwohl es wahrscheinlich schwierig ist, sie auf den ersten Blick zu verstehen. Aber auf den kommenden Seiten werde ich immer wieder darauf zurückkommen.
«Der Herr Jesus sagte zu Seinen Jüngern: ‹Ich bin der Weg, die Wahrheit und das Leben. Niemand kommt zum Vater außer durch mich. Wenn ihr mich erkenntet, würdet ihr auch meinen Vater kennen. Von nun an kennt ihr ihn, ihr habt ihn ja gesehen. Da sprach Philippus zu Ihm: Herr, zeige uns den Vater, das genügt uns. Jesus erwiderte ihm: So lange schon bin ich bei euch, und ihr kennt mich nicht? Philippus, wer mich sieht, sieht auch meinen Vater› (Joh 14,6—9).
Der Vater ‹wohnt in unzugänglichem Licht› (1 Tim 6,16), und ‹Gott ist ein Geist› (Joh 4,24) und ‹niemand hat Gott je gesehen› (Joh 1,18). Weil Gott ein Geist ist, daher kann Er auch nur im Geist geschaut werden; denn ‹der Geist ist es, der lebendig macht, das Fleisch nützt nichts› (Joh 6,63). Aber auch

der Sohn wird, sofern Er dem Vater gleich ist, von niemandem anders geschaut als der Vater und auch nicht anders als der Heilige Geist.

Daher sind alle die verdammt, die den Herrn Jesus Christus zwar in Seiner Menschheit gesehen haben, aber nicht Seinem Geist und Seiner Gottheit entsprechend geschaut und geglaubt haben, daß Er der wahre Sohn Gottes ist. Ebenso sind auch heute alle jene verdammt, die das Sakrament des Leibes Christi zwar sehen, das unter der Gestalt von Brot und Wein in den Worten des Herrn auf dem Altar durch die Hand des Priesters heilig gegenwärtig wird, die aber nicht dem Geist und der Gottheit entsprechend schauen und glauben, daß es wahrhaft der heiligste Leib und das Blut unseres Herrn Jesus Christus ist. Dies bezeugt der Allerhöchste selbst, der da spricht: ‹Dies ist mein Leib und mein Blut des Neuen Bundes› (Mk 14,22), und: ‹Wer mein Fleisch ißt und mein Blut trinkt, der hat das ewige Leben› (Joh 6,55). Daher ist es der Geist des Herrn, welcher in Seinen Gläubigen wohnt, der den heiligsten Leib und das Blut des Herrn empfängt (vgl. Joh 6,63). Alle anderen, die nichts von eben diesem Geist besitzen und ihn zu empfangen wagen, ‹essen und trinken sich das Gericht› (1 Kor 11,29).

Darum ‹ihr Menschenkinder, wie lange noch wollt ihr harten Herzens bleiben› (Ps 4,3)? Warum erkennt ihr nicht die Wahrheit und ‹glaubt nicht an Gottes Sohn› (Joh 9,35)? O seht doch, täglich ‹erniedrigt Er sich› (Phil 2,8), wie Er einstens ‹vom königlichen Thron herab› (Weish 18,15) in den Schoß der Jungfrau stieg. Täglich kommt Er zu uns und zeigt sich in Demut. Täglich steigt Er in den Händen des Priesters aus dem Schoß des Vaters herab auf den Altar. Und wie Er sich den heiligen Aposteln in wirklichem Fleisch zeigt, so zeigt Er sich uns heute im heiligen Brot. Und wie diese beim Anblick Seines Fleisches nur Sein Fleisch sahen, aber an Ihn als den Herrn und Gott glaubten (vgl. Joh 20,28), weil sie Ihn mit geistigen Augen anschauten, so laßt auch uns, die wir mit leiblichen Augen das Brot und den Wein erblicken, doch schauen und zuversichtlich glauben, daß es wahrhaftig und lebendig Sein heiligster Leib und Sein Blut ist. Und auf diese Weise ist der Herr immer bei Seinen Gläubigen, wie Er selber

sagt: ‹Seht, ich bin bei euch bis zur Vollendung der Welt› (Mt 28,20).»
In dieser Ermahnung sind alle Schlüsselworte enthalten, die zur Grunderfahrung des heiligen Franz gehören: Gott, Jesus, Christus, Wort und Sakrament.

Gott

96 1. Zur Grunderfahrung des heiligen Franz gehört die *Unerreichbarkeit Gottes.* Gott wohnt jenseits der Möglichkeiten, die dem Menschen gegeben sind, in unzugänglichem Licht, außerhalb aller natürlichen Erkennbarkeit. Keine Kraftanstrengung kann über die Abgründe, welche zwischen dem Geschöpf und dem Schöpfer bestehen, eine Brücke schlagen. Diese Unnahbarkeit Gottes, seine absolute Transzendenz spiegelt sich in allen Gebeten des heiligen Franz wider. Gott ist der Allerheiligste, der Höchste, der allmächtige König, der Herr des Himmels und der Erde, über alles erhaben, ohne Anfang und Ende, unveränderbar, unbeirrbar, unaussprechbar, unfaßbar, unerforschbar. Gott ist und bleibt Geheimnis, auch wenn er sich offenbart und zu erkennen gibt. Das Du, zu dem sich Franziskus im Gebet wendet, bleibt hinter dem Horizont, vor dem der Mensch steht.
2. Was der Mensch von Gott weiß, hat er empfangen. Wenn er ihn erfährt, ist es reine Zuneigung Gottes, der aus seiner Abgeschiedenheit heraustritt, sich dem Menschen zuwendet, sein Antlitz zeigt und sich in *Jesus von Nazaret* offenbart. In ihm ist für den Menschen eine Brücke zu Gott gebaut. Auf ihr ist Gott auch Wahrheit und Leben des Menschen. Für Franziskus gibt es eine Gotteserfahrung nur über Jesus von Nazaret, weil Gott selbst in diesem seinem Sohn eine Möglichkeit der Begegnung geschaffen hat.
3. Mir sind die beiden Abschnitte der ersten Ermahnung, welche diese Gedanken enthalten, so wichtig, daß ich gerne auch den Sonnengesang von daher interpretieren möchte. Es gibt für Franziskus keine Naturmystik, *keine von Christus losgelöste Gotteserfahrung.* Sein Glaube bewegt sich innerhalb des Rahmens, der durch die Menschwerdung Gottes ge-

setzt ist. Gotteserfahrung ist ihm nur möglich über die Christusbegegnung. Das ist zu beachten, wenn im folgenden einige Aussagen über Gott betrachtet werden sollen.

1. Daß Gott aus seiner Abgeschiedenheit heraustritt und mit 97
seiner Schöpfung eine gemeinsame Geschichte wagt, zeigen die da und dort wiederkehrenden *Gottesbezeichnungen*: Vater, Schöpfer, Erlöser, Tröster und Retter.
2. Bis in die materiellen Bedürfnisse hinein erfährt Franziskus Gott als sorgenden *Vater*. Für ihn wagt er das Leben in völligem Vertrauen, und zwar seit dem Augenblick, in dem er sich von seinem Vater Bernardone getrennt hat. In diesem Vertrauen erkämpft er sich eine neue Existenzform innerhalb der Kirche. Das Wesen Gottes ist die Sorge, die Zuwendung. Von daher sind auch die anderen Ausdrücke zu deuten.
3. Gottes Vaterschaft zeigt sich in der *Schöpfung*, die ein erstes Hinaustreten Gottes aus sich selbst ist und die er auch in ihrem Bestand zusammenhält. Die Schöpfungstat Gottes betrifft die Totalität der Schöpfung. Es gibt nichts, das nicht von Gott geschaffen wäre: «alles Geistige, alles Leibliche»; «den ganzen Leib, die ganze Seele, das ganze Leben hat Er uns allen gegeben und gibt es noch». Im Wort «Schöpfer» zeigt sich für Franziskus die stete Zuwendung und Sorge Gottes an.
4. Die Vaterschaft Gottes setzt sich um in *Erlösung*, nachdem der Mensch auf Abwege geraten, schuldig geworden ist, sein eigenes Wesen verschüttet hat. Sie wird greifbar im Geheimnis des Sohnes, in Jesus Christus.
5. Die Vaterschaft Gottes zeigt sich aber auch als *Trost* und Beistand. Sein heiliger Geist bleibt dem einzelnen Gläubigen nahe, wie auch dem ganzen Volk Gottes — in der ganzen Zeit der Kirche.
6. Schließlich zeigt sich Gottes Vaterschaft im Ereignis der *Rettung*. Franziskus macht offenbar einen Unterschied zwischen Erlösung und Rettung. Während Erlösung das Christusereignis meint, und zwar in seiner vergangenen, historischen Bedeutung, so ist Rettung ein zukünftiges, endzeitliches Ereignis: «Einzig sein Erbarmen wird uns retten.»

So ist denn die ganze Geschichte der Menschen von der Vaterschaft Gottes umgriffen. In allem wird die Zuwendung eines sorgenden Vaters erfahren.

98 Franziskus erfährt Gott als *Licht*. In augustinischer Tradition stehend glaubt er, daß Erkenntnis Erleuchtung ist, ein Hellwerden des Geistes durch die Einwirkung Gottes, dessen Wesen Licht ist. Ohne dieses Licht Gottes gibt es im Geist und im Herzen des Menschen keine Einsicht und keine Erkenntnis. Franziskus glaubt das schon in den Tagen seines Suchens, wie das Gebet belegt, das er in dieser Zeit immer und immer wieder spricht: «Höchster, herrlicher Gott, erleuchte die Finsternis meines Herzens. Gib mir echten Glauben, sichere Hoffnung, vollkommene Liebe, Sinn und Erkenntnis, Herr, damit ich erfülle deinen heiligen und wahren Auftrag.» Es kommt nicht von ungefähr, daß es ihm zu «tagen» beginnt, wie er vor dem Kreuz von San Damiano kniet. Dieses Kreuz leuchtet ja in allen Farben, vor allem in der Farbe des Lichtes und der Auferstehung. Der unbekannte Maler, der in der dortigen Kirche hinten rechts die Szene verewigt hat, wußte etwas von diesen Zusammenhängen. Während das Antlitz Francescos vorher finster dreinschaut, ist es nach der Anrede durch den Gekreuzigten hell und strahlend. Auch andere Begegnungen mit Christus im Leben des Heiligen sind Lichterfahrungen, so auch die wohl bedeutendste in den letzten Jahren seines Lebens: die Stigmatisation. Hört es sich nicht wie eine Zusammenfassung all dieser Erfahrungen an, wenn Franziskus in seiner Vaterunsererklärung sagt: «Du erleuchtest sie (die Engel und Heiligen) zur Erkenntnis, denn Du Herr, bist das Licht.» Darum nennt Franziskus auch sein schönstes Lied «Sonnengesang». Denn durch ihr nahezu unerträgliches Licht ist ihm die Sonne schöner als alle anderen Geschöpfe, die größtmögliche Annäherung an Gott. Er sagt einmal: «Morgens, wenn die Sonne aufgeht, sollte jeder Mensch Gott loben, der sie geschaffen hat, denn durch sie werden die Augen am Tag erleuchtet; abends, wenn es Nacht wird, sollte jeder Mensch Gott loben wegen eines anderen Geschöpfes, wegen Bruder Feuer, denn durch ihn werden unsere Augen des Nachts erhellt. Wir alle sind blind. Und Gott erleuchtet unsere Augen durch diese beiden Geschöpfe.

Weil wir diese und andere Geschöpfe täglich brauchen, sollten wir den herrlichen Schöpfer immer loben.» Weil ihm jedes Licht Zeichen ist, eine Art Sakrament, geht er, worauf schon an anderer Stelle hingewiesen wurde, sehr behutsam und mit zärtlicher Ehrfurcht damit um.
Ich glaube, daß auch der Name «Klara» und die Frau, die dahintersteht, in Franziskus die Verbindung Gott — Licht hervorruft, wie selbstverständlich auch der Mond und die Sterne. Von daher wird verständlich, warum auch «Schönheit» einer der Namen Gottes sein kann.

Franziskus erfährt Gott als *Liebe*. In seiner Vaterunsererklä- 99
rung heißt es: «Du entflammst die Engel und Heiligen zur Liebe. Denn Du, Herr, bist die Liebe.» Wie Erkenntnis bei Menschen nur möglich ist, weil sie durch das Wesen Gottes selbst gewirkt wird, so auch die Liebe unter den Menschen. Auch hier spricht Franziskus aus eigener Erfahrung. Man braucht nur an den Liebesbrand zu erinnern, der nach der Legende zwischen Franziskus und Klara in Portiuncula entbrannt ist. Es geht um eine alles durchdringende und alles ergreifende Liebe, die sehr wenig mit Platon, aber sehr viel mit Leidenschaft zu tun hat. Der evangelische Theologe Jürgen Moltmann hat für diesen Vorgang, freilich ohne Bezug zu Franziskus, Worte gefunden, die man kaum übertreffen kann: «Das Leben ist seit Augustinus das Drama der Liebe; der unglücklichen, der verzweifelten, der befreiten, der suchenden und der seligen Liebe. Von dieser Voraussetzung gehen sie alle aus: der Mensch ist ein erotisches Wesen. Ein gieriges Verlangen, ein faustischer Trieb, ein hungriges Herz beherrschen ihn. Denn der unendliche Gott erregt im Menschen, seinem Ebenbild, eine endlose Leidenschaft, die alles Endliche und Irdische zerstört, wenn sie nicht in seiner Unendlichkeit Ruhe findet.» Verschiedene Worte, die hier genannt werden, finden sich auch in franziskanischen Texten: die durch die Liebe Gottes entflammte Liebe, «die Liebe zur Liebe», die Seligkeit, die im Ausruhen in der Liebe besteht, «den Sinn der Seele und des Leibes in der Hingabe an Deine Liebe und in nichts anderem suchen», höchste Lust und Freude, zärtliche Zuwendung und Süßigkeit. Gott ist «zärtlich,

sanft, lieblich und süß», «sanft, lieblich, ergötzlich und über alles begehrenswert», «lieb, gefällig, süß, liebenswürdig und über alles begehrenswert».

100 Franziskus erfährt Gott als *Güte*. Es scheint, daß wir es bei dieser Aussage sogar noch um eine Überbietung der Erfahrungen zu tun haben, die mit «Licht» und «Liebe» verbunden sind. Denn regelmäßig gerät Franziskus bei diesem Namen Gottes in die hymnische Sprachform, für welche die Häufung typisch ist. Er wiederholt die Begriffe, die Sätze, um immer nur das eine zu sagen: «Das volle Gut ist Er, alles Gut, das ganze Gut, das wahre und höchste Gut. Er allein ist gut.» Solche Häufungen durchziehen die Gebete und Briefe des Heiligen wie ein ständiger Refrain. Man spürt durch die Worte hindurch, daß Franziskus von der Güte Gottes innerlich durchdrungen ist, daß sie in Franziskus wohnt und ihn «bis zur Seligkeit erfüllt». Ein inneres Entzücken und Zerschmelzen ist mit dieser Erfahrung verbunden. Hie und da kommt das auch sprachlich zum Ausdruck, etwa wenn er das ekstatisch-staunende «O» vor seine Sätze stellt und in die Verwunderung ausbricht, einen solchen Vater, einen solchen Freund, einen solchen Bruder und Sohn zu haben, also eine dreifaltige Gestalt der Güte Gottes anbeten zu dürfen. Die Biographen bestätigen, daß diese innerseelischen Vorgänge eine leibliche Gestalt haben: Oft netzt er mit der Zunge seine Lippen, er schmatzt, als ob er die größte Süßigkeit verkostete.
In dieser Erfahrung ist auch begründet, warum Franziskus nicht leiden mag, wenn jemand sich auf seine Qualitäten etwas einbildet. Niemand ist aus sich selber gut und gütig. Man darf daraus keinen Besitz machen, durch den man von anderen sich absetzen könnte. Zwischen «gut» und «bös» müssen die Mauern fallen, weil nur Gott allein wirklich gut ist. Und er ist es in einem Ausmaß, daß man ein Leben lang danken muß.

1. Noch einmal ist zu wiederholen: Ohne Jesus Christus bleibt Gott für den Menschen unerreichbar. In ihm aber zeigt sich — und zwar auf ausschließliche Weise für Franziskus — wer Gott ist. Jesus ist die Sprache, die Gott zum Menschen spricht, *«das Wort des Vaters»*. **101**
2. Gott spricht sich aus in und durch unsere Menschlichkeit und Zerbrechlichkeit, durch Armut und Leiden. Das Unvereinbare kommt zusammen: *Gott ist der Demütige* und nur so der Allmächtige; er ist der immer noch Kleinere und nur so auch der immer Größere; er ist der Schwache und nur so der Starke; er ist der Sterbende und nur so der Lebendige und Wahre; er ist der Zerbrechliche und nur so der Unbeugsame. Von diesem Paradox des Glaubens lebt Franziskus: «Er hinterläßt uns ein Beispiel, daß wir seinen Fußspuren folgen.»
3. Über dieses *Grundparadox des Glaubens* darf man nicht allzu schnell hinweghuschen. Der Horizont, an dem Gott erscheint, heißt Demut. Wenn der Mensch nicht in diese Richtung schaut, wird er Gott auch nicht erfahren können. Franziskus verweist sowohl mit seinen Worten als auch mit Zeichen und mit seinem ganzen Leben auf diesen Horizont: Menschwerdung, Armut, Kreuz, Eucharistie sind die Gestalten der Demut Gottes, die Konturen des Horizontes, an dem Gott auf den Menschen zukommt.

1. Ein erster Punkt am Begegnungshorizont zwischen Mensch und Gott ist die *Geburt Jesu*. Franziskus feiert sie mit besonderer Freude und Hingabe. Bekannt ist die Weihnachtsfeier in Greccio, wo er sich selber und einer großen Menschenmenge die Demut Gottes vor Augen führt. Mit leiblichen Augen und mit eigenen Händen will er sehen und greifen, wie menschlich, klein, zerbrechlich und demütig Gott ist. **102**
2. Seine Begeisterung für *Weihnachten* geht so weit, daß er vom Kaiser ein Gesetz erwirken will. Darnach sollten alle Bürgermeister und Burgherren verpflichtet sein, an Weihnachten Menschen auszuschicken, um Weizen- und andere Körner an den Wegen außerhalb der Städte auszustreuen, da-

mit an einem so hohen Festtag die Lerchen und die anderen Vögel genug zu essen haben. Aus Ehrfurcht vor dem Sohn Gottes, den Maria zwischen Ochs und Esel bettete, sollte jedem Bruder Ochs und jedem Bruder Esel genug Heu vorgesetzt werden. Vor allem aber sollten die Reichen um alle Armen besorgt sein. An einem solchen Tag sollte die Großzügigkeit Bedürfnis und Gebot zugleich sein, sowohl für Menschen wie auch für Tiere.

Franziskus nennt Weihnachten einmal «das Fest der Feste, an dem Gott an menschlichen Brüsten hing». Eine für viele nahezu schockierende Sprache, verständlich aber durch das Wissen, daß er gegen Gruppierungen spricht, welche Gott und Welt in einen solchen Gegensatz treiben, daß die Welt das absolut Schlechte ist, aus dem man ausziehen muß. Für Franziskus kann Gott nicht weltlich und menschlich genug sein.

Die Großzügigkeit und Sinnlichkeit dieses Tages führen auch zu dichterischen Ausdrucksformen. Einmal fällt Weihnachten auf einen Freitag. Ein Bruder spricht davon, daß man darum kein Fleisch auftischen dürfe. Franziskus hält ihm entgegen: «Bruder, du sündigst, wenn du den Tag ‹Freitag› nennst, an dem uns das Kind geboren wurde. Ich will, daß sogar die Wände an einem solchen Tag Fleisch essen, und weil sie es nicht können, sollen sie wenigstens von außen damit bestrichen werden.»

3. Franziskus identifiziert sich mit dem Kind in der Krippe, stammelt darum wie ein Kind. Oder: «Bethlehem» spricht er aus wie ein blökendes Schaf. «Wenn er das ‹Kind von Bethlehem› oder ‹Jesus› nannte, dann leckte er gleichsam mit der Zunge seine Lippen, indem er mit seinem glückseligen Gaumen die Süßigkeit dieses Namens verkostete und schlürfte.»

Wir haben heute kaum mehr Zugang zu solchen *Gefühls- und Stimmungsäußerungen*. Ob das jedoch gut ist, ist füglich zu bezweifeln. Man würde sich auf jeden Fall täuschen, wenn man meinte, daß Franziskus eine bloß gefühlsbetonte Beziehung zur Menschwerdung hat. In der Weihnachtsmeditation, die er innerhalb des Passionsoffiziums vorsieht, eröffnet er tiefste Einsichten. Er spricht darin noch einmal das Paradox aus: Gott ist ein Kind, heimatlos, jemand, dem man die Herberge verweigert. Über einen so im Leiden der Menschen mitgehenden Gott muß er jubeln, aber auch nachdenken: Diese Geburt ist der Anfang der Passion. Das Staunen muß dazu führen, daß man sich als Ganzer in Frage stellt: «Räumt aus dem Weg euer eigenwilliges Ich, tragt sein heiliges Kreuz, befolgt bis zum Ende sein heiligstes Gebot.» Das Paradox will seine Konsequenz auf seiten des Menschen: Franziskus selbst und alle, die sich zu ihm bekennen wollen, sollen die irdische Existenz als Provisorium ansehen, als Pilgerschaft unter dem Vorzeichen der Armut, der Heimatlosigkeit und der Verstoßung.

Hier muß nun noch einmal von *Maria* gesprochen werden. 103
Sie ist die erste Adressatin des Wortes Gottes, ihr Schoß nimmt es auf, durch sie nimmt Gott die Gestalt der Demut an. Sie selbst wird einbezogen, indem sie an seinem Schicksal, an Armut und Heimatlosigkeit teilnehmen muß.
Maria ist vor allem Mutter, welche im Hören Gottes Wort empfängt, trägt und gebiert. Sie ist und bleibt die Grundgestalt der Kirche, die Jungfrau, die jetzt Kirche ist. In jedem Christen muß sich «mystisch» wiederholen, was in Maria «historisch» zuerst geschehen ist: Jede Seele ist die Erwählte Gottes, Braut des Geistes, Mutter des Sohnes. Jeder Mensch muß hören, das Wort empfangen, in sich tragen und schließlich gebären in einem heiligen Wirken. Damit erlangt der Mensch eine neue Würde: er ist Wohnung Gottes. Er darf sich auf neue Weise erleben. Er muß das Geheimnis Mariens, der Kirche in sich selbst verwirklichen: «Wir wollen Ihm immer Wohnung und Unterkunft sein. Er ist der Herr, der allmächtige Gott, der Vater, der Sohn und der Heilige Geist.»

1. Im Vaterunser betet Franziskus: «Unser *tägliches Brot*, unseren Herrn Jesus Christus, gib uns heute.» Jesus ist also die Nahrung, die Franziskus braucht und ohne die er nicht leben kann. Man darf dies nicht allzu schnell eucharistisch deuten, so sehr das auch gemeint ist. Als das Wort des Vaters ist Jesus das tägliche Brot. Was er «gesagt, getan und gelitten hat», ist die Substanz, von der man leben kann, die man essen soll. Da darf man nichts von Jesus lösen, weder sein Wort noch die eucharistischen Gestalten. Da muß man vielmehr jedes Wort 104

und auch das Brot und den Wein von der lebendigen Gestalt Jesu her verstehen, von seiner Zerbrechlichkeit, von seiner Armut, von seiner Heimatlosigkeit, von seiner alltäglichen Existenz.

2. In einem *dreifachen Aneignungsprozeß* begegnet Franziskus seinem Herrn:

Vergegenwärtigung: Das ganze Lebensprofil Jesu, seine Existenz, seine Verkündigung, seine Passion muß vor den Augen klar und deutlich aufstehen, damit es in das Innere des Menschen eingehen kann. Franziskus will sich seines Jesus erinnern, daß er ihm innerlich gegenwärtig bleibt.

Erkennen: Nicht in einem wissenschaftlichen Sinn, sondern biblisch, augustinisch, im Sinn einer lebendigen Begegnung, des liebenden Einswerdens.

Verehrung: Einem so Gegenwärtigen und Liebgewordenen kann Franziskus nur in der Haltung des Verehrens und des Anbetens begegnen. Denn der Geliebte ist ja nicht irgendwer, sondern das Wort des Vaters und als solches das einzig lebensnotwendige Brot, das der Mensch braucht.

3. Nachdem das so gesagt ist, dürfen die Ausdrücke selbstverständlich alle auch *eucharistisch* verstanden werden. Denn in der Eucharistie geschieht symbolisch, sinnlich erfahrbar, was grundsätzlich, geistig gemeint ist. Sie ist ja Gedächtnis- und Erinnerungsfeier, Vereinigung und Kommunion, Anbetung und Verehrung in einem.

4. In den Tagen der Augenkrankheit, die ihm viel Schmerzen bereitet, kommt einmal ein «Diener» zu Franziskus und fragt: «Franziskus, warum läßt du dir nicht von einem Gefährten aus den Schriften der Propheten oder sonst einem Teil der Heiligen Schrift vorlesen. Dein Geist wird dann im Herrn frohlocken und davon größten Trost empfangen?» Er weiss nämlich, daß Franziskus sich im Herrn freut, wenn er aus der Heiligen Schrift vorlesen hört. Franziskus gibt ihm zur Antwort: «Bruder, eine so große Süßigkeit und so großen Trost finde ich täglich in meinem Gedächtnis, wenn ich die Spuren der Demut Gottes meditiere. So besteht keine große Notwendigkeit mehr, mir aus anderen Schriften vorzulesen, selbst wenn ich bis zum Ende der Welt leben sollte!»

1. Die Demut des Sohnes Gottes gipfelt in der *Passionsgeschichte* und im Kreuz. Das einhellige Zeugnis der Biographen unterstreicht, daß Franziskus seit der Begegnung mit dem Kreuz von San Damiano innerlich *ein Stigmatisierter* ist, ein Verwundeter und Leidender am Leiden des Sohnes Gottes. Neben seiner Augenkrankheit liegt darin ein Grund für sein häufiges Weinen. 105

2. Das *Leiden Francescos am Leiden Gottes* an der Welt drückt sich aus in jenem Gebet, das zum Grundbestand der franziskanischen Gebete gehört und das nach dem Testament des Heiligen in die Frühzeit des Ordens zurückreicht: «Der Herr gab mir so viel Vertrauen in die Kirche, daß ich einfach bete und sage: Wir beten Dich an, Herr Jesus Christus, hier und in all Deinen Kirchen auf der ganzen Welt. Wir segnen Dich, denn durch Dein Kreuz hast du die ganze Welt erlöst.» Franziskus findet dieses Gebet in der offiziellen Liturgie des Festes «Kreuzauffindung». Schon die Tatsache allein, daß Franziskus ein Gebet, das alle Jahre einmal gebetet wird, zum täglichen Gebet macht, bezeugt, wie sehr das Kreuz in der Mitte steht. Nun macht aber Franziskus eine bedeutende Einfügung: «hier und in allen Deinen Kirchen auf der ganzen Welt». Das Kreuz ist also nicht einfach in einem allgemeinen Sinn und in einem innerseelischen Ort gegenwärtig. Franziskus glaubt vielmehr, daß sich die Wirkungen des Kreuzes im Kirchengebäude verleiblichen: Die Kirche, in der er sich gerade befindet, ist der Ort des Kreuzes. Gleichzeitig weitet sich aber dieser Ort universal aus: in allen Kirchen. Ein neues Paradox eröffnet sich seinem Glauben: Wenn Gott, seine Demut, an einem Ort gegenwärtig ist, dann gleichzeitig auch überall. Gott, der einer und alles ist, ist hier und überall.

3. Im Anschluß an eine Aufforderung des heiligen Franz könnte man die franziskanische Meditation auch so definieren: *Aufmerksamkeit für den Guten Hirten*, dessen Einsatz und Sorge alles riskiert und in Kauf nimmt, selbst Leiden und Tod, wenn nur die Schafe gerettet werden.

1. Damit die Aufmerksamkeit für den Guten Hirten und das Kreuz nicht verflacht, sondern in immer größere Tiefen vorstößt, stellt Franziskus einige Meditationshilfen für seine 106

Brüder zusammen. Nach vorliegenden Modellen stellt er ein *Passionsoffizium* her, für jede Gebetszeit einen Psalm. Um einen zentralen Gedanken herum ordnet er aus dem alttestamentlichen Psalterium und anderen biblischen Schriften, auch dem Neuen Testament, Verse so an, daß ein neuer Psalm entsteht. Einmal steht der Verratene im Mittelpunkt, dann der Gefangene und Verspottete, der Gefolterte und Verurteilte, der am Kreuz Erhöhte, der Sterbende, der Auferstandene. So geht er die verschiedenen Stationenen der Passionsgeschichte mit, hält inne, leidet am Leiden Christi.

2. Dabei fallen einige typische Einfügungen auf, die in den biblischen Vorlagen nicht vorhanden sind. Zunächst Worte, die wohl eine Deutung der ganzen Passionsgeschichte beinhalten sollen: *«für euch»*. Dadurch spricht Christus den Meditierenden an: Für dich ist das alles bedeutsam, durch mein Leiden bekommt dein Leben einen neuen Sinn. Christus selbst hat dieses «für euch» in der symbolischen Zusammenfassung seines Lebens beim Abendmahl gesprochen: «Das ist mein Leib für euch», «das ist mein Blut für euch» (Lk 22,19.20). Das Leben Jesu findet also nach Christi eigenen Worten seinen Sinn nicht in sich selbst, sondern im Einsatz für das Leben der Welt. Dieser Selbstdeutung gibt Franziskus ein Echo in seinem Beten, indem er sagt, das alles sei geschehen «nicht für ihn, durch den ja alles geschaffen ist, sondern für unsere Sünden».

3. Eine andere Einfügung, die man nicht übersehen darf: *«heiligster Vater»*. Wo im Urtext das Wort «Herr» steht, setzt Franziskus regelmäßig diese beiden Worte hin, die er den Abschiedsreden Jesu entnimmt. Die ganze Passionsgeschichte bekommt so einen Bezug zum himmlischen Vater, nicht so sehr von oben nach unten, in dem Sinn, daß der Vater dieses Leiden fügt, sondern von unten nach oben, in dem Sinn, daß der Leidende im Vertrauen auf den lebendigen Gott leidet.

4. Schließlich muß auf eine dritte Einfügung aufmerksam gemacht werden: «*Er herrscht vom Holz herunter*». Auch als Sterbender ist Christus der Herr, als am Kreuz Erhöhter der eigentliche König und Richter der Welt. Man sieht: Franziskus meditiert das Kreuz bereits von der österlichen Erfahrung her. Dieses Leiden ist nicht sinnlos, sondern für das Heil der

Welt bedeutsam, nicht gottlos, sondern in der Gegenwart Gottes aufgehoben, nicht das Ende, sondern der Anfang des Gottesreiches.

5. Wichtig ist hier auch, daß jener Vers, der schon im Weihnachtspsalm auffällt, nun auch im Karfreitagspsalm vorkommt: «Räumt aus dem Weg euer eigenwilliges Ich, und tragt sein heiliges Kreuz, befolgt bis zum Ende sein heiligstes Gebot.» *Weihnachten und Karfreitag* gehören zusammen. Für die Deutung braucht man beide Geheimnisse. Weihnachten ist der Anfang des Kreuzes, der Karfreitag das Ende und die Aufgipfelung der Menschwerdung Gottes. Beides sind Gestalten der Demut Gottes.

Das Mitleiden am Leiden Christi kommt in verschiedenen kleinen, aber sehr typischen *Verhaltensweisen* des heiligen Franziskus zum Ausdruck. Über alles macht er ein Kreuz, über Brüder, Menschen, das Essen, über das Böse, über das Feuer ... Wo er Kreuze oder kreuzähnliche Gebilde antrifft, bleibt er stehen, um sie zu verehren. Einen Wurm rettet er vor dem Vertrocknen, weil er sich des Gebetes Christi erinnert: «Ein Wurm bin ich, kein Mensch (Ps 21,7). Einmal rettet er ein Schaf vor dem Schlächter, weil es heißt: «Wie ein Lamm werde ich zur Schlachtbank geführt» (Jes 53,7). Der Kieselstein erinnert ihn an den Gottesknecht, der sein Antlitz gegenüber dem Leiden hart gemacht hat (vgl. Jes 50,7). Der Aussätzige ist ihm der Christus leprosus, der verachtete, verspottete, ausgesetzte, leidende Herr. Wenn jemand den Namen «Christ» verdient, so der Aussätzige. **107**

1. Jakob von Vitry nennt den Franziskanerorden einmal *«Orden der wahren Armen des Gekreuzigten»*. Er macht damit eine Aussage, die in ihrer geistlichen Bedeutung wohl nicht überholt werden kann. Armut und Kreuz gehören zusammen. Die Nacktheit des Kreuzes ist ein Leitmotiv des franziskanischen Lebens: Armut, Gehorsam, Pilgerschaft, alles hat sein Symbol im Kreuz. **108**

2. Die *Profess* ist für Franziskus im Grunde nichts anderes als die Antwort des Glaubenden auf das Kreuz. In ihr gibt sich ein Mensch aus Liebe vorbehaltlos Gott anheim. Er gehört

von da an nicht mehr sich selbst. Die Profess müßte ihn also befreien und ermutigen, sich auszusetzen, nichts mehr in der Welt zu fürchten, ja den Tod zu riskieren. Der Blick auf das Kreuz läßt Franziskus sagen: «Die Schafe des Herrn sind Ihm gefolgt, in Drangsal, Not, Verfolgung, in Elend und Hunger, in Schwachheit und Versuchung und in vielem anderen. Sie haben vom Herrn empfangen ewiges Leben.»

3. Darum gehen in der ersten Zeit viele Brüder, auch Franziskus, mit dem Risiko, ja in der Hoffnung auf das *Martyrium* zu den Sarazenen und anderen Ungläubigen. Sie wollen sich in der Nachfolge Jesu freiwillig denen übergeben, die sie töten können. Freilich werden sich hier die Geister scheiden. Während Franziskus gleichzeitig auch sagt, daß man die anderen nicht provozieren, sondern den Frieden suchen soll, glauben andere, z. B. auch Bruder Aegidius, man müsse den Tod geradezu herausfordern. Das ist von unserem heutigen Empfinden her ganz gewiß ein Mißverständnis.

4. Auf jeden Fall zeigt sich darin die *Maßlosigkeit der Liebe*. Jacopone da Todi, ein Franziskanerdichter, wird später ein ergreifendes Gedicht schreiben. Darin ruft Christus den Liebenden zu Ordnung und Maß in der Liebe. Er aber antwortet:

«Du, der so grenzenlos dich mir gegeben, umsonst,
daß Grenzen nur dein Wort befehle.
Du, der schon klein mich machte so erbeben,
wie soll so groß ertragen dich die Seele?
Drum Liebe, wenn ich fehle,
so ist es deine Tat.
Du bist, der diesen Pfad
mich hat geführt, o Liebe.»

109 1. In das Mysterium der Demut Gottes ist auch das *Auferstehungsgeheimnis* mit einbeschlossen. Franziskus schreibt seine Leidensmeditation auch in den Auferstehungsmorgen und bis zum Fest von Christi Himmelfahrt fort. Diese Feste strahlen ihrerseits in die Leidensmeditation zurück. Im österlichen Geheimnis ist alles aufgehoben, das Leiden, die Fragen, die Armut, das Elend, der Tod.

2. Die wohl größte Überwindung des Leidens, die Franziskus

von Ostern her möglich ist, wird im *Sonnengesang* greifbar. Sowohl die Voraussetzungen wie auch der Inhalt des Liedes zeigen, wie er sein eigenes Leid mit einer Vision von der erlösten Welt, in der alles Bruder und Schwester ist, überwindet. Auch das brennende Feuer, das er an seinem Leib so schmerzhaft erfährt, und den Tod, der ja durch das Leben besiegt ist, so daß der Mensch zwar biologisch stirbt, nicht aber in seiner eigentlichen Substanz: «Der zweite Tod tut ihm nichts Böses.»

3. Von diesem österlichen Geheimnis scheint Franziskus bereits während der Bekehrungsgeschichte ergriffen worden zu sein. Wenigstens kann man den Ausdruck, den er von sich gebraucht, wie er seine Vaterstadt verläßt, so verstehen: *«Herold des großen Königs»* kann mit Ostern verbunden werden. Franziskus singt das «praeconium paschale», das Exsultet, den Lichtgesang, wie es in der Osternacht die Aufgabe des Diakons ist.

Ostern muß aber wie Weihnachten auch von der *Pilgerschaft* 110
des Menschen erzählen. An Weihnachten tritt Jesus in eine ihm fremde Welt, in der er keine Herberge findet. Und an Ostern geht Jesus als Pilger unerkannt von Jerusalem nach Jericho. Mir scheint es darum verständlich, wenn die Forschung den «Sitz im Leben» für die folgende Anekdote nicht mehr ausmachen kann. Beide Feste können dazu Anlaß sein. An einem dieser Feste decken die Brüder einen reichen Mittagstisch, mit viel Überfluß und Luxus. Franziskus sieht das und verläßt heimlich den Ort. Die Brüder beginnen mit dem Essen. Nach einer Weile kommt Franziskus als Pilger verkleidet und bittet um der Liebe Gottes willen um ein Almosen. Der «Diener» gibt ihm zur Antwort: «Bruder, auch wir sind Arme und, da wir viele sind, haben wir Almosen nötig, um essen zu können. Aber um der Liebe dessen willen, den du angerufen hast, komm herein. Wir wollen dir das Almosen geben, das der Herr uns gegeben hat.» Wie Franziskus näher tritt, erkennt man ihn und ist beschämt. Man spielt aber das Spiel weiter. Die Brüder setzen sich zu Tisch, Franziskus auf den Boden ans Feuer. Dann sagt er: «Als ich sah, wie der Tisch so reich und auffällig gedeckt war, sagte ich mir, daß

das nicht der Tisch von armen Ordensleuten ist, die täglich von Haus zu Haus gehen und betteln. Denn vor allem uns geziemt es sich, in allem dem Beispiel der Demut und Armut zu folgen. Dazu sind wir berufen, und deswegen haben wir Profess gemacht vor Gott und den Menschen. So wollte ich mich zu Tisch setzen wie ein wahrer Bruder.»
Hier wird noch einmal die Gestalt deutlich, unter der Gott erscheint und unter welcher der Mensch Gott Antwort geben soll: die Demut.

Wort und Sakrament

III 1. Franziskus weiß um die *geschichtliche Distanz*, um die Jahrhunderte, die zwischen ihm (uns) und Jesus von Nazaret liegen. Er glaubt aber gleichzeitig, daß dieser Zeitabstand kein Verlust ist, sondern daß auch für ihn die gleichen Bedingungen und Chancen gegeben sind wie für die Zeitgenossen Jesu. Auch er kann die einzige Brücke begehen, die zwischen Gott und dem Menschen errichtet ist. Denn Gott läßt die Brücke, die Jesus ist, bestehen im Wort und im Sakrament. In ihnen setzt sich die Demut Gottes stets gegenwärtig.
2. Freilich müssen sowohl der Zeitgenosse Jesu, der dem irdischen Jesus begegnet, als auch der Nachgeborene, der «bloß noch» dem Wort und dem Sakrament gegenübersteht, eine neue Sichtweise, eine neue Perspektive haben: den Geist Gottes. Sonst werden sie die Brücke verfehlen, d. h. das eigentliche Wesen Jesu nicht entdecken. Das rein menschliche, ichbezogene Sehen wird bei der äußeren Gestalt stehen bleiben, in Jesus einen Menschen unter vielen anderen und in Brot und Wein nur Nahrungsmittel sehen. Die Sakramentalität Jesu bzw. der Eucharistie kommt nicht zu Gesicht. Erst der Geist Gottes wird in beidem die eine Demut Gottes sehen lassen.
Wie wichtig diese neue Perspektive ist, wird deutlich, wenn man bedenkt, daß der Geist Gottes neunmal in der ersten Ermahnung genannt wird: Das Wesen Gottes ist Geist, nur im Geist kann man sehen, der Geist macht lebendig, der Geist hat gleiche Würde wie der Vater und der Sohn, im Geist kann man glauben und erkennen, der Geist wohnt in jedem, der

glaubt, ohne Geist wird die Kommunion zur Anmaßung, zum Gericht. Man ahnt, daß der Geist die Distanz aufhebt zwischen heute und gestern, daß er es ist, der zwischen dem Glaubenden und Christus vermittelt, daß er jene Wirklichkeit Gottes ist, die jeden von hinten und vorn, von oben und unten umfängt. Bei Franziskus kann einem aufgehen, was das Wort «geistlich» eigentlich bedeutet.

3. Intuitiv erfährt Franziskus den Zusammenhang von *Wort und Sakrament*. Bereits oben habe ich auf den geschichtlichen Hintergrund hingewiesen. Ein wahrscheinlich von Franziskus inspiriertes päpstliches Schreiben über die Eucharistie ruft nun wieder eine entsprechende Reaktion beim heiligen Franz hervor. Er schreibt eine ganze Anzahl Briefe, an die Kleriker, die Kustoden, den gesamten Orden, die Bürgermeister. Darin unterscheidet sich Franziskus vom Papst, indem er die Bedeutung des Wortes unterstreicht und ein genau gleich ehrfürchtiges Verhalten gegenüber dem Wort wie dem Sakrament verlangt. Man muß sogar sagen, daß er dem Wort einen Vorrang vor dem Sakrament einräumt, denn «es kann kein Leib sein, wenn er vorher nicht durch das Wort geheiligt wird». Das Sakrament ist demnach nicht ein stummes Geschehen, ein Hokuspokus, der sich im Dunkel der Wortlosigkeit und Unverständlichkeit abspielt. Die Zeichen der Kirche sind vielmehr bewußte Setzung. Sie reden und sprechen nur an, wenn sie in einem durch Sprache geheiligten Kontext stehen, in einer Atmosphäre des Hörens, des Sprechens, der Kommunikation.

Beide, Wort und Sakrament, bringen den Urgrund des Lebens zur Sprache. Ich muß hier noch einmal auf den zentralen Satz im Testament des Heiligen hinweisen: «Nichts haben und sehen wir von Ihm dem Höchsten, außer den Leib und das Blut, die Namen und die Worte, durch die wir geschaffen sind und errettet aus dem Tod ins Lebens.» Nur im Zusammenspiel von Wort und Sakrament, von Sprache und Geste, spricht sich der Höchste aus. Aber dann wirklich, hier und heute.

1. Betrachten wir zunächst, was Franziskus zum Wort allein **112**
zu sagen hat. Es gibt dazu einen eindrücklichen *Text des Tho-*

mas von Celano: «Wenn er irgendwo, sei es auf der Straße oder in einem Haus, oder auf dem Boden etwas Geschriebenes fand, mochte es von Gott handeln oder von den Menschen, so hob er es mit der größten Ehrfurcht auf und legte es an einen heiligen oder ehrbaren Ort nieder, aus Besorgnis nämlich, es könnte der Name des Herrn oder ein auf ihn sich beziehendes Wort darauf geschrieben sein.
Als ihn eines Tages ein Bruder fragte, warum er auch die Schriften der Heiden und solche, in denen der Name des Herrn nicht stand, so eifrig sammle, antwortete er: ‹Mein Sohn, weil in ihnen die Buchstaben vorkommen, aus denen man den glorwürdigsten Namen des Herrn, unseres Gottes, zusammensetzen kann. Auch eignet das Gute, das sich dort findet, nicht den Heiden noch irgendwelchen Menschen, sondern Gott allein, dem jegliches Gut zu eigen gehört›.
Und was nicht weniger verwunderlich ist: Wenn er einige Zeilen zum Gruß oder zur Ermahnung schreiben ließ, gestattete er nicht, daß ein Buchstabe oder eine Silbe ausgestrichen wurde, mochten sie auch oft überflüssig sein oder an unrechter Stelle stehen.»
In diesem schlichten Text steckt eine ganze Theologie des Wortes, entstanden aus der Grunderfahrung des Heiligen. Es scheint mir wichtig, diese Theologie ein wenig auszufalten.
2. Zunächst ist das Wort eine *Wirklichkeit*, ein Sein, selbst dann, wenn es über das Ziel hinausgeht, oder in einen falschen Kontext gerät. Einmal da, hat es ein Recht zu sein. Wie jedes Geschöpf ist es darum der Verfügungsgewalt des Menschen entzogen. Man kann ein Wort nicht mehr zurücknehmen, darf es nicht vernichten. Franziskus könnte sprichwörtliche Redeweisen wie «Nichts als Worte!» oder «Man soll Worte nicht auf die Goldwaage legen» niemals gutheißen. Jedes Wort hat für ihn Gewicht, Bedeutung, ein Eigenleben, über das er seine schützende Hand legen will.
3. Dann ist das Wort ein *Sinnträger*. Das gilt für jedes Wort. Franziskus kennt keinen Unterschied zwischen profanen oder sakralen Worten. Jedes Wort ist heilig, ob es in der Heiligen Schrift steht oder aus einem heidnischen Mund kommt. Es birgt nämlich in sich etwas vom absoluten Sinn der Geschichte, selbst das triviale, banale, alltägliche, schmutzige

und verbrauchte Wort. Es ist wie ein Sakrament: es verweist auf das ewige Wort Gottes, durch das wir geschaffen sind, aus dem die ganze Welt lebt und das in Jesus von Nazaret zur Sprache kommt. Jeder Buchstabe und jedes Wort kann mit diesem Geschehen in Verbindung gebracht werden.
Man kann es auch anders sagen: Die Sprache, das Wort des Menschen ist der Kon-Text, ohne den der eigentliche Text, das Wort Gottes nicht lesbar oder verstehbar ist. Man muß dafür sorgen, daß Text und Kon-Text beisammenbleiben, daß die Worte ihren Sinn nicht verlieren.

1. Wenn wir in diesem Buch zurückblättern und den Text des **113**
heiligen Franz lesen, der bei Nr. 34 steht, dann kommen noch andere wichtige Gesichtspunkte dieser Theologie des Wortes hinzu.
Das Wort ist Ausdruck *unverzweckter und lebenzeugender Kommunikation*. Wer spricht, teilt sich mit, gibt sich hin, öffnet sich, äußert sich. Er will dem anderen dienen, nicht sich selbst, den anderen aufbauen und ihm eine größere Lebenstiefe ermöglichen. Wer das Wort mißbraucht, um sich in Positur zu setzen, um mehr zu gelten, der verkennt den Reichtum des Wortes. Er zerrt es auf eine niedrigere Ebene hinunter, auf die Ebene des Habens, des Raffens, des materiellen Gewinns. Damit begibt er sich aber in einen tödlichen Kreis, worin alles Leben schließlich ersticken muß.
2. Das Wort ist auch *das christliche Leben selbst*. Es geht dabei darum, sich selbst zur Sprache zu bringen, seine eigene Existenz abzulegen. Gerade als Theologe oder Prediger muß man, wie Franziskus fordert, sich selber ins Spiel bringen. Da darf man nicht einfach ohne innere Beteiligung über Jesus von Nazaret berichten, nicht einfach eine Sammlung von Glaubenssätzen weitergeben. Der Inhalt christlicher Rede ist nicht einfach eine Materie, die man sich nur deswegen aneignet, um sie in einem objektiven, nüchtern-sachlichen, möglichst distanziert-abgeklärten Sinn weiterzugeben. Wer als Franziskaner in einer Lehr- und Verkündigungsaufgabe steht, darf nichts als bloße Angelegenheit des Intellektes verstehen. Wissen ist nie eine Art geistiges Haben, sondern immer ein lebendiges Sein: Antwort, Nachfolge, Erfahrung aus der lebendi-

gen Begegnung mit Jesus, Zeugnis, das durch einen entsprechenden Lebenswandel gedeckt ist. Man kann nur «im Geist des Gebetes und der Hingabe» lehren und verkündigen. Als bloße Information oder Tradition ist das Wort schon verkannt. Als Ausdruck von Betroffenheit und Gefolgschaft aber eine erregende Möglichkeit.

3. Schließlich ist zu bedenken, daß *das Wort letztlich Gott gehört*, also ein verantwortetes Wort ist. Der Mensch muß das Wort, das er selber ist (durch die Nachfolge) und das er in der Verkündigung ausspricht, vorher und nachher empfangen bzw. verdanken. Auch als Wort des Menschen gehört das Wort immer Gott. Auch das Wort nimmt teil an der Armutsauffassung des Heiligen: Was ist, ist aus Gott und sonst nicht. Auch das Wort hat man nur in der Weise des Empfangens, des Geschenkes, der Gabe.

4. Franziskus hat eine sehr große Auffassung von der Sprache, weil sie eine Mitte hat: das *Wort Gottes*, Jesus, das Wort des Vaters. Wenn er diesen Namen nur schon hört, erzittert er und fordert seine Brüder auf, sich mit ihm bis zur Erde hinabzubeugen. Denn der Name bringt die Gegenwart des höchsten Gottes vor die Aufmerksamkeit des Geistes.

114 Das Wort bewirkt die wahre Wirklichkeit, die hinter den Zeichen von Brot und Wein steht. Wenn diese durch das Wort «geheiligt» werden, ereignet sich *mystisch-sakramental*, was sich *historisch* bei der Geburt Jesu ereignet hat: Gott wird Mensch. Während er sich in Bethlehem in die Zerbrechlichkeit und Armut eines Kindes entäußert hat, gibt er sich jetzt in die «winzige Gestalt des Brotes». Eine größtmögliche Demut, welche die poetischen Saiten in Franziskus zum Klingen bringt. Bei dieser wohl kunstvollsten Dichtung innerhalb der Schriften des Heiligen haben vielleicht auch einige Mitbrüder mitgeholfen:

Der ganze Mensch zittere
Die ganze Welt wanke
Der Himmel jauchze
Wenn auf dem Altar
In den Händen des Priesters
Christus erscheint
Der Sohn des lebendigen Gottes

O bewundernswürdige Größe
O bestaunenswerte Gunst
O beschwingte Demut
O demütige Beschwingtheit

Der Herr des Alls
Gott und Gottes Sohn
Demütigt sich
Für unser Heil
Verbirgt Er sich
In der winzigen Gestalt des Brotes

Seht die Demut Gottes
Schüttet vor Ihm euer Herz aus
Demütigt auch ihr euch
Damit ihr von Ihm erhöht werdet

Nichts von euch
behaltet zurück
Damit euch ganz aufnehme
Der sich euch ganz ausgeliefert

Zwischen Geburt Jesu und Eucharistie gibt es noch einen 115
weiteren Vergleichspunkt. Was dort der Schoß Marias war, sind hier nach Meinung des heiligen Franz die Hände des Priesters, «die ihn (d. h. Christus) empfangen und ihn allein den anderen austeilen».
Franziskus sieht also die *Funktion des Priesters auf der marianischen Linie.* Der Priester übernimmt in der sakramental-mystischen Wirklichkeit die historische Aufgabe Marias. Er steht nicht, wie eine andere theologische Meinung

vertritt, an der Stelle Christi, sondern empfängt, vermittelt ihn.

Bei aller Zeitbedingtheit dieser Aussage ist vieles an diesem Gedanken zu bedenken. Unterstrichen werden muß, daß die Eucharistie die Vorgabe Gottes ist, die durch nichts und niemanden verhindert werden kann. Die Demut Gottes wird trotz und gerade in den Unzulänglichkeiten seiner Diener gegenwärtig sein.

116 Die Gegenwart der Demut Gottes in der winzigen Gestalt des Brotes verlangt auf seiten der Menschen ein *entsprechendes Verhalten:*

Franziskus lenkt die Aufmerksamkeit zunächst auf die Würde, die dem Menschen durch die Gegenwart Gottes zuteil wird. Gottes Gegenwart ist, weil sie die Gegenwart der Demut ist, nicht zerschmetternd oder erdrückend, sie würdigt den Menschen. Der franziskanische Mensch wird darum lernen müssen, so von Gott zu reden, daß der Mensch in die Größe Gottes hineinwächst, daß er durch die Gegenwart Gottes nicht kleiner und unbedeutender, sondern größer wird. Freilich muß auch der Mensch dem Wesen Gottes entsprechen: Demut will Demut. Weil sie der Weg Gottes zum Menschen ist, muß sie auch der Weg des Menschen zu Gott sein.

Dem Ereignis der Gegenwart Gottes gebührt Ehrfurcht und ein würdevolles Benehmen. Da darf nichts automatisch und gedankenlos ablaufen, da muß vielmehr alles mit innerer Lauterkeit und äußerer Reinheit geschehen, mit einem Gespür für das Gebührende und Angemessene, mit Würde und Feierlichkeit, welche das Zeichen ausgestaltet und ausformt. Franziskus spricht vor allem auch von der Ehrfurcht gegenüber allem, was mit dem Sakrament in Berührung kommt: Aufbewahrungsort, Korporalien, Kelche, Altartücher, Kirchen. Wir dürfen und sollen weiterdenken, da und dort Akzente anders setzen. Aber die Leidenschaft, mit der Franziskus sich für das Geheimnis einsetzt, sollte nicht minder sein. Vor allem ist die reine Absicht zu unterstreichen. Die Eucharistie darf nicht zu einem Mittel entwürdigt werden, indem man Handel mit ihr treibt und sich materiell bereichert (Stipendien).

Franziskus fordert schließlich von jedem, daß er sich für die Eucharistie würdig und fähig macht — unter Umständen durch das Sakrament der Buße.

1. Franziskus bittet seine Brüder, in den ordenseigenen Nie- **117**
derlassungen *nur eine Eucharistiefeier pro Tag* zu feiern. Wenn mehrere Priester anwesend sind, sollen sie sich begnügen, an der Feier eines anderen teilzunehmen.

2. Man kann diese Bestimmung mit einem aszetischen Anliegen in Verbindung bringen: «Franziskus erließ diese Bestimmung in Anbetracht der menschlichen Unwürdigkeit und aus Sorge, seine Brüder könnten infolge täglicher Kommunion oder Zelebration nach und nach die tiefe Ehrfurcht vor dem heiligsten Sakrament verlieren» (H. Felder). Das mag für Bonaventura Gültigkeit haben, der aus solchen Gründen tagelang der Eucharistie fernbleibt. Bei Franziskus aber spricht nichts dafür. Einen anderen Grund nennt O. Schmucki, der glaubt, daß die Bestimmung das franziskanische Armutsideal schützen wolle und sich gegen die Stipendienpraxis wende. Nun gibt der entfernte Kontext dieser Meinung eine Stütze, da Franziskus tatsächlich gegen die materielle Bereicherung durch die Eucharistie Stellung bezieht.

3. Der unmittelbare Kontext spricht aber von einem anderen Motiv, wenn auch ein wenig rätselhaft: Aus Liebe zur Liebe (per amorem charitatis) soll der eine Priester zugunsten der Feier eines anderen verzichten. Diese Formulierung erinnert an eine Stelle im ersten Petrusbrief, deren Einfluß auf Franziskus jüngst nachgewiesen wurde. Ich denke, daß sie auch hier mitzubedenken ist. Die wörtliche Übersetzung des Vulgatatextes, den Franziskus vor Augen hat, lautet: «Liebt euch gegenseitig aus einfachem Herzen, indem ihr euch in Zucht nehmt, im Gehorsam zur Liebe, in Liebe zur Bruderschaft» (in obedientia charitatis, in fraternitatis amore) (1 Petr 1,22). Wenn man noch die altkirchliche Theologie, die Franziskus z. B. auch in der Mariologie vertritt, mit in die Überlegungen einbezieht, kommt man zu einer tiefen Sicht, die Liebe, Bruderschaft, Kirche, Eucharistie in einen unauflöslichen Zusammenhang bringt: Liebe ist dann ein anderes Wort für Kirche,

die sich im Sakrament in ihrer Liebeseinheit erfährt und zum Ausdruck bringt.

4. Darum muß man sich wundern, warum die Bestimmung in der langen franziskanischen Geschichte nie ernstgenommen wurde. Es lohnt sich, den Text als ganzen zu lesen:

«Ich ermahne und ermutige im Herrn, daß an allen Orten, wo Brüder weilen, nur eine Messe täglich gelesen wird nach der Form der Römischen Kirche. Wenn mehrere Priester am selben Ort sind, soll der eine in liebender Zuwendung sich damit zufrieden geben, Zuhörer bei der Feier eines anderen Priesters zu sein: Der Herr Jesus Christus erfüllt alle Anwesenden und Abwesenden, die seiner würdig sind. Mag unser Herr Jesus Christus auch an vielen Orten erscheinen, er bleibt doch unteilbar und wird nicht kleiner. Einer ist Er überall, wie es Ihm gefällt. Zusammen wirkt er mit Gott dem Vater, dem Herrn und dem Heiligen Geist, dem Tröster in alle Ewigkeit. Amen.»

Nach Franziskus kann zuviel weniger sein. Die Eucharistie darf nicht ein Ort der Zerstreuung sein, sie muß der Ort sein, wo sich die Brüder sammeln. Der vollen Gegenwart des Herrn muß die volle Zuwendung der Brüder untereinander entsprechen. Eine quantitative Vermehrung wäre darum eine qualitative Verminderung. Nicht Häufung ist wichtig, sondern gemeinsame Feier, Zusammenkommen. Die Gegenwart des demütigen Gottes läßt sich nicht steigern oder vermehren durch mehr Messen. Sie ist nicht erfahrbar im Haben, sondern in der Liebe.

118 Bei Franziskus muß man von einer *eucharistischen* Spritualität sprechen. Denn sein ganzes Leben ist davon geprägt, nicht bloß die Zeit der Eucharistie.

Die Sprache, die er spricht, zeigt, daß hinter allem die Eucharistie steht. Er spricht immer und immer wieder von «zurückgeben», «danken». Alles, was er vorfindet, was in ihm ist oder durch ihn entsteht, muß er verdanken. Im Akt der Eucharistie, des Dankens muß er alles zurückgeben.

Sein Beten wird zum Ort des «Segnens» und «Preisens», in dem die vergangenen und gegenwärtigen Wohltaten Gottes lebendig sind und bleiben. Das fließt ein in eine großangelegte

Präfation innerhalb seiner Regel. Sein Alltag wird so zu einem Hochgebet.

Er spricht davon, daß er Jesus im «Gedächtnis» behalten wolle, auch das ein eucharistisches Wort.

Er gebraucht Begriffe wie «Bund», «Zeichen», an denen franziskanisches Leben abzulesen sei: Die Wirklichkeit des Leibes Jesu ist erkennbar in der brüderlichen Liebe, in der Armut, in der Treue zur Kirche. Und vor seinem Tod ahmt er das letzte Abendmahl Jesu nach, indem er sich Brot geben läßt, das er dann an alle Brüder austeilt.

Franziskus spricht in seinem Testament vom «Tisch des Herrn» und meint damit gerade nicht den Altar oder die Kommunionbank, sondern die tägliche Caritas der Menschen, in der Gottes Vorsorge wirksam wird. Die Eucharistie beansprucht eben nicht bloß eine halbe Stunde, sondern die ganze Zeit. Die Gegenwart Christi bleibt nicht auf den Kirchenraum beschränkt, sondern erfüllt die Welt. So sehr, daß die Armen ein Anrecht haben, zum Tisch des Herrn Zuflucht zu nehmen, d. h. zu betteln. Spätere Franziskanertheologen, Johannes Pecham und Bonaventura, werden diesen Gedanken noch vertiefen: In den Armen ist Christus der Empfangende, in den Besitzenden der Gebende, aber immer nur in dieser Zuordnung der Ganze. Eucharistische Weltgemeinschaft, gegenseitige Verwiesenheit im einen Leib Christi, welche franziskanische Vision!

So ist Franziskus ein eucharistischer Mensch. Darum ist es gestattet, ihn durch jene Bedeutungen zu charakterisieren, die hinter dem Wort «charis» stehen: Freude, Lust, Anmut, Liebreiz, Liebenswürdigkeit, Gnade, Dank.

1. Nach diesen Ausführungen über die zentralen Schlüssel- **119**
worte «Gott», «Jesus» und «Wort und Sakrament» kann ich jetzt noch einmal jene Grunderfahrung des heiligen Franz ins Wort bringen, die hinter allem steht, und die ihn zu dem macht, was er ist. Gott- und Welterfahrung lassen sich in einem Wort zusammenfassen: Die *Demut Gottes* in und hinter allem, vor allem und zuerst in Jesus Christus.

2. Die Begegnung mit dem demütigen Gott führt zu einer faszinierenden Formel, in der sowohl das Motiv wie auch das

Ziel seines Lebens zum Ausdruck kommt: «Aus Liebe zur Liebe».

Die Formel steht in einem Gebet, das Franziskus zwar nicht selbst verfaßt, das er aber sicher gebetet hat. Darin bittet Franziskus darum, daß die Kraft der Liebe Gottes ihn von allem unter dem Himmel wegreiße, *«damit ich sterbe aus Liebe zu Deiner Liebe*, denn Du hast Dich herabgelassen zu sterben aus Liebe zu meiner Liebe». Man kann nicht mehr dichter und prägnanter das Korrespondierende hervorheben, das zwischen der Liebe Gottes zu uns Menschen, und der Liebe der Menschen zu Gott bestehen muß. Das erste, die Initiative der Liebe, wurzelt im unergründlichen Geheimnis Gottes selbst. Er, dessen Wesen die Liebe ist, hat einen Anfang gesetzt, einen Anfang der Liebe. Und diese Liebe ist dergestalt, daß sie sich in den Tod hineinopfert: in einem historischen Datum, im Kreuzestod Jesu. Einer solchen Liebe kann nur eine ebenso große Liebe entsprechen: eine Liebe, deren letzte Konsequenz sich im Sterben zeigt. Darum ist auch Franziskus bereit, sein Leben in den Tod hinein zu wagen. Er findet im Kreuz neuen Mut, der vor nichts und niemand Angst hat: «Alle Brüder, wo immer sie sind, sollen daran denken, daß sie das, was an ihnen sterblich ist, dem Herrn Jesus Christus überlassen haben. So sollen sie sich wegen seiner Liebe allen Feinden aussetzen, den sichtbaren und den unsichtbaren.» In dieser Grundhaltung kann Franziskus zu den Sarazenen und zum Sultan gehen und auch andere dazu ermutigen.

3. Die Formel steht, wenn auch nicht ganz wörtlich, auch in der Vaterunserparaphrase. Nachdem Franziskus die Liebe, neben Licht und Güte, als zentralen Namen Gottes herausgestellt hat, und nachdem er das Kommen des Reiches Gottes in der «heiligen Gesellschaft» realisiert sieht, deutet er den Willen Gottes. Er besteht in nichts anderem als in der Verwirklichung der Gottes- und Nächstenliebe. Mit allen Kräften soll man den *Sinn sowohl des Leibes wie auch der Seele «in der Hingabe an Deine Liebe und in nichts anderem suchen*, damit wir unsere Nächsten lieben wie uns selbst und mit ganzer Kraft alle zu Deiner Liebe führen». Hier wird die Einheit von Motiv und Zielsetzung ebenso deutlich wie die Tatsache, daß darin das ganze Leben eingefangen ist. Die Hingabe an die

Liebe verwirklicht sich im Bereich der menschlichen Beziehungen, ohne je in bloße Mitmenschlichkeit aufzugehen. Und es gibt keine andere Zielsetzung als die: die Menschen zur Liebe Gottes führen.

4. Eine dritte Stelle, an der die Formel auftaucht, wurde bereits einmal genannt. Franziskus begründet damit seine Forderung, *nur eine Messe täglich* in einer Niederlassung zu feiern. Er steigert sich angesichts der Demut Gottes in einen auch sprachlich faßbaren Tanz hinein. Seine Sprache beginnt zu taumeln, weil ja auch die Erde wanken und jeder Mensch zittern soll. Vor der Demut Gottes wird alles neu. So müssen auch die menschlichen Beziehungen neu werden. Man muß sich zum Liebesbund sammeln, zur «seligen Gesellschaft». Da müssen alle Brüder aus ihren Privatinteressen, aus ihren individuellen Lebensräumen, aus ihren Ecken herauskommen — hin zum Ort, an dem die demütige Liebe Gottes ihre Epiphanie feiert. Von dieser Feier, der einen und einenden Liebe Gottes aus, muß sich das Zusammenleben im Alltag neu verstehen und einüben. Das Sakrament des Liebesbundes muß auch zu einer neuen Wirklichkeit im mühevollen Zusammenleben führen.

5. Noch an einer Stelle ist die Formel angesprochen. Thomas von Celano überliefert uns ein Wort, das ich — bevor ich es dann übersetze — zuerst lateinisch zitieren muß: «Eius qui nos multum amavit, multum est amor amandus». Was zuerst auffällt an diesem Satz, sind die vielen «m». Sofort kommen uns Kinder in den Sinn, die etwas Gutes gegessen haben: «m», sagen sie dann und streichen dazu über ihre Brust, «ist das gut!» und möchten noch mehr. Vielleicht handelt es sich hier sogar um einen Vers, um einen Satz, der seine Längen und Kürzen in einem bestimmten Rhythmus anordnet. «Eíus quí nos múltum amávit, múltum est ámor amándus.» Ein kunstvoll gebauter Satz also! Vielleicht ist er doch zu ausgefeilt, als daß er von Franziskus selbst stammen könnte. Er scheint von jemandem zu sein, der den handwerklichen Umgang mit der Sprache gelernt hat. Aber warum soll Franziskus es nicht zulassen, ja vielleicht sogar anregen, daß ein wesentlicher und zunächst spontan geäußerter Satz von einem sprachlich begabten

Mitbruder so ausformuliert und ausgefeilt wird, daß man ihn auch besser behalten kann?
Die deutsche Übersetzung lautet, leider ohne Rhythmus und ohne Lautmalerei, mit der man das Ausgesagte verkosten könnte: *«Die Liebe dessen, der uns so innig geliebt hat, müssen wir ganz innig lieben.»*
6. Dieser Satz beendet ein Kapitel über die bevorzugte Andachtsform des heiligen Franz: die Andacht zur Liebe Gottes.
Thomas von Celano berichtet, daß ein Gleichklang besteht zwischen dem Wesen des Franziskus einerseits und dem Wesen Gottes andererseits. Wie eine bestimmte Schwingung ein Fenster vibrieren und ertönen läßt, so wird der Heilige jedesmal innerlich aufgewühlt, und in leidenschaftliches Schwingen versetzt, wenn er das Wort *«per amorem Dei»* hört. Man darf da nicht einfach übersetzen: «aus Liebe zu Gott». Gott ist nicht ein Objekt unserer Liebe. Er ist Subjekt: er liebt die Welt. Franziskus versteht den Satz vielmehr so: *«wegen der Liebe, mit der Gott liebt»*.
Das ist nicht bloß eine Nuance in der Übersetzung, sondern hat Konsequenzen für das Selbstverständnis des Menschen. Franziskus — und mit ihm zusammen jeder franziskanisch fühlende Mensch — versteht sich als Subjekt der Liebe: Er liebt «in der Liebe, mit der Gott liebt». Er möchte es wenigstens versuchen, innerhalb der Liebe Gottes einen Platz als liebende Person zu haben.
Eines Tages — Franziskus ist noch im Tuchladen seines Vaters — bittet ihn ein Bettler «per amorem Dei» um ein Almosen. Franziskus überhört es. Wenig später geht ihm aber auf, was da passiert ist. Was hatte der Bettler gesagt? «Wegen der Liebe, mit der Gott dich und mich liebt, bitte ich um deine Hilfe.» Da muß einer doch helfen. Und er macht sich auf den Weg, um den Bettler zu suchen, bis er ihn gefunden hat. Von jetzt an, nimmt er sich vor, will er niemals einem das Ohr verschließen, wenn er auf diese Weise bittet. Die Liebe Gottes wird konkret in der Liebestat des Menschen. Unter den so formulierten Voraussetzungen ist die Verweigerung des Almosens eine Ungeheuerlichkeit: man weigert sich, Subjekt der Liebe zu sein, eine Person, die durch die Liebe definiert

ist. Man weigert sich, in die Dynamik der Liebe Gottes zur Welt sich einbeziehen zu lassen.
In dieser Geschichte ist bereits etwas mitenthalten, was in einem anderen Beispiel deutlicher wird: In den letzten Jahren, in denen jeden Tag mit dem Ableben des Heiligen zu rechnen ist, wird Franziskus von bewaffneten Soldaten begleitet. Nun kommen sie eines Tages in ein Dorf. Die Soldaten haben Hunger und wollen sich etwas zu essen kaufen. Doch für alles Geld, das sie anbieten, erhalten sie nichts. Sie kommen mit leeren Händen zurück. Da sagt ihnen Franziskus: «Ihr findet deswegen nichts, weil ihr auf eure ‹Fliegen› — so nennt er nämlich das Geld — mehr vertraut als auf Gott. Bietet doch die Liebe Gottes anstatt Geld.» Und siehe da: Die Soldaten tun es und kehren reich beschenkt zurück. Gott, der große Almosengeber, läßt durch Menschen seine Liebe und Güte walten.
Im Diktat über «die wahre und vollkommene Freude» bittet Franziskus: «In der Liebe, mit der Gott uns liebt, nehmt mich für diese Nacht auf». Für Franziskus ist das die höchste Form der Bitte. Wenn einer diese Bitte nicht erfüllt, ist er von allen guten Geistern verlassen. Und mit ihm auch derjenige, der draußen stehen bleibt. Darin zeigt sich die Gottverlassenheit der Menschen. Wenn einer darin stehen bleibt, geduldig wie Christus am Kreuz, dann ist er eins geworden mit dem gottverlassenen Jesus. Und das ist die wahre und vollkommene Freude. Ein Paradox, das sich nur dem Glaubenden erschließt.
Niemand darf einem anderen die Türe zuschlagen. Es gibt viele Beispiele, in denen Franziskus das zeigt. Der Hinweis «wegen der Liebe, mit der Gott liebt» muß konkrete Liebe auslösen:
Da ist ein Mann, der den Franziskanern Land anbietet, damit sie sich dort vorübergehend niederlassen, und zwar «wegen der Liebe, mit der Gott liebt». Dieser Liebe muß man unweigerlich einen Ort geben, damit sie sich niederlassen kann.
Da ist eine Frau, die «wegen der Liebe, mit der Gott liebt» bettelt. Sofort reißt sich Franziskus den Mantel vom Leib und gibt ihn der Frau.
Da ist eine Frau, die augenkrank ist und nichts zum Leben

hat. Sie bittet «wegen der Liebe, mit der Gott liebt» den Arzt des heiligen Franz, daß er ihr helfe. Dieser erzählt es dem Heiligen. Sofort stellt Franziskus fest: ich habe einen Mantel, im Vorratsraum sind zwölf Brote, ich muß alles geben, was ich habe, auch das für uns unbedingt Notwendige.

Da entwickelt Franziskus einen Ritus, ein heiliges Vorgehen, für den Fall, daß man selbst zum Betteln gezwungen wird. Man soll dann sagen: «Gelobt und gepriesen sei Gott der Herr», also einen Lobspruch auf den gütigen Gott aussprechen. Dann soll man das Anliegen vortragen: «Gebt uns ein Almosen um jener Liebe willen, mit der Gott liebt.» Und das Brot, das man dann bekommt, soll man so ehrfürchtig behandeln, als ob es die Hostie selbst wäre, denn «es ist heiliges Brot, das durch das Lob und die Liebe Gottes geheiligt ist». Um dieser Liebe willen kann man hineingehen in alle Situationen der Unterdrückung, der Not, des Dienstes — weil die Liebe Gottes zu uns Menschen diesen Weg gegangen ist.

Da sind zwei französische Brüder, die aus Devotionalienfrömmigkeit heraus den Rock des heiligen Franz besitzen möchten. Sie bitten «wegen der Liebe, mit der Gott liebt». Franziskus gibt — ohne zu überlegen und ohne Zögern, wie eigens betont wird — seinen Rock weg. In diesem Zusammenhang wird gesagt: Bei einer solchen Reaktion des heiligen Franz handle es sich um eine Lebensgewohnheit. Immer reagiert Franziskus so: Widerspruchslos und aus einem inneren Drang heraus erfüllt Franziskus jeden Wunsch, der aus diesem Motiv heraus an ihn herangetragen wird.

Offenbar merken die Brüder bald einmal auch, was auf diese Weise von Franziskus alles zu erhalten wäre. Das führt zu einer Ermahnung: «Es gefiel Franziskus nicht, und er wies seine Brüder zurecht, wenn sie gedankenlos und für geringe Dinge ‹die Liebe, mit der Gott liebt› sagten. Denn so hoch ist die Liebe, mit der Gott liebt, daß man sie nur selten und in großer Not und dann mit großer Ehrfurcht nennen soll.»

Kleine Dinge dürfen es nicht sein, aber die große Not muß es allemal bewirken, daß die «Liebe, mit der Gott liebt», ins Spiel gebracht wird: die Not der Armen und der kleinen Leute, der ausgebeuteten und an den Rand gedrängten, der zu kurz gekommenen und im Stich gelassenen Menschen; die

Not der Menschen in Alten- und Pflegeheimen, die Not der Suchtkranken, der Slumbewohner, die Not der Resignierten, der Hoffnungslosen. Sie alle rufen uns zu: «Wegen der Liebe, mit der Gott die Menschen liebt», kommt doch, und helft uns, wendet unsere Not!

Auch unsere gestörten Beziehungen, unsere Konfliktfelder, unsere Welt voller Haß und Gewalt — sie ist allemal ein Grund, alle Phantasie walten zu lassen, damit Frieden entsteht — «um der Liebe willen, mit der Gott die Welt liebt».

Und das alles mit der Beschwingtheit der Freude. Denn sie allein ist es, welche die Menschen zu der Liebe führt, mit der Gott liebt.

Sogar die unvernünftige Kreatur muß sich einer solchen Bitte beugen: Da wird an Franziskus eine Augenoperation notwendig. Man muß ihm die Schläfen ausbrennen. Franziskus spricht das Feuer an:

«Bruder Feuer, edel und nützlich unter anderen Geschöpfen, sei mir in dieser Stunde höflich. Denn einst habe ich dich geliebt und liebe dich jetzt noch mit jener Liebe, mit der Gott dich geschaffen hat. So bitte ich unseren Schöpfer, der dich geschaffen hat, daß er deine Hitze mäßige, daß ich sie ertragen kann.»

Eine solche Lebenseinstellung, eine solche Grundhaltung, die das ganze Leben bestimmt, muß dann eines Tages sich in einem Höhepunkt der Sprache aufgipfeln:

«Die Liebe dessen, der uns so innig geliebt hat, müssen wir ganz innig lieben.»

Und in dieser sakramental-mystischen Gotteserfahrung liegt die Tiefendimension der franziskanischen Spiritualität, das Innerste, was von Franziskus gesagt werden kann.

TEIL II

GESCHICHTE DER FRANZISKANISCHEN SPIRITUALITÄT

von
Willibrord-Christian van Dijk OFMCap

EINFÜHRUNG

1. Der Franziskanertheologe Roger Bacon († 1292) sagt ein- 120
mal: «Wer die Form der Erde finden will, muß nach Westen segeln, um im Osten anzukommen.» Dieses typisch franziskanische Wort steht im *Widerspruch* zu allen gängigen Vorstellungen. Aber die Sicht, die dahinter steht, führt folgerichtig zur Entdeckung Amerikas.

Franziskus verhält sich anders als die Ritter, Bürger, Mönche, Chorherren und Juristen seiner Zeit. Dennoch setzt er eine Bewegung des Denkens, Handelns der Heiligkeit in die Welt, etwas, was heute noch lebendig ist in der franziskanischen Familie.

2. Über die Geschichte der franziskanischen Spiritualität einige Seiten aneinanderzureihen, ist leicht. Man muß nur der alphabetischen Ordnung entsprechend all jene zu Wort kommen lassen, die ein Buch oder mehrere über Spiritualität und was damit in Beziehung steht, geschrieben haben und sich dabei auf Franziskus berufen. Kann man aber die Literaturgeschichte eines Landes schreiben und meinen, man habe Land und Leute erfaßt? Man darf Spiritualität nicht darstellen, ohne das pulsierende Leben spüren zu lassen, welches Millionen von Männern und Frauen geführt haben, die sich zu Franziskus als Meister und Vorbild bekennen. Eine franziskanische Spiritualitätsgeschichte darf nicht nur Literatur- und Lehrgeschichte sein.

3. Man müßte darum einige franziskanische *Heilige* auswählen: die hl. Coleta († 1447), den hl. Petrus von Alcantara († 1562), den sel. Maximilian Kolbe († 1941) ... Aber auch dann hätten wir nur einen Teilausschnitt: die Geschichte der franziskanischen Heiligkeit. Wir fänden uns dann vor einer Reihe von Persönlichkeiten, die sich so sehr voneinander unterscheiden, daß man sich fragen müßte, was denn überhaupt den franziskanischen Heiligen ausmache.
4. Man müßte auch jene Bereiche anschauen, die nicht auf den ersten Blick einen geistlichen Bezug erkennen lassen: *Apostolat, Gedichte, Gemälde, Plastiken*, die *Kunst* ganz allgemein. Vielleicht sogar Dinge, die gefährlich scheinen: *politischen Einsatz, wissenschaftliche Forschung, Lohnarbeit* ... Alles kann aus der Tiefe eines geistlichen Lebens stammen und auf echte Heiligkeit angelegt sein.
Ein Überblick über die franziskanische Spiritualitätsgeschichte fordert also eine *allesumfassende Betrachtung der Geschichte*.
5. Dabei müssen wir *auswählen* und jene Fakten und Namen herausstellen, die durch Bedeutung und Charakter hervorstechen: Bonaventura († 1274), Veronika Giuliani († 1727), Joseph von Tremblay († 1638) ...
Die Spiritualitätsgeschichte muß aber auch jene unzähligen Sterne in Erinnerung rufen, die nur schwache Leuchtkraft haben und vom bloßen Auge kaum zu sehen sind, vielleicht nicht einmal von den eigenen Zeit- und Tischgenossen. In jedem Land, in jedem Klarissenkloster, in jeder franziskanischen Fraternität, gibt es zu allen Zeiten Frauen und Männer, deren Eifer, Frömmigkeit und Liebe zu Lebzeiten geschätzt werden, ohne daß man ihren Namen überliefert oder daß sie einem größeren Kreis bekannt werden. Da und dort schreibt man ihr Leben nieder, vielleicht einen begeisterten Nekrolog. Zwanzig, dreißig Jahre später jedoch kennt man sie nicht mehr. Der Wert ihres geistlichen Lebens ist deswegen nicht weniger groß.
6. Ein letzter Aspekt ist zu unterstreichen. In gewissen Zeiten gleicht die *franziskanische Familie* einem Korb von Krabben. Was davon bleibt, sind Namen: Franziskaner, Spiritualen, Konventualen, Minoriten, Observanten, Riformati, Kapuzi-

ner usw., dazu die Entsprechungen in den religiösen Frauenorden bzw. in den Laiengemeinschaften. Doch was bedeuten diese Bezeichnungen angesichts der Gnade der franziskanischen Berufung, angesichts des Martertodes um des Evangeliums willen dieses oder jenes Heiligen, angesichts des Eifers von unzähligen Missionaren, Lehrern, Pflegerinnen, angesichts der mystischen Höhe so vieler? Unsere Vorfahren waren oft zerstritten und verdunkelten so den Wert ihres Erbes. Diese Zeit ist Gott sei Dank vorbei. Franziskus sammelt heute seine Kinder wie eine Henne ihre vielfarbigen Küken. Ich werde darum, wenn ich Schwestern, Brüder, Provinzen oder Klöster nenne, die besondere Zugehörigkeit zum einen oder andern Zweig nicht immer hervorheben.

1. Franziskus ist das Gegenteil eines Geschäftsmannes. Kein Organogramm hängt an den Wänden von Rivotorto. Nur mit Kreide geschriebene Namen stehen an den Pfeilern: Bruder Franz, Bruder Leo, Bruder Ruffino. Was Männer und Frauen, Kleriker und Laien, Alte und Junge anzieht, ist nicht ein revolutionärer Schrei oder ein Reformplan für Kirche und Gesellschaft, sondern die evangelische Überzeugungskraft des heiligen Franz, die stille Gegenwart Jesu in seinem Herzen. Das Evangelium, *ausschließlich das Evangelium* ist die Regel der Minderbrüder, der Armen, Frauen und des Dritten Ordens. **121**

Die mystische Erfahrung, die Franziskus im Umgang mit dem Evangelium macht, die persönliche Ausstrahlung, die auf diese Weise entsteht, holt Männer und Frauen aus ihrer Mittelmäßigkeit heraus und macht sie fähig, in kleinen Gruppen in San Damiano, Portiuncula oder anderswo ein gemeinsames Leben zu gestalten. Diese Erfahrung prägt die Regeln von 1221 und 1223, nicht zuletzt auch das Testament des Heiligen.

2. Die Faszination des heiligen Franz genügt aber nicht mehr, sobald Hunderte, ja Tausende sich der Gemeinschaft zuwenden. Darum entsteht schon sehr früh, im Ansatz bereits zu Lebzeiten des Heiligen, eine Fülle von praktischen Problemen, die bei den Brüdern zu *Meinungsverschiedenheiten, Spaltungen* und Kämpfen führen. Das Ideal, d. h. die Spiritualität des heiligen Franz, wird zwar nicht angetastet und seine Art, den Glauben zu leben, nicht in Frage gestellt. Aber die Art und Weise, diese Spiritualität zu verwirlichen, nimmt neue Formen an.

1. Franziskus zieht sich gerne in die «Wüste» zurück, in die Einsamkeit der Berge, in die Carceri oder nach Greccio. Dreißig, vierzig Jahre später werden Eiferer dieses ursprünglichen Ideals aufstehen, die man in der Folge *«Spiritualen»* nennt. Sie ziehen sich in die Felsenklüfte der Mark Ancona **122**

zurück, um eine Lebensform zu leben, die an der kontemplativen Bußtradition konsequent festhält.

Ebenso liebt Franziskus nichts so sehr wie die Armut. Die ältesten Gefährten des Heiligen und jene, welche durch sie geprägt sind, nehmen darum lieber den päpstlichen Bann in Kauf, als sich von ihrer lieben Herrin Armut zu trennen.

2. Man kann die tragische Geschichte dieser Bewegung, ihrer Führer und Anhänger, vom Standpunkt des Juristen aus betrachten: In diesem Fall wird man, wie viele Obere und Prälaten des 13. und 14. Jahrhunderts, nur Revolte und Rebellion entdecken. Diese lange und schmerzliche Geschichte ist jedoch alles andere als das: Es geht vor allem um *Mystik*.

Beide Parteien sind guten Glaubens: Sowohl die Kommunität als Ganze mit ihren Obern an der Spitze als auch die vielen verstreuten Spiritualengruppen, welche darum bitten, die Freiheit zu haben, dem armen Einsiedler Franziskus zu folgen. Zuerst und vor allem geht es also um das Ideal des heiligen Franziskus, um das Wesentliche seiner Spiritualität, um die Treue in der Nachfolge des armen Christus ...

Wer die Geschichte der Spiritualen, eines Angelus Clarenus († 1337), eines Hubertin von Casale († 1329) oder ihrer Schüler, liest, ohne ihren Willen zu sehen, dem franziskanischen Ideal treu zu bleiben, verschließt sich der tieferen Bedeutung dieser schmerzlichen Auseinandersetzungen.

3. Diese Infragestellung des franziskanischen Ordens durch den Orden selbst in den ersten Jahrzehnten nach der Gründung ist nur ein Prolog für das, was sich während der Geschichte noch oft wiederholt. Alle inneren Kämpfe, alle Erneuerungsbewegungen, alle Trennungen und Wiedervereinigungen sind wesentliche Versuche, dem ursprünglichen Ideal des heiligen Franz und der heiligen Klara treu zu bleiben. Oft gelingt es, dem Ursprung wieder nahezukommen in einer Welt, die sich immer weiter entwickelt. Oft sogar erreicht der Schwung der Nachfahren die Höhe des Vorbildes.

4. Es fehlt aber auch nie an *Abweichungen* vom Ideal. Bartolo von Sassoferrato († 1357), einer der bedeutendsten Juristen der Zeit und Freund der Franziskaner, will in seinem «Franziskanischen Recht» («Liber minoritarum decisionum») beweisen, daß die Minderbrüder, die einzelnen Mitglieder und

der Orden als ganzer, rechtlich gesehen das Erbrecht haben. Von seinem römischen Rechtsdenken her macht er eine subtile Unterscheidung zwischen Buchstaben und Geist der Franziskusregel. Der Geisteshaltung, die zu diesem Meisterwerk führt, kann ein echter Franziskusjünger nie zustimmen. Aber auch nicht alle, welche im Gegensatz dazu das ursprüngliche Ideal verfechten, leben alle franziskanischen Tugenden. Hubertin von Casale († 1329), einer der großen Anführer der Eiferer, ist im Gegensatz zum Ordensgründer voll Pessimismus, trotz einer außerordentlichen Sehnsucht und einer brennenden Liebe zu Christus, ohne jedes Staunen angesichts der Natur, voll Verachtung für jene, die nicht gleich denken wie er, und kühn in seinem Ungehorsam. Und sein Anhänger und Zeitgenosse, Angelus Clarenus († 1337) ist ein leidenschaftlicher Polemiker. Man kann aber dem einen wie dem anderen nicht die Hochachtung versagen, selbst wenn man ihre Überheblichkeit mitberücksichtigt. Ihre Schriften sind auf weiten Strecken reich an geistlichen Höhenflügen. Das gilt sowohl von der «Erklärung der Minderbrüderregel» («Expositio regulae fratrum minorum») des Angelus Clarenus als auch vom «Baum des gekreuzigten Lebens Jesu» («Arbor crucifixae vitae Jesu», 1305) des Hubertin von Casale, ein Buch, das den Weg ebnet für das Meisterwerk des Bartholomäus von Pisa († 1401), das «Buch der Konformitäten» («Liber conformitatum»).

123

1. Andere Brüder übernehmen das geistliche Erbe der Spiritualen, die immer mehr zu einer bloß politischen Partei herabsinken. Im 14. Jahrhundert entsteht in Mittelitalien, Spanien und Frankreich die große Bewegung der *Observanten*.
2. Diese Reformbewegung hat keinen sektiererischen Charakter und bringt viele große Heilige hervor, unter ihnen die heilige *Coleta von Corbie* († 1447). In den dunklen Tagen des großen abendländischen Schismas beauftragt 1406 der Gegenpapst Benedikt XIII. sie mit der Reform der Klarissen und der Franziskaner in seinem Einflußbereich. Plötzlich und überraschend wird sie Klosterfrau und Äbtissin, etwas, worauf sie sich in ihrem Leben als Einsiedlerin (Rekluse) nicht vorbereitet hat. Mit einem Schreiben des Generalvikars von

Avignon versehen, besucht sie im Geist des Friedens Klöster und Niederlassungen. Für die vielen Reisen richtet sie einen bedeckten Wagen als Wanderkloster ein. Ohne jemanden vor den Kopf zu stoßen, ohne Drängen, aber mit Geisteskraft und mit der Faszination ihres Lebens setzt sie sich in ganz Frankreich für die geistliche Erneuerung des franziskanischen Ideals ein.

3. Den «Coletinen» entsprechen in Umbrien die «Klarener», in Norditalien die «Amadeer», in Spanien die Anhänger des Petrus von Villacreces († 1422).

Der Vorgang ist einfach und oft der gleiche. Eine Gruppe von Brüdern, die angezogen ist vom Ideal der kontemplativen Einsamkeit und der Buße, erlangt die Erlaubnis, sich in einem Kloster zusammenzufinden und eine strengere Regelbefolgung zu versuchen. Andere Brüder schließen sich der Initiative an, oft sogar ein ganzes Kloster. Eine große Bewegung entsteht: Diese *Rekollektionshäuser* bekommen einen eigenen Generalvikar und bilden schließlich einen neuen Zweig der franziskanischen Familie. Zum Glück sind darunter Männer mit einer gesunden Theologie und einer echten Heiligkeit, so daß die Gefahr, daß anarchische und unüberschaubare Elemente überhandnehmen, gebannt ist: Der erste Generalvikar der Bewegung, Bernhardin von Siena († 1444), der selige Albert von Sartiano († 1450), der hl. Johannes von Capestrano († 1456) und der heilige Jakobus von der Mark († 1476).

4. Am 29. Mai 1517 unterzeichnet Papst Leo X. die Bulle «So geht auch ihr in meinen Weinberg» («Ite et vos in vineam meam»), welche die Trennung der franziskanischen Familie in zwei autonome Gruppen juristisch fixiert. Die Erneuerungsbewegung, d. h. die Rückkehr zu einem strengeren Regelverständnis und zu einer größeren Treue gegenüber der ursprünglichen Grundhaltung des heiligen Franz, ist unterdessen so weit geworden, daß unter den Tausenden von Brüdern die Mehrheit ihr angehören. Sie ist nicht nur über ganz Europa verbreitet, sondern auch in den Missionen, überall auf der ganzen Erde, angefangen vom noch recht jungen Amerika bis hin zum alten Orient. Zum ersten Mal in der bewegten Geschichte des Franziskanerordens sehen sich die Brüder des

heiligen Franz getrennt in zwei juristisch voneinander unabhängige Gruppen. Jede hat als Oberhaupt einen eigenen Generalminister, der als rechtmäßiger Nachfolger des Ordensvaters gilt. Auf der einen Seite die Konventualen, die ihrerseits für interne Erneuerungsbewegungen offen bleiben. Auf der anderen Seite die Observanten, die Minderbrüder, die sich der Reform anschließen und aus vielen Gruppen bestehen: Koletaner, Klarener, Amadeer, Guadelupenser, Bernhardiner und andere.
Jenseits der schmerzlichen, juristischen Abgrenzung muß man den gemeinsamen Geist suchen. Es ist falsch, zu fragen, welche Seite den Geist des heiligen Franz wirklich vertritt. Vielmehr wollen alle Brüder, alle Schwestern, alle, die sich auf den Poverello berufen, in unterschiedlichen Formen das geistliche Erbe bewahren und entwickeln.

1. Die Bulle Leos X. löscht in den Franziskanern keineswegs 124
das Bedürfnis nach Unabhängigkeit. Was nicht notwendig Ungehorsam ist, sondern Ausdruck jener Freiheit, die der Nachfolge erst ihren Wert gibt. 1525 setzen junge, unzufriedene Observanten, Matthäus von Bascio († 1552), Ludwig († 1570) und Raffael († 1539) von Fossombrone, ohne Erlaubnis einen neuen Anfang und ziehen sich zur Meditation in Einsiedeleien zurück. Sie nennen sich »Minderbrüder vom eremitischen Leben», bekommen aber vom Volk einen anderen Namen: *Kapuziner*, wie sie bis heute heißen. Klemens VII. anerkennt den Orden im Jahr 1527 als dritten autonomen Zweig der franziskanischen Familie. Innerhalb der Observanten und im Einverständnis mit dem Generalminister entstehen drei Reformbewegungen, die man die «strenge «Observanz» nennt: die «*riformati*», die sich von 1532 an von Italien aus nach Österreich, Ungarn und Polen ausdehnen und 1639 unabhängige Provinzen bilden; die «*discalceati*» oder «Alkantariner» (nach Petrus von Alcantara [† 1562], der sie 1557 begründet), die sich in Mexiko und Brasilien als Missionsprovinzen konstituieren und bis nach Japan und in die Philippinen gelangen; die «*Rekollekten*», die in Frankreich und Belgien als Kontemplationsbewegung entstehen und sich nach Holland und Deutschland ausdehnen (von 1612 an autonom).

2. Wenn man alle Namen der initiativen Männer und Frauen nennen wollte, die im 15. und 16. Jahrhundert eine Bewegung in Gang setzen oder ein Kloster gründen, dann bekäme der Leser den Eindruck eines heillosen Durcheinanders. Hinter dem Schein des Zusammenhanglosen und Anarchischen aber weht der Heilige Geist.
Zeigt sich darin nicht ein Grundzug des hl. Franz selbst? Während zwanzig Jahren stellt er sich selbst, aber auch die erreichten Strukturen seines Ordens, immer wieder in Frage, um beharrlich auf dem Weg zu dem, was noch besser ist, zu bleiben.
3. Dieser Weg, sich von innen her zu erneuern, geht weiter. Das Generalkapital von 1664 verpflichtet jede Provinz der Observanten, eine oder mehrere Einsiedeleien zu unterhalten. Die Initiative hierzu geht auf den sel. Bonaventura von Barcelona († 1684) zurück. Aus der Bewegung, die daraus erwächst, gehen Männer wie der sel. Theophil von Corte († 1740) und der hl. Leonhard von Porto-Maurizio († 1751) hervor. Bald darauf werden neue Einsiedeleien in der Toskana gegründet, wie der Monte delle Croci (Kreuzberg) in Florenz, San Francesco al Palco in Prato oder das Ritiro auf dem Palatin in Rom. Mit den ersten Kapuzinern teilen diese Brüder den franziskanischen Durst, in der Natur zu leben, am Rand der Stadt, um dem Gebet, der Buße und der Einsamkeit zu obliegen.

125 1. Das religiöse Leben sieht sich im Lauf des *18. Jahrhunderts* grundsätzlichen Gefährdungen ausgesetzt. Es ist eine Zeit der großen Reinigung für alle Ordensgemeinschaften, ein Test für ihren geistlichen Gehalt, nicht so sehr auf der Ebene der theologischen Wahrheit, sondern auf der des konkreten Vollzugs. Die philosophische Literatur der Aufklärung zieht die Grundlagen der Askese und die geistige Gesundheit der Mystik in Zweifel. Selbst die katholischen Regierungen in Spanien, Frankreich, Italien und Österreich ziehen daraus die Konsequenzen. Mit lästigen administrativen Maßnahmen, die vordergründig mit dem Hinweis auf die Bedürfnisse des Gemeinwohls gerechtfertigt werden, werden die religiösen Gemeinschaften verfolgt. Es ist zwar richtig, daß viele Klöster leerstehen, der Nachwuchs gering und die Überzeugung schwach ist. Aber es fällt nicht in die Kompetenz Josephs II., Pombals oder Ludwigs XV., diese Probleme zu lösen. Diese Gesetzgeber eröffnen eine Geschichte, die bis heute noch anhält, die Geschichte der Trennung des geistlichen Lebens von der politischen Macht. Vorher war der Katholizismus mit der königlichen, kaiserlichen oder bürgerlichen Regierung verbunden. Die Orden genossen Schutz, ihr Leben war privilegiert. Als Gegenleistung hatten sie eine Anzahl gesellschaftlicher Funktionen zu erfüllen, die der Staat an sie delegierte: Schulunterricht, soziale Hilfe, Krankenpflege, sehr oft auch diplomatische Dienste. Der Bruch der Christenheit durch die Reformation, die allmähliche Stärkung der politischen Macht, die wachsende Säkularisierung des Geistes, die brutale oder allmähliche Ablösung der weltlichen Macht von der geistlichen, das alles treibt nun den religiösen Menschen von dieser Welt weg. Er gilt als unnützer Bürger und Parasit. Napoleon nimmt im Konkordat von 1801 die Existenz des Ordenslebens nicht einmal zur Kenntnis und setzt so dem zerstörerischen Werk der französischen Revolution die Krone auf.

2. Auch die franziskanische Familie ist betroffen von diesem Vorgang, der nicht mehr rückgängig gemacht werden kann. Die französische Revolution erklärt die religiösen Gelübde für nichtig, legt Hand an die Klöster, vertreibt ihre Bewohner. Das geistliche Engagement jedes einzelnen wird in Frage gestellt. Das wirkt sich in allen möglichen Situationen aus: So mancher muß die eigene Haut retten oder um seinen Lebensunterhalt kämpfen. Auch wechselnde Umstände spielen eine Rolle: der Zufall des Krieges, die verschiedene Auslegung der Gesetze, die Launen der Vollzugsbeamten.

Viele Dokumente zeigen, wie die Söhne des hl. Franz die ganze Breite der möglichen Antworten auf diese Situation geben. Vom Martyrium bis zur Apostasie, dem reuelosen Abfall vom Glauben, ist alles da. Zwischen beidem liegt ein großes Meer von Mittelmäßigkeit, ein Ergebnis der verfehlten religiösen Bildung der vorausgehenden fünfzig Jahre. Das 18. Jahrhundert kennt große Heilige, aber die Masse, auch der Klerus, ist gleichgültig und lau. Die französische Revolution weckt sie auf und fordert von jedem einen hohen Preis. Während der langen Prüfung der französischen und napoleonischen Revolution verschwinden viele alte Ordensgemeinschaften — 70% der Häuser und Mitglieder des Franziskusordens! — für immer, in Europa zuerst, aber dann allmählich auch in der übrigen Welt.

3. Das materielle Erbe wird oft zerstört, das geistliche Erbe des hl. Franz und der hl. Klara aber bleibt. Hier gilt die Feststellung Augustin Gemellis: «Im echten Franziskanertum wird instinktiv ein Gefühl der Freude wach, wenn die Zeitumstände es von Ablagerungen befreien, welche die Arbeit und die Zeit um seine Armut aufgehäuft haben.» Verloren sind Klöster und Bibliotheken, der Rahmen der Gewohnheiten des Lebens, auch Menschen. Geblieben aber ist die Möglichkeit, die Spiritualität wieder zu entdecken und einen neuen Anfang für ein verjüngtes und dynamisches franziskanisches Leben zu setzen.

4. Nicht alles spielt sich freilich so ideal als ein Neubeginn in dem Evangelium und der Lebensbeschreibung des hl. Franz ab. Denn zu früh will man bei vergangenen Gewohnheiten anknüpfen. Zu lange geht es, bis neue Führerpersönlichkeiten aufstehen, die vom Evangelium und vom Geist des Franziskus geprägt sind. Auch werden die Belästigungen von politischer Seite fortgesetzt. Wie eine Epidemie ziehen sie sich während des ganzen 19. Jahrhunderts hin: 1820—1832 in Spanien, Rußland, Polen; 1866 in Italien, Deutschland, Mexiko; 1880 in Frankreich und in den französischen Kolonien. Sie haben ihre Auswirkungen: Nur zaghaft getrauen sich Franziskaner mit neuen Unternehmungen an die Öffentlichkeit. Ihr Geist ist oft nur wenig für notwendige Erneuerungen offen.

126 1. Man hat das *19. Jahrhundert* schon kleinlich und borniert genannt. Trotzdem muß man darauf aufmerksam machen, daß dieses gleiche Jahrhundert eine dynamische missionarische Bewegung und unzählige franziskanische Genossenschaften hervorbringt.

Die Kapuziner gewinnen unter dem Einfluß ihres Generalministers Venantius von Turin († 1864), der am ersten endlich wieder möglich gewordenen Generalkapitel (1847) gewählt wird, neue Lebenskraft zurück. Auf der Seite der Observanten verhilft Bernhardin von Portugruaro († 1895), der 1869 zum Generalminister gewählt wird, zu neuer geistlicher Vitalität. Er nimmt die Tradition der persönlichen Visitationen wieder auf, besucht Brüder und Klarissen, nicht nur in Italien. Später gründet er die «Akten des Minderbrüderordens» («Acta Ordinis Fratrum Minorum»), die bei den Konventualen und Kapuzinern bald eine Entsprechung finden. Durch sie sollen nicht nur administrative Maßnahmen zur Kenntnis, sondern auch das innere Leben des Ordens und sein Geist zum Ausdruck gebracht werden. Überall versucht man die Wunden der Verfolgung und der Verbote zu heilen. Man gründet wieder Bibliotheken, die der Ausbildung des Nachwuchses dienen sollen, den man in modernen «seraphischen Schulen» vorbereitet. Man weckt neue Berufungen in allen sozialen Schichten, vor allem durch die Volksmissionspredigten.

2. Man profitiert sogar, wenigstens in einigen Ländern, von einer gewissen «Franziskophilie», einer allgemein verbreiteten Liebe zu Franziskus, welche die Romantik hervorgebracht und gefördert hat. Und schließlich gibt Leo XIII. dem franziskanischen Dritten Orden eine hervorragende Bedeutung, indem er von ihm große Wirkungen für das soziale Apostolat und für das geistliche Leben aller Christen erwartet. Leo XIII. wiederholt die Geste seines Vorgängers Leo X. Er fürchtet, daß die Zerstückelung der franziskanischen Kräfte weitergehe, wenn nicht eine größere Einheit in der Leitung entsteht. So vereinigt er mit der Bulle «Mit gewisser Freude» («Felicitate quadam», 1897) die vier Familien der franziskanischen Reform (die Observanten, Reformaten, Rekollekten, Alkantariner) und nennt alle zusammen «Minderbrüderorden». Vorher gab es schon einen gemeinsamen Generalminister und den gleichen Geist des hl. Franziskus.

3. So tritt der große Franziskanerorden nicht mit einer Uniformität, die alles Leben erstickt, in das *20. Jahrhundert*, sondern als geistliche Union, die mit wenigen Rechtsbestimmungen auskommt und sich immer mehr festigt. Der gleiche Geist steht auch hinter denen, die nicht durch die Union Leos XIII.

erfaßt sind: Konventualen, Franziskaner, Kapuziner, Klarissen in verschiedenen Föderationen, Franziskanerinnen in unzähligen Kongregationen, unübersehbare Gruppen innerhalb des Weltordens des heiligen Franz. Dieser Geist zeigt sich nicht nur im ständigen Versuch, die franziskanische Berufung auf ihre wesentliche Mitte hin zu befragen und für heute zur Geltung zu bringen, sondern auch in der Fähigkeit, auf allen Gebieten zusammenzuarbeiten, sowohl bei den offiziellen Vertretern der verschiedenen Zweige der franziskanischen Familie als auch bei den einfachsten Brüdern und Schwestern.
4. 1968 konzelebrieren die Generalminister am Hochaltar der Basilika San Francesco in Assisi. Anlaß dazu ist das außerordentliche Generalkapitel der Kapuziner. Man lebt einen historischen Augenblick franziskanischer Spiritualität: An seinem Grab einigt Franziskus jene, die ihn als ihren Vater anerkennen.

1. Die wahren Jünger des hl. Franz sind die Heiligen. Viele davon, inzwischen 120 Heilige und 233 Selige, werden von der Kirche als Vorbilder des christlichen Lebens hingestellt. 127
2. Viele Bücher erzählen ihre Geschichte, ihre Lehre und — ihre Wunder. Das meiste ist zwar nur wunderlich und zieht uns nicht mehr. Um so mehr jedoch die Art, wie diese Menschen das Evangelium leben und die geistliche Grunderfahrung des hl. Franz und der hl. Klara lebendig machen. Die *Legenden* lassen uns das miterleben. Das geistliche Profil der ersten Heiligen bleibt lebendig durch die Feder des Thomas von Celano, der drei Gefährten, des anonymen Verfassers der Legende von Perugia, des Spiegels der Vollkommenheit und der Fioretti. Trotz der Bescheidenheit, Vorsicht und Zurückhaltung einiger Autoren kann man sich nur schwer dem Charme dieser Schriften entziehen. Diese ersten Franziskaner, die zum Teil Franziskus um Jahrzehnte überleben und bis nahe an das 14. Jahrhundert herankommen, zeigen uns an lebendigen Lebensvorgängen auf, was die franziskanische Spiritualität ursprünglich ist. Oft ergänzen sie die historischen Fakten mit persönlichen geistlichen Erfahrungen.
3. Den alten Legenden, welche Franziskus und Klara in den Mittelpunkt rücken, folgen dann bald einmal *Chroniken*, in denen einige Heiligenporträts gezeichnet sind. Selbst ein Autor wie Salimbene von Parma († ca. 1288), der nur wenig für mystische Erfahrung übrig hat, vergißt nicht, die Heiligkeit zu grüßen, die ihm in den Klöstern und auf der Straße begegnet. Die «Chronik der 24 Generalminister» ist geradezu eine Dokumentation der ursprünglichen Heiligkeit des Franziskanerordens. Im 15. Jahrhundert schreibt ein Jünger der großen Reformer Bernhardin von Siena († 1444) und Jakobus von der Mark († 1476), der Bruder Jakobus Oddi von Perugia († 1488), seinen «Franziskanerspiegel», die sogenannte «Franceschina», mit dem Ziel, «verschiedene Typen zu beschreiben, in denen die franziskanische Tugend personifiziert greifbar wird.»

4. So entsteht eine *hagiographische Literatur*, die sich als Schule der franziskanischen Spiritualität versteht.
Man darf diese Literaturgattung nicht unterschätzen. Sie läßt nicht nur die geistliche Theologie der Franziskaner erkennen, sondern auch die Art und Weise, wie diese immer wieder gelebt wird. Wichtig ist «Das franziskanische Martyrologium» des Normannen Arthur von Monastier von Rouen (Lyon 1638). Nicht so theoretisch und volkstümlicher sind dann «Das Kapuzinerlegendenbuch» («Leggendario cappucino» 1767—1789), «Der seraphische Heiligenschein» («L'Auréole séraphique» 1882), «Der franziskanische Sonnengarten: das Heiligenbuch der Orden» («Del solar francescano: sanctoral de los ordenes» 1957) und andere «Seraphische Palmengarten».
Bestimmt ist die fehlende Kritik und der mangelnde Kunstsinn dieses Schrifttums nicht gerade dazu angetan, uns Geschmack am Lesen zu geben. Man müßte aber darüber hinauskommen und auch in ihm das geistliche Erbe erspüren. Das wird zwar durch den Autor oft ungeschickt formuliert, aber durch die beschriebene Persönlichkeit immer wirkungsvoll gelebt. Um den Heiligen geht es, nicht um seinen Biographen.

128 1. Unter den «Typen» der franziskanischen Heiligkeit nehmen, wie in der christlichen Tradition ganz allgemein, die *Martyrer* die erste Stelle ein.
2. Schon zu Lebzeiten des heiligen Franz sterben in Marokko Bruder Berard und seine Gefährten (†1221) für den Glauben. Von ihnen sagt Franziskus begeistert: «Jetzt habe ich fünf wahre Mindere Brüder». Seither haben sich die Zeiten gründlich geändert. Wir können nicht mehr die Begeisterung für den gewaltsamen Tod empfinden, selbst wenn er für Christus erlitten wird. Wir leben, fühlen, denken in einer anderen Welt. Vieles stört uns heute, wenn wir zurückblicken: daß die Mohammedaner provoziert werden und daß ihre Religion zu wenig respektiert wird: 1221 von *Berard und seinen Gefährten* in Marrakesch, 1227 von *Daniel und seinen Gefährten* in Ceuta, 1231 von *Johannes von Perugia* und von *Petrus von Sassoferrato* in Valencia/Spanien. Ebenso stört uns, daß die

Brüder *Stephan und Raymund*, die im Jahr 1242 in Avignonnet ermordet werden, im Dienst der kirchlichen Inquisition stehen.

So ist uns das Martyrium vieler fragwürdig geworden. Das Bild *Raymund Lulls* († 1315) ist dafür um so faszinierender. Als erster zeigt er Verständnis und Ehrfurcht für den Islam. Er beherrscht viele Sprachen und verfügt über ein Wissen, das für das Wirken in den Missionen unbedingt notwendig ist.

3. Die große missionarische Anstrengung, welche die franziskanische Bewegung von Anfang an kennzeichnet, gipfelt immer wieder im Glaubenszeugnis: *Gentilis von Matelica* († 1340) in Persien, *Niklaus Tavileis* († 1368) in Illyrien, *Thomas von Florenz* († 1447) in Äthiopien ...

4. Die protestantische Reform des 16. Jahrhunderts bringt eine neue Entwicklung: Franziskaner bezeugen ihre Opposition zur neuen Theologie der Reformatoren nicht nur mit dem Wort, sondern auch mit dem Leben: In England *John Forest* († 1358), weil er sich schützend vor die Rechte der Königin Katharina von Aragon stellt, in den Niederlanden *Niklaus Pick und Gefährten* (1572), in der Schweiz *Fidelis von Sigmaringen*, und zwar im Gründungsjahr (1622) der römischen Kongregation für die Glaubensverbreitung, in Calais dreizehn Kapuziner (1625).

5. Am anderen Ende der Welt, in Nagasaki/Japan, werden die hl. *Petrus Baptista und Gefährten* († 1597) getötet. Das japanische Kaiserreich vermehrt die franziskanischen Martyrer in den Jahren 1617—1632 um viele Ordensleute und Terziaren. Auf dem Weg nach Äthiopien bezahlen die sel. *Agathangelus und Cassian* im Nahen Osten ein langes missionarisches Leben mit dem Tod.

6. Die französische Revolution (1789) läßt alte und neue Ideen aufeinanderprallen, nicht nur im Bereich der Politik, sondern auch im Bereich der religiösen Überzeugungen. Das führt in Frankreich allein in den Tagen der Revolution zu 180 Glaubenszeugen der franziskanischen Familie. Dabei sind zahllose Bekenner, Männer und Frauen, die mit dem Leben davonkommen, nicht mitgezählt. Viele dieser Glaubenszeugen werden von der Kirche seliggesprochen: *Jean-François Burté* († 1792), *Jean-Baptiste Triquerie* († 1794), *Apollinaris*

Morel († 1792), der Kapuziner aus der Schweiz, und die Klarissin *Josephine Le Roux* († 1794).
7. 1816 wird *Johannes von Triora* in Tschang/China ermordet. Während des Boxeraufstandes (1900) werden mehr als 2000 Gläubige getötet, darunter zwei Franziskanerbischöfe, vier europäische Missionare, sieben einheimische Priester aus dem Dritten Orden, sieben Ordensfrauen und 300 einheimische Terziaren.
8. Zuletzt muß von einem Zeitgenossen die Rede sein: von *Maximilian Kolbe*, der sich im Konzentrationslager Auschwitz als Apostel der Liebe erweist. Er geht freiwillig an Stelle eines anderen, eines Ehemannes und Vaters, in den Gastod.
9. Wenn die Kirche über einen Menschen urteilt, der für das Evangelium gestorben ist, dann begnügt sie sich nicht, einfach das Band zu prüfen, das zwischen einem gewaltsamen Tod und dem Glaubensbekenntnis besteht. Sie fragt auch, ob er schon während seines vorausliegenden Lebens in der Nachfolge Christi gestanden hat. Jedesmal ist die Antwort beeindrukkend: Schon zu Lebzeiten sind ausnahmslos alle Glaubenszeugen, welche einen gewaltsamen Tod erleiden, kraftvolle, überzeugende christliche Persönlichkeiten. Die Liebe des Maximilian Kolbe entsteht nicht spontan im Bunker von Auschwitz, Fidelis von Sigmaringen war jahrelang ein kontemplativer Mensch. Gerade die Liebe und die Kontemplation sind — zusammen mit anderen Merkmalen — Wesenselemente der franziskanischen Spiritualität. Sie können auch bei anderen Schwestern und Brüdern, die ihr Leben lassen und die uns als Beispiele gegeben sind, festgestellt werden.

129 1. Franziskanische Heilige sind oft *kontemplative Menschen*. Die erste von allen ist *Klara von Assisi*, eine Frau, welche die ganze Spiritualität des hl. Franziskus verkörpert: Von ihr sagt Augustin Gemelli: «Im kleinen Konvent von San Damiano, verborgen zwischen den Oliven und Zypressen, ist Klara die Schülerin, aber auch die Ratgeberin des hl. Franziskus. Sie ist der stille Quell des Sonnengesanges, die Vertraute Gregors IX., die Freundin und Führerin der ersten Getreuen, die den Meister überlebten, die Befreierin Assisis von den kaiserlichen Rotten und den sarazenischen Horden, sie ist eine neue

Art der jungfräulichen Schwester, die in ihrem Gesicht die Züge der Schloßherrin verrät, die zur Flucht und zum Widerstand fähig ist und die von viel höherer Warte aus die Gestalt Beatrices ankündigt». Keines dieser Worte ist falsch. Doch das wichtigste fehlt: Klara ist eine kontemplative Frau, lebt im Schweigen und in der Einsamkeit. Alles andere, was man sagen kann, kommt aus dieser Mitte. Der kontemplative Elan, der diese Frau erfüllt, die qualvolle Suche der Einsamkeit, um allein mit Gott zu leben, begleitet fortan jede franziskanische Reformbewegung. Diese Sehnsucht stammt von Franziskus selbst. Er sehnt sich nach der Wüste. Er fühlt sich zwar nicht als Fremder in den Straßen Assisis oder im Palast des Kardinals, doch am meisten weiß er sich zu Hause in den Bergklüften des La Verna.

2. Viele franziskanische Heilige sind darum mit dem Charisma der Kontemplation begabt und erreichen nicht selten mystische Höhen: *Angela von Foligno* († 1309), Witwe, Büßerin, Terziarin, hinterläßt uns ihr «Memoriale», «Das Buch der wahren Glaubenserfahrung», ein Meisterwerk der mystischen Literatur, das ihr den Titel «Lehrerin der Theologen» einträgt. Sie eröffnet die lange Prozession jener Schriftsteller, die nicht eigentlich den Schleier ihres persönlichen Geheimnisses wegschieben, sondern das Werk der Gnade preisen wollen. Theologen wie der hl. *Bonaventura* († 1274) wissen, wovon sie sprechen, wenn sie die Gnade beschreiben. Aber auch jene, die sie besitzen, ohne sie zu beschreiben, *Nikolaus Faktor* († 1583) oder *Joseph von Copertino* († 1663), der durch sein körperlich sichtbares Schweben in die Geschichte eingeht, versetzen uns immer wieder in Staunen. Weniger durch die außerordentlichen Phänomene, die ihr Leben begleiten, als durch die ruhige Innigkeit, mit der sie mit dem Geheimnis Gottes verbunden sind. Die Bücher von *Karl Sezze* († 1670) und *Veronika Giuliani* († 1727) ziehen heute nicht mehr die gleiche Aufmerksamkeit wie früher auf sich. Die beeindrukkende Reihe der 29 Klarissen und anderer Frauen, die als Heilige und Selige verehrt werden, enthüllt die reinste Geschichte einer christlichen Mystik, die im Schatten der Stigmatisation des Franziskus von Assisi und der fröhlichen Armut der heiligen Klara angesiedelt ist.

130 1. Die Kontemplation zieht die franziskanische Seele nie von den Wirklichkeiten ab, welche im Dienst des Menschen stehen. In dem Maß, wie die Franziskaner sich in die Tiefe des Gebets versenken, finden sie auch ihre verschiedenen Aufgaben. Mehr Beachtung als die Mystiker finden heute *Männer und Frauen der Tat* in den Bereichen des Apostolats, der sozialen Aktion, des Kampfes für Liebe und Gerechtigkeit.

2. Der erste kirchliche Dienst, welchen der Franziskaner übernimmt, ist die *Verkündigung des Wortes Gottes*, die Verbreitung der frohmachenden Botschaft des Evangeliums, die Predigt. Noch zu Lebzeiten des Ordensvaters taucht ein großer Prediger in den Reihen der Franziskaner auf, *Antonius von Lissabon und Padua* (1195—1231). Sein Leben ist äußerst kurz, aber erfüllt. Man kann heute nur staunen, über das Gewicht seines Wissens, über seine Reisen und über die Volkstümlichkeit. Untrennbar mit ihm verbunden ist als Erbe seines Geistes und seines Lebens sein Sekretär, der sel. *Lukas Belludi*, der mit Antonius die Arbeit der letzten Monate teilt und dann viel später (1285) stirbt.

3. Ein Beispiel einer mutigen Terziarin ist *Rosa von Viterbo* († 1252), eine Frau aus dem Volk. Sie macht sich zur Aufgabe, auf den Straßen gegen den exkommunizierten Kaiser Friedrich II. für ein neues Gemeindebewußtsein einzustehen, ohne Härte und Gewalt und in völliger Unterwerfung unter den Papst. Der sel. *Odorich von Pordenone* († 1331), wagt sich als Missionar in noch unerschlossene Gebiete (Indonesien, Tibet). Die Beschreibung seiner Beobachtungen und Abenteuer ist heute noch eine interessante Lektüre.

4. Vielleicht darf man auch die heilige *Brigitta von Schweden* († 1373) der franziskanischen Familie zuzählen. Denn bevor sie zur Ehre des Leidens Jesu Christi ihren eigenen gemischt geschlechtlichen Orden gründet, ist sie franziskanische Terziarin. Wie die Dominikanerin Katharina von Siena setzt sie sich für die Rückkehr des Papstes aus dem Exil von Avignon nach Rom ein.

Als Erzbischof ragt durch Tatkraft und pastorelle Sorge der sel. Pole *Jakobus Strepa* von Lemberg († 1409) hervor. Zur gleichen Zeit lebt der große hl. *Bernhardin von Siena* († 1444), der als Prediger Unvorstellbares leistet, gleich wie der

Spanier *Petrus Regalatus* († 1456), der Pole *Johannes Dukla* († 1484), *Jakobus von der Mark* († 1476) und *Albert von Sarteano* († 1450).

5. Eine besonders faszinierende Persönlichkeit ist der hl. *Benediktus von San Philadelphio* († 1589), der Stadtpatron von Palermo. Als freigelassener Sklave von Äthiopien tritt er in Italien zuerst in eine franziskanische Einsiedlergemeinschaft und dann bei den Observanten ein. Hier wird er als Laienbruder Guardian und Novizenmeister. Wegen seiner Hautfarbe ruft ihn das Volk einfach «Neger-Benedikt».

6. In Südamerika setzt sich der Spanier *Francisco Solanus* († 1610) vor allem für die Rechte der Indianer ein. In der Türkei betreut *Joseph von Leonessa* († 1612) die Christen, die im Gefängnis sind, und wird dann selbst gefangengenommen, am rechten Fuß und an der rechten Hand drei Tage an den Galgen gehängt. Überraschend wird er nach drei Tagen befreit, kehrt nach Italien zurück, wo er bis zu seinem Tod als einsatzfreudiger Volksmissionar wirkt.

Europäisches Format hat das Wirken von *Laurentius von Brindisi* († 1619). Er ist gleichzeitig Prediger für Juden und Protestanten, Verfechter und Generalvikar der Kapuzinerreform, Provinzial der Schweizer Kapuzinerprovinz, Theologe, Kirchenlehrer und Diplomat.

Benedikt von Urbino († 1625) setzt die Tradition der Volksmission fort, ebenso wie *Leonhard von Porto-Maurizio* († 1751), der in Italien eine furchtbare Wirksamkeit entfaltet. Oft wird er nachgeahmt von großen Heiligen, die nicht dem Franziskanerorden angehören, z. B. von den Heiligen Paul vom Kreuz und Alphons Liguori.

7. Zu Beginn des 19. Jahrhunderts stirbt in Spanien (1801) *Joseph von Cadiz*, der lange Zeit der «Stumme Esel» genannt wird, bis eines Tages das Wort aus ihm heraussprudelt und er zum «Chrysostomus des 18. Jahrhunderts» wird, zu einem großen Redner, vor allem als Apostel der Fürsten, Prinzen und Soldaten.

Diese Liste von Persönlichkeiten, die durch die Macht des Wortes an der Veränderung und Gestaltung der Welt mitwirken, könnte um viele Namen erweitert werden.

131 1. Als erstes Gebot beansprucht die *Liebe* besondere Aufmerksamkeit. Sie ist das Kennzeichen vieler Heiligen.
Zuerst sind die hl. *Elisabeth von Thüringen* und von Ungarn zu nennen († 1231), die in voller Hingabe für die Armen lebt, und ihre Nichte, die hl. *Elisabeth von Portugal* († 1336), die ihr Leben einsetzt für den Frieden zwischen zerstrittenen Menschen und deswegen auf die Erfüllung ihres Wunsches, im Kloster zu leben, verzichtet. Den gleichen Namen trägt auch die oberschwäbische Mystikerin *Elisabeth von Reute* († 1420), die man bezeichnenderweise nur «Die gute Beth» nennt. Der selige Terziar und Kamm-Macher *Petrus von Siena* († 1289) ist zwar weniger bekannt, aber durch sein Berufsethos sehr beeindruckend, will er doch nur ganze Ware verkaufen. Er wirft deshalb alles weg, was nur den kleinsten Mangel aufweist. Der große *Rochus von Montpellier* († 1327), ebenfalls Terziar, zieht als Armer durch die Welt, pflegt die vernachlässigten Kranken in den Spitälern, heilt sie oft mit einem einfachen Kreuzzeichen, wird schließlich selbst Opfer der Pest. Ein anderer Apostel der Liebe ist der Anwalt der Armen, der Terziarpriester *Ivo aus der Bretagne* († 1303). Die Liebe drängt den sel. *Bernhardin von Feltre* († 1494) zur Gründung und Verbreitung der «Liebesberge» («Monti di pietà»), Banken im Dienst der Armen. In Florenz lebt und wirkt der sel. Terziar, Katechet und Handwerker *Hyppolit Galantini* († 1619). Da er wegen seiner angeschlagenen Gesundheit nicht Kapuziner werden darf, gründet er eine Katechetengemeinschaft. *Felix von Nikosia* († 1787) kommt aus ärmsten Verhältnissen und lebt als Kapuziner in strengster Armut. Seine Liebe zeigt sich vor allem in der Krankenpflege und im freundlichen Umgang mit Strafgefangenen. Auch die große Liebestat des sel. *Maximilian Kolbe* († 1941), die sich hingebende Solidarität mit einem Familienvater, darf nochmals erwähnt werden.

132 1. Einige werden in *besondere Situationen* gestellt oder durch äußere Umstände zur Lebensänderung gedrängt. Die sel. *Isabella von Frankreich*, die Schwester des hl. Königs Ludwig IX., gründet das Klarissenkloster Longchamp und lebt darin bis zu ihrem Tod (1270) ein zurückgezogenes Leben, zwar

nicht als Nonne, aber doch in der Einsamkeit und in der Kontemplation. Der Charme ihrer Persönlichkeit macht sie verwandt mit *Angela von Foligno* († 1309) und mit der großen Büßerin *Margarita von Cortona* († 1297). Sie steht so auch im Gegensatz zur brutalen Härte und Strenge des ehemaligen Karriere-Advokaten *Jacopone von Todi* († 1306). Dessen Gedichte sind von solch mystischer Glut, daß man sie auch schon Franziskus zugeschrieben hat. Wie diese Heiligen bekehrt sich auch der selige *Nevelone von Faenza* († 1280), nach einer leichtfertigen Jugend. Nach dem Tod seiner Frau lebt er als Terziar in strenger Buße als Pilger und Einsiedler. Nach einem Jagdunfall verkauft *Konrad von Piacenza* († 1351) seine ganze Habe und zieht sich mit seiner Frau in die Einsamkeit zurück. *Hyazintha von Mariscotti* († 1640) führt in einer gleichgültig dahinlebenden Klostergemeinschaft ein träges Ordensleben, bis bei einer Predigt über das Leiden Christi die Gnade sie anrührt und ihren Lebenswandel völlig verändert. Sie überträgt ihr neues Leben auf ihre Mitschwestern, die sich so zu einer großen und echten Ordensreform finden. Das Terziaren-Ehepaar *Elzear von Sabran* († 1323) und *Delphine von Puymichel* († 1360) verschenken freigebig an die Armen, was ihnen ihre Güter einbringen. Ihre Grafschaft regieren sie mit einem ausgezeichneten Gespür für Gerechtigkeit, erziehen ihre Kinder und den verwaisten Neffen Karl von Kalabrien mit Güte. *Johanna Maria von Maillé* († 1414 in Tours) ist zu Lebzeiten ihres Mannes und zusammen mit ihm eine opferwillige Pflegerin von Pestkranken. Nach dem Tod des Gatten wird sie von der Familie vertrieben, worauf sie als Einsiedlerin lebt.

2. Der hl. *Bonaventura* († 1274), Professor in Paris, Generalminister mit 34 Jahren, zweiter Gründer des Ordens, führende Persönlichkeit auf dem Konzil von Lyon, Kardinal, wird erst eigentlich durch die Wahl zum Generalminister Franziskaner. Er zieht sich auf den Berg zurück, auf dem Franziskus die Wundmale empfing, und entscheidet sich neu zur franziskanischen Lebensform. Seine Theologie wird ausdrücklicher franziskanisch und orientiert sich mehr und mehr am Kreuz. Als General verbindet er die Kraft einer echten Führungspersönlichkeit mit der Weisheit eines Genies und mit franziska-

nischer Zärtlichkeit. Trotzdem kann er es nicht vermeiden, daß einige seiner Brüder leiden müssen, vor allem sein Vorgänger, welcher der Spiritualenbewegung günstig gesinnt war: der sel. *Johannes von Parma* († 1289), auch er ein heiliger Mann.

3. Der hl. *Felix von Cantalice* († 1587) zieht während 40 Jahren als Bettler durch die Straßen Roms. Als solcher genießt er die Freundschaft der Heiligen Philipp Neri und Karl Borromäus. Nach einem Duell wird *Bernhard von Corleone* († 1667), vorher ein oberflächlicher und gewalttätiger Soldat, ein Kapuziner voll Dienstbereitschaft und Liebe. *Crispin von Viterbo* († 1750), der fröhliche Heilige, fasziniert den Maler Guidi und den Papst Klemens XI. Im Kloster von Albano singt er die Gedichte Tassos beim Kochen. Beim Gemüserüsten sagt er sich immer wieder: «Wenn du gerettet werden willst, mußt du drei Dinge tun: alle lieben, allen Gutes tun und von allen Gutes sagen.» Ihm ähnlich sind *Franziskus Maria von Camporosso* († 1866), den die Matrosen und Armen von Genua «Heiligen Vater» nennen, und *Konrad von Parzham* († 1894), der 43 Jahre lang die Pforte in Altötting bedient. Näher an unsere Zeit heran kommt der selige *Leopold von Herzeg-Novi bzw. Castelnuovo* († 1942 in Padua). Sein besonderes Charisma, das ihn den ganzen Tag und zeit seines Lebens beansprucht, ist das Zuhören und der Zuspruch im Beichtstuhl.

133 1. Gibt es so etwas wie ein Profil der franziskanischen Heiligkeit, eine *Typologie*, in der man die franziskanische Spiritualität greifen könnte? Der Unterschied zwischen einer Klarissin, die in Klausur lebt, und einem Amerika-Missionar des 17. Jahrhunderts ist groß. Die Ansichten machen von Klara von Assisi bis zu Maximilian Kolbe sowohl innerhalb der Kirche als auch im Orden selbst große Entwicklungen durch. Ein Franziskanerbischof lebt einen anderen Einsatz als eine Terziarin, Gattin und Mutter. Trotzdem gibt es über die gemeinsame Gnade Christi hinaus eine allen franziskanischen Heiligen gemeinsame Ähnlichkeit mit ihrem Modell und Prototyp, dem hl. Franz. So glaubt der Verfasser des «Konformitätenbuches», Bartholomäus von Pisa, daß die franziskanische Heiligkeit wesentlich in der treuen Liebe zu und in der frohen Verbindung mit Christus in einem Leben der Buße besteht. Er beruft sich auf das Wort Jesu: «Wenn jemand zu mir kommen will, der nehme sein Kreuz auf sich und folge mir nach» (Mt 16,24).

2. Das Charisma des hl. Franz ist etwas Neues innerhalb der Kirche: ein Ordensleben, das sich der Welt öffnet, absolute Armut, auch im Frauenkloster, Teilnahme der ledigen oder verheirateten Laien am Ordensleben, Zugang der Ordensleute zu den Universitätslehrstühlen und zur Seelsorge. Man findet franziskanische Heilige in allen möglichen christlichen Lebenssituationen. Die franziskanische Spiritualität ist so *offen*, daß man oft auch über das Ziel hinausschießt und Heilige zum Franziskanerorden zählt, die ihm nie angehört haben und die etwas anderes sein wollten. So spricht man von der franziskanischen Spiritualität des hl. Franz von Sales, Don Boscos oder der hl. Therese von Lisieux.

3. Zur Universalität der franziskanischen Heiligkeit tritt die *Einfachheit*. Selbstverständlich gibt es auch exzentrische Aszeten im Franziskanerorden. Die Strenge des hl. Petrus von Alcantara († 1562), der die große Reformatorin des Karmel, Teresa von Avila, prägt, ist übertrieben, kann darum auch nicht als gemeinsames Merkmal der franziskanischen Heiligkeit gelten. Die Kargheit des Lebens, die Abtötung des Fleisches aber gehört wesentlich zur franziskanischen Lebensform. Sie ist aber immer verbunden mit Einfachheit und Volksnähe, welche sie entmythologisiert und liebenswürdig macht, wie Felix von Cantalice († 1587) und Crispin von Viterbo († 1750) zeigen.

4. Ein dritter Zug der franziskanischen Heiligkeit ist das *Wagnis*, die Kühnheit, etwas zu unternehmen. Franziskus geht zu den Aussätzigen, um sie zu pflegen, zu den Räubern, um sie zu besänftigen und in Brüder zu verwandeln. Thomas von Cori († 1729) macht sich zur Aufgabe, Kriminelle mit evangelischem Geist zu erfüllen. Viele Franziskaner sind Reformer der Kirche, andere nähern sich, mit dem Kreuz in der Hand, den Völkern der neuen Welt Amerikas oder den alten Heiden des Fernen Ostens. Die einen gründen Volksbanken oder neue Kongregationen im Dienst der Verlassenen, andere

gehören zu den Mitinitianten der Arbeiterpriester. Einige treten mit aller Kraft gegen Andersgläubige auf, andere bieten den Mächtigen der Revolution die Stirne. Wieder andere verlassen für ein Bettlerleben die Gesichertheit und Bürgerlichkeit ihrer Existenz. Schließlich gibt es solche, die bis zu den Gipfeln der Kontemplation gelangen, nachdem sie durch allerlei Prüfungen, Leiden der Seele und des Leibes hindurch gegangen sind. Alle sind voll von Mut, Initiative, Beharrlichkeit und Kraft in ihrer Liebe zu Gott und den Nächsten.

5. Diese Züge sind alles andere als ein Monopol der franziskanischen Familie. Mit Sicherheit aber kann man sie als einen gemeinsamen Grundzug der franziskanischen Heiligen sehen und als ein wesentliches Element der franziskanischen Spiritualität. Selbstverständlich nicht als Theorie, die man analysiert, beschreibt, in Büchern weitergibt, sondern als Leben, das heute wie früher gelebt wird. Überall wird grundsätzliche und weltweite Offenheit für den Menschen, Einfachheit in den Lebensgewohnheiten und in der Nachfolge Christi, Unternehmungslust und Wagnis in allen Formen greifbar.

1. Auch Bücher sind Ausdruck des geistlichen Lebens. *Franziskus* selbst verfaßt oder diktiert kurze Texte, die heute immer mehr Anerkennung finden und die überall auf der Welt sogar zu Doktorarbeiten und wissenschaftlichen Studien führen. 134
2. Bald erscheinen dann erste *Lebensbeschreibungen:* von Thomas von Celano (1228 und 1246), von den drei Gefährten und anderen anonym bleibenden Verfassern bis hin zu den Fioretti. Sie alle wollen erbauen. Sie beschreiben die Wunder der neuen Welt, die um Franziskus entsteht, und wollen uns einen Zugang dazu verschaffen. Die evangelische Spiritualität, die er, Klara und die ersten Gefährten zu leben wagen, wird greifbar. Hinzu kommt eine kaum faßbare Literatur: mystische Traktate, kleine Gebetsbücher, Meditationstexte.
3. Nicht alle geistlichen Schriftsteller sind Heilige wie Bonaventura und Angela von Foligno. Die meisten sind nur ehrlich ringende Laien oder Ordensleute, die oft zusammenschreiben, was sie schon anderswo gelesen haben. So entstehen gute und weniger gute Kompilationen, auch persönlich angeeignete Ansichten, wissenschaftliche Traktate oder auch bloß Anekdoten über Aszese und Mystik, worin eigene geistliche Erfahrungen verwoben sind: Umkehr, Wachstum des geistlichen Lebens, Kontemplation, höchste mystische Gnaden hie und da.

1. *Aegidius von Assisi* († 1262) hinterläßt eine kostbare Sammlung «Goldener Worte», die in einem doppelten Sinn geistlich sind: geistreich und geistgewirkt. Sie gehören zu den Werken, in denen der tiefe Ernst des Lebens im Kleid eines liebenswürdigen Lächelns erscheint. Wenn sich die alten Gefährten des hl. Franz gegenüber den gelehrten Brüdern aus dem Orden mürrisch zeigen, weil bei ihnen die franziskanische Einfachheit in Gefahr ist, so antwortet einer von ihnen, *Bonaventura* († 1274), seines Zeichens Verfasser vieler philo- 135

sophischer, theologischer, polemischer und mystischer Schriften: «Schau, Bruder Aegidius, diese kleine alte Frau, die jetzt des Weges daherkommt, kann Gott ebenso sehr lieben wie der größte Lehrer von Paris!» An diesem Wort hat Aegidius eine solche Freude, daß er es laut hinausschreit, damit die Frau es hört. Man nennt Bonaventura «Fürst der Mystik», zu Recht, denn er macht, wie sehr viele Mitbrüder bezeugen können, tiefe geistliche Erfahrungen, denen er in einem reichhaltigen Wert Ausdruck gibt! Mit der Kraft seines Geistes durchdringt er die Psychologie des kontemplativen Lebens. Er übt sich auch in der Ausdrucksweise des religiösen Gedichtes, in der seine Herzengröße greifbar wird.
Zu den reinsten Mystikerinnen des hohen Mittelalters zählen die heilige Klarissin Katharina dei Vigri von Bologna († 1463) mit ihrem «*Werk über die geistlichen Waffen*» («Trattato delle arme spirituali») und die Terziarin Angela von Foligno († 1309), welche ihrem Beichtvater ihren Erlebnisbericht diktiert.
2. Nahezu unerkannt bleibt hinter den Großen des 16. Jahrhunderts Cornelius von Urbino († 1603) mit seinen «*Pfeilen der göttlichen Liebe*» («Dardi del divino amore», Venedig 1593 und Mailand 1648). Nur ein paar Gelehrte lesen noch das «Buch der Konformitäten» des Bartholomäus von Pisa († 1401), das 1510 erstmals gedruckt wird. Doch gehört dieses Werk zu jenen, die das Wesen der franziskanischen Spiritualität als Nachahmung Christi am besten beschreiben. Dieses Buch beeinflußt die späteren Betrachtungen über den Heiligen von Assisi, wie es seinerseits von Bonaventura abhängig ist.
3. Diese Abhängigkeit der geistlichen Schriftsteller untereinander sind übrigens häufig und haben ihren eigenen Sinn. Durch sie entsteht ein innerer Zusammenhang und gleichzeitig eine allmähliche Bereicherung der franziskanischen Spiritualität. Die Inhalte und die religiöse Psychologie dieser Spiritualität gelangen so auch in Kreise, die nicht der franziskanischen Bewegung angehören. Die hl. Teresa von Avila liest franziskanische Bücher, so «*Die Kunst, Gott zu dienen*» («Arte para servir a Dios») von Alfons von Madrid († 1570), «*Das Geistliche Alphabet*» («Abecedario espiritual») von

Franziskus von Osuna († 1540/41), «*Der Aufstieg zum Berg Sion*» («Subida del Monte Sion») von Bernhardin von Laredo († 1540) und die Schriften des hl. Petrus von Alcantara († 1562), des Jakobus von Estella († 1575) und des Johannes Bonilla. Auch Ignatius von Loyola ernährt sich geistlich von solchen Werken, z. B. von den um 1300 geschriebenen «*Meditationen über das Leben Christi*» («Meditationes vitae Christi»), einem religiösen Volksbuch, das während Jahrhunderten große Verbreitung genießt.

4. Das 17. Jahrhundert kennt in ganz Europa, besonders in Spanien, Frankreich und Italien viele große geistliche Schriftsteller. In seiner berühmten «Geschichte des religiösen Empfindens in Frankreich» spricht Henri Bremond († 1904) von einer «turba magna», von einer unübersehbaren Masse (vgl. Offb 7,9) in der Zeit der Könige Ludwig XIII. und Ludwig XIV.: Matthias Bellintani von Saló († 1611), unter anderem mit seiner «*Praxis des betrachtenden Gebetes*» («Pratica dell'orazione mentale»), Honorat von Paris († 1624) mit der «*Evangelischen Akademie*», Joseph von Tremblay († 1638) mit mehreren Werken über das Gebet, über Gebetsmethoden und das geistliche Leben, Maria von Agreda († 1665) mit ihrem heftig diskutierten Buch «*Die Geistliche Stadt Gottes*». Die Minoriten- und Kapuzinerklöster in Paris sind Zentren, zu denen man von überall her kommt, um über das geistliche Leben zu sprechen. Hier lebt der Kapuziner Benedikt von Canfield († 1610), der Seelenführer der Madame Acarie, die den Karmel in Frankreich einführt. Seine «*Regel der Vollkommenheit*» («Regula perfectionis») konzentriert die ganze Aszese auf einen praktischen Punkt: Wie kann man den Willen Gottes *tun*, ohne die kontemplative Seite zu vernachlässigen? Der hl. Karl von Sezze († 1670) schreibt auf Anregung seines Beichtvaters ein dreibändiges Werk über «*Die Wege des Gebetes und die Phasen der Kontemplation*». Heinrich Herp († 1477), der heiligmäßige Guardian von Mecheln, verfaßt in Abhängigkeit von Jan van Ruysbroeck († 1381) sein «*Eden der kontemplativen Menschen*» und dann eine «*Mystische Theologie*» voll von gewagten und neu klingenden Formulierungen. Deshalb setzt die Kirche sie vorerst auf den Index der verbotenen Bücher, bis man hundert Jahre später nichts Hä-

retisches mehr darin findet und sie von neuem schätzen lernt. Bonaventura von Brüssel († 1633), der sich an der Gründung der rheinisch-westfälischen Kapuzinerprovinz beteiligt, verfaßt je ein Buch über das Leiden Christi und über die Geduld. Die Werke von Johannes Evangelist von Hertogenbosch († 1635), «*Das Reich Gottes in den Seelen*», «*Das Ewige Leben*» und «*Die Unterscheidung von Geist und Seele*» erreichen viele Auflagen in mehreren Sprachen. Ein Missionar im Nahen Osten verfaßt auf arabisch einen Traktat über die Gegenwart Gottes (1935 von Ludwig Gonzaga von Birtouta neu herausgegeben). Ein anderer übersetzt die «Nachfolge Christi» auf griechisch.

5. Das 18. Jahrhundert ist zuerst noch voll von geistlichem Schwung, der dann aber allmählich abnimmt und in Skepsis, Rationalismus und Verfolgung umschlägt. Die geistlichen Berufe gehen zurück. Nur noch wenige fühlen sich wirklich vom Ideal eines Franziskus und einer Klara angezogen.
Dennoch fehlt es nicht gänzlich an geistlicher Literatur. Sie nimmt lehrhafte Züge an mit den Studien über Dionysius Pseudo-Areopagita von La Ciotat († 1706) und mit der hohen geistlichen Theologie des Claudius Frassen († 1711). Große franziskanische Schriftsteller sind die Italiener Leonhard von Porto-Maurizio († 1751), Kajetan von Bergamo († 1753), die ekstatische Veronika Giuliani († 1727) und Maria Magdalena Martinengo († 1737). Der «Innere Friede» («Paix intérieure») von Ambrosius von Lombez († 1778), wird heute immer noch gedruckt.

6. Allmählich nimmt die geistliche Literatur eine andere Gestalt an. Volksnahe, aufbauende *Zeitschriften* entstehen. Die erste dieser Art sind die «Annales Franciscaines», welche 1861 von Laurentius von Aosta († 1880) begründet werden. Sie werden nachgeahmt von den «Annali francescani», die in Mailand erscheinen und zahlreiche ähnliche Zeitschriften in den verschiedenen Ländern beeinflussen. Die letzten Jahrzehnte des letzten Jahrhunderts halten also nicht nur an der bisherigen geistlichen Tradition fest, sondern entwickeln sie weiter, entweder durch diese Zeitschriften oder durch neue Bücher, die ohne Unterlaß erscheinen, oder durch wissenschaftliche Studien zur franziskanischen Literaturgeschichte

und zur mystischen Theologie, vor allem in «Archivum Franciscanum», «Collectanea Franciscana», «Wissenschaft und Weisheit», «Franziskanische Studien» und anderen Zeitschriften.

1. Auch im deutschen Sprachraum gibt es eine Anzahl her- **136**
vorragender geistlicher Schriftsteller. So schreibt Bruder Heinrich († 1252) ein heute noch lesbares «*Büchlein von den göttlichen Wohltaten*» und David von Augsburg († 1272) viele Schriften über Spiritualität und Ordensleben. Von Lamprecht von Regensburgs († 1250) Dichtkunst zeugt dessen 4000 Verse zählendes deutsches mystisches Gedicht «*Die Tochter Sion*». Als Dichter erweist sich auch Konrad von Sachsen († 1279) mit seinem «*Ave Maria*». Otto von Passau († um 1386) ist der Verfasser eines Erbauungsbuches für Laien. Stephan Fridolin von Nürnberg († 1498) schreibt die Bücher «*Der geistliche Mai*», «*Der geistliche Herbst*» und «*Der Schatzbehälter*». Einer der hervorragendsten Schriftsteller aber ist Dietrich Coelde († 1515), der Verfasser des ältesten deutschen Katechismus («Der Christenspiegel»), der so populär wird, daß er über 30 Auflagen erlebt. Seine Bedeutung ist schon daran erkennbar, daß ein Verlag seinen Namen trägt.
2. Eine besondere Tradition bekommen die sogenannten «*geistlichen Übungen*». Der hl. Fidelis von Sigmaringen († 1622) schreibt ein solches Buch auf eigene Initiative schon als Novize. Von Amts wegen tut das der Tiroler Novizenmeister Maximilian Münchsmair von Deggendorf († 1670) mit seinem Buch «Die Rosenblüten und Tallilien», wie auch der Schweizer Provinzial Franz Sebastian von Beroldingen von Altdorf († 1698), der zu seinen «Geistlichen Übungen» auch noch mehr volkstümliche, fromme Betrachtungen zum Leben, zur Lehre und zum Leiden Christi schreibt. Ein bedeutender Schriftsteller ist Viktor Gelen von Trier († 1669), der langjährige Novizenmeister und dreimalige Provinzial der rheinisch-westfälischen Kapuziner. Seine «Praktische Zusammenfassung der mystischen Theologie» erlebt mehrere Auflagen.
Eigentlich bekannt wird aber vor allem der Schweizer Novizenmeister Johannes Chrysostomus Schenk († 1634) mit seinen «Geistlichen Übungen», die bis Ende letzten Jahrhun-

derts in lateinischer und deutscher Sprache immer wieder neu aufgelegt werden.

3. Eine andere franziskanische Tradition sind die Messerklärungen für das Volk. Schon vor dem Jahr 1500 wird die Messerklärung des Wilhelm von Gouda († um 1489) wenigstens sechzehnmal gedruckt. Die Messerklärung des Martin von Cochem († 1712) wird bis ins 20. Jahrhundert gelesen, zusammen mit anderen seiner insgesamt 70 Schriften, darunter 30 Gebetsbücher.

137 1. Zu diesen erbaulichen Schriften sind einige grundsätzliche Erwägungen nötig. Franziskus distanziert sich von vielem, was in Gesellschaft und Kirche selbstverständlich, normal und gültig ist. Er weiß um die Freiheit des Geistes. Trotzdem gibt er *Weisungen, Orientierungshilfen* nicht aus Gesetzesfreude, sondern um einen Energie- und Wertverschleiß zu verhindern. Die Regel, das Testament und seine anderen Schriften müssen darum geistlich gelesen werden. Ebenso haben auch die ersten Lebensbeschreibungen vorwiegend geistlichen Charakter. Sie wollen weniger historisch genau berichten als das Ereignis des Geistes bezeugen. Klara und ihre Schwestern, die ersten Brüder, alle, die Franziskus umgeben, Jakoba von Settesoli († 1239) und Kardinal Hugolin († 1228 als Papst Gregor IX.) bezeugen die Heiligkeit des Franziskus und leben seine Spiritualität. Sie erleben ihn so nahe, daß so etwas wie eine Verwandtschaft entsteht. Seine mystische Erfahrung schneidet ihn ja nicht von der Welt ab, sondern weist ihn immer neu in die Realität der Welt zurück. Sein Geist kann so nach und nach alle menschlichen Bereiche durchdringen. Er lebt nicht eine bestimmte Besonderheit, die etwas ausschließen würde. Er ist Aszet, Mystiker, Seelsorger, Künstler ... Aber er ist ein besonderer Aszet: Er flieht die Schöpfung nicht, obgleich sein Fasten in der Nachfolge Jesu in der Wüste maßlos ist. Er genießt sie, weil er eins ist mit dem Schöpfer. Er ist Mystiker auf seine Art, weniger in seinem Verstand, als in seinen *affektiv-emotionalen Kräften*. Denn nicht Ideen ergreifen ihn, sondern eine Person: der lebendige Christus am Kreuz und in der Eucharistie. Um besser hören zu können, zieht er sich gerne in die Einsamkeit zurück, in die stillen und unzugänglichen Höhlen des Subasio und des La Verna. Aber nicht so, daß er sich der Welt entfremdet. Franziskus ist Seelsorger, aber wiederum auf seine Art. Nicht Theorien, Programme und Systeme predigt er, sondern die Mitte der Heilsbotschaft. Er weist seinen Zuhörern den Weg zur Kenntnis, zur Kontemplation und zur Nachfolge Jesu, des Retters. In seiner Person vereinigt Franziskus alle Gegensätze: Wir finden sie in der Vielfalt, ja sogar im gegenseitigen Widerspruch seiner Jünger. Jeder franziskanische Heilige, jeder Schriftsteller, jeder Gläubige im Franziskusorden lebt etwas von den vielfältigen Aspekten des kleinen Armen von Assisi.

2. Für den mehr lehrhaften Aspekt dieser Spiritualität kann man eine Kurve zeichnen, die parallel zur Entwicklung der Spiritualität der übrigen Kirche verläuft. Allerdings mit Nuancen. Franziskus gibt der «*sequela Christi*» eine größere Bedeutung, der Nachfolge des Herrn, die sowohl Teilnahme an seinem Geheimnis (Menschwerdung, Leiden, Tod, Auferstehung, Herrlichkeit, Wiederkunft) ist als auch Nachahmung seines Beispiels. Christus gehört in die Mitte der franziskanischen Seele. Besondere Aufmerksamkeit gebührt seiner menschlichen Seite: Sein Leiden zieht mehr an als die Herrlichkeit, seine Eucharistie mehr als die abstrakte Kontemplation, seine Wirkgegenwart in der Kirche und den Menschen mehr als ein dogmatisches Gebäude.

3. Auch *Verfälschungen* gibt es, Formen, welche auf sich selbst zurückgeworfen sind. Vom 13. Jahrhundert an gibt es die rigoristische Armutsauffassung der Spiritualen. Gegen Ende des Mittelalters nimmt die Nachfolge Christi immer aszetischere Formen an, statt von der Süßigkeit und der Zärtlichkeit eines kontemplativen Lebens geprägt zu sein. Petrus von Alcantara († 1562) läßt die Lebensfreude der hl. Klara vergessen. Die Härte bezieht sich freilich immer nur auf sich selbst. Für die anderen kennt er immer wieder Nachlaß und Vergebung.

Die Franziskaner verurteilen leider immer auch andere Franziskaner, und zwar im Namen von Gedankengebäuden, von Systematisationen, die zwar orthodox und logisch, aber doch sehr weit entfernt von der Weite des Geistes sind, die in Franziskus greifbar ist. Es sind vor allem zwei Elemente, die dazu führen, daß die Spiritualität, die sich völlig auf Christus konzentriert, sich zu einer Spiritualität entwickelt, in der die Psychologie über den Geist siegt. Da ist zuerst das *Bedürfnis zu definieren*, zu ordnen, zu systematisieren — ein Bedürfnis der Schule und des Unterrichts. Um wieviel einfacher ist doch die spontane Liebe, die sich auf Christus stützt, die ganz und gar offen ist und sich eigentlich von selbst versteht. Mit jenen Unterscheidungen aber wird alles abgeschlossener, subjektiver und auf sich selbst zurückgebogen. Das zweite Element: Sobald der Franziskaner zu denken und zu unterrichten beginnt, wird er leicht *voluntaristisch*, d. h. dem Willen kommt eine übergeordnete Rolle zu. Die Gnade spielt, gewiß, aber der Wille sucht das Spiel der Gnade zu lenken. Man müßte über den Stellenwert des Willens bei den Franziskanerautoren eine eigene Studie schreiben, wenn man das oft Befremdliche der franziskanischen Aszese besser verstehen möchte. Die Aszese überschwemmt die Spiritualität vor allem in der Zeit der Gegenreformation. Sie stellt die Methoden in den Vordergrund: wie man beten, Buße tun, sich bessern kann. Der Blick wird so von Christus abgewendet.

138 1. Man darf nicht über franziskanische Spiritualität schreiben, ohne die Art und Weise zu berücksichtigen, mit der die Franziskaner im Lauf der Geschichte beten. Das *Gebet* ist ja ein bestimmendes Element des geistlichen Lebens. Auch hier müßte man eine Kurve zeichnen, die parallel zum Gebet der Kirche verläuft. So geht man in fast allen religiösen Gemeinschaften des 13. und 14. Jahrhunderts, wenn man von den eigentlich liturgischen Feiern absieht, von einer mehr privaten und unentfalteten Gebetspraxis über zu gemeinsamen Gebetsübungen. Franziskus, Leo, Rufin, Klara, Agnes verbringen Stunden in der Einsamkeit, in der Stille im Gespräch mit Gott, im Jubel vor Gott. Wenn man das Leben eines Klosters aus dem 15. Jahrhundert ansieht, so ist das ganz anders: Brüder und Schwestern kommen zu bestimmten Zeiten am Tag und in der Nacht zum Gebet zusammen. Sie bleiben eine oder zwei Stunden zusammen, allerdings in persönlicher Meditation und Kontemplation, im individuellen Gebet. Vom

17. Jahrhundert an geht diesen individuellen Übungen eine gemeinsame Lesung voraus, um die Gedanken und die Vorsätze je nach den liturgischen Zeiten (Advent, Fasten, Ostern ...) in eine bestimmte Richtung zu lenken. Das Gebet selbst ist rein innerlich. So sagen die Kapuzinerkonstitutionen von 1536 (Nr. 42): «Die Brüder sollen vor Augen haben, daß Beten nichts anderes ist als ein Gespräch des Herzens mit Gott. Wer also nur Worte sagt, betet nicht. Darum soll jeder das Herzensgebet pflegen und nach der Lehre Christi, des großen Meisters, den ewigen Vater im Geist und in der Wahrheit anbeten. Dabei soll die größere Sorge darauf verwendet werden, den Geist zu erhellen und die Gefühle zu entzünden, als Worte zu formulieren.» Man unterscheidet konsequent: Gebete bzw. *orare*, das Herzensgebet bzw. *meditare* und die mystische Kontemplation bzw. *contemplare*.

2. Der Gegenstand der gemeinsamen Gebetszeit und der Lesungen, die ihnen vorausgehen, sind an sich alle Geheimnisse des Glaubens. Doch gibt es eine Vorliebe, die auf Franziskus und Klara selbst zurückgeht: das Leiden Christi als Erlösungstat.

3. Die Meditationsmethode, die in der geistlichen Literatur, z. B. in den «geistlichen Übungen» des Johannes Chrysostomus Schenk († 1634) entwickelt wird, dürfte nicht ohne Bedeutung für heute sein. Wichtig ist bereits die Vorbereitungsphase, welche nicht nur für Gott als personales Gegenüber sensibilisieren will, sondern auch einen thematischen Akzent setzt. Wo Gott sich in seiner Selbstmitteilung zum Thema macht, darf Meditation nicht mehr gegenstandslos bleiben. Die eigentliche Meditationsmethode besteht dann in der Einübung der drei Seelenkräfte: zuerst dessen, was mit dem Wort «Gedächtnis» ausgesprochen ist: mit aller Phantasie und mit dem ganzen affektiv-emotionalen Bereich soll man sich eine biblische Szene vergegenwärtigen, sie sich einprägen. Zwei Worte bezeichnen diesen Vorgang, das deutsche Wort «Ein-Bildung»: Man soll mit (biblischen) Bildern leben, und das lateinische «Compositio loci»: Man soll sich mit einem biblischen Vorgang zusammenstellen als unmittelbar Betroffener und Beteiligter. Die zweite Kraft, die es in der Meditation einzuüben gilt, ist der Verstand. Man darf sich nicht

in einem Hochgefühl einnisten, sondern muß eine kritische Distanz einnehmen, analysieren, was geschieht oder gesagt wird, wer spricht oder handelt, wer gemeint ist ... Zur gewonnenen Einsicht muß dann als drittes der Bereich des Willens kommen, die Entscheidung und Verantwortung, die Zumutung und der Vorsatz. Aus Ein-Bildung, Analyse und Zumutung soll dann immer mehr der neue Mensch und wahre Christ heranwachsen.

4. Man darf nicht glauben, daß das Gebet der Franziskaner von Schmerz und Trauer erfüllt ist und in der Verborgenheit des Gebetsraumes eingesperrt bleibt. «Das franziskanische Ideal, eingetaucht in Licht und Freude, will das Gespräch des Herzens mit dem Schöpfer nicht im Geheimnis des Klosters oder der inneren Burg begraben: am hellichten Tag stirbt die Nachtigall, angesichts der Sonne» (D. Tardi). Für Leonhard von Porto-Maurizio († 1751) ist das Leben ein Kampf mit keiner anderen Freude als der Gnade. Gott sei Dank müßen nicht alle Heiligen unter diesem Mangel an Fröhlichkeit und Lachen leiden. Gott sei Dank gibt es unter ihnen, angefangen von Franziskus selbst, Narren Gottes, die nicht alle so dunkel und kämpferisch sind wie z. B. Jacopone von Todi († 1306), der aber zur gleichen Zärtlichkeit wie Franziskus fähig ist. Die franziskanische Spiritualität betet überall, zu jeder Zeit und auf jede mögliche Weise. Sie geht ein in den Gesang der Grille in den Einsiedeleien, aber auch in die ohrenbetäubenden Maschinen der Fabrik, in die Feierlichkeit einer Basilika und in das Kindergeschrei an einem Familientisch.

Trotz allem bleibt in der Nachfolge des hl. Franz die Einsamkeit, die Wüste, die Einsiedelei eine stete Versuchung der franziskanischen Seele. Ja, die ganze franziskanische Geschichte kann unter diesem Gesichtspunkt betrachtet werden. Reform bedeutet da meistens Rückkehr in die Einsiedeleien.

139 Zu den geistlichen Übungen, die schließlich zu einer Art militärischem Manöver führen, gehören die *Exerzitien*, d. h. die jährliche Zeit der Besinnung. Dabei handelt es sich weder um eine antike noch um eine mittelalterliche Überlieferung, sondern um eine relativ junge Erfindung. Sie findet zum erstenmal Erwähnung in einem franziskanischen Dokument von 1583, den Kapitelsakten von Toledo. Allerdings bleiben die Exerzitien da noch fakultativ. 1650 werden sie bei den Kapuzinern obligatorisch, und zwar jährlich oder wenn es der Obere verordnet. Sie dauern zehn Tage, weswegen sie «Übung der zehn Tage» heißen.

Jeder unterzieht sich selbst den Übungen in seinem eigenen Kloster und unter der Führung eines selbstgewählten Seelenführers. 1773 werden daraus gemeinsame Übungen. Zunächst werden Bücher benutzt, so «Die Übung der zehn Tage» (1635) von Joseph von Tremblay († 1638), «Die seraphische Einsamkeit» von Joseph von Dreux (1671) oder die weiter oben genannten Bücher. Die alten Franziskanerbibliotheken enthalten unzählige Handbücher solcher Art in den verschiedensten Sprachen. 1847 wird der Exerzitienleiter bei den Kapuzinern obligatorisch eingeführt.

Dieses Exerzitiensystem, das mehr als wahrscheinlich von Ignatius von Loyola († 1556) beeinflußt ist, entspricht dem Bedürfnis, sich selbst zu finden, der Aktivität die kontemplative Dimension zurückzugeben, den persönlichen Standpunkt zu überprüfen und im Alltag wieder ein intensiveres geistliches Leben leben zu können.

140

1. Franz von Assisi ist Dichter, nicht nur in seinem Sonnengesang, sondern auch in vielen anderen Worten und genialen Haltungen. Mit seinem «Spielleute Gottes sind wir» eröffnet er in Italien die »giulleria sacra», die fromme Narretei. Bruder Pazifik, der schon vor seinem Eintritt in den Orden ein gefeierter Dichter war, wird ganz bewußt in die franziskanische Sendung einbezogen.
Der Hang zu Dichtung und Kunst gehört darum zur franziskanischen Spiritualität. Zu Unrecht bevorzugt man die spekulativen Werke der mystischen Theologie gegenüber der religiösen Poesie. Gerade weil diese oft so einfach und volksnah ist, ist sie franziskanischer als jene.
2. Da gibt es in der italienischen Literatur die «*Lauda*», eine Abwandlung der lateinischen Segnung. Die Franziskaner sind maßgeblich an der Herausbildung dieser volksnahen Liedform beteiligt. Oft vermittelt sie uns eine franziskanische Seele, die sich vor Gott ausgießt, die Zärtlichkeit eines kontemplativen Herzens vor dem Kind in der Krippe, das Leiden am Tod Christi am Kreuz, den Jubel und die Freude am österlichen Geheimnis. Sie ist darum nicht nur ein Gedicht, sondern auch ein gefühlvolles Gebet.
3. Heute noch bekannte und geliebte *Kirchenlieder* entstammen, wenigstens in ihrer letzten Form, dem franziskanischen Milieu: Das Jacopone von Todi († 1306) zugeschriebene, wahrscheinlich aber von Johannes Pecham († 1292) stammende «Christi Mutter stand mit Schmerzen» («Stabat mater»), vertont von Palestrina, Pergolesi, Haydn, Rossini, Dvořák und Verdi; das großartige «Dies irae» von Thomas von Celano († 1260), vertont von Cherubini, Mozart, Berlioz und Verdi; das Lied «Nun bitten wir den Heiligen Geist um den rechten Glauben allermeist» von Berthold von Regensburg († 1272). Die beiden erstgenannten gehören zu einer großen Reihe von *Reimgedichten*, die der privaten Meditation dienen wollen. Thomas von Celano, Julian von Speier († 1250) und Johannes Pecham († 1292) verfassen viele ähnliche Gedichte

für die Liturgie, über Franziskus, Antonius von Padua, die Eucharistie, die Dreifaltigkeit. Lamprecht von Regensburg († 1250) übersetzt das Leben des hl. Franz ins Deutsche, in Rhythmus und Reim, und verfaßt einen Hymnus auf die «Tochter Sion».

4. Auch Bonaventuras († 1274) Genie drückt sich in Rhythmus und Reim aus. Viele seiner Gedichte sind nichts anderes als theologische Meditationen in den Formen von Hymnus und Gesang. Nachdem Dante († 1321) in seinem «Paradies» alle Bitterkeit des Ringens und alle Leiden seines Exils durchlitten hat, findet er seinen Frieden in einer großen und eindrücklichen Kontemplation, die von der Theologie des hl. Bonaventura inspiriert ist, und entscheidet sich für die göttliche Liebe, «welche Sonne und alle anderen Gestirne in Bewegung hält».

5. Jacopone von Todi († 1306) dichtet für seinen Gott ein mystisches Gedicht nach dem anderen, voll Sehnsucht, Leidenschaft und maßloser Liebe.

6. Als Prediger und Dichter sticht in Frankreich Johannes Tisserand († 1494) hervor. Mancher Prediger und mancher Schriftsteller aus dem franziskanischen Orden könnte in einer Anthologie geistlicher Gedichte Aufnahme finden. Der hl. Bernhardin von Siena († 1444), Petrus von Alcantara († 1572), der Generalminister der Kapuziner, Paul von Cesena († 1638) wären darunter. Martial von Brive († 1650) wird fast nur durch sein Buch «Seraphischer Gipfel der Dichtung» («Parnasse seraphique») bekannt, ein Werk, das dem Geschmack Frankreichs unter Ludwig XIII. entspricht. Die Gedichte seines flämischen Zeitgenossen, Lukas von Mecheln († 1652) werden oft gedruckt.

7. Thomas Murners († 1537) Satiren «Narrenbeschwörung» und «Schelmenzunft» sind von literargeschichtlicher Bedeutung. Prokop von Templin († 1680) schreibt seine tschechischen Werke «Maria-Hilf-Lobgesang» und «Herzensfreud und Seelentrost», Johannes Chrysostomus Schenk († 1634) seine Hymnen auf das Jesuskind, Moritz von Menzingen († 1713) die «Marianische Nachtigall», in der Maria nach Art der Mystiker besungen wird. Beeinflußt ist er von seinem Mitbruder Laurentius von Schnüffis († 1702), der vor seinem

Eintritt in den Orden Schauspieler in Wien und Innsbruck, dann Weltpriester war. Dessen «Myrantische Mayenpfeiff», «Myrantische Maul-Trommel» und andere Bücher gehören zum Bedeutendsten, was die religiöse Dichtung des Barocks hervorbringt. Ferdinand della Scala († 1906) bringt als Dramatiker die Helden Tirols auf die Bühne.

8. Auf einer Pilgerreise nach Assisi (1847) begreift der französische Professor Frederic Ozanam die geistliche Bedeutung der mittelalterlichen franziskanischen Poesie. Er vermittelt sie uns in seinem berühmten Buch «Italiens Franziskaner Dichter im 13. Jahrhundert» (Münster 1853). Damit gesellt er sich zu denen, die das Interesse an Franziskus und seinen Werken wachrufen. Gewiß von der Romantik geprägt, aber so entscheidend und stark, daß es bis in unsere Tage anhält.

9. Verschiedene Priesterterziaren, der Flame Guido Gezelle in Flandern († 1899), der Italiener Giacomo Zanella († 1888), der Franzose Louis Le Cardonnel und der Schweizer Heinrich Federer († 1928) führen die franziskanische Poesie weiter und verbinden höchste künstlerische Ausdruckskraft mit einem wahrhaft geistlichen Leben.

1. Auch andere Kunstrichtungen zählen zu den Ausdrucks- **141**
formen des geistlichen Lebens:

Die *Fresken* der Basilica San Francesco in Assisi beeinflussen die nachfolgende Kunst auf eine Weise, daß diese schlechtweg undenkbar wäre ohne jene. Da man sich nicht mehr so teure Mosaiken mit Goldgrund leisten kann wie in Ravenna, sucht man nach einem anderen Ausdrucksmittel. Die Armut und die Dekadenz der Kunst führen zur Freskomalerei. Aus dem gleichen Grund werden später die della Robbia die demütige Erde dem Marmor vorziehen. Cimabue, Giotto, Lorenzetti, Simone Martini und ihre Schüler, die größten Künstler der Zeit, werden durch Franziskus zu ihren Fresken in San Francesco inspiriert. Vor allen andern ist uns Giotto bekannt durch seinen vollständigen Bilderzyklus zum Leben des hl. Franz. Man sagt, er sei an sich ein bürgerlicher Mensch gewesen, der sehr wenig vom Ideal des hl. Franz verstanden habe. Wie kann man dann aber im Zusammenhang mit seinem Namen von Spiritualität sprechen? Leone Bracaloni formuliert eine Antwort, die nicht ohne Bedeutung ist, nicht nur für Giotto selbst, sondern für viele Künstler, die zwar Sympathie für Franziskus empfinden, aber wenig von seiner Mystik begreifen: «Wenn bestimmte Künstler, die weder Aszeten noch Mystiker sind, schöne und religiöse Kunstwerke hervorbringen, so deshalb, weil sie in einer Atmosphäre arbeiten, die von Religion gesättigt ist, besser gesagt, weil sie infolge glücklicher Umstände einer starken und mächtigen Inspiration gefolgt sind!» Ein Künstler muß also kein Mystiker sein, damit sein Werk ein echtes geistliches Zeugnis ist. Der Bilderrealismus Giottos entspricht dem einfachen franziskanischen Blick für die Dinge. Er zeugt von einem menschlichen Auge, das mit dem Licht des Glaubens erfüllt ist, von einem Blick, mit dem Franziskus die Menschen um sich herum anschaut. Giotto und seinesgleichen stellen Franziskus und die evangelische Spiritualität im Bereich des Alltäglichen dar.

2. Franziskus, «der zweite Christus», zwingt dem Künstler, der seine Legende malt, einen neuen Blick auf. Man *sieht* den vom Kreuz heruntergestiegenen Christus, wenn man die Wundmale auf dem Körper des hl. Franz sieht. Man kann Christus also nicht mehr wie bisher malen — in der Herrlichkeit, ohne Bezug zum Leiden wie in der byzantinischen Tradition. Man muß ihn realistisch darstellen, als Mensch unter Menschen, sterbend unter den Sterblichen.

Greccio seinerseits zwingt den Maler, die Krippe von Bethlehem anders zu malen. Franzens Zärtlichkeit für Maria führt zu einer marianischen Bilderwelt, die von Leidenschaft für die Menschwerdung Gottes erfüllt ist.

Ebenso wird im 15. Jahrhundert die Darstellung des hl. Bernhardin von Siena († 1444) das Bild des hl. Franz von Grund auf erneuern. Die Lebensgeschichte Bernhardins regt an wie vorher jene des hl. Franz. Viele Franziskusbilder tragen darum die Gesichtszüge Bernhardins. Als Beispiel diene das Franziskusbild von Lucca della Robbia († 1482) in Santa Maria degli Angeli in Assisi.

3. In den Reihen der Franziskaner gibt es keinen, der sich mit dem großen Dominikaner Fra Angelico († 1455) messen könnte, höchstens Fra Giacomo Torriti († 1295), der große Meister der Mosaikkunst, der im Auftrag von Nikolaus IV.

die Lateranbasilika und die Kirche Santa Maria Maggiore ausschmückt. Der größte Maler ist wohl Heinrich von Duderstadt, der 1424 in Göttingen ein eindrückliches Altarbild schafft.

4. Der Einfluß auf die Maler außerhalb des Ordens ist sehr groß. So entsteht die «Porträtreihe» des Malers Benozzo Gozzoli († 1498) in der Apsis der Franziskuskirche von Montefalco. Da begegnet man dem Generalminister Leonhard de Rossi von Giffone († 1378), den Gelehrten Duns Skotus († 1308), Franziskus Mayron († 1327), Petrus Johannes Olivi († 1298), Richard von Middletown († um 1300) und Matthäus von Aquasparta († 1302), dem Spiritualen Johannes von Parma († 1289) und seinem Gegner, der ihn in die Verbannung schickt, dem heiligen Bonaventura († 1274), den Franzosen Nikolaus von Lyra († 1340) und Bertrand von La Tour († 1332/33) und dem Minoriten aus Kreta, der als der umstrittene Papst Alexander V. Philarghi († 1410) in die Geschichte eingeht.

5. In der Gegenreformationszeit gibt es dann auch eine Anzahl Minderbrüder, die zum Pinsel greifen: Cosmas von Castelfranco († 1620 in Venedig) malt in Italien, Österreich, Deutschland und Böhmen. In den deutschen Sprachraum hinein wirkt auch der Kapuziner Bernardo Strozzi († 1644), der mit seinem Maltalent seine arme Mutter unterstützt.

Johannes von Ravezzano († 1655), ein Steinhauer, wird berühmt mit seiner «Kreuzabnahme» in den Celle von Cortona. Bruder Lukas, der französische Rekollekte, exportiert die große französische Malerei der Klassik nach Übersee, malt aber auch in seinem Kloster in Sezanne in der Champagne.

6. Unzählige Künstler nicht franziskanischer Herkunft führen weiter, was im 13. Jahrhundert begonnen wurde. Die mehr aszetisch orientierte Spiritualität der nachtridentinischen Zeit bringt jedoch eine strengere Bildauffassung hervor. Franziskus ist nicht mehr der freie und spontane Mann, der Menschen und Vögeln predigt, während ihn seine Gefährten umstehen, sondern der gequälte, schmerzerfüllte Stigmatisierte, der in einer dunklen Höhle einen Totenschädel streichelt. Die barocken Künstler vermitteln ein Franziskusbild, in dem nicht Lebensfreude, sondern Buße bestim-

mend ist. El Greco, Zurbaran, Le Caravage, Georges de la Tour und selbst Rembrandt malen Franziskus auf diese Weise, auch Rubens, der für die Rekollekten von Antwerpen, Gent und Köln, und Murillo, der für die Kapuziner von Sevilla arbeitet, mit denen er das Leben teilt.

7. Die Klassik liebt die *allegorischen* und *symbolischen* Darstellungen der Herrlichkeit, der Wachsamkeit, des Friedens, des Glaubens, der Hoffnung, der Liebe. Viele Werke der geistlichen Literatur sind mit solchen Darstellungen geschmückt. Auf der Titelseite oder am Rand des Textes stehen Persönlichkeiten, Szenen, Tiere, Blumen, die etwas vom behandelten Thema des Buches anschaulich machen wollen, Karl von Arenberg († 1669) führt die Porträtkunst weiter, die vor allem in Form von Stammbäumen der franziskanischen Familie gebräuchlich ist, verbindet sie aber mit solchen Symbolen, die zwar für seine Zeitgenossen noch verständlich sind, für uns heutige Menschen aber im Dunkeln bleiben.

8. Die Kunsttradition bleibt in den Klöstern lebendig: Bildhauer wie der selige Innozenz von Palermo, Ebenholzkünstler wie Fidelis von Scandiano († 1779), Maler wie Felix von Sambuca († 1805), ein Mitglied der römischen Akademie, finden bis in unsere Tage immer wieder Nachahmer. Man muß lange meditieren, wie Angela von Vöhringen († 1940), bevor man sich an ein Kunstwerk wagt. Deswegen ziehen sich die Begründer des Präraphaelismus in das alte Franziskanerkloster San Isidoro in Rom zurück, um unter der Leitung des Konvertiten Overbeck († 1869) zum Ideal eines Fra Angelico zurückzukehren.

142 1. Franziskus muß auch zu den *Sängern und Musikern* gezählt werden. Wenn er predigt, tut er es mehr in der Form des Liedes, wobei er oft auch noch in Tanzschritte fällt. Nach seiner Anweisung sollen die Brüder vor und nach der Predigt singen. Selbst in der Krankheit will er sich durch Musik trösten lassen.

2. In Deutschland wird ein aussätziger Minorit zur Legende, weil er die Fröhlichkeit nicht verliert, sondern die besten Lieder und Gedichte macht, die man überall aufgreift, singt und pfeift.

3. Die Franziskaner bringen große Musiktheoretiker und Komponisten hervor: Ludovico von Viadana († 1627), den begabten Kapellmeister an den Domen von Mantua, Modena und Fano; Marco Antonio Cesti († 1669), den führenden Vertreter der italienischen Oper und Komponisten des berühmten Werkes «Pomo d'oro»; Gianbattista Martini († 1784), den Lehrer von Joh. Chr. Bach und W. A. Mozart; Bohuslav Czernohorsky († 1742), der zur altböhmischen Meisterschule gehört und Lehrer bekannter Musiker ist (Tartini, Zach, Gluck, Seeger); in neuerer Zeit José Antonio von San Sebastian, der die baskische Volksmusik erforscht, Oratorien, Musik zu Puppenspielen, ein Streichquartett und verschiedene Klavierwerke komponiert und damit die Wertschätzung Maurice Ravels gewinnt. Franz Liszt († 1886) ist zwar nicht selbst Franziskaner, aber sehr stark durch Franziskus inspiriert. Von ihm wird über den Franziskaner Organisten aus dem Tirol, Petrus Singer († 1882), ein Wort überliefert: «Wenn ich der Paganini des Klaviers bin, so ist Pater Petrus der Liszt der Orgel.»

4. Wie sich das Talent des Komponisten mit dem franziskanischen Anliegen der Volksnähe verbinden kann, zeigt uns Claudian Ostern († 1772), der seit seinem Eintritt in den Franziskanerorden Edmund Pascha heißt. Wenn man das Gloria seiner slowakischen Weihnachtsmesse hört, glaubt man sich nach Greccio versetzt: Der lateinische Text wird immer wieder unterbrochen von muttersprachlichen Stimmen der Hirten, wodurch ein musikalisches Krippenspiel entsteht; die Verkündigung an die Hirten auf dem Feld, ihr Erschrecken und allmähliches Verstehen, ihr Aufbrechen, ihre Ankunft und schließlich ihre Huldigung des Kindes. Und das »Benediktus» derselben Messe tönt wie das Blöken der Schafe. Hinzu kommt, daß der Slowake in jeder Melodie seine Volkslieder, die traditionellen Musikinstrumente (Schalmei, Dudelsack, Jagdhorn ...) und seine eigene Gemütslage wiederfindet.

5. Man darf aber nicht vergessen, daß die religiöse Musik zu Zeiten des hl. Franz die viel einfacheren Formen des Chorals hat. Bruder Julian von Speier († 1250), der Autor und Komponist der Offizien der heiligen Franziskus und Antonius,

verharrt noch in der antiken Kirchentradition, für welche die sakrale Kunst Gebet und Kontemplation ist. Denn für Franziskus und Klara ist Liturgie nicht Leistung, sondern brüderliches Teilen der Fürbitte, des Lobes, der Meditation eines Geheimnisses.

143 1. In vielen Ländern und zu manchen Zeiten sind es gerade Franziskaner, die das Volk in der Muttersprache beten lehren, oft auch in Kurzformeln, die von dogmatischen Lehrgehalten genährt sind. So führen sie 1250 den Brauch ein, den »*Engel des Herrn*» zu beten und fügen dem *Ave Maria* die Bitte an: «Heilige Maria, Mutter Gottes, bitte für uns ...» Volksnahe Grußformeln, die bis heute in Gebrauch sind, gehen auf Franziskus selbst zurück, zum Beispiel: «Pace e Bene» («Friede und Heil») oder «Gelobt sei Jesus Christus». Volksfrömmigkeit und Spiritualität verbinden sich.
2. Die Franziskaner verachten die Formen der Volksfrömmigkeit nicht, aber sie orientieren sie immer wieder auf das Wesentliche hin. Durch Jesus, Maria und die anderen Heiligen sollen die Menschen mit Gott selbst in Berührung kommen. In diesem Sinn macht der heilige Bernhardin von Siena († 1444) die *Namen-Jesu-Andacht* populär: Die Abkürzung des Namens J. H. S. wird mit einem einprägsamen Inhalt versehen: Jesus, Heiland, Seligmacher. Die Andacht selber hat eine längere Tradition. Über Bonaventura († 1274) und Bernhard von Clairvaux († 1153) reicht sie auf Paulus selbst zurück. Durch Bernhardin von Siena († 1444) findet die Andacht eine rasche Verbreitung: Auf Anregung eines Franziskaners setzt Jeanne d'Arc († 1431), deren Mutter Franziskanerterziarin ist, den Namen Jesu auf ihr Banner und erhebt ihn zum Schlacht- und Siegesruf. Auf dem Scheiterhaufen in Rouen ist er ihr letztes Wort.
3. Der Christusfrömmigkeit lassen sich auch die *Geißelbruderschaften* zuordnen, die in Italien und Spanien entstehen. Einer ihrer Gründer, Paul von Chioggia († 1531) wird später Kapuziner.
4. Vor allem aber entwickelt sich die *Herz-Jesu-Verehrung* innerhalb der franziskanischen Familie. Angeregt wird sie bereits durch Antonius von Padua († 1231). Bonaventura greift

sie auf und denkt sie weiter. Bernhardin von Siena († 1444) bereichert sie mit seinen Gedanken und Einsichten, während Bernhard von Osimo († 1591) sie zum Hauptthema seines «Traktates über die Passion Christi» macht. Thomas von Bergamo, der Berater der bayrischen Fürsten († 1631 in Innsbruck), Joseph von Paris († 1638), Johannes von Sestola († 1646), Leander von Dijon († 1667), Augustin von Zamora († 1678), Dionys von Luxemburg († 1705) sind Herz-Jesu-Apostel in Deutschland, Frankreich und Spanien, noch bevor die Verehrung ihre endgültige liturgische Form bekommt, die sie dem hl. Johannes Eudes († 1680) und der hl. Margarita Alacoque († 1690) verdankt.

5. Auch der *Kreuzweg*, die Via Crucis, geht von Franziskanern aus, vor allem unter dem Einfluß derer, die an den Heiligen Stätten in Jerusalem leben und wirken. Seit den Kreuzzugzeiten betreuen sie die Pilger, die von allen Ländern nach Jerusalem kommen. Sie errichten am historischen Ort in Jerusalem, vom Ölgarten bis zum Kalvaria, Stationen, was dann bei Bernhardin Caimi, der sein Heimweh nach dem Heiligen Land nur so stillen kann, zur Idee führt, bei Franziskanerklöstern ein Miniatur-Jerusalem zu bauen. In Deutschland findet diese Frömmigkeitsform nicht zuletzt durch das Buch «Geystlich Strass» (1521) von Nikolaus Wankel Verbreitung. In Italien kommt es im 18. Jahrhundert zu heftigen Auseinandersetzungen mit den Jansenisten wegen der Praxis des Kreuzwegs, wie sie die Franziskaner Flaminius Annibaldi de Latera († 1813) und Irenäus Affo († 1797) mit Leidenschaft als wesentlichen Bestandteil des franziskanischen Erbes verteidigen. Am 27. Dezember 1750 errichtet der hl. Leonhard von Porto-Maurizio den Kreuzweg im Kolosseum in Rom, dessen Begehen heute zu einem Bestandteil der päpstlichen Karfreitagsliturgie gehört.

6. Andere Formen der franziskanischen Passionsfrömmigkeit finden ihren Ausdruck in den *Kreuzerhöhungsbruderschaften* des Hyazinth von Paris († 1650), in frommen Büchern, z. B. im «Kreuzesalphabet» der Klarissin Bonna von Marseille († 1652) oder in der «Passionsuhr» der seligen Angela von Acri († 1739).

7. Man müßte ein ganzes Buch schreiben über diesen Aspekt

der franziskanischen Spiritualität, die Volksfrömmigkeit, die immer neue Blüten treibt, um die aufmerksame Liebe auf Christus zu beziehen, auf seine Geburt, auf sein Leben, auf verschiedene Phasen in seinem Leiden, auf sein Sterben, auf seine Gegenwart in der Eucharistie.

144 1. Besondere Aufmerksamkeit gilt innerhalb der franziskanischen Tradition *Maria*. Mit Zärtlichkeit und Phantasie wird der theologische Gehalt in Formen der Volksfrömmigkeit umgegossen.
Schon Franziskus schlägt diesen Ton an im Marienheiligtum von Portiuncula und in Greccio. Maria wird in ihren Beziehungen zum dreifaltigen Gott und in ihrer Heilssendung gegenüber den Menschen gesehen. Franz schenkt ihr seine Verwunderung und sein Vertrauen. Von da an nimmt diese Liebe im ganzen Verlauf der franziskanischen Geschichte nie ab.
2. Schon die frühen Franziskanertheologen, Alexander von Hales († 1245), Bonaventura († 1274) und Duns Skotus († 1308), sind große Marienverehrer. Der letztgenannte wird dadurch bekannt, daß er die lange und leidenschaftliche theologische Diskussion eröffnet, die dann 1854 zum Dogma von der Unbefleckten Empfängnis führt. Der Franziskanerorden wartet aber nicht auf diesen Zeitpunkt, um die zärtliche Bewunderung dieses marianischen Geheimnisses auszudrücken. Der Franziskanerpapst Sixtus IV. († 1484) verbietet in seinen Bullen von 1482 und 1484, die theologischen Thesen zugunsten der Unbefleckten Empfängnis zu bestreiten. Das Konzil von Trient hält unter dem Einfluß des Franziskanerkardinals Ludwig Carvajal († nach 1548) Maria aus dem Dekret über die Erbsünde heraus. In der Liturgie wird die Feier der Unbefleckten Empfängnis Brauch. Die päpstlichen Autoritäten und während des ganzen 17. Jahrhunderts auch die franziskanischen Autoren (zum Beispiel Laurentius von Brindisi [† 1619]) ermuntern dazu, in der privaten Frömmigkeit und in der Liturgie die unbefleckt Empfangene zu verehren. Das Generalkapitel der Observanten von Segovia unterstützt sogar das «Blutgelübde», durch das man sich verpflichtet, wenn nötig in der Verteidigung der Unbefleckten das Leben zu lassen.

Weniger kämpferisch sind die vielen Bruderschaften, welche Brüder aus dem Franziskanerorden gründen und überall eine gutdurchdachte und brennende Marienfrömmigkeit verbreiten.

3. Im franziskanischen Garten wachsen immer neue *Rosenkränze* und *marianische Litaneien*. So der «Siebenfreudenrosenkranz», der vor allem durch den hl. Johannes von Capestrano († 1456) verbreitet wird, der «Himmlische Hof» der hl. Luitgard von Wittichen († 1348), der in 34 × 1000 «Vater unser», «Ave Maria» und «Ehre sei dem Vater» besteht und alle Heiligen und himmlischen Kräfte anruft, die 12 × 3 Lobrufe, die auf Marius von Mercato Saraceno († 1581) und Hieronymus von Pistoja († 1570) zurückgehen. 1770 beginnt der Flame Athanas von Megen mit seinem «Rosenkranz von der Unbefleckten Empfängnis», der 1848 durch den Italiener Bonaventura von Ferrara aufgenommen und verbreitet wird. Johannes Baptist von Monza († 1631) errichtet an den Hängen eines Hügels bei Varese fünfzehn Gebetshäuser, um beim Hinaufgehen den Rosenkranz zu meditieren. Diese Art von Wallfahrten, die auf die franziskanische Marienfrömmigkeit zurückgehen, ist so groß, daß man unmöglich alles aufzählen kann. Nahezu jede italienische Stadt, jede Gegend in Spanien, viele Städte und Dörfer in Polen, Frankreich, Bayern, überall in Europa, wo ein Franziskanerkloster steht, gibt es bis heute mehr oder weniger lebendige Marienwallfahrtsorte. Unter dem Einfluß von Antonius Maria von Lavaur († 1907) entsteht 1863 die tägliche Lichterprozession in Lourdes.

4. Eine andere Form der Marienfrömmigkeit entsteht in Spanien: die Verehrung der Mutter des guten Hirten, die Divina Pastora, die göttliche Hirtin. Isidor von Sevilla († 1750) entzündet in Wort und Schrift das Feuer, Salvator Joachim von Sevilla († 1830) ergreift es und verbreitet es in allen spanisch sprechenden Ländern.

5. Ignatius von Carnago († 1650), der Missionar im Kanton Graubünden, führt das Gelübde ein, sich in den Dienst Marias zu stellen. In Österreich beginnt Laurentius von Schnüffis († 1705) mit dem Brauch des Marienmonats Mai, der durch Benjamin Szymanski von Warschau († 1668) in Polen Verbreitung findet.

6. Keine Form der Marienfrömmigkeit, keine These der marianischen Spiritualität ist dem Franziskanerorden fremd, was alles seine Auswirkung auf die Volksfrömmigkeit hat. Mit der Erlaubnis Pius X., die Messe zu Ehren Marias, der Königin des Minderbrüderordens, zu feiern (8. 11. 1910), wird eine lange und fruchtbare geistliche Tradition gekrönt. Der selige Maximilian Kolbe († 1944) und sein marianisches Werk gehören in diesen Kontext.

145

1. Von Anfang an gehört die *Predigt* zum Wesen des Franziskanerordens. Viele dieser Predigten sind erhalten. Nachdem sie in der Muttersprache gehalten worden sind, werden sie oft lateinisch niedergeschrieben. Die Predigten aber, deren volkssprachliche Fassung uns bekannt ist — umbrisch, provenzalisch, niederländisch oder niederdeutsch — stehen dem franziskanischen Geist, der Einfachheit und Armut näher. Zudem will der Minderbruder Mensch für alle sein. Seine Herkunft ist nicht eine bestimmte soziale Schicht. Deshalb spricht er die Sprache, welche die Leute verstehen: Zum Bauer spricht er bäurisch und zum Städter städtisch. Für Antonius von Padua († 1231), der, wie man berichtet, bis zu 30000 Zuhörer versammelt, ist die Kultur das Kleid, das das Wort Gottes für die Städter anzieht. In diesem Sinn predigt er in den Städten Frankreichs und Italiens. Agnello von Pisa († 1236) tut es an der Universität von Oxford, David von Augsburg († 1272) in Deutschland ebenso wie Berthold von Regensburg († 1272), dessen Bedeutung für die deutsche Sprache unschätzbar groß ist. Die Legenden und Chroniken berichten, wie Prediger, die ebenso beliebt, ebenso berühmt und ebenso anerkannt sind, wieder ihren Platz unter den einfachen Brüdern einnehmen oder, sobald sie ihre Predigt beendet haben, in der Masse verschwinden, zu der sie eben gesprochen haben. So sehr die Predigt eine Kunst mit eigenständigen Regeln ist, eine besondere Wissenschaft — für den Bruder des hl. Franz ist sie zuerst ein geistliches Geschehen und weniger wichtig als das demütige Leben in Armut und das evangelische Zeugnis, das darin zum Ausdruck kommt. Das Leben ist zugänglicher als hohe Gedankenflüge, die nur wenigen Intellektuellen vorbehalten bleiben.

2. Im 15. Jahrhundert spielt das öffentliche Wort in politischer, sozialer und religiöser Hinsicht eine immer wichtigere Rolle. Die Buchdruckerei, die diese Funktion übernehmen wird, ist noch nicht erfunden. Die Prediger aus dem Minderbrüderorden gehören zu den bedeutendsten, am meisten ge-

hörten, gelesenen und nachgeahmten. Sie stellen den Weltpriestern und Predigern aus anderen religiösen Gemeinschaften Themen, Erzählstoffe, ja ganze Predigten zur Verfügung. So Johannes von La Rochelle († 1285) und Landulphus Carracciolo von Neapel († 1351). Das berühmteste Beispiel ist das «Schlafe sicher» des Johannes von Werden († 1437), ein Predigtwerk, das innerhalb eines einzigen Jahrhunderts 89 Ausgaben erreicht.

Am Ende dieses 15. Jahrhunderts kennt jedes Land Bußprediger. Die Zeit ist hart: Hungersnot, Krieg und Pest überall in Europa. So wendet man sich an Christus am Kreuz sowie an die Schmerzensmutter Maria und findet in dieser Begegnung ein neues Leben in Buße. Die Franziskaner, die dieses Thema aufgreifen, sind gleichzeitig hochgelehrte und heilige Männer: Markus von Bologna († 1479) und Angelus von Chivasso († 1495) in Italien, Jan Brugmann († 1473) in den Niederlanden, Johannes Kannemann († nach 1470) in Niedersachsen, Dietrich Coelde († 1515), dessen Ruf ganz Deutschland und die Niederlande erfüllt, Olivier Maillard († 1502) in Frankreich und viele andere. Der selige Albert von Sarteano († 1450), der auch in diplomatischen Diensten steht, das Konzil von 1439 verantwortlich mitgestaltet und verschiedentlich Botschafter bei den Patriarchen im Orient ist, erhält sogar den Titel «König der Prediger». Der hl. Jakob von der Mark († 1476) predigt überall zwischen Schweden und Neapel, eingesetzt vom Papst gegen die Häresien, die in ganz Mitteleuropa aufkommen und den Protestantismus ankündigen.

3. Ein anderer Adressat der Prediger aus dem Franziskanerorden sind die geschlossenen Klöster, die religiösen Gemeinschaften, die in dieser Zeit immer wieder moralischen Halt und innere Reform brauchen. Dieser Aufgabe widmet sich u. a. Stephan Fridolin in Nürnberg († 1498). Diese Art Seelsorge steht bei den Kapuzinern in Frankreich noch im 17. Jahrhundert im Zentrum. Da ist Pazifik von Souzy († 1625), der erste Seelenführer der Madame Acarie, der Gründerin des Karmels in Frankreich, Archangelus von Pembroke († 1632), der zu den Begründern der Reform von Port-Royal gehört, Joseph von Tremblay von Paris († 1638), der die Benediktinerinnen-Reform von Kalvaria begründet.

4. Anders, aber nicht weniger wichtig ist die Predigt, die sich an die Laien richtet, besonders auch an die Politiker und Soldaten. Der hl. Petrus von Alcantara († 1562) erklärt dem Grafen von Oropessa, worin diese Aufgabe besteht: «Ihre Exzellenz, seien Sie nicht traurig! Es gibt im Grunde ein sehr einfaches Heilmittel. Beginnen wir, Sie und ich, so zu sein, wie wir sein sollen. Dann werden wir das Übel an der Wurzel angepackt haben, wenigstens was uns selbst betrifft. Jeder möge gleicherweise handeln. So wird die Erneuerung der Sitten genügend Wirkung haben. Das Übel besteht eben darin, daß jeder davon spricht, daß die andern sich erneuern müßten, niemand aber daran denkt, daß er selbst der Erneuerung bedarf.» In diesem Wort kommt die Geisteshaltung der franziskanischen Prediger sehr gut zum Ausdruck.
5. Die ersten Kapuziner sind zunächst fixiert auf ein mehr aszetisch-mystisches Ideal. Aber in den Konstitutionen von 1536 finden sie zu einem gesunden Gleichgewicht zurück. Unter dem Einfluß von Bernhardin von Asti († 1557) geben sie der Predigt ihr ganzes Gewicht zurück. Gleichzeitig bekommt diese jedoch eine neue Zielrichtung: Sie wird zur Opposition gegen die Protestanten. Doch geht es nicht bloß um theologische Kontroverse und um polemische Argumentation, sondern auch um gelebtes Beispiel. Beweis dafür ist der Franziskaner Johannes Wild († 1554), der während fünfzehn Jahren Prediger an der Kathedrale von Mainz ist und zu seiner Zeit als der bedeutendste Kanzelredner Deutschlands gilt. Er predigt mit Wissenschaft, Geistesgegenwart und Noblesse, aber auch in völliger Freiheit gegenüber dem Kurfürsten, der ihm Schutz und Lohn verspricht. Wie 1532 der lutherische Fürst Albert von Brandenburg die Stadt erobert, steht Johannes Wild für das Recht ein. Als einzig übriggebliebener katholischer Priester in Mainz erreicht er, allein durch sein überzeugendes Leben, daß die Kathedrale vor Feuer und Plünderung bewahrt wird.
Nicht alle Franziskaner sind so weise und seelenstark. Doch darf man allgemein sagen, daß sie meistens ähnlich vorgehen: Man leistet Widerstand, zieht die anderen vielleicht ins Lächerliche, nie aber greift man zum Mittel der Beleidigung und Verachtung. Ein Beispiel dafür ist der Vikar der Oberdeut-

schen Provinz, Kaspar Schatzgayer († 1527). Er sagt von sich: «Lange Zeit war ich verwirrt, weil der Teufel durch die lutherische Sekte so viele Seelen in die Hölle stürzt. Jetzt aber sehe ich darin ein Zeichen, das mir Freude macht. Ich bin gezwungen, das Wort des hl. Augustin als wahr zu bekennen: Gott ist so gut und so mächtig, daß nichts passiert, aus dem er nicht Gutes machen könnte.» Im gleichen Geist schreibt ein Prager Provinzial im 17. Jahrhundert: »Die Brüder müssen die Nichtkatholiken mit freundlichen Worten an sich ziehen, sowohl in der öffentlichen Predigt wie im privaten Gespräch. Aggressives Reden bringt nichts Gutes. Eine sanfte und anmutige Art, verbunden mit einem soliden Lehrgehalt, das ist es, was die Minderen Brüder üben und pflegen sollten.» Lukas Baglion, der 1562 «Die Kunst der Predigt» («Arte del predicare») veröffentlicht, ähnlich wie vorher schon Nikolaus Herborn (1535) seine «Predigtmethode» («Methodus praedicandi»), beherzigt diesen Grundsatz jedoch erst nach einer schmerzlichen Erfahrung. Zuerst polemisiert er, bis das Maß voll ist und ihn ein Protestant aus Rache mit einem Gewehrschuß verwundet. Von da an begnügt er sich mit der einfachen Darlegung der gesunden Lehre. Wenn es Irrtum zurückzuweisen gilt, nennt er nie mehr die Namen derer, welche die Lehre vertreten oder bekennen. Mit der Zeit kommt man immer mehr zu ihm, wenn es Zweifel und Probleme zu klären gilt.

6. In den katholisch gebliebenen Gebieten findet man zu neuen Predigtformen. Man will nicht nur den Glauben erhalten, sondern auch zur Anbetung Gottes, zu Frömmigkeit und Gebet hinführen. Joseph von Ferno († 1556) hält 1536 in Mailand das erste «*Vierzigstündige Gebet*», eine eucharistisch orientierte Meditationspraxis, welche die Predigtreihen begleiten soll. Sie wird nahezu in ganz Europa wirksam und ist bis in unsere Tage in einigen Gebieten Brauch.

7. Im 17. u. 18. Jahrhundert vermehren sich die *Pfarreimissionen* sprunghaft in Stadt und Land. Selbstverständlich stehen die Franziskaner nicht allein in dieser Aufgabe. Die alten Orden, Dominikaner, Augustiner, aber auch neue Priestergesellschaften, Jesuiten, Oratorianer, Missions- und andere Ordenspriester wetteifern miteinander. Die Prediger aus den

drei Zweigen des Franziskusordens verbreiten in Wort und Schrift die Kunst des Meditierens unter dem Volk. Das religiöse Empfinden wird geschult, Formen gemeinschaftlicher Frömmigkeit werden entwickelt, Drittordensgemeinschaften oder Bruderschaften, die sich dem Gebet und der Caritas widmen, gegründet. Bonaventura von Oldenzaal († 1653) gilt in den Niederlanden als Apostel des Friedens und der Versöhnung. Die Franzosen Nikolaus von Dijon († 1694) und Honorat von Cannes († 1694) wollen nicht nur Moral predigen, sondern ein echtes geistliches Leben vermitteln. Dieses Ziel verfolgt in seinen Schriften, die der Predigerausbildung dienen sollen, Albert Felix von Paris († 1727), so in seinem Buch «Die rechte Art, nach dem Geist des Evangeliums zu predigen» («La Véritable Manière de prêcher selon l'esprit de L'Evangile», 1691). Mehr Aufmerksamkeit auf die Probleme und inneren Bedürfnisse der Zuhörer als auf heilige Beredsamkeit und auf Gründung von Predigerschulen verwenden Rudolf Gasser von Schwyz († 1709), Ildefons Bressanvido († 1777) und Martin von Cochem († 1712). Sie bleiben nicht beim abstrakten Dogma, sondern kommen immer zum konkreten geistlichen Leben.
Wenn die Franziskaner über das Leiden Christi predigen, bringen sie die Zuhörer oft zum Weinen. Wie schon Franziskus rühren sie an das Herz. Wenn sie von ihrer Mission in die Klöster zurückkehren, lassen sie ein paar fromme Bücher zurück, wahrscheinlich eine neue Bruderschaft, sicher aber eine große Zahl von neuen Drittordensmitgliedern, welche zusammen mit dem Klerus den während der Mission entzündeten neuen Eifer erhalten und weiterpflegen.
8. Die Franziskaner halten auch Einkehrtage für Soldaten. In Spanien hämmert der selige Diego Joseph von Cadix († 1801) den Rekruten das Armeereglement ein, als wäre es eine Ordensregel.
9. Wichtiger aber als die Predigt ist das Zeugnis der Brüder. Der hl. Leonhard von Porto-Mauritio († 1751) lehrt die Adeligen, mit ihren Bauern und ihren Hausangestellten gerecht umzugehen. Dabei zeigt er ein außerordentliches pädagogisches Geschick. Ohne sie zu demütigen, zeigt er ihnen die Pflichten auf, geht ihnen voran, begibt sich selbst auf die Ebe-

ne der Schwächsten. Seine drei Hauptworte: das Übel bekämpfen, Einsicht und Verstand fördern, die Herzen trösten.
10. Der hl. Theophil von Corte († 1740), der selige Thomas von Cori († 1729) und Leopold von Gaichi († 1815) können zwar nicht die neuen Ideen verhindern, die sich in ganz Italien als «Philosophie» ausgeben. Ihrer Predigt ist es jedoch zu verdanken, wenn die Halbinsel von den Schrecken der französischen Revolution verschont bleibt. Zu ihnen gesellen sich vor allem Männer des Gebetes, wie der hl. Angelus von Acri († 1739), Männer der Buße wie der hl. Johannes Joseph vom Kreuz († 1734), Friedensstifter wie der selige Bonaventura von Potenza († 1711) oder Pazifik von San Severino († 1721).
11. Im 19. Jahrhundert erhebt sich die Kirche wieder neu aus den Ruinen, die sich durch die jakobinische Revolution und durch das Kaiserreich Napoleons aufgetürmt haben. Der Franziskusorden reorganisiert sich. Seine Spiritualität bleibt lebendig und läßt sich nicht durch innerweltliche Gesetzmäßigkeiten aus der Welt verdrängen. Neue Predigttypen und Verkündigungsformen entstehen. Zwar gibt es keine großen Namen. Aber in vielen Ländern verlangt das Volk in Stadt und Land danach, seinen Glauben zu verlebendigen. Nicht zuletzt kommen auch Franziskaner diesem Bedürfnis entgegen. Sobald es die staatlichen Gesetze wieder erlauben, finden sie sich zusammen, suchen Kontakt mit neuen Priestergemeinschaften (in Frankreich sind es die «Pères de la Foi» und die «Mission de France»), um die Volksmissionen zu organisieren oder priesterlose Pfarreien zu übernehmen. So sind die Söhne des hl. Franz bald wieder populär: Augustin von Montefeltro († 1891) in Italien, Antonius Maria von Lavaur († 1907), der «Heilige von Toulouse» in Frankreich. Jeder Minorit, Observant oder Kapuziner gilt von nun an vorwiegend als Prediger, als «Demosthenes des Volkes». Ihr Beitrag zur Volksfrömmigkeit ist immens. Es gibt gedruckte und handschriftliche Predigten aus der 2. Hälfte des 19. Jahrhunderts in Hülle und Fülle.
12. Dieser Einfluß auf die Volksfrömmigkeit wird verstärkt durch andere Apostolatsformen, vor allem durch die mündliche und briefliche Seelenführung, durch das Telefon und in unseren Tagen durch Rundfunk und Fernsehen. Nach dem 2.

Weltkrieg schlagen in Italien Mariano von Turin († 1972) und im deutschen Sprachraum Heinrich Suso Braun († 1977) während Jahrzehnten die Hörer in ihren Bann.
So ist die Verkündigung des Evangeliums, sei es von der Kanzel herunter oder in verschiedenen Massenmedien, ein ständiges Anliegen der franziskanischen Spiritualität und ein wesentliches Element, das eine Gemeinschaft oder ein Mitglied der franziskanischen Familie als Ideal anstrebt.
Die Verkündigung in den traditionellen Ländern des Christentums ist ein franziskanischer Imperativ.

1. Die Verkündigung beschränkt sich aber nicht auf jene, die 146
in der Nähe sind, in der Umgebung von Rom, Assisi, London, Paris, Barcelona oder München. Ebenso drängend lebt im Franziskaner das Bedürfnis, den Menschen, die außerhalb der Tradition und des Einflußbereiches des Christentums leben, die frohe Botschaft zu bringen. Franziskus fühlt sich innerlich gedrängt, das Evangelium in ferne Länder zu bringen. Als erster Ordensgründer nimmt er ein Kapitel über die Missionen in die Ordensregel auf.
2. So ist es verständlich, daß der Franziskusorden schon im 13. Jahrhundert von missionarischem Geist erfüllt ist. Man bringt das Evangelium oder mindestens das Zeugnis eines evangelischen Lebens zu den islamischen Völkern. Man arbeitet für die Wiedervereinigung der lateinischen mit der griechischen Kirche. Man hilft den Ritterorden, in Einheit und Frieden statt in Rivalität und Zwietracht zu arbeiten. Man wirkt auf die Fürsten und militärischen Führer ein, daß sie vor allem durch eine einheitliche Führung den ursprünglichen Sinn der Kreuzzüge bewahren und von kleinlichen Eroberungszügen absehen.
Die Anfänge der franziskanischen *Missionstätigkeit* sind noch eng mit den Kreuzzügen verbunden. Aber bald werden die Minderbrüder dem Beispiel des hl. Franziskus folgen und sich von der Kreuzzugsmentalität lösen. Enttäuscht durch den fehlgeleiteten Geist der Kreuzzüge und durch deren ständige Mißerfolge, geben sie die Kreuzzugsidee auf und wenden sich einer rein geistlichen Eroberung zu. Sie wollen die Menschen bekehren. Statt Tausende von Muselmanen in die

Hölle zu schicken und die Kreuzfahrer einem unsittlichen Lebenswandel zu überlassen, wollen sie aus beiden gute Christen machen. So einfach ist dieses Denken und so naiv, daß man meinen könnte, es stamme von Franziskus selber. Die Theoretiker der Wiedergewinnung des Heiligen Landes greifen dieses Denken auf und führen es weiter.

3. Maßgebend vor allem ist der selige Raymond Lull († 1315), der Philosoph, Theologe, Sprachforscher, Mystiker und Gründer eines Instituts in Miramar auf den Balearen, an dem die Missionare geschult werden sollen. 1319 wird er in Bougie (Tunesien) gesteinigt, aber von zwei Genuesen gerettet und in seine Heimat nach Palma di Mallorca gebracht, wo er dann stirbt. Seine letzten Worte haben etwas Prophetisches an sich: «Jenseits des Meeres, das von England bis Spanien reicht, gibt es ein Land, das wir nicht sehen und das von Jesus Christus nichts weiß.» Fast zwei Jahrhunderte vor Christoph Columbus († 1506) denkt Raymund Lull († 1315/16) an die Verkündigung des Evangeliums in Amerika ...

4. Franziskus spricht in seiner Regel von den Brüdern, «die unter die Sarazenen oder andere Ungläubige» gehen wollen. Seine missionarische Spiritualität umfaßt also die ganze Erde. Die ersten Missionare Chinas sind Franziskaner. Auf dem Konzil von Lyon (1245) kommen Innozenz IV. und der französische König Ludwig IX. auf die Idee, sich mit dem Kaiser von China zu verbünden, um weitere Invasionen der Tataren und des Islams zu verhindern. So schicken sie den Franziskaner Johannes von Piandi Carpine († 1250) auf diplomatische Mission. Er zählt zwar schon 63 Jahre, hat sich aber vorher durch seine Verhandlungen mit den orientalischen Fürsten und Prälaten und durch die Einpflanzung des Ordens in Deutschland, Polen und Skandinavien empfohlen. Nach einer einjährigen Reise kommt er zum Thron des Groß-Khans Kuyuk, dem er den Protest der christlichen Bevölkerung gegen die Gewalttätigkeiten der einfallenden Tataren in Osteuropa überbringt. Es bleibt jedoch nicht bei einem bloß diplomatischen Akt. Bruder Johannes ist Minderbruder und als solcher vom evangelischen Geist des Franziskus erfüllt und von einer Spiritualität, die den Frieden und die Verkündigung des Wortes Gottes will. Die Briefe, die er zurückbringt, sind

zwar wenig ermutigend. Aber er bringt gleichzeitig eine Fülle von geographischen, linguistischen, ethnographischen und religiösen Kenntnissen mit, die es erlauben, neue Reisen zu organisieren, die missionarischer ausgerichtet sind, nämlich jene des Dominikaners Andreas von Longjumeau († 1270) oder der Franziskaner Wilhelm Rubruck († um 1270) und Bartholomäus von Cremona im Jahre 1252. Am Ende des 13. Jahrhunderts (1291) schließlich feiert der Franziskaner Johannes von Montecorvino († 1328) als Bischof am Hof Pekings auf chinesisch die Messe. Er erklärt den Kindern die Liturgie, verfaßt 32 Hymnen auf chinesisch, deutet die Bibel anhand von Bildern und baut Kirchen mit Kirchenglocken. All das sind Zeichen eines beginnenden Christentums. Andere Franziskaner kommen und bleiben mehr oder weniger lang: z. B. der gelehrte und vielsprachige Florentiner Johannes von Marignolli († 1358) als Gesandter Benedikts XII. am Hof des Kaisers Choum Ti (1339). Auf seiner Rückreise besucht er während elf Jahren Indien, Mesopotamien und Palästina. Die Einrichtungen, die er und andere, auch Dominikaner, in China hinterlassen, scheinen von Dauer zu sein. 1371 schickt Papst Urban VI. Wilhelm von Prato mit sechzig Brüdern nach China. Man hofft, auf diese Weise die chinesiche Kirche endgültig zu stabilisieren und sogar weiter auszubreiten. Inzwischen hat sich jedoch die politische Lage verändert. Weder in Rom noch anderswo vernimmt man je einmal wieder etwas von diesem bedeutenden Kontingent von Missionaren. Die Revolution fegt alles hinweg.

So ersticken zu Beginn des 15. Jahrhunderts die vielversprechenden Hoffnungen einer chinesischen Kirche. Die Arbeit, welche die Franziskaner und Dominikaner in Indien, Tibet und in der Mongolei leisten, bleibt nicht ohne Nachwirkungen. Zweieinhalb Jahrhunderte später finden die Jesuiten Traditionen vor, die auf diese mittelalterlichen Christianisierungsversuche zurückgehen.

5. Andere missionarische Horizonte eröffnen sich, als die Genuesen, Spanier und Portugiesen neue Länder entdecken. Auf jeder Insel und an jeder Küste, die entdeckt werden, bleiben zwei oder drei Franziskaner zurück, sowohl als geistliche Begleiter der neuen Kolonialherren als auch als Beschützer

und zukünftige Glaubensboten der Eingeborenen. In Madera, auf den Azoren, auf Cap Verde, an der Küste von Guinea sieht man Franziskaner als Verkünder des Evangeliums. Bald darauf kommen sie auch mit den Schiffen des Christoph Columbus († 1506). Ihre Selbstlosigkeit, ihre Liebe für die eingeborene Bevölkerung und ihre Armut, ihre Kraft gegen die Laster der Kolonialherren anzugehen, entspringen dem franziskanischen Geist. Johannes von Zumarraga († 1548), der erste Bischof von Mexiko, bekommt den Titel «Vater der Indianer». Im gleichen Land wirkt der Laienbruder Petrus von Gent († 1562). Er versteht es, «während seiner vierzigjährigen Tätigkeit in Mexiko das Volk so an sich zu fesseln, daß der zweite Erzbischof des Landes zu sagen pflegte: Nicht ich bin der Erzbischof, sondern der Laienbruder Petrus von Gent. Trotz der Aufforderung des Papstes, des Kaisers und des Ordensgenerals lehnte er beharrlich den Empfang der Priesterweihe ab und begnügte sich, den Kindern im Lesen und Schreiben, in Musik und Handwerk Unterricht zu geben, Hunderte von Kirchen und Schulen zu bauen und die Eingeborenen zum Empfang der heiligen Sakramente vorzubereiten. Nur wenn keine Priester zur Hand waren, predigte er selbst, zur großen Freude seiner Pflegebefohlenen, die seine Hingabe mit rührender Liebe vergalten. Noch lange nach seinem Tod lebte sein Andenken fort, und fast in jedem Dorf fand sich ein Bild vom lieben Bruder, der ein so warmes Herz für die Unglücklichen, Bedrängten gehabt» (H. Holzapfel). Bernhardin von Sahagun († 1590) übersetzt das Neue Testament ins Aztekische, Johannes von Torquemada († 1624) schreibt eine «Geschichte der indianischen Monarchie» und Toribius Motolinia († 1565) eine «Geschichte der Indianer». Die ersten Nachrichten, die wir über die amerikanischen Indianer haben, über ihre Geschichte, ihre Sprache, ihre Kultur, ihren Glauben, haben wir von diesen Franziskanermissionaren. Ihre Forschungen sollen die Türe öffnen, durch die das Evangelium Eingang ins Herz der Indianer finden kann. Der hl. Franz Solan († 1610), der Glaubensbote von Rio de la Plata und Peru, kennt in seinem Leben nur ein Ziel: die Ehre Gottes und das Heil der Indianer. Seine Mittel: Kontemplation und Arbeit, ergänzt durch freiwillige Bußwerke. Er holt

sich Trost in der Musik und spielt die schönsten Melodien auf der Gitarre vor der Madonna.
Der Einfluß des hl. Franziskus ergreift ganz Amerika. Eine der größten Städte trägt seinen Namen: San Francisco, gegründet vom Franziskaner Juniperus Serra († 1784) am 17. September 1776, am Jahrestag der Stigmatisation des Heiligen. Der «Letzte der Consistatoren», wie man ihn nennt, kommt 1749 nach Kalifornien, gründet christliche Dörfer, Gemeinden, die zu unübersehbaren Städten heranwachsen: Santa Cruz, Los Angeles, San Mattew, Santa Clara. Alle diese Städte sind in der Meditation entstanden, auf Mallorca, wohin sich Juniperus zurückzieht und wo er die Karte Kaliforniens zeichnet, mit Städten, die er erst nachher gründet. Allmählich kommen franziskanische Ordensfrauen, um das Werk der Brüder zu begleiten. Besondere Kongregationen werden gegründet, so 1864 die Franziskanerinnen von Bertinoro im Gran Chaco. Bei der unübersehbaren Größe der Gebiete, welche durch die Spanier, Portugiesen und andere Europäer erobert werden, bleiben viele Eingeborenenstämme vom beschämenden Völkermord verschont, welchen andere Stämme trotz des Widerstandes der Missionare erleiden müssen. Diese übriggebliebenen Stämme schließen sich ab und haben verständlicherweise einen wilden Weißenhaß, der sich gegen jeden Versuch wendet, in ihre Gebiete vorzudringen. Geduldig und oft heldenmütig unternehmen die Franziskanermissionare zusammen mit anderen, unter ihnen einige Eingeborene, im 19. Jahrhundert die Missionierung dieser verbleibenden Inseln. So gibt es heute kein einziges lateinamerikanisches Land, in dem die Franziskaner nicht zu den Stützen der Kirche gehören und sich für soziale Gerechtigkeit einsetzen. Meistens findet man sie bei denen, die von allen verlassen sind, bei den Aussätzigen. Weil sie über lange Lebensphasen hinweg bei diesen verstoßenen Kranken ausharren, sterben in Brasilien Daniel von Samarate († 1924) und Ignaz von Ispra († 1935).
6. Im 15. und 16. Jahrhundert weitet sich auch die Kenntnis des *Fernen Ostens*. China bleibt geschlossen. Aber es verbleiben viele Stützpunkte. Europäische Handelsreisende dringen immer weiter vor. In ihrem Gefolge brennen Missionare dar-

auf, neue Völker kennenzulernen, um ihnen das Evangelium zu bringen: die Inseln von Indonesien und Japan, Indien, das bereits ziemlich bekannt und vertraut ist. Die Wege des Jesuiten Franz Xaver werden vorher schon durch eine unbekannte Anzahl von Franziskanern geebnet. Der erste unter ihnen, der hl. Petrus Baptista und seine Gefährten, erleiden 1597 in Japan den Martertod. In den Jahren 1614 und 1635 müssen Hunderte von Missionaren und christlichen Eingeborenen leiden. Der selige Ludwig von Sorelo († 1624) wird als Glaubenszeuge getötet, nachdem er bereits mit der Ausbildung eines japanischen Klerus begonnen hat.

7. Eine gewisse Toleranz erlaubt im 17. Jahrhundert die Rückkehr der Missionare nach China. Diesmal sind es vorwiegend Jesuiten, gefolgt von andern, die im Reich der Mitte Großes leisten. Erneute Verfolgungen mindern keineswegs ihren Mut, die bestehenden Christengemeinden zusammenzuhalten und zu vermehren, vor allem durch die kraftvollen Impulse, die von Papst Gregor XVI. (1831—1846) ausgehen. Auch die große Prüfung, der Boxeraufstand (1900) vermag den missionarischen Geist nicht zu ersticken, der bis zum Vorabend des Kommunismus lebendig bleibt.

8. Ganz anders in Indien: Im 18. und 19. Jahrhundert gelingt es den Töchtern und den Söhnen des hl. Franz, hier die Kirche einzupflanzen. Mittel- und Nordindien bilden ein zusammenhängendes Gebiet, das den Kapuzinern aus verschiedenen Ländern anvertraut ist: Engländern, Belgiern, Italienern, Franzosen und anderen. Diese Kapuzinermissionen führen sowohl in Pakistan wie in der Republik Indien zu blühenden und soliden Diözesen, die heute vollständig unter der Verantwortung des indischen Klerus stehen. Während der Zeit des großen Hungers um 1890 in Rajputana (heute Rajastan) verausgaben sich franziskanische Ordensmänner und -frauen völlig, um Hunderte von Waisenkindern zu retten. Viele christliche Kerngruppen gehen auf diesen Einsatz zurück.

Zwei Persönlichkeiten, die im indischen Subkontinent wirken, müssen besonders erwähnt werden. Der eine ist der Schweizer Bischof Anastasius Hartmann († 1866), der große Pionier der modernen Missionskonzeption. Er ist geistlicher

Schriftsteller, Kirchenrechtler und Historiker. Er stirbt in Kurjee im Ruf der Heiligkeit. Sein Seligsprechungsprozeß ist in Rom im Gang. Die andere ist Mutter Maria de la Passion († 1904), die vor ihrem Ordenseintritt Helene de Cappotin La Neuville geheißen hat. Von Papst Pius IX. beauftragt, für die Verkündigung des Evangeliums eine religiöse Gemeinschaft zu gründen, gibt sie dem inneren Leben Vorrang. Nach ihrem Willen soll jede zukünftige Missionarin eine Spezialausbildung erhalten, ihrer Gemeinschaft gibt sie eine zentrale und straffe Leitung, um so größere Wirkungen zu erzielen. Patron und Modell ist Franz von Assisi. Darum empfängt sie am 4. Oktober 1882 in Rom aus den Händen des Generalministers Bernhardin von Portogruaro das Kleid des Dritten Ordens, bevor sie endgültig nach Indien, nach Gottacamund, geht.

9. Es ist unmöglich, hier eine vollständige afrikanische Missionsgeschichte zu schreiben. Marcellinus von Civezza († 1906) beendet 1895 nach achtunddreißig Jahren Arbeit ein elf Bände starkes Werk zu diesem Thema. Seither ist bald ein Jahrhundert vergangen und vieles hinzugekommen. Zudem müßten auch die missionarischen Leistungen der verschiedenen Zweige innerhalb des Franziskusordens und der franziskanischen Frauenkongregationen berücksichtigt werden.

Afrika ist der Kontinent, auf dem das erste Blut von franziskanischen Glaubenszeugen geflossen ist. Franziskus selbst hat ihn betreten. Äthiopien, wo die seligen Agathangelus und Cassian († 1638) ihr Leben für die Einheit der Kirche einsetzten, ist ein klassisches Missionsland. Man braucht nur an Antonius von Lecco, Kardinal Massaja († 1880) und Bischof Andreas Jarosseau († 1941) erinnern.

1645 kommen Italiener und Portugiesen, gesandt von der Kongregation für die Verbreitung des Glaubens, in den Kongo, wo nach 1652 nach einem langen Todeskampf der Flame Georg Willems von Gheel, der Autor des ersten Bantuwörterbuches, an einer Verletzung stirbt, die ihm ein fanatischer Kongolese zugefügt hat.

In vielen anderen Gebieten bringen die Franziskaner ihre vierhundertjährige missionarische Erfahrung ein.

10. Die missionarische Spiritualität wird vor allem deutlich

im Einfluß, den Hieronymus von Narni († 1632), der Prediger des Papstes Gregor XV., auf die Gründung der Kongregation für die Verbreitung des Glaubens nimmt. Von dieser späten, aber logischen Folge des Konzils von Trient auf der Linie des seligen Raymond Lull († 1316), gehen die meisten modernen Missionstätigkeiten aus. Auch die Initiative von Joseph von Paris († 1638), des Sekretärs von Kardinal Richelieu, hat hier ihren Ursprung. Das führt 1628, als Fortsetzung und Ergänzung jener Kustodie im Heiligen Land, die Franziskus noch selbst gegründet hat, zur Mission in den Ländern des Nahen Ostens. Diese will die Bekehrung der Ungläubigen, die Unterstützung der Katholiken, die Einheit zwischen den Kirchen des Ostens und des Westens. Die Brüder sind nicht nur durch ihr heiliges Leben und durch ihre Predigt (vor allem für die Pilger) Zeugen Christi, sondern auch in ihrem Martyrium. Die ganze Geschichte des Franziskanerordens erweist sich im Nahen Osten als Verfolgungsgeschichte, die oft genug Blut fordert, so das von Thomas von Tolentino († 1321) und von Gentilis von Fabriano († 1340) und 1860 das von acht Franziskanern aus dem Kloster Damaskus. Der Geist dieser Märtyrer wird greifbar in einem Zeugnis aus dem Jahr 1658 und steht im Tagebuch des Thomas von Paris († 1671), des Obern der Mission von Konstantinopel. Einem Mitbruder, der zu Unrecht der Häresie verdächtigt wird, schreibt er nach einigen Richtigstellungen: «Verwandle Deine Rede in Spiritualität, in Geduld, in Demut, in Unterwerfung, in Einwilligung und sage, daß unsere religiöse Ehre darin besteht.»

11. Die Brüder von heute sind in ihrer Solidarität gewiß unabhängiger von den Machthabern. Sie nehmen an Bewegungen teil, die für die Gerechtigkeit und die Befreiung der Völker kämpfen. Die Missionare von früher dagegen fühlen sich der Politik der Fürsten verpflichtet, die sie beauftragen und schützen. Aber immer wieder gelingt es ihnen, sich von den Regierungsstatthaltern und den skrupellosen Händlern zu distanzieren. Die Liebe zur Bevölkerung zeitigt oft eine große Ehrfurcht vor deren Kultur, eine aufmerksame Suche nach deren Wesen und heldenmütige Verteidigung ihrer Rechte. Bernhardin von Portogruaro († 1895) schreibt: «Ich möchte

die ganze Welt in meinem Herzen haben, wenn ich könnte. Ich liebe die ganze Welt!» Und Ludovico von Casoria († 1885) fordert: «Afrika muß Afrika bekehren!» Er nimmt damit voraus, was die heutige Missionswissenschaft sagt.

1. Franz von Assisi hat kein Vertrauen in die Wissenschaft, sofern sie blind und eitel ist und nicht zur Liebe Gottes und des Nächsten führt. Aber er will, daß seine Brüder das Wort Gottes gut kennen. Sie sollen fähig sein, es Gläubigen und Ungläubigen mitzuteilen. In seinen Schriften, seinen Worten und seinem persönlichen Verhalten zeigt Franziskus eine Vertrautheit mit der Bibel und viel Menschenkenntnis, welche die Wissenschaft vieler Gelehrter übersteigen. Er steht in der Schule Christi, des Heiligen Geistes, in der Kontemplation, in der Schule des kirchlichen Lehramtes. **147**

2. Die Söhne des hl. Franziskus, die im Lauf der Geschichte eine wissenschaftliche Laufbahn einschlagen, wollen nichts anderes. In ihren Schulen und Schriften wollen sie den Samen pflegen, den Franziskus gesät hat. Die franziskanische Seele will alles entdecken, was Gottes schöpferische und erlösende Vorsehung in die Schöpfung hineinlegt. Die Suche nach Wissen verläuft parallel zur Suche nach Armut und Selbstlosigkeit. Denn das wahre Wissen um das Geheimnis Gottes und des Menschen fordert ein Herz, das von aller Besitzgier befreit und von jedem Bedürfnis erlöst ist, das nicht Gott heißt. Bei Bonaventura († 1274), Lukas Wadding († 1657) und den Franziskanertheologen ist die Theologie Gottesdienst. Alles Wissen ist auf Gott bezogen, darum immer auch Anbetung, Kontemplation dessen, der das Herz aller Wissenschaft und die Mitte alles Geschaffenen ist, Jesus Christus. Wissen, Kontemplation und Liebe schmelzen zusammen. So ist die intellektuelle Arbeit des Franziskaners wie die Arbeit im Bereich des Apostolats oder des sozialen Einsatzes untrennbar verbunden mit seiner Spiritualität. Immer wieder können wir es nachweisen in der franziskanischen Geschichte: Männer wie Bonaventura († 1274), Bernhardin von Siena († 1444), Laurentius von Brindisi († 1613) und Maximilian Kolbe († 1944) sind gleichzeitig Männer der Wissenschaft, der Tatkraft und der Kontemplation. Nicht selten fühlt man sich in Verlegenheit, wenn man unterscheiden soll zwischen einem rheto-

rischen, theologischen oder spirituellen Werk. Oft wird ein wissenschaftliches Werk im Gebet erdacht und für das Apostolat geschrieben.

148 1. Seit den Tagen des hl. Franziskus bis heute führt dessen Spiritualität immer auch zum Studium und zur intellektuellen Arbeit. Der erste, der sich in diesem Bereich auszeichnet, ist der hl. Antonius († 1231) von Lissabon, wo er das Licht der Welt erblickt, bzw. von Padua, wo er stirbt und begraben ist. Als ehemaliger Augustinerchorherr ist er durchdrungen von den Ideen des hl. Augustinus. Er findet sich aber auch in der franziskanischen Spiritualität zu Hause: die Liebe zur Natur geht einher mit abstraktem Denken, das zwischen dem Wort Gottes und der menschlichen Erkenntnis unterscheidet. Darum sind seine Predigten für uns eine Schule der Glaubensweisheit und des geistlichen Lebens.

2. Wie die ersten Schulen auf Universitätsebene entstehen, wenden die Brüder die neuen theologischen Methoden an, die sogenannte Scholastik. Schon in den Tagen des hl. Franziskus studieren sie in Bologna, Oxford, Cambridge, Paris, Magdeburg. Sie tun es unter den gleichen Bedingungen, wie man in Assisi das franziskanische Leben zu leben versucht, in der gleichen Armut, mit dem gleichen Eifer für Gott, die Kirche und die Menschen. Die franziskanische Kontemplation, welche die «Meditationen über das Leben Christi» hervorbringt, ein Buch, das die religiöse Kunst stark beeinflußt, das seltsame Buch «Der Bund des hl. Franziskus mit der Herrin Armut» oder auch «Das Buch der Konformitäten», ist an den Universitäten lebendig. Die Bücher, die aus dieser Kontemplation erwachsen, verbinden die Sorgfalt des theologischen Denkens mit der Naivität eines gläubigen Blickes. Denn die Kontemplation, die sich längere Zeit auf das Christusgeheimnis bezieht, verlangt nach einer tieferen theologischen Durchdringung und nach einer entsprechenden Formulierung.

3. *Duns Skotus* († 1308) kommt so zu seinen Darlegungen über die Motive der Menschwerdung Gottes. Mystische Intuition und rationale Ableitung verbinden sich, um in Sprache zu fassen, daß Gott ein menschliches Wesen will, das fähig ist, ihn unendlich wiederzulieben, so sehr, wie sich die

göttlichen Personen innerhalb der Dreifaltigkeit lieben. Folgerichtig muß eine dieser göttlichen Personen die menschliche Natur annehmen und Mensch werden. Der Sohn Gottes, der durch den Leib der Jungfrau Maria Mensch wird, ist somit das Meisterwerk der Schöpfung, das höchste Lob des Vaters, der einzige Priester, das alleinige Opfer, das die Versöhnung mit Gott erlangen kann. Das entspricht der Auffassung des hl. Franziskus, nach der allein Jesus Christus Gott genügen kann. Duns Skotus studiert in Oxford und lehrt in Paris, wo er sich weigert, ein Dokument gegen den Papst zu unterschreiben. Deswegen wird er aus Frankreich verbannt und stirbt mit erst 35 Jahren in Köln. Neben ihm verdienen Erwähnung folgende Gelehrte aus dem Franziskanerorden: Adam von Marsh († 1259), Thomas von York († 1260), Richard Rufus von Cornwall († 1260), Roger Marston († 1303), Johannes von Wales († 1285) und Matthäus von Aquasparta († 1302). Sie alle glauben, daß die Erlösung der Sünder kein genügendes Motiv für die Menschwerdung Gottes sein kann. Es entspricht der Würde und Größe Gottes nicht wirklich. In diesem Punkt unterscheidet sich die franziskanische Theologie von der dominikanischen. Wenn 1925 Papst Pius XI. die Königsherrschaft Christi im Sinn der paulinischen Briefe proklamiert, krönt er gewissermaßen diese Theologie, welche mit dem absoluten Primat Christi und den Motiven der Inkarnation beginnt.

4. Auch andere Themen finden die Aufmerksamkeit der franziskanischen Wissenschaft. Das Erkenntnisproblem führt zur Illuminationstheorie: Jede Erkenntnis ist Erleuchtung durch Gott. Das Problem der Moralpsychologie wird gelöst mit dem Voluntarismus: Der Wille ist die entscheidende Kraft des Menschen. Das Problem der inneren Sinnrichtung der Schöpfung wird mit der moralischen Notwendigkeit der Offenbarung beantwortet. Schließlich sieht man im Christozentrismus, in der zentralen Stellung der Person Christi, eine Antwort auf die Frage, welchen Sinn die Ordnung der Welt habe. Vielleicht muß man heute diese oder jene Antwort revidieren. Man darf aber nicht übersehen, was die Mitte dieser theologischen Reflexion ausmacht. Es ist nichts anderes als der kontemplative Blick auf die Person Jesu und sein Geheim-

nis. Ob man Alexander von Hales († 1245), den hl. Bonaventura († 1274) oder Raymond Lull († 1316) studiert, überall wird man unter verschiedenen Nuancen, da und dort vielleicht bei gegensätzlichen Formulierungen, die gleiche Grundlinie antreffen, welche alle Fragen des Menschen auf Jesus Christus, die einzige Wahrheit, ausrichtet. Beliebte Volksprediger wie Berthold von Regensburg († 1272) setzen ihre ganze Kultur und Theologie ein, um dem Volk in seinen alltäglichen Sorgen eine wissende Liebe zu Christus zu vermitteln, die dem gleichen Bedürfnis entspringt. Oft geht es nicht ohne heftige Kämpfe. Denn in der Zeit der polemischen Auseinandersetzung innerhalb des Ordens um das Wesen der franziskanischen Lebensform lesen die sich bekämpfenden Gegner, Spiritualen und Konventualen, die Werke der jeweils anderen Partei nicht oder nur schlecht. Die Einheit des franziskanischen Zeugnisses und seiner Botschaft schrumpft so zusammen bis zum Widerspruch. Nun gilt es aber zu sehen: In seinem Buch «Baum des gekreuzigten Lebens» (1305) gebraucht Hubertin von Casale († 1329) das Werk «Das Lebensholz» seines Gegners Bonaventura († 1274). Mit anderen Worten: Das Werk Hubertins ist zwar Polemik und Theologie, gleichzeitig aber Spiritualität, in der er sich mit dem großen Mystiker Bonaventura eins weiß.

5. Der Franziskanerorden kennt auch andere Formen von Geistesarbeit. Roger Bacon († 1292) ist ein universalbegabter Mensch: Er spricht viele Sprachen, verfaßt eine Griechisch-Grammatik, als Physiker und Chemiker entdeckt er die explosiven Stoffe, als Philosoph und Theologe aber interessiert ihn nichts mehr als das Wort Gottes. Wilhelm Ockham († 1345 oder 47), der sich mit seinen politischen Theorien Feinde zuzieht, sucht in allem die Genauigkeit der Mathematik. Er verweist die Vernunft in die Schranken des Experiments und verkündet die totale Freiheit der wissenschaftlichen Forschung. Von dieser Unabhängigkeit des Forschens nimmt er bloß die Theologie aus, die den Bereich der Offenbarung, des Glaubens, des Universalen und Ewigen abdeckt. Nikolaus von Lyra († 1349) geht der Offenbarung in der Bibel nach und schreibt Kommentare, die lange Zeit anerkannte Autoritäten sind. Johannes von Wales († 1285) ist ein Vorläufer der Re-

naissance, liest er doch den Dichter Ovid, in dem er einen Vermittler moralischer Werte sieht. Bernhardin von Siena empfiehlt, gleichzeitig mit Hieronymus auch Cicero zu lesen. Andere arbeiten im Bereich der Katechese, so Markward von Lindau († 1392) und Otto von Passau († 1390) in Deutschland.

6. Die Zeit des 13. und 14. Jahrhunderts ist nicht nur die Zeit der Hochscholastik, sondern auch, wenigstens im Franziskanerorden, die Zeit, in der die *geistliche Theologie* erarbeitet wird. Seit Bonaventura († 1274) stützt sich die Kunst des Meditierens auf psychologische Gegebenheiten, so unter anderem auf die Einübung des Einbildungsvermögens, wofür Ignatius von Loyola den Ausdruck «compositio loci» prägt, was man mit «Existentielle Identifizierung mit einem Ort des biblischen Geschehens» übersetzen müßte. Heinrich Herp († 1477) faßt diese ganze Überlieferung in seiner «Mystischen Theologie» («Theologia mystica») zusammen, einem Buch, auf dem die Spiritualität des 17. Jahrhunderts beruht. Spiritualität als Wissenschaft, Wissenschaft als Spiritualität, Wissenschaft und Spiritualität sind eine unlösbare Einheit bei den meisten Franzikanerautoren eingegangen, da dasselbe geworden. Diese franziskanischen Theologen werden dann bei den ersten großen Jesuiten zum Modell und zur Argumentationsbasis.

7. Die Theologie als Gnade, der Voluntarismus als menschliche Kraft des inneren Lebens und der Kontemplation, die Ausrichtung auf die Unbefleckte Empfängnis Mariens und vieles andere wären wichtige Themen, die man an Männern wie Bernhardin von Asti († 1552) oder am großen Gelehrten Franziskus Titelmans von Hasselt († 1537) gut aufzeigen könnte.

8. Zu erwähnen ist auch die Geschichtsschreibung, die mit Marianus von Florenz († 1537) und seiner «Chronik der Minderbrüder» («Fasciculus chronicarum seraphici Ordinis Minorum») neue Formen annimmt. Bisher hatte man wohl viele Chroniken und Traktate, in denen die Spuren des hl. Franz und der hl. Klara nachgezeichnet sind. Das jüngste dieser Art sind die «Fioretti», eine Übersetzung aus einer lateinischen Vorlage, die wegen ihrer poetischen Aussageform bis heute

fasziniert. Das Buch von Marianus ist zum ersten Mal eine Gesamtdarstellung der Geschichte der ersten drei Jahrhunderte. Der Grundzug ist da und dort triumphalistisch. Der Humanismus — in Italien lebt man bereits mitten in der Renaissance — singt in zu lauten Tönen die Herrlichkeit der franziskanischen Familie. Man findet darin sehr viel Apologie und Verteidigung bestimmter Fakten und Entscheidungen, so der päpstlichen Regelerklärungen. Diese triumphalistische Schale enthält aber einen guten Kern geistlicher Elemente. Hätten wir nämlich dieses Buch nicht, wüßten wir viel wirklich Aufbauendes nicht. Ebenso wäre uns ein Eindringen in die gemeinsame Geisteshaltung der damaligen Franziskaner nicht möglich. Trotz vieler Abweichungen ist diese Geisteshaltung doch ein Widerhall einer tieferliegenden Spiritualität. Was Marianus begonnen hat, wird von vielen anderen fortgesetzt, vervollständigt und ergänzt. Marius von Mercato Saraceno († 1581) und Bernhardin von Copetrazzo († 1594), erzählen bis in Einzelheiten die Anfänge der Kapuziner. Markus von Lissabon († 1557), Franziskus Gonzaga († 1587), Petrus Ridolfi von Tossignano († 1586) und viele andere bereiten den Weg für den großen Historiker Lukas Wadding († 1657).

149 1. Die Klassik kehrt zu Bonaventura († 1274) und Duns Skotus († 1308) zurück. Lukas Wadding († 1657) besorgt eine kritische Ausgabe der Werke von Duns Skotus. Bis 1639 kommen die ersten zwölf Foliobände heraus. Innerhalb von zwei Jahren ist die Ausgabe vergriffen, ein Beweis für das Interesse am mittelalterlichen franziskanischen Gedankengut. Der gleiche Autor veröffentlicht 1623 zum ersten Mal die Werke des hl. Franziskus. Dazu zählt er allerdings Werke, die Franziskus wahrscheinlich nicht einmal lesen konnte. Er gibt dazu einen kritischen Apparat und eine theologische, historische und literarische Wertung, die zwar nicht in allen Teilen Bestand hat. Aber seine Gelehrsamkeit ist immens und die Arbeitsgruppe unter seiner Leitung fleißig: Die Geschichte mit den «Annales Minorum» (1625), die Bibliographie der Franziskanerautoren (später weitergeführt von Sbaraglia, 1806), die Theologie, die Philosophie, alles Werke, die das Kollegium des hl. Isidor herausbringt, sind mustergültige intellektuelle Arbeiten. Franziskus Gonzaga († 1587), Heinrich Sedulius († 1613), Kasimir Biernacki († 1638), Johannes vom Haag († 1661) und viele andere, auch aus dem Dritten Orden, wirken in gleichem Sinn. Bonaventura von Langres († nach 1655) versucht, den hl. Bonaventura mit Thomas von Aquin zu versöhnen. Bartholomäus Mastri († 1673) erklärt und ergänzt die Werke von Duns Skotus. Gleichzeitig unterzieht sich dem gleichen Bemühen Wilhelm von Heerinck († 1678). Georg von Amiens († 1661), Oktavian von Amsterdam († 1671) und Bernhardin von Picquigny († 1709) verbinden den geistlichen, dogmatischen und literarischen Sinn der Heiligen Schrift. Ivo von Paris († 1679) nimmt durch die Fülle seines Werkes, durch die Vielfalt seiner Interessen, durch die Fruchtbarkeit seiner Gelehrsamkeit und die Tiefe seiner Gedanken eine Sonderstellung ein.

2. In der Polemik gegen die neuen Ideen des Jansenismus und des Quietismus finden sich viele engagierte Franziskanertheologen. Verständlich, denn diese beiden Theologien berühren jede auf ihre Art das Wesen des geistlichen Lebens. Von Archangelus Ripault († 1635) bis Adeodat Turchi († 1803) zählt man allein über zwanzig Kapuziner Antijansenisten. Die Lebenskraft des franziskanischen Geistes, Meditation, Kirchlichkeit, Evangelizität, setzt sich in all diesen vielen Werken durch. Das Blut Bonaventuras pulsiert in ihnen, bewußt oder unbewußt, selbst in den sinnlichen Formen des Barock und in der Sprache der Klassik. Einige Jahrzehnte vor der französischen Revolution, welche das Christentum des Abendlandes wesentlich verändert, wird 1744 in Paris die Klementinische Akademie der Kapuziner gegründet. Ihr Ziel ist es, die Heilige Schrift nach den neuen Prinzipien und Kriterien zu erforschen. Die Akademie bringt 28 Bände heraus. Dann bricht die Prüfung herein, das große Schweigen, aber gewiß nicht die völlige Abwesenheit des geheimen Wirkens der Gnade und des Glaubens.

3. Über die intellektuelle Armut des 19. Jahrhunderts hat man schon zu viel gesprochen. Man darf aber nicht vergessen, in welchen Bedingungen der Klerus und besonders die Ordensleute kämpfen müssen, um ihre gesellschaftliche Rolle zurückzugewinnen. Sobald Bernhardin von Portogruaro

(† 1895), ein genial begabter und heiligmäßiger Mann, von Pius IX. zum Generalminister ernannt ist, setzt er sich ans Werk. Er schreibt seinen Ordensbrüdern: «Das Studium ist für euch, Priester, eine strenge Pflicht. Denn die Wissenschaft ist für den Priester so notwendig, daß, wenn er sie verwirft, auch Gott ihn verwirft. Denn er will nicht den Dienst eines unwissenden Priesters.» Die Anstrengung, im Namen des geistlichen Lebens und des Apostolats, die wissenschaftliche Bildung zurückzugewinnen, wird bald sehr deutlich spürbar. Vorher schon hat Laurentius von Aosta († 1880) unter dem Titel «Franziskanische Bibliothek» (1856f.) begonnen, vergriffene Franziskanerautoren neu herauszugeben und Ludowikus von Casoria († 1885) in Neapel die «Akademie für Religion und Wissenschaft» eröffnet (1864), die allgemein, auch Ungläubigen, zugänglich sein sollte. Aus ihr wird der große Kulturphilosoph und Historiker Benedetto Croce († 1952) hervorgehen. 1869 erfolgt die Gründung der seraphischen Schulen, kleiner Seminare, in denen die zukünftigen Ordensbrüder nicht nur eine menschliche und intellektuelle Schulung, sondern auch den wahren Geist des hl. Franziskus vermittelt bekommen sollen. In der Zeit des ersten Vatikanischen Konzils und anläßlich des 700. Todesjahres des hl. Bonaventura (1874) stellt man ein neues Interesse für den seraphischen Kirchenlehrer fest. Bernhardin von Portogruaro († 1895) und Fidelis von Fanna († 1881) beginnen seit 1870 mit der kritischen Ausgabe seiner Werke. Sie gründen auch das Kolleg von Quaracchi (1877), das beauftragt ist, nach streng wissenschaftlichen Maßstäben bedeutsame Werke aus dem Franziskanerorden herauszugeben. An die Seite des Neo-Thomismus, der durch die Enzyklika Leos XIII. «Aeterni Patris» (1879) angeregt ist, treten die großen Lehrer aus dem Franziskanerorden. Allerdings erfährt dieses Unternehmen nur wenig Verständnis und Ermutigung.

150 1. Das Interesse, welches Franziskus in der Zeit der Romantik findet (Görres, Montalembert, Ozanam, Hase, Manzoni), hat eine große Bewegung der Bewunderung, der Neugier und der Forschung hervorgebracht. Die Jahrhundertfeier seiner Geburt (1882) wird als geeigneter Anlaß gesehen, dieser Be-

geisterung neue Impulse zu geben. Alle Gelehrten, Künstler, Schriftsteller, Franziskaner oder Nichtfranziskaner, Christen oder Freidenker, wollen ihrer Empfindung gegenüber dem Phänomen Franziskus Ausdruck geben.
Innerhalb der franziskanischen Familie gräbt man mit Liebe und Eifer in den eigenen Quellen. Man entdeckt einen tiefen Geist, von dem jeder leben will in einer Zeit, in der die Kirche von außen angegriffen wird und sich unbewußt hinter Mauern zurückzieht, mit einer Apologetik, die das Bestehende verteidigt, aber keine neuen Horizonte aufreißt. Die Erinnerung an Franziskus gibt seinen Söhnen und Töchtern das Selbstvertrauen zurück. Neue wissenschaftliche Arbeiten erscheinen: Von 1885 bis 1941 kommen die «Analecta Franciscana» heraus, eine neue und offene Dokumentation über die Anfänge des Franziskusordens. 1886 publiziert der Jesuit Franz Ehrle († 1934) seine Studien, gefolgt von denen des Dominikaners H. Denifle († 1905). Gelehrte Laien wie Burckhardt, Voigt, Gebhardt, Symonds, Geiger, Muentz, Thode geben der franziskanischen Bewegung eine neue Bedeutung in Kirche und Gesellschaft. Paul Sabatier († 1928) bringt seit 1884 Franziskus dem modernen Menschen nahe. Wissenschaft, Poesie und Spiritualität kommen in seinen «Studien und Dokumenten» («Etudes et documents») zusammen. Man kommt heute nicht mehr ohne sie aus, wenn man Franziskus studieren will.
2. Nicht nur die Geschichte, auch die Theologie und Spiritualität kommen zu neuer Ehre. Die wissenschaftliche Auseinandersetzung führt zur Apologie der franziskanischen Scholastik. Man bleibt also nicht mehr bloß bei der kritischen Ausgabe der Werke Bonaventuras stehen, sondern gelangt zu einer Erneuerung der ganzen katholischen Theologie. Das Studium des Duns Skotus läßt freilich lange auf sich warten, bis Deodat Maria von Basly († 1937) und Etienne Gilson ihre Arbeiten veröffentlichen und die kritische Ausgabe seiner Werke (1965) Wirklichkeit wird.
3. Die von H. Denifle und anderen herausgegebenen Werke zeigen, welchen Stellenwert die alten franziskanischen Meister haben. Auf der anderen Seite sind die historischen Darlegungen oft voll von Polemik, weil sie alte und überholte

Streitfragen hervorziehen, so die Werke von Luigi Palomes († 1877), Heribert Holzapfel († 1936) und René von Nantes († 1921). Diese und andere Studien, die bis heute immer wieder erscheinen, zeigen, wie sehr man sich immer mehr den Ursprüngen des franziskanischen Lebens annähern will und wie sehr dieses Erbe lebendig bleibt. Die neuen Formen der Geschichtsschreibung, Ideengeschichte, Dogmengeschichte, Geistesgeschichte, kommen der Theologie in vielen Punkten nahe. Seit der Wiederentdeckung der Schriften des hl. Franziskus (Böhmer 1905) sind über Ephrem Longpré († 1965), Giuseppe Abate († 1969), Gratian von Paris († 1943) und Hilarin Felder († 1951) einige Wegstrecken zurückgelegt worden. Große wissenschaftliche Werke wie die «Miscellanea franciscana» von Faloci-Pulignani (1884 gegründet), die «Etudes Franciscaines» der Pariser Kapuziner (1899), das «Archivum Franciscanum Historicum» (Quaracchi 1908) sind der Anfang für viele ähnliche Zeitschriften in allen Ländern. In ihnen veröffentlichen nicht nur Vertreter des Franziskusordens, sondern auch berühmte katholische Gelehrte, die man «den vierten Orden» nennt: Johannes Jörgensen († 1956), Alexander Masseron, Arnaldo Fortini und viele andere. Es bleibt festzuhalten: In einem fortschreitenden Forschen zeigt sich ein Lehrgehalt der franziskanischen Spiritualität, ein theologischer Gedanke, der aus der geistlichen Urerfahrung des hl. Franziskus kommt, die geschichtliche Kenntnis der Personen, der Ereignisse und der Werke, die uns erlauben, diesen Gedanken besser zu verstehen und ihn in Leben und Liebe umzuformen. Das ist auch das Ziel des Instituts für franziskanische Spiritualität, das 1970 in Rom geschaffen wird. Wenn die franziskanische Spiritualität «den Optimismus des frommen Humanismus bewahrt und ihn durch den strengen Geist der Armut erneuert» (A. Gemelli), dann braucht sie keine Angst zu haben. Die Mühe, die der Verstand fordert, wird den Reichtum des Herzens verschönern.

CARITAS, SOZIALER EINSATZ UND FRIEDENSPOLITIK

1. Die franziskanische Spiritualität vermeidet mehr als andere den rein verbalen Kampf. Sie behauptet sich in der Tat. Franziskus stellt sich in den Dienst der verstoßenen Aussätzigen. Er schreibt in seiner Regel, daß die Brüder die Kranken pflegen und sich gegenseitig die innere Not offenbaren und einander helfen sollen. Die ersten Brüder nehmen am Anfang sogar Räuber in ihre Gemeinschaft auf. 151
2. Im Lauf der Geschichte sind die Brüder immer wieder beweglich genug, sich aus Liebe für die Nöte der Menschen hinzugeben. Kampf für Gerechtigkeit, Sorge für Vernachläßigte und Benachteiligte, aber auch für Menschen, die in ihrer Verantwortung allein gelassen sind.
Im Mittelalter, in dem noch alle Bereiche, die staatlichen Institutionen ebenso wie die privaten Initiativen, vom Christentum geprägt sind, will man die Werke der Barmherzigkeit im Licht des Evangeliums auf allen Stufen des Lebens verwirklichen. Vieles hindert allerdings den Einsatz für Gerechtigkeit und Liebe, der doch die erste Aufgabe der Kirche Jesu Christi sein soll: die Gesetzgebung der Klöster, die Gewohnheiten, die Vorrechte des Klerus, der mangelnde Spielraum für die Frau und ihre Initiativen. Demgegenüber kann die franziskanische Familie dem menschlichen Leiden in seinen hundert Gesichtern leichter begegnen. Denn die Franziskaner haben keine eigentliche Klausur, und die Mitglieder des Dritten Ordens leben unter dem Volk. Freiwillig arm, demütig und verfügbar, können sie das Elend, das Menschen bedrückt, die Ungerechtigkeit, die unterjocht, das Leiden, das von Gott entfernt, bekämpfen.

1. «Wenn schon eine Mutter ihren leiblichen Sohn liebt, wieviel mehr muß dann ein Bruder seinen geistlichen Bruder hegen und pflegen» (Rb VI,8). Gerechtigkeits- und Liebeswillen sollen ebenso stark und ebenso wirkungsvoll sein wie die Bande des Blutes. 152
2. Klara von Assisi ist darum ihren kranken, unruhigen und

versuchten Mitschwestern eine wahre Mutter, ebenso wie Franziskus, der mit einem Bruder mitten in der Nacht ißt, als dieser durch unvernünftiges Fasten in die Todesnähe kommt und schreit.

3. Elisabeth von Thüringen und Ungarn († 1231) ist die erste, die im Terziarinnenkloster, dem sie selbst angehört, eine Art Hilfsdienst organisiert. Selbst verarmt und in ihrer Witwenschaft mit ihren Kindern alleingelassen, findet sie es unnatürlich, ihr einstiges Talent der Großzügigkeit brachliegen zu lassen. Mit Freundinnen, die ihr treu bleiben und an ihrer Gottes- und Armenliebe teilhaben wollen, nährt, pflegt, tröstet sie alle, die zu ihr kommen. Ohne es eigentlich zu wollen begründet sie die Spital- und Caritastradition der franziskanischen Familie. Während das Kirchenrecht während Jahrhunderten Frauen, die sich für ein gemeinsames Leben Gott geweiht haben, keine Möglichkeit läßt, die Klausur zu verlassen, um sich auf die Welt einzulassen und ihr zu dienen, kann die franziskanische Regel auch von Menschen in der Welt gelebt werden. Kleine Gemeinschaften ohne öffentliche Gelübde werden möglich. Unter der geistlichen Leitung eines Franziskaners können sie sich in den Dienst der Armen stellen.

Andere Terziaren finden sich in gemischt geschlechtlichen Gemeinschaften zusammen und leiten Krankenhäuser, z. B. das Johanneskrankenhaus in Gent im 14. Jahrhundert.

Im 16. Jahrhundert führen die «Grauen Schwestern» diese Tradition in vielen europäischen Städten weiter. Maria-Laurentia Longo († 1542) gründet zuerst ein Krankenhaus in Neapel und dann ein Klarissenkloster. Franziskus von Porto-Maurizio († 1867) gründet eine Krankenhaus-Bruderschaft. In Namur vereinigt Bonaventura von Luxemburg († 1756) zusammen mit Madame de Burtonbourt die «Töchter der Liebe» («Filles de la Charité»). Eine große Bewegung entsteht, die ratlos macht angesichts der offensichtlichen Zusammenhangslosigkeit, aber überrascht durch wirkliche Lebendigkeit und Liebe.

4. Die Industrialisierung erzeugt im 19. Jahrhundert auf der einen Seite die Konzentration des Kapitals in wenigen Händen und auf der andern Seite das Proletariat. Hinzu kommen als Folgen der Revolution die Ruinen und Leiden der Kriege

Napoleons I. In dieser Situation bringt der Heilige Geist Berufungen hervor, deren Kennzeichen die Großzügigkeit ist. Die Franziskanische Spiritualität ist dabei ein ermutigendes und ordnendes Element. In vielen Gegenden, in denen die sozialen Nöte sehr große Ausmaße annehmen, greift eine Frau oder ein Mann unmittelbar und wirkungsvoll ein. Wie dann dieser Einsatz anderswo bekannt und mit neuer Not konfrontiert wird, sucht man Geldmittel, Materialien, Personen, und schon ist eine neue Kongregation gegründet. Hunderte von religiösen Gemeinschaften entstehen auf diese Weise in allen europäischen Ländern. Die einen bleiben innerhalb eines Bistums, die andern verbreiten sich unter besonders günstigen Bedingungen über die ganze Welt. Sie bekämpfen die sozialen Nöte, bezeugen unter den Armen das Evangelium und die Kraft eines christlichen Lebens und nehmen an der missionarischen Begeisterung teil.

Der soziale Einsatz ist also keine moderne Erfindung. Das Elend, dem die Franziskaner und andere begegnen, ist das Elend aller Zeiten und aller Orte. 1618 gründet Athanas Molé († 1631) in Paris mit einer Gruppe von Laien die «Magdalenerinnen», eine Gemeinschaft, in welcher ehemalige Dirnen zu einem menschenwürdigen Leben zurückkehren können. Schon vorher widmet sich einem gleichen Werk der Franziskaner Johannes Tisserand († 1497), der Verfasser des österlichen Hymnus «O Filii et Filiae». Unter Ludwig XIII. gründet die Terziarin Jacquette Rachalier († 1635) eine Schule für arme Mädchen.

Die Erziehung steht übrigens immer wieder im Mittelpunkt. Der berühmteste Erzieher, den die franziskanische Familie hervorbringt, ist Gregor Girard († 1850) aus der Schweiz. Die Stadt Freiburg i. Ue. errichtet ihm bereits zehn Jahre nach seinem Tod ein Denkmal mit der Inschrift: «Dem Vater des Volkes, dem Schützer der Jugend, dem christlichen Philosophen, dem vaterlandsliebenden Bruder.» Sein neues Erziehungssystem findet in ganz Europa Bewunderung und Nachahmung.

Gleichzeitig sieht Theodosius Florentini († 1865) überall Not. Sein Wahlspruch: «Das Bedürfnis der Zeit ist der Wille Gottes» führt zur Gründung von Krankenschwestern- und

Lehrerinnengenossenschaften (Ingenbohl, Menzingen), von «christlichen Fabriken» in der Schweiz, Vorarlberg und Böhmen sowie vielen anderen Unternehmungen, außerdem einer Mittelschule (Schwyz). Cyprian Fröhlich von Egolsheim († 1931) beginnt im Jahr 1889 in Ehrenbreitstein das Seraphische Liebeswerk, ein Kinderhilfswerk, das heute noch über den ganzen deutschen Sprachraum und in Amerika verbreitet ist und das zum Beispiel in Solothurn als eigenständige Gemeinschaft von Sozialarbeiterinnen existiert, die ihrerseits an vielen Orten der Schweiz, Tansanias und auf den Philippinen wirken. Während dreißig Jahren lebt Augustin von Montefaltro († 1891) unter den Waisen. Er sammelt sie und vertraut sie einer Klosterfrauengemeinschaft an, deren Gründer er ist. Was der Pole Honorat Kozminski von Biala († 1916) leistet, grenzt an das Wunderbare. Von der russischen Staatsgewalt unter Arrest gesetzt, darf er das Kloster von Nowe Miasto nicht verlassen, doch kann er, allein durch seine vielen Beichtgespräche, über zwanzig religiöse Gemeinschaften gründen, die ohne Ordenskleid in der Welt leben und vielfältige Not wenden. In den USA gründet Kilian von Leeuwarden († 1946) seine «Catholic Boys' Brigade» und schreibt viele Bücher zu Jugendfragen und -Pädagogik, aber auch zur Erbauung.

5. Ungefähr in der Zeit des hl. Franz entsteht die Macht des Geldes, die am Ende des Mittelalters übermächtig wird. Die neue Bedeutung der Städte und der damit gestärkte Handel führen notwendig zu dieser Entwicklung. Wer Geld leihen muß, ist der Willkür des Geldgebers ausgesetzt. Hinzu kommt, daß die «christliche Moral» das Zinssystem ablehnt und denjenigen, der Geld braucht, zu Nichtchristen treibt, zu Juden, die es ganz natürlich finden, die Christen für die vielen Neckereien und harten Verfolgungen bezahlen zu lassen. So kommen Franziskaner auf die Idee, die Armen von den wucherischen Zwängen zu befreien, ohne die geltende Moral zu verletzen. Sie gründen die «Montes pietatis», eine Art Volksbanken, welche nach dem Pfandsystem Geld verleihen. Die erste entsteht zwischen 1460 und 1462 in Perugia durch Barnabas von Terni. Bernhardin von Feltre († 1494), der 30 solche Institute und viele Vereine zur Unterstützung

der Notleidenden gründet, und Markus von Montegallo († 1477) verbreiten das System in ganz Italien. Im 17. Jahrhundert gibt es keine Stadt in Italien, die nicht wenigstens eine solche Bank aufweist. Ludwig von Besse († 1910), ein großer Apostel der Arbeiterklasse, greift diese franziskanische Tradition in einem christlich-sozialen Geist auf und verwirklicht sie in Frankreich. Er gründet Volksbanken, die sofort überall verbreitet werden, aber mit der Zeit leider zu einem Finanzinstitut heranwachsen, das sich in nichts von anderen unterscheidet.

6. Bei Epidemien und Schicksalsschlägen zählen die Franziskaner jeweils zu den ersten selbstlosen Helfern. Die großen Pestzeiten des Mittelalters und der Neuzeit, vor allem jene von 1348, dezimieren die europäische Bevölkerung. In diesen Notzeiten harren die Franziskaner bei den Pestkranken aus. Johannes von Diest gründet als Bischof von Lübeck sogar eine Ordensgemeinschaft für aussätzige Frauen. Dietrich Coelde († 1515) bleibt in einem Zelt auf dem Marktplatz von Brüssel, um seine Brüder nicht anzustecken, aber auch, um einen Sammlungsort für Pestkranke zu schaffen. Kranke, die nicht kommen können, sucht er in seiner Wohnung auf. Man muß die große Angst bedenken, welche die Menschen vor der Pest empfinden. Wer sich durch Flucht in Schutz bringen kann, tut es, nicht zuletzt auch die Pfarrer und die Bischöfe. Eine Typologie der kollektiven Verhaltensweisen gegenüber der Pest zeigt nun, daß neben anderen Ordensleuten vor allem die verschiedenen Zweige des Franziskusordens zurückbleiben und im Dienst der Pestkranken ausharren, ja selbst zugrundegehen. Ein paar Zahlen sollen das belegen: Im Marseille sterben sämtliche 150 Minoriten in einer einzigen Pestzeit, in Maquelone bleiben von 160 nur sieben zurück, in Montpellier von 140 ebenfalls bloß sieben, in Florenz sind es 72 von 150, in Siena, Pisa und Lucca von jeweils 100 Brüdern jedesmal bloß ungefähr 40. In Marseille kommen zu den bereits erwähnten Minoriten noch 49 Kapuziner, 32 Observanten und 29 Rekollekten als Opfer dazu. Im ersten Viertel des 17. Jahrhunderts verliert die Schweiz dreizehn Kapuziner, Augsburg sechs, Würzburg drei, Salzburg vier im Dienst der Pestkranken. Daß die Franziskaner nicht in gleicher Weise wie die Je-

suiten die Feindschaft der Welt auf sich ziehen, geht nach heutiger historischer Einsicht wesentlich auf dieses Verhalten in der Pestzeit zurück. Viele städtischen Behörden betreiben schon deswegen die Gründung z. B. eines Kapuzinerklosters in ihren Kompetenzbereich, weil sie sich von ihnen treue Solidarität mit Pestkranken erwarten.

Manzoni überliefert uns das Zeugnis aus der Mailänder Pestzeit von 1630: «Wenn diese Kapuziner nicht gewesen wären, wäre die Stadt völlig vernichtet worden. Es grenzt ans Wunderbare, daß sie in so kurzer Zeit der Bevölkerung so zahlreiche Dienste leisten konnten, besonders wenn man bedenkt, daß sie von Seiten der Stadt nur wenig Hilfe bekommen haben und daß es allein ihrer Weisheit und Einsicht zu verdanken ist, wenn sie in ihrem Lazarett so viele Tausende vom Schicksal Getroffene pflegen konnten.»

153 1. In vielen anderen Bereichen wird der franziskanische Geist wirksam. Merkwürdigerweise auch in den Bereichen der *Politik* und der *Diplomatie*. Der historische Ansatz im Leben des hl. Franz ist nicht eindeutig. Vielleicht darf man aber auf seine Vermittlung zwischen dem Bischof und dem Bürgermeister von Assisi hinweisen, vielleicht auch auf seine Stellung zwischen dem Sultan von Ägypten und dem Kreuzfahrerheer, sicher aber auf die vielfältige Friedensarbeit in den mittelitalienischen Städten.

2. In diesem Sinn übernimmt der hl. Johannes von Capestrano († 1456), ein Vertreter der strengen Regelobservanz, verschiedentlich Friedensmissionen, aber auch an der Seite des Generals Johannes Hunyadi die militärische Verantwortung im Krieg gegen die Türken. Gleichzeitig verbreitet er im Soldatenmilieu die Andacht zum Namen Jesu, der er den Sieg von Belgrad (1456) zuschreibt.

Laurentius von Brindisi († 1619) führt nicht nur mit dem Kreuz das Heer gegen die Türken zur berühmten Schlacht von Stuhlweissenburg (1601) an. Er ist auch Vermittler in einem wahren Sinn, zwischen Böhmen und Bayern (1606), zwischen Bayern und Spanien (1609), zwischen Savoyen und Mantua (1617), zwischen Neapel und Philipp III. (1618). Eine solche Vermittlertätigkeit übt auch Hyazinth von Casale

(† 1617) aus: In Wien, Paris, in Spanien, am Reichstag von Regensburg, überall will er, wie er einmal schreibt, «der Christenheit den Frieden bringen». Offen bekämpft er den Absolutheitsanspruch, die Winkelzüge und willkürlichen Entscheidungen der europäischen Mächte. Oft tritt er auch direkt seinem Mitbruder Joseph Le Clerc von Tremblay († 1838) entgegen. Dieser geht als «Graue Eminenz» in die Geschichte ein. Als Mann der Kontemplation, geistlicher Schriftsteller, Begründer der Benediktinerinnen von Kalvaria, Provinzial seines Ordens usw. wird er unter Ludwig XIII. Sekretär des Ministers und Kardinals Richelieu. Er träumt von einem neuen Kreuzzug gegen die Türken und scheut sich nicht, dafür mit den protestantischen Fürsten ein Bündnis zu schließen. Auf dem europäischen Kriegsschauplatz vertritt er mit seinen diplomatischen Unternehmungen die Interessen Frankreichs mit unübertrefflichem Geschick. Leider verwechselt er aber die Ehre Frankreichs mit der Ehre Gottes und greift zum Mittel der diplomatischen Intrige. Am Ende erkennt er wohl selbst die Unvereinbarkeit dieses Tuns mit einem echt geistlichen Leben.
Wie Hyazinth von Casale tritt auch Valerian Magno von Mailand († 1661) dem Vertreter Frankreichs offen entgegen, allerdings ohne Erfolg. Für den gesamten deutschen Sprachraum ist er jedoch von großer Bedeutung. Als Theologe, Philosoph, Prediger und Politiker tritt er in die Fußstapfen von Laurentius von Brindisi. Er predigt unter den Protestanten und erreicht die Rückkehr des Fürsten von Lichtenstein und des Landgrafen von Hessen zum katholischen Glauben. Darnach trifft man ihn in Podolien/Rußland als Missionar, am Hof Ludwig XIII. als Gesandten Wiens, am Reichstag in Wien als Vermittler zwischen Reich und Kirche, am Reichstag von Regensburg als Berater des päpstlichen Nuntius, an dem er, wie schon angedeutet, seinem französischen Mitbruder und Antipoden unterliegt. Vielleicht liegt der Grund für diese Niederlage in der Unabhängigkeit Valerian Magnos, während Joseph Tremblay der französischen Sache mit Leib und Seele verschrieben ist und dafür alle erdenkbaren diplomatischen Schachzüge anwendet.
Im Gegensatz dazu ist auch Innozenz Marcinò von Caltagi-

rone († 1655) ein echter Friedensstifter, nicht nur als Generalminister seines Ordens, sondern auch bei den spanischen und französischen Königen und in Deutschland. Daß der Westfälische Friede für Deutschland annehmbare Bedingungen bringt, ist zu einem großen Teil sein Verdienst. Innozenz ist auch ein faszinierender Prediger.
Die Reihe dieser Politiker könnte noch lange fortgeführt werden. Nur einer von ihnen soll noch besonders hervorgehoben werden: Markus von Aviano († 1699), der Befreier Wiens und «Schutzengel der Habsburger». Mit Weitsicht erkennt er die Gefahr, die dem Abendland durch die Truppen des Kara Mustafa drohen. Als Diplomat einigt er die Fürsten, als Prediger bereitet er achtzigtausend Soldaten auf den Kampf vor, mit dem Kreuz geht er ihnen in die Schlacht voraus.
An diesen Gestalten läßt sich ersehen, daß die Kapuziner in diplomatischen Diensten oft gegensätzliche Interessen vertreten. Daß Vermittlung und Einsatz für den Frieden etwas mit Spiritualität zu tun hat, dürfte unbestritten sein. Wie kann sich aber das Gewissen mit den Schachzügen für allzu menschliche Interessen und Ziele abfinden? Der Papst und die irdischen Machthaber wählen die Kapuziner gerade wegen ihrer persönlichen Rechtschaffenheit, der Reinheit ihres Gewissens und ihres selbstlosen Einsatzes. Auch weil sie als Söhne des hl. Franz in einem anderen Sinn und Geist verhandeln als die weltlichen Diplomaten und zu ganz anderen Mitteln finden können, was allerdings, wie wir sehen, nicht immer gelingt. Der diplomatische Dienst am Frieden, mag er oft auch durch nationale Interessen getrübt sein, ist nicht weniger befremdlich als die politisch und gewerkschaftlich orientierten Unternehmungen heutiger Franziskaner.
Die franziskanische Tradition, der Welt in allen Nöten und Schicksalsschlägen zu dienen, läßt Leonhard von Porto-Maurizio († 1751) 1744 eine Friedensmission unternehmen in Korsika, das sich gegen Genua auflehnt. Der selige Diego Joseph von Cadix († 1801) verhandelt mit Spanien. Der spätere Kardinal Massaia († 1889) und seine Nachfolger Taurin Cahagne († 1899) und Andreas Maria Jarosseau († 1941) werden Berater des äthiopischen Negus.
Am Ende des 19. Jahrhunderts sieht man in Ludwig von Ca-

soria († 1884) franziskanisches Weltverhalten modellhaft vorgezeichnet. Als begeisternde Kraft steht er hinter Carducci († 1907), dem italienischen Dichter, der im Volk beliebt ist. In Neapel wirkt er ähnlich wirkungsvoll wie Benedikt Joseph Cottolengo in Turin, nicht nur als Anwalt der Armen, sondern auch als Vertrauter, Berater und Apostel der Großen und Reichen. Es gelingt ihm, die von Natur aus gegensätzlichsten Parteien zusammenzubringen. Denn er weiß, daß der Geist des hl. Franziskus nicht ein kämpferischer Klassengeist ist, nicht ein Geist der Herrschaft oder ein Geist der Unterwürfigkeit, sondern ein Geist gegenseitiger Ehrfurcht und Liebe, ein Geist, der Frieden und Gerechtigkeit sucht und herstellt.

Dieser Geist läßt sich auch gewiß mit dem solidarischen Kampf verbinden, mit einem starken Willen im sozialen und politischen Bereich. So setzt sich Arthur O'Leary († 1802) in Wort und Schrift für die Unabhängigkeit seines irischen Heimatlandes ein. Michael von Esplugues († 1934), der geistliche Schriftsteller und Philosoph, ist ein glühender Verfechter der Freiheit Katalaniens. Auf einer anderen Ebene ist das Wirken Theobald Matthews († 1856) angesiedelt. Im Kampf gegen den Alkohol ist er Apostel der Mäßigkeit in Irland. Im flämischen Teil Belgiens gründet Cölestin Daubresse Werwik († 1896) ein Werk für Fremde und nicht Seßhafte.

3. Vielleicht darf man diesen Namen auch den Namen von Manfred Hörhammer anfügen, der vor allem nach dem Zweiten Weltkrieg für die deutsch-französische Aussöhnung wirkt und Mitgründer der Pax-Christi-Bewegung ist. Kardinal Julius Döpfner († 1976) schreibt über ihn: «Die kirchliche Friedensbewegung verdankt ihm bis in die Gegenwart nicht nur entscheidende Impulse, sondern viel von jener spirituellen Tiefendimension, ohne die sie ihr Fundament verlöre. Für die deutsch-französische Versöhnung hat er auf vielen Ebenen mehr getan, als bekannt ist. Er war und fühlte sich immer ‹an der Front›. Als das Experiment der französischen Arbeiterpriester in den fünfziger Jahren abgebrochen wurde, war er bei ihnen und sprach mit den verantwortlichen Bischöfen. Er setzte sich für Kriegsdienstverweigerer ein, als noch kein Konzil gesetzliche Regelungen zu ihrem Schutz befürwortet

hatte. Er wies als einer er ersten auf die Probleme der ausländischen Studenten, auf die Notwendigkeit der Hilfe für die hungernden Völker hin. Er blieb auch mit jenen im Gespräch, die von der Kirche nicht mehr viel hielten, und wurde als Mann der Kirche von ihnen anerkannt.» (Fries—Valeske).

4. F. R. Châteaubriand († 1848) sieht die soziale Bedeutung der franziskanischen Bewegung und den Einfluß, den diese auf das moderne Zeitalter nimmt, vor allem im politischen Engagement zugunsten der Gerechtigkeit in der Welt. Er schreibt das aber lange vor dem eindrücklichen Einsatz, den Franziskaner und Franziskanerinnen im Bereich der Industrie, der Gewerkschaftsbewegung, der demokratischen Bewegungen, der modernen Gesellschaft, vor allem in Südamerika, leisten.

1. Man könnte im Lauf meiner Ausführungen den Eindruck bekommen, als gäbe ich der Bedeutung der Minderbrüder ein zu großes Gewicht und als wollte ich den Geist des hl. Franziskus ausschließlich im Männerorden greifbar machen. Nun ist aber die franziskanische Spiritualität auch die prägende Kraft von zwei anderen Gemeinschaften, die auf Franziskus zurückgehen: Der Schwestern, welche ein beschauliches Leben führen und den Namen der hl. Klara tragen (Klarissen), und der Gemeinschaft, welche Getaufte aller Klassen und sozialen Schichten, Menschen, die in der Welt bleiben wollen, in sich vereinigt, und darum franziskanischer Weltorden heißt, in Deutschland «Franziskanische Gemeinschaft», in der Schweiz «Franziskanische Laiengemeinschaft» (früher «Dritter Orden»). Darum mußte ich in den vorausgehenden Kapiteln da und dort auf die Klarissen und die Terziaren hinweisen. Jetzt aber soll ihnen eine größere Aufmerksamkeit zuteil werden. 154

1. Eine Frage allerdings kann von uns nicht gelöst werden: Die Frage nämlich, ob Franziskus und Klara eine Frauen-Gemeinschaft gründen wollen, die zwar durch Gelübde an Gott gebunden sind, aber wie der Minderbruderorden ohne monastische Klausur leben. Kein zeitgenössischer Text gibt darauf eine befriedigende Antwort. Vieles weist jedoch darauf hin, daß das die Vision des hl. Franz und der hl. Klara ist. Nirgendwo sehen sie dafür Ansätze, die zur Verwirklichung dieses kühnen Gedankens ermutigen würden, weder in den Gewohnheiten der Zeit noch in der kirchlichen oder gesellschaftlichen Gesetzgebung, geschweige denn in der gängigen Mentalität. Wenn man bedenkt, welche Mühe Klara allein darauf verwenden muß, um eine Ausnahme vom Gesetz zu erlangen, das sogenannte «Privileg der Armut», dann sieht man ein, daß eine nichtklausurierte Lebensform für Frauen in ihrer Zeit undenkbar ist. Die franziskanische Spiritualität oder, wenn man will, das franziskanisch interpretierte Evan- 155

gelium, d. h. vollkommene Armut, keine materielle Unterstützung, kein Grundbesitz, kein Einkommen, wird also innerhalb einer Klausur gelebt werden müssen.

2. Der Orden der sogenannten «Armen Frauen» verbreitet sich schnell, sein Ideal wird bald von den kirchlichen, aber auch von den feudalen und bürgerlichen Autoritäten anerkannt. Beim Tod der hl. Klara (1253) ist diese Lebensform nahezu über ganz Europa verbreitet, wie die Namen der Seligen und Heiligen beweisen: Philippa Mareri in Italien († 1236), Agnes von Prag in Böhmen († 1280), Kunigunde und Yolanda in Polen († 1292 und 1298), Isabella von Frankreich († 1270) und andere. Einige Linien zur Geschichte der Klarissen mögen genügen.

3. Zunächst fällt die große Zahl von Klarissen aus Adels- und Fürstengeschlechtern auf. Das hängt damit zusammen, daß viele Mädchen bereits vor ihrer Entscheidungsfähigkeit in diese Klöster kommen. Man müßte jeden Einzelfall gesondert untersuchen. Was aber auch bei einer solchen Untersuchung herauskommen mag, die Frage bleibt: Warum gerade Klarissin? Eine Prinzessin oder sonst eine Tochter aus dem Adel gehört doch zuerst in ein Benediktinerinnen- oder Zisterzienserinnenkloster oder wenigstens in ein Frauenstift. Es gibt ja Klöster, die ausschließlich solche Frauen aufnehmen. Sofort nach dem Entstehen des neuen Ordens kommen jedoch junge Frauen aus hochgestellten Familien zu den Klarissen, bei denen doch die Äbtissin gewählt wird, ohne Rücksicht auf ihre Herkunft und nur auf Zeit, ohne Aussicht auf eine Rente. Das allein genügt, um einzusehen, daß die franziskanische Spiritualität und nicht etwa die besseren Aussichten das ausschlaggebende Motiv für die Plazierung eines Mädchens in einem Klarissenkloster ist. Die Frauen, welche der hl. Klara folgen wollen, distanzieren sich von der Welt, deren Sitten zerfallen.

4. Schon in jungen Jahren werden Battista Varano († 1524), der Tochter des Grafen von Camerino, mystische Erfahrungen zuteil. Gleichzeitig ist sie geprägt durch die antike Kultur. Sie verweigert die Fürstenhochzeit, wird Klarissin, schreibt theologische und mystische Traktate über die seelischen Leiden Jesu Christi, wobei ihr die humanistische Bil-

dung zugute kommt. Die selige Prinzessin Louise von Savoyen († 1503), die selige Margarita von Lothringen, die Gräfin von Alençon († 1521), die heilige Beatrice Meneses da Silva († 1490), die Gründerin der Klarissen-Konzeptionistinnen, haben die gleiche Gesinnung.

Hinter den Klostermauern verbirgt sich eine Fülle von faszinierenden Heiligen. Immer wieder kommt es auch zu Bekehrungen. Da gibt es unzählige Frauen, welche die ganze Aufmerksamkeit auf sich ziehen und besondere Studien verdienen. Im Freiburger Klarissenkloster verfaßt die große Mystikerin Magdalena Beutler († 1458) die «Goldene Litanei», eine Leidensmeditation mit kurzen Anrufungen. Über die Seelenstärke, Buße und mystischen Erfahrungen der hl. Hyazintha Mariscotti († 1640) könnten die Chroniken und Manuskripte, die zum größten Teil noch unveröffentlicht sind, Aufschluß geben. Charitas Pirckheimer († 1532), die Äbtissin von Nürnberg, steht als hochbegabte und heiligmäßige Frau mit den bedeutendsten Persönlichkeiten der Zeit im Briefverkehr, mit Tucher, Cochläus, Dürer, Erasmus, Spalatin. Mit Mut und Kraft widersetzt sie sich, allerdings vergebens, der drohenden Aufhebung ihres Klosters durch den Rat der Stadt. Die Bedeutung dieser Frau wird heute zunehmend erkannt. In Siena versenkt sich Pasithea Crogi († 1615) in die Passion Jesu, während im Klarissenkloster Marseille die deutsche Baronin Martha von Oraison († 1627) mystische Höhen erlebt. Louise von Lothringen († 1640) wohnt als Schwester Klara-Franziska im Kloster von Douai und wird von ihren Zeitgenossen als «Judith unserer Tage» beschrieben. Auch die Tochter des Physikers und Mathematikers Galileo Galilei, Schwester Maria-Celesta († 1642), ist eine überzeugende Klarissin. Maria von Agreda († 1665), die große Visionärin, ist während 22 Jahren die Seelenführerin des schwachen Königs Philipp IV. von Spanien.

Die selige Klarissin Josephine Le Roux erleidet in Valenciennes am 23. Oktober 1794 den Tod durch die Guillotine und bezahlt so für ihren Mut, trotz staatlichen Verbotes ihre Gemeinschaft wieder neu zu gründen. Kontemplation, vielfältige geistige und körperliche Arbeiten halten die Klarissen nicht von Neugründungen ab. In den jungen Kirchen Afrikas und des Fernen Ostens gründen sie neue Klöster, die oft vitaler und in der fremden Kultur heimischer werden als jene ihrer geistlichen Brüder.

156 1. Eine größere Nähe zur Welt haben von Anfang an die Laien, die, verheiratet oder zölibatär, in der Welt bleiben. Als Terziaren des hl. Franziskus sind sie Zeugen und Boten seiner Spiritualität inmitten des Alltags.
2. Wenn man die Bedeutung des Dritten Ordens im Mittelalter hervorheben will, muß man ihn innerhalb der Strukturen und Lebensbedingungen dieser Zeit sehen. Die ersten Terziaren leben in den alltäglichen Wirklichkeiten der Welt, als Kaufleute, Handwerker, Intellektuelle, Ritter, Juristen. Sie finden sich darum in einer zwiespältigen Lage. Sie gehen keine Gelübdeverpflichtung ein, sind also nicht eigentlich Ordensleute, lassen sich aber auch nicht einfach in die gesellschaftlichen Kategorien einordnen, denen Laien gewöhnlich angehören. Sie gehören nicht zu den Klerikern, die zu Gebet und Gottesdienst beauftragt sind (oratores), obwohl sie von ihnen und auch von den Mönchen gewisse Züge an sich tragen. Als Ritter (bellatores) wollen sie keine Waffen tragen. Sie gehören zwar den feudalen und bürgergemeindlichen Strukturen an, weigern sich aber, einen Eid zu schwören, sofern nicht bestimmte Bedingungen vorgegeben sind. Als Arbeiter, Landarbeiter oder Handwerker (laboratores) entziehen sie sich dem Streben nach Gewinn, lassen sich nur schwer auf Geldgeschäfte ein, widerstehen dem Konkurrenz- und Wettbewerbsdenken und fliehen die Banken. Dieses geistliche Ideal kann in einer sich entwickelnden Welt, in der die Gemeinden immer mächtiger, das Bürgertum immer stärker und der Geldgebrauch immer umfassender wird, nur schwer gelebt werden. Diese Zweideutigkeit führt zwangsläufig zu einer neuen Entwicklung, zur «Normalisierung», d. h. zur Angleichung an die traditionellen Formen des Ordenslebens, oder dann zum Bruderschaftswesen. Beides entspricht aber nicht der ursprünglichen Intention. Bis heute hat diese Gemeinschaft nicht wieder zur ursprünglichen Ortlosigkeit zurückgefunden, die, wie es scheint, zu ihrem Wesen gehört.
3. In vielen Fällen ist es schwierig, den Beitrag abzuschätzen,

den die franziskanische Spiritualität, wie sie im Dritten Orden gelebt wird, für das gesellschaftliche Leben leistet. Viele Namen muß man nennen seit den «ersten Terziaren», dem seligen Bauern Luchesius von Poggibonzi († 1260), seiner Gattin Buonadonna und dem Kammfabrikanten Petrus von Siena († 1289). Nur zu oft sind es die großen Leute und nicht die kleinen, die bekannt werden. Wenn also so viele Adelige, oft Mann und Frau gleichzeitig, in die Bußbruderschaft eintreten und darin als Heilige verehrt werden, dann darf man nicht vergessen, daß es unzählige sind, die in Stadt und Land zu einem franziskanischen Leben finden. In der Unordnung der Zeit werden sie angezogen vom evangelischen Leben, der Eucharistie und dem Wort Gottes. Die gesellschaftlichen Bedingungen bleiben dieselben, die hierarchischen Strukturen sind gewahrt, aber in der Gemeinschaft des Dritten Ordens ist echte Begegnung möglich, gegenseitiges Verständnis, ein gemeinsames, katholischeres Leben.

Der Großneffe des heiligen Ludwig von Frankreich und Bruder des hl. Ludwig von Toulouse († 1295), Robert von Anjou († 1343), König von Sizilien, ist Terziar. In dieser Familie der Anjou-Aragon-Sizilien gibt es neben einer ganzen Reihe von verkommenen und gewalttätigen Männern eine Tradition, Terziar, Minderbruder oder Klarissin zu werden. Der König von Kastilien, der hl. Ferdinand († 1252?) und Elisabeth, die Königin von Portugal († 1336) werden aus diesem franziskanischen Geist heraus Friedensstifter. Der hl. Elzear von Sabran († 1323) und seine Gattin Daphne von Puymichel († 1360) leben ihre kurzen Ehejahre in vollkommener Liebe und Keuschheit. Malatesta wählt die Lebensform des Dritten Ordens und lebt zusammen mit seiner Frau ein reines, sanftes Leben am pervertierten Hof von Rimini. Rochus von Montpellier († 1337) ist allgemein bekannt als der große Heilige im Dienst der Pestkranken. Der selige Heinrich, dänischer Fürst des 15. Jahrhunderts, zieht eines Tages das Kleid eines Terziaren an, verläßt den Hof, lebt in den Wäldern als Bettler und stirbt schließlich als Pilger in Perugia.

Es muß festgestellt werden, daß durch den Dritten Orden die franziskanische Spiritualität in alle sozialen Schichten eindringen kann. König Ludwig von Frankreich († 1270), der bis heute der Patron des Dritten Ordens ist, Christoph Columbus († 1506) und Jeanne d'Arc († 1431) sind — nach heutigen historischen Kenntnissen — nicht mit letzter Sicherheit Mitglieder in einem juristischen Sinn. Philipp III. († 1621), der im Kleid eines Franziskaner-Terziaren beerdigt werden will, wie es zur Tradition in gewissen Fürstenhäusern gehört, und die französische Königin Maria-Theresia von Österreich († 1683) dagegen gehören dazu. Vor allem im 19. Jahrhundert gibt es eine große Zahl von Menschen, die in der franziskanischen Lebensform, wie sie in der Drittordensregel zum Ausdruck gebracht ist, die größte dynamische Kraft für ihren Einsatz erblicken. Dieses Phänomen stellt man in ganz Europa fest, besonders als Gegenkraft gegenüber dem Materialismus und dem Agnostizismus. In Frankreich sind es Frédéric Ozanam († 1853), der Gründer der Vinzenzkonferenzen, Montalembert († 1870), der furchtlose Verteidiger der politischen Rechte der Katholiken, in Deutschland Bischof Ketteler († 1877), der Wortführer für kirchliche Freiheit und Sozialpolitik, Kolping († 1865), der große Fürsprecher der Lehrlinge und Gesellen, der Politiker Windhorst († 1891), der Begründer der christlichen Demokratie und Gegenspieler Bismarcks, in Spanien der bedeutende Politiker Donoso Cortes († 1853), in England der Dichter Coventry Patmore († 1896), die Kardinäle Manning († 1892) und Gibbons († 1921), in Italien Toniolo († 1918), der als Soziologe und Sozialpolitiker an der Enzyklika «Rerum Novarum» mitarbeitet und die Sozialwochen in Italien und Frankreich begründet, und viele andere, die das christliche und nationale Gewissen aufwecken. Der Dritte Orden muß auch im Zusammenhang mit dem Laienapostolat und der Katholischen Aktion gesehen werden. Leon Harmel († 1915) und seine Briefpartner außerhalb Frankreichs teilen darum mit Papst Leo XIII. die Auffassung, daß der Dritte Orden dem Leben noch mehr angepaßt werden soll, wie es die ursprüngliche Absicht des hl. Franz gewesen ist. Entsprechend dem Titel, den der selige Benedikt von Urbino († 1709) einem Werk über den Dritten Orden gibt («Das geistliche Leben in der Welt», 1691) — die gleiche Lehre vertritt auch das Handbuch von Claudius Frassen († 1711) — hat man lange geglaubt, der Dritte Orden sei eine bloße Verlänge-

rung des Ordenslebens in die Welt hinein. Einen Schritt weiter macht jetzt die Konstitution Leos XIII. «Misericors Dei Filius» vom 30. Mai 1884. Darin soll bewußt gemacht werden, daß die franziskanische Weltgemeinschaft eine Schule der Spiritualität ist, allen zugänglich, nicht nur im Hinblick auf die persönliche Heiligung, sondern auch im Hinblick auf das Apostolat in Gesellschaft, Familie und Pfarrei. Das 20. Jahrhundert bringt in zunehmenden Maß das Bewußtsein, nicht bloß der verlängerte weltliche Arm des ersten Ordens, sondern eine eigene Gemeinschaft zu sein. In allen Ländern organisiert man sich auf nationaler Ebene: eine eigene Leitung, eigene Zeitschriften und Bildungshäuser entstehen. Nach dem 2. Vatikanischen Konzil entstehen verschiedene Initiativen: in einem jahrelangen Mühen von Terziaren und Brüdern des ersten Ordens aus allen Ländern entsteht eine neue, der heutigen Welt angepaßte Regel, die von Paul VI. bestätigt wird. In Assisi wird in mehreren Kongressen die Geschichte des Dritten Ordens von den besten Historikern erforscht und dargestellt. Schließlich entsteht unter Führung der dynamischen Manuela Mattioli aus Venezuela eine einheitliche Organisation und Leitung auf Weltebene.
Die Laiengemeinschaft ist bereit, in Welt und Kirche Verantwortung zu übernehmen. Vor allem auch in Ländern der Dritten Welt entfaltet sich ihre dynamische Kraft.

1. Neben der geschilderten Form des franziskanischen Weltordens bildet sich noch eine andere heraus: Der «Regulierte Dritte Orden», anders gesagt: Männer- und Frauenkongregationen, die nach der Regel des Dritten Ordens leben, aber Ordensgelübde ablegen. Auch sie sind feurige Erben und Vermittler der franziskanischen Spiritualität. 157

2. Über Jahrhunderte hinweg sind diese Kongregationen ausschließlich durch die Kontemplation geprägt. Ihnen zuzuzählen sind bereits die seligen Franziskus von Pesaro († 1350) und Wilhelm von Sicli († 1404), die als Terziaren die Einsamkeit suchen und nichts anderes als das Gebet und die Meditation kennen wollen. Zu einem eigenen geschlossenen Kloster führt in Foligno die Initiative von Angelina von Corbara († 1435). Ihre schwache Gesundheit erlaubt es ihr nämlich

nicht, die Armut und Bußstrenge der Klarissen zu übernehmen, weshalb sie eine neue Lebensform sucht, die Klosterleben und franziskanische Inspiration miteinander verbindet. In anderen Städten gibt es ähnliche Beispiele, besonders auch, weil das gemeinsam religiöse Leben von Frauen die Klausur fordert. Nördlich der Alpen nimmt die religiöse Frauenbewegung des 13. und 14. Jahrhunderts unübersehbare Ausmaße an. Man kann nicht immer unterscheiden zwischen Beghinenkloster und Terziarinnenkloster. Oft auch wird zu einem bestimmten Zeitpunkt der Übergang vom einen zum andern bewußt vollzogen. So ist das Kloster St. Agnes in Utrecht bis 1422 ein Kloster für «Schwestern des Gemeinsamen Lebens». Von da an lebt es nach der Regel des hl. Franz. Es wird vor allem bekannt durch ein Buch, in dem 85 lateinische und 106 niederländische geistliche Lieder gesammelt sind und das zu den ältesten musikalischen Quellen dieses Sprachraumes gehört. Heute noch große Kongregationen reichen in diese Zeit zurück: Die Dillinger Franziskanerinnen (1241), Maria Stern in Augsburg (1258) und Gnadenthal (1276). Allerdings haben sich diese im letzten Jahrhundert von der ausschließlich kontemplativen Lebensform gelöst und sich den großen sozialen Nöten des 19. Jahrhunderts gestellt. Viele Kapuzinerinnen und Franziskanerinnen, die heute noch eine strenge Klausur leben, müssen in diesem Zusammenhang erwähnt werden, unzählige Klöster, die heute noch kontemplative Freiräume für den Menschen freihalten.

3. Da der Sinn für diese Existenzform heute nicht mehr so deutlich erkannt wird, soll eines von den vielen herausgegriffen werden, das in jüngster Zeit ein eindrückliches Glaubenszeugnis hinterläßt: das 1856 gegründete Kapuzinerinnenkloster in Mainz, von dem aus auch andere Gründungen entstehen: Pfaffendorf bei Koblenz (1902), Melville/Natal (1930) und Swellendam/Südafrika (1952). Aber nicht dieses Hinausdrängen, das an sich schon eine große Dynamik verrät, ist der Anlaß dieser Erwähnung, sondern das innere Leben der Gemeinschaft, das sich in besonderen Umständen immer wieder bewährt. Ich stütze mich im folgenden wörtlich auf einen Bericht, den Sr. M. Consolata Theresia aufgrund der mündlichen und schriftlichen Quellen zusammengetragen hat.

Im Kulturkampf ist das Kloster in seiner Existenz bedroht. Die Chronik berichtet aus dieser Zeit: «Wir sind zwar zum Aussterben verurteilt, aber fest entschlossen zusammenzuhalten und bis zum letzten Atemzug das Engelgeschäft der Ewigen Anbetung fortzusetzen.»
Der Zweite Weltkrieg greift einschneidend in das Leben der Schwestern ein. Das nationalsozialistische System verpflichtet das Kloster zu schwerer Arbeit. Die Klosterchronik hält fest: «Der Beschluß des Arbeitsamtes ist folgender: Unser ganzes Kloster ist arbeitsverpflichtet. Jede arbeitsverpflichtete Schwester muß täglich acht Stunden an der uns von der Firma Werner und Merz zugewiesenen Heimarbeit arbeiten. Gegenwärtig hat die Fabrik Heereslieferung. Vom 15. November an müssen wir täglich 48 000 Dochthalter für die Hindenburglampen fertigstellen. Obwohl diese Arbeit für uns alle eine große Belastung war, danken wir dem lieben Gott, daß er alles so gnädig gefügt hat. Wie hart wäre es, wenn die jüngeren Schwestern die Klausur verlassen und in eine Fabrik, Kontor oder dergleichen gehen müßten.» Der Konvent wird in eine Blechfabrik umgewandelt. Das religiöse Leben kann nur mit günstiger Arbeitsteilung weitergeführt werden.
Dann kommt das Jahr 1945, die letzten Tage des großen Krieges. Wegen der immer größer werdenden Fliegergefahr werden neun Schwestern evakuiert. Der 27. Februar, der fast ganz Mainz in einen Schutthaufen verwandelt, fordert das Lebensopfer von 41 Schwestern. Ein ergreifendes Zeugnis von der Vorahnung des kommenden Tages wird später im Luftschutzgepäck der Schwestern gefunden: «Gegeben am Tage der Ewigkeit. Meine liebe, gute Schwester! Den König, dem alle leben, ihn wollen wir freudig und dankbar anbeten. Er ist ja so gut, ewig währt sein Erbarmen. Darum weine nicht, ich bin ja nicht gestorben, nein, nur schlafen gegangen, um am ewigen Ostermorgen, wenn durch des Engels Posaune das allgemeine Wecken ertönt, wieder aufzustehen. — Der Tod ist ja nur das Tor zum Leben! ... Jetzt, wo ich von der Fessel des Lebens befreit bin, bin ich Dir ja schon viel näher, als ich es bis jetzt sein konnte ... So lebe denn wohl, auf ein frohes Wiedersehen im ewigen Glorienlicht. Deine Schwester Maria Klara.»

Wie die ersten Bomben fallen, nimmt die Äbtissin das Allerheiligste aus dem Tabernakel und flüchtet mit den Schwestern in den vorderen Teil des Kellers unter der Kapelle. Volltreffer auf Volltreffer schlägt über den Schwestern ein. Staubwolken dringen in den Keller. Die Klostermauern stürzen dröhnend zusammen, aber das Kellergewölbe hält stand. Der Bombenlärm verebbt, einige Schwestern laufen nach oben. Das Kloster steht in Flammen. Eine Schwester fordert die anderen auf, den Keller schnell zu verlassen, da ein Ausgang noch frei ist. Sie wartet lange und voller Angst, aber sie kommen nicht herauf. Auch einige Schwestern, die in den Garten gekommen sind, gehen wieder in den Keller zurück. Die vergeblich wartende Schwester kommt mit dem Leben davon und bezeugt: «So stand ich ratlos und verlassen oben und blickte zu unserem brennenden Kloster hinüber. Die Augen brannten von Ruß und Staub, und die Kehle schmerzte von beißendem Rauch. Die Kleider fingen an zu sengen, denn dicht wirbelten glühende Flocken auf mich nieder. An mir rannten Leute vorbei, die aus der Richtung unseres Klosters kommend ihre brennenden Häuser hatten verlassen müssen, um ihr Leben zu retten.»

Eine Rettungsmannschaft bahnt sich einen Weg in den Keller, unter ihnen der Jesuitenpater Manuwald. Ein erschütterndes und ergreifendes Bild bietet sich ihnen dar: Die Oberin und die Schwestern sind tot, die meisten in kniender Stellung, die Arme im Gebet ausgebreitet, aneinander gelehnt. Eine Kerze brennt noch auf dem Leuchter.

Was eigentlich vorgefallen ist, weiß man nicht. Die beiden heiligen Gefäße stehen wohlbehalten da, aber leer. Offenbar hat die Oberin den Schwestern in der Sterbestunde die heilige Kommunion gereicht, bis der Speisekelch leer war. Die Schwestern hatten ihr Leben hingegeben als Sühne und als Opfer für den Frieden.

Das Kloster kann nach dem Krieg wieder aufgebaut werden. Zu den drei Überlebenden kommen neue Mitschwestern. Seit 1968 gehört das Kloster nicht mehr zum Regulierten Dritten Orden, sondern zu den Klarissen. Es führt den kontemplativen Lebensstil weiter. «Unsere erste Aufgabe sehen wir darin, daß wir den Glauben an die eucharistische Gegenwart

Christi bezeugen. Deshalb ist für uns die Eucharistiefeier am Morgen Höhe- und Ausgangspunkt unseres Lebens. Auf sein Hingegebensein im eucharistischen Brot suchen wir in Anbetung und dankbarer Gegenliebe zu antworten, auch stellvertretend für unsere Brüder und Schwestern. In unserem Alltagsleben sieht es so aus, daß wir uns im anbetenden Verweilen vor dem Allerheiligsten abwechseln und gemeinsam die Stundenliturgie feiern. Doch nicht nur jene Schwester, der gerade die eigentliche Anbetung obliegt, erfüllt diesen Auftrag, sondern all unser Tun und Lassen, Gebet und Arbeit, dienen der Verherrlichung des eucharistischen Christus. Eine sinnvolle und hohe Aufgabe ist es für uns, die Hostien für unsere Diözese zu bereiten. Auf diese Weise kommen wir dem ausdrücklichen Willen der Kirche nach, uns selbst um unseren Lebensunterhalt zu mühen.»

1. Zu dieser kontemplativen Existenzform innerhalb des Re- 158
gulierten Dritten Ordens treten jene Gemeinschaften, die sich durch die Tat auf die Welt und ihre konkreten Nöte einlassen. Interessanterweise sind es vor allem Frauengemeinschaften, die diese Lebensform leben. In Deutschland gibt es nur fünf Männerkongregationen, die nach der Regel des Dritten Ordens leben: Die 1857 gegründeten Armen Brüder vom hl. Franziskus in Aachen, die Brüder des hl. Paulus von Queichheim/Landau (1913), die Franziskaner-Terziaren vom Heiligen Kreuz in Haus/Waldbreitbach (1862), die Missionsbrüder des hl. Franz (1895) und schließlich die Bayrischen Eremiten-Verbrüderung, die 1843 wiedererrichtet werden. Auch was die Mitgliederzahl betrifft, erreichen die Männerkongregationen nie die Stärke der Frauengemeinschaften.
Schule, Krankenpflege, sozialer Einsatz für Waisen; Alte, Behinderte, Beziehungsgestörte usw., aber auch Fabrik und Verwaltung, heute immer mehr auch eigentliche Seelsorge, sind die Bereiche, in denen diese Genossenschaften wirken. Welches die erste Franziskanerinnen-Kongregation ist, die Erlaubnis bekommt, ohne Klausur, aber mit öffentlichen Gelübden zu leben, kann man nicht mehr genau sagen. Elisabeth von Thüringen und ihre Gefährtinnen haben nie Gelübde ab-

gelegt. Vielleicht ist es Paula Gambara Costa († 1508), die zum ersten Mal in Binasco so kühne Gedanken entwickelt, oder Maria-Anna von Jesu de Paredes († 1645), die in Quito/Equador zu den Pionieren unter den franziskanischen Missionaren in Südamerika zählt.

2. Das 19. Jahrhundert bringt explosionsartig eine große Zahl von Frauenkongregationen hervor, ein Beweis für die Vielfältigkeit der Not, auf die sie Antwort geben. Offenbar ist dieses Jahrhundert, trotz allem, was man gegen es sagen kann, Gott und der Welt verantwortlich. Sehr oft wählt man eilig die franziskanische Regel und die Schutzherrschaft des hl. Franz. Es genügt aber nicht, einen Strick mit Knöpfen um den Körper zu binden, um Franziskanerin zu sein. Inzwischen hat man das fast überall erkannt:

Man denkt über die franziskanische Lebensform nach, es kommt zu Föderationen, Zusammenlegungen, gemeinsamen Studien- und Exerzitienwochen, man legt Noviziate zusammen, besorgt gemeinsame Veröffentlichungen. Im deutschen Sprachraum führen die Werkwochen zur wertvollen Reihe «Wandel in Treue» und zu einem wirkungsvollen Sekretariat in Karlsruhe.

In neuerer Zeit geht man daran, für alle eine einheitliche Regel zu verfassen, die unmittelbarer von Franziskus und Klara inspiriert ist. So wird eine größere Einheit zustandekommen, ohne daß man die geschichtlich gewordenen Besonderheiten und Eigenheiten aufgeben muß.

3. Um den wirklichen Stellenwert und die Bedeutung zu erahnen, welche diese Schwesterngemeinschaften in unserer Gesellschaft und in unserer Kirche haben, muß man sie einmal gesamthaft vor Augen haben, wenigstens soweit sie im deutschen Sprachraum beheimatet sind. Freilich: Wenn die Gemeinschaften nicht über eine Stadt hinauswachsen, finden sie hier keine Erwähnung.

1. 1241 entstehen aus einer Beghinenvereinigung die *Franziskanerinnen von Dillingen*, die sich im Lauf der Geschichte von ihrer rein kontemplativen Lebensform lösen und für Krankenpflege, Schule, Erziehung und Seelsorge sich öffnen.

2. 1258 übernimmt die Beghinensiedlung in Augsburg die Drittordensregel. Das Kloster Maria Stern öffnet ab 1774 die Klausur und

setzt sich für verschiedene menschliche Grundbedürfnisse ein. Diese Umwandlung hat dann eine Expansion zur Folge, so daß die *Sternschwestern* heute in über hundert Häusern wirken.
3. Ebenfalls auf einen Beghinenhof im 13. Jahrhundert zurück geht das Franziskanerinnenkloster *Kaufbeuren*, das vor allem auch durch die selige Maria Kreszentia Höss († 1744) bekannt wird, die wegen ihrer äußersten Armut mehrfach abgewiesen und erst durch die Vermittlung des lutherischen Bürgermeisters aufgenommen, dann aber Novizenmeisterin und Oberin wird. Die Übernahme der Drittordensregel, durch die der Einsatz in der Welt möglich wird, erfolgt erst 1913.
4. Auf das Jahr 1276 zurück reichen die *Franziskaner-Terziarinnen vom hl. Johannes in Gnadenthal/Ingolstadt*. Die erst 1489 eingeführte Klausur wird beim Wiederaufleben des Klosters nach der Säkularisation aufgegeben, damit die Mädchenschulen der Stadt übernommen werden können.
5. Im 15. Jahrhundert arbeiten an den Elisabeth-Hospitälern Krankenschwestern, die 1566 z. T. zur päpstlichen Klausur verpflichtet und so zu geschlossenen rein kontemplativen Gemeinschaften werden, z. T. aber auch als aktive Schwesternschaften weiterdauern. Unter ihnen sind vor allem zu nennen die *Hospitalschwestern der hl. Elisabeth von Aachen* die 1622 von Apollonia Rademacher († 1626) gegründet werden, einer Frau, die ihr ganzes Vermögen und ihr Leben für ihr Werk einsetzt und bis heute die Aufmerksamkeit erregt.
6. Die *Franziskaner-Terziarinnen von Brixen* geben als Gründungsjahr 1700 an.
7. Die *Schulschwestern von Bozen* (1713) *und Kaltern* (1723).
8. Die *Schwestern von der hl. Elisabeth in Alzburg* kommen ursprünglich eigentlich aus Prag, wo sie 1749 gegründet werden. Die Alzburger Schwestern ihrerseits gründen 1840 die *Schwestern der hl. Elisabeth von Neuburg/Donau*.
9. Ein Arbeits- und Erziehungsinstitut für schulentlassene Mädchen ist die 1830 gegründete Gemeinschaft der «Armen Dienst- und Lehrschwestern bei Sankt Jost zu Baldegg», wie sich die heutigen *«Schwestern von der göttlichen Vorsehung von Baldegg»* nennen.
10. 1842 entstehen in Vöklabruck/Österreich die *Armen Franziskaner-Schulschwestern* und
11. 1843 in Essen die *Barmherzigen Schwestern von der hl. Elisabeth*.
12. Im gleichen Jahr entstehen in Graz-Eggenberg/Österreich die *Franziskanerinnen von der Unbefleckten Empfängnis*.
13. 1844 nützt der Franziskaner Christophorus Bernsmeyer († 1858) die Zeit, in der er durch die Säkularisation außerhalb des Klosters

leben muß, indem er auf die Not der Waisen und Kranken eingeht. Er gründet die *Krankenschwesternkongregation St. Mauritz/Münster.*

14. Das gleiche Jahr sieht in der Schweiz die *Lehrschwestern vom hl. Kreuz in Menzingen* entstehen, eine Institution, durch die Theodosius Florentini († 1865) und Maria Bernarda Heimgartner († 1863) zu Pionieren des Schweizerischen Schulwesens werden.

15. Die selige Maria Franziska Schervier († 1876), deren Mut, neue Wege zu beschreiten (sie wagt sich in Männerkleidern in Bordelle, um Mädchen vor der sittlichen Verwahrlosung zu retten), bis heute leuchtet, gründet 1845 die *Schwestern der Armen vom hl. Franziskus.*

16. In Wien entstehen 1845 die *Franziskaner-Schulschwestern.*

17. und, ebenfalls in Wien, 1848 die *Töchter der christlichen Liebe.*

18. Die 1852 in Holland gegründete *«Genossenschaft der Franziskanerinnen von der Buße und der christlichen Liebe»* läßt sich 1854 auf der Insel Nonnenwerth nieder, von wo aus sich starke deutschsprachige Provinzen ausbreiten.

19. 1853 geht aus den Dillinger Franziskanerinnen eine neue, selbständige Kongregation hervor: Die *Franziskanerinnen von Siessen.*

20. Im gleichen Jahr werden die *Franziskanerinnen von Reute*, die Schwestern der christlichen Barmherzigkeit gegründet,

21. nur ein Jahr später, 1854, die *Franziskanerinnen von Bonlanden.*

22. Ebenfalls von Dillingen aus wird 1854 eine andere, unabhängige Kongregation gegründet: Die *Franziskanerinnen von Au/Inn.*

23. 1855 ist das Gründungsjahr der *«Dienerinnen der hl. Kindheit Jesu»* von Würzburg/Oberzell oder, wie man sie auch nennt, der *Zeller Schwestern.* Ihr ursprüngliches Ziel, verwahrlosten und gefallenen Mädchen einen Halt zu geben, ist später ausgeweitet worden.

24. Das alte aufgehobene Kloster Mallersdorf bekommt 1869 einen neuen Sinn. Durch Betreiben des Bischofs J. Senestrey († 1906) wird es Mutterhaus einer der stärksten und vielseitigsten Frauengemeinschaften Deutschlands, der 1855 in Pirmasens gegründeten «Armen Franziskanerinnen (von Mallersdorf)» bzw. der «Töchter der hl. Familie.»

25. Zusammen mit Theresia Scherer († 1888), die von Menzingen (vgl. 14) herkommt, gründet Theodosius Florentini 1856 die Franziskaner-Kreuzschwestern von Ingenbohl, die sich ursprünglich vor allem der Krankenpflege widmen, dann aber ebenfalls Schulen übernehmen. Die beiden Kongregationen von Menzingen und Ingenbohl werden sich in der Folge bis in die hintersten Bergdörfer niederlassen. Weder Schul- noch Krankenwesen der Schweiz wären ohne sie denkbar.

26. 1856 ist auch das Gründungsjahr der Südtiroler *Schulschwestern von Mühlbach*.
27. 1857 gründet Josephina Koch die *Franziskanerinnen von der hl. Familie* in Mayen/Rheinland.
28. Ebenfalls in diesem Jahr wird für ein Heim für verlassene Kinder eine Kongregation gegründet, die sich später auch anderen Zielsetzungen widmet und in andere Gegenden ausdehnt: die *Franziskanerinnen von Heiligenbronn* oder, wie sie sich auch nennen: die Schwestern von der Buße und der christlichen Liebe.
29. 1860 ist das Gründungsjahr einer Gemeinschaft, die sich im gleichen Jahr noch aufspaltet und dann in zwei große Kongregationen entfaltet. Beide wollen kontemplative Lebensform (Ewige Anbetung) mit Aktion verbinden. Es sind die *Salzkottener Franziskanerinnen*, die 1860 in Olpe von Clara Pfänder († 1882) gegründet werden und auch «Schwestern des hl. Franziskus» und «Töchter der heiligen Herzen Jesu und Mariä» heißen. 1863 ziehen die Schwestern nach Salzkotten, während
30. in Olpe die Schwestern um Maria Theresia Bonzel († 1905) zurückbleiben und sich *«Arme Franziskanerinnen von der Ewigen Anbetung»* nennen.
31. 1860 entstehen auch die *«Dienerinnen der Göttlichen Vorsehung»* von Schänbrunn/Bayern. Sie widmen sich vorwiegend den geistig und körperlich Behinderten.
32. Rosa Flesch († 1906) gibt ihrer Gründung aus dem Jahr 1863 den Namen des Marienheiligtums von Portiuncula, das Franziskus vor allen anderen liebte. Die *Waldbreitbacher Franziskanerinnen* heißen offiziell «Franziskanerinnen der Allerseligsten Jungfrau Maria von den Engeln.»
33. In Herford/W. entstehen 1864 die *«Franziskanerinnen der Heiligen Familie»* und
34. 1866 die *Barmherzigen Schwestern von Gengenbach*, die allerdings erst 1904 sich auf eine franziskanische Grundlage stellen.
35. 1867 werden in Kronburg/Österreich die *Schwestern des Dritten Ordens* gegründet.
36. In Thuine gründet 1869 Anselma Bopp († 1887) die *Franziskanerinnen vom hl. Märtyrer Georg*, eine Kongregation, die sich weltweit ausweiten wird.
37. 1890 werden am Wallfahrtsort Vierzehnheiligen die *Franziskusschwestern* gegründet, vor allem für Seelsorgshilfe, aber auch für pädagogische und karitative Aufgaben.
38. 1891 legt Bischof Korum von Trier die Grundlagen für eine Kongregation für moderne soziale Aufgaben: die *Joseph-Schwestern von Trier*.

39. J. F. Busserau († 1919), der in verschiedenen Bereichen der Seelsorge charismatisch wirkt, in der Exerzitienbewegung, in der Jugenderziehung, in Sträflings- und Erholungsfürsorge, im Heimwesen, gründet zu seiner Hilfe 1896 die *Schwestern vom hl. Paulus in Herxheim/Pfalz* (und später auch Paulusbrüder).
40. D. Ringeisen († 1904) kauft das alte Prämonstratenser Kloster Ursberg und errichtet darin ein Heim für Behinderte und für deren Pflege, die *«St. Josephs-Kongregation vom 3. Orden des hl. Franziskus»*, die dann viele Häuser ähnlicher Art übernimmt.
41. In Solothurn/Schweiz entsteht 1924 die *«Schwesternschaft des Seraphischen Liebeswerkes»*. Sie wird durch das Ehepaar F. Spieler-Meyer und die Kapuziner Florian Walker und Arnold Nussbaumer gegründet, um die vielfältige Not im Bereich von Familie und Jugend zu wenden.
42. 1926 spalten sich von den Franziskusschwestern von Vierzehnheiligen (vgl. 36) die *Solanusschwestern* ab, die sich vor allem in den Missionsländern einsetzen wollen.

1. In Theologie und Philosophie, in den Apostolatsformen, 159
in den verschiedenen Gesichtern der Heiligkeit, in den Strömungen der Spiritualität ist die franziskanische Familie nicht einheitlich. Auch Franziskus selbst ist nicht monoton und farblos. Er ist Dichter, aber auch ein äußerst strenger Aszet. Er zeigt viel Verständnis für die menschliche Schwäche, ist aber gleichzeitig ein großer Mystiker. Er ist demütig und allen untertan, weiß sich aber von einer Sendung in Kirche und Welt erfüllt, und tut alles, um sie zu erfüllen. So sind auch die Unterschiede, die man in der franziskanischen Familie feststellen kann, von Bedeutung. Sie erst machen es möglich, daß der Geist des hl. Franz überall gegenwärtig werden kann und seine Sendung weitergeführt wird.

2. Die Päpste sind der Bewegung günstig gesinnt. Nicht nur jene, die zur Zeit des hl. Franziskus die Kirche leiten: Innozenz III. († 1216), Honorius III. († 1227), Gregor IX. († 1291), auch nicht nur jene, die selbst Franziskaner sind: Nikolaus IV. († 1292), Alexander V. († 1410), Sixtus IV. († 1484), Sixtus V. († 1590), Klemens XIV. († 1774), sondern vor allem auch jene, die im letzten Jahrhundert leben. Ohne die Päpste der Kirche einem Orden eingliedern zu wollen und ohne die anderen Impulse des Denkens und Fühlens zu unterschätzen, die sie in ihrer Aufgabe begleiten, darf man doch in Leo XIII. († 1903) und in Johannes XXIII. († 1963) den Geist des hl. Franziskus feststellen.

1743 verordnet Benedikt XIV. († 1758), daß der ordentliche Prediger des Papstes und der Kurie fortan Kapuziner sein müsse, eine Bestimmung, die heute noch in Kraft ist. Dadurch wird die franziskanische Spiritualität in die Mitverantwortung der Kirche einbezogen. Vor der Wahl zum Papst ist Benedikt XIV. Beichtvater des hl. Leonhard von Porto-Maurizio († 1751) und setzt sich für die Verbreitung des Kreuzweges ein. Er ist jedoch nicht selbst Franziskaner wie sein Nachfolger, Klemens XIV. († 1774), der auch als Papst der Fra Lorenzo bleibt, der er vorher in seinem Kloster war. Die

franziskanische Sanftheit wird zum Teil sogar zur Schwachheit. So sehr läßt sich dieser Papst von den Großen dieser Welt beeindrucken, daß er unüberlegte Entscheidungen trifft, die sich aber dann dennoch zum Guten der Kirche auswirken. Ein Jahrhundert später ist ein anderer franziskanisch gesinnter Papst an der Spitze der Kirche. Er beeindruckt durch seine Frömmigkeit, durch seine Sanftheit, aber auch durch seine überdurchschnittliche Tatkraft: Leo XIII. († 1903), der erste Papst, der sich den modernen Ideen der Demokratie zuwendet. Mit seiner Enzyklika «Rerum novarum» über die Arbeiterfrage prägt er der katholischen Welt die sozialen Verpflichtungen ein. Nach ihm entwickeln alle Päpste die «Soziallehre der Kirche» weiter. Als Franziskanerterziar ist Leo XIII. dem Franziskusorden persönlich verbunden. Die Liebe des hl. Franz für die Kleinen und Armen, sein Einsatz für Frieden und Eintracht inspirieren gewiß auch die Päpste Pius XII. († 1958) und Johannes XXIII. († 1963).
Mit dem Namen Leo XIII. verbunden ist auch das — von franziskanischem Gesichtspunkt aus betrachtet — größte geschichtliche Ereignis der neueren Zeit: die weltweite Feier des 700. Geburtsjahres des hl. Franz (1882). Dieses Jahr ist von historischer Bedeutung.
3. Man muß einige Jahre zurückgehen um verstehen zu können, welche Bedeutung diesem Jubiläum zukommt. Denn erst zu Beginn des 19. Jahrhunderts kommt ein neues Interesse für Franziskus auf, wahrscheinlich erzeugt durch die erste Veröffentlichung (1806) der 2. Lebensbeschreibung von Thomas von Celano. Die historisch-kritische Methode ist noch nicht entdeckt, aber immerhin versucht man sich in einer neuen Art der Dokumentation. Dann geschieht etwas Unerwartetes. Am 12. Dezember 1818 entdeckt man in der Tiefe der Basilika in Assisi, nach Wochen systematischer und geheimer Nachforschungen, die Gebeine des hl. Franz. Eine Krypta wird über dem Grab gebaut. Sofort verstärkt sich das Interesse der Pilger. Die Entdeckung des Leibes führt folgerichtig zur Entdeckung des Geistes.
Diese Wiederentdeckung wird im übrigen begünstigt durch das allgemein festzustellende neue Interesse für das Mittelalter. 1822 entdeckt Cesari die lange Zeit vergessenen «Fioret-

ti». In Straßburg veröffentlicht Joseph Görres († 1848) sein Buch «Der Heilige Franz von Assisi als Troubadour» (1826), eine Art Vorspiel zur Sammlung der Franziskanerdichter, welche der Franzose Frédéric Ozanam († 1853) 1852 herausbringt. Das erbauliche und fromme Franziskusbild der früheren Biographen macht dem romantischen Platz. Franziskus ist eine romantisch-ritterliche Gestalt, lebt in einem idyllischen Mittelalter, ohne La Verna, ohne Christus ... oder doch beinahe. Die Rehabilitierung des Mittelalters, wie sie Charles de Montalambert († 1870) in der Einführung zu seiner «Geschichte der hl. Elisabeth von Ungarn» (1836) vornimmt, teilt diese historisierende Romantik und damit auch eine ernstzunehmende Religiosität. 1845 beginnen Franziskus Frediani und der Terziar und Drucker Cesare Quasti in Prato mit der Veröffentlichung ihrer «Bibliothek der Franziskanerklassiker», um in Vergessenheit geratene Franziskanerautoren in Erinnerung zu rufen. Die politischen Verhältnisse verhindern es dann allerdings, daß dieses Unternehmen weitergeführt wird. Denn obwohl der religiöse Schwung stark ist — die antireligiösen und antiklerikalen Kräfte, die von Voltaire († 1778) ausgehen, sind es nicht weniger. So schreibt Gioberti († 1852) in «Libertà cattolica»: «Das Leben des hl. Franz ist ein auf dem Leben Christi aufbauender Mythos, der die Poesie wie auch die Unwissenheit, Roheit und den Aberglauben des Mittelalters offenbart. Die Protestanten haben die darin enthaltenen Kindereien aufgezeichnet. Sie haben aber nicht seine schöne dichterische Seite erkannt. Es ist ein Volksmythos. Eine Art grober und demokratischer Erneuerung des Christentums, die Franziskaner bilden die Demokratie des Christentums» (A. Gemelli). Viel bleibt also zu tun, nicht nur um die echte geistliche Lehre des hl. Franz wieder zu finden, sondern auch im geschichtlichen Bereich. Die kindliche Atmosphäre, welche Manzoni († 1873) in «Die Verlobten» um die Schüler des hl. Franz legt, kann nicht genügen.

Von größerer Bedeutung sind die Textveröffentlichungen, selbst wenn sie noch nicht den Anforderungen der Textkritik entsprechen. 1857 wird ein Teil der Chronik des Salimbene von Parma († ca. 1288) veröffentlicht, die etwas vom Milieu

wiederherstellt, in dem der Franziskusorden entstanden ist. 1858 erscheint dann die Chronik des Thomas von Eccleston († 1258), in der berichtet wird, wie die ersten Brüder Italien überschreiten und nach Frankreich und England gehen. Zwölf Jahre später bringt Voigt die Chronik des Jordan von Giano († 1263) heraus, der die ersten Schritte der Franziskaner in Deutschland beschreibt. Durch die Predigten des Berthold von Regensburg († 1272), die 1882 zum ersten Mal herausgegeben werden, bekommt diese Beschreibung eine willkommene Ergänzung. Alle diese Publikationen lassen das Klima erstehen, in dem in Italien, Deutschland, Frankreich, England die Franziskaner zu leben hatten. So kann man die Spiritualität des heiligen Franziskus in einen historischen Rahmen stellen und besser begreifen.
Bald konzentriert sich die Aufmerksamkeit auf die Person des Heiligen selbst. Nicht immer in richtiger Weise, wie man leicht feststellen kann. So bringt Jules Michelete († 1874) den evangelischen Theologen Karl August von Hase († 1869) auf den Gedanken, Franziskus sei ein Vorläufer des Protestantismus. Ernst Renan († 1892) übernimmt diese These und gibt sie an Paul Sabatier († 1928) weiter. Erst von 1882 an werden auch ernstzunehmende Studien von katholischer Seite unternommen, mit denen man den verschiedenen rationalistischen Deutungsversuchen begegnen will. 1880 wird die Dreigefährtenlegende entdeckt.
4. Am 17. September 1882 kündet Leo XIII. mit seiner Enzyklika «Auspicato concessum» das Franziskusjahr an. Das Jubiläum soll die Heiligkeit des Franziskus ebenso wie seine wirkliche Bedeutung für das soziale Leben ans Licht bringen. So wird das Jubeljahr von 1882 zum Beginn der zeitgenössischen Erneuerung des franziskanischen Geistes. Männer wie Ludwig von Casoria († 1885) in Italien zeigen durch soziale und karitative Unternehmungen das wahre Gesicht des Heiligen. Daraufhin sagt der antiklerikale Imbriani: «Ich bin katholisch, aber so wie P. Ludwig!»
Ludwig Antonius von Porrentruy († 1912) gründet in Marseille ein franziskanisches Museum, das später nach Assisi überführt wird und sich jetzt in Rom befindet. 1885 gibt er in einer der bedeutendsten Buchhandlungen von Paris ein herr-

liches Franziskusbuch heraus, Texte und Illustrationen, die auf ausgezeichnete Schriftsteller und Künstler zurückgehen. Die Bewegung ist also in Gang gebracht. Biographische und geistliche Werke entstehen, eine lange, heute noch nicht zu Ende gebrachte Kette. Ernest Renan († 1892) erkennt das wahre Gesicht des Christentums in Franziskus, der Christus in allem gleichförmig ist. Ulysse Chevalier († 1923) räumt dem heiligen Franziskus in seinem großangelegten Werk über die Erkenntnisquellen des Mittelalters einen ausgedehnten Platz ein. Paul Sabatier (†1928) wendet seine Aufmerksamkeit auf Anraten Renans († 1892) fast ausschließlich dem Heiligen von Assisi zu, ändert seine anfängliche Auffassung und gelangt allmählich, vor allem durch seine eigenen Quellenfunde, zur Überzeugung, daß Franziskus das reinste Evangelium verkörpert. Seine «Lebensbeschreibung des hl. Franz» wird seit 1892 immer wieder neu aufgelegt und bleibt ein Klassiker. Auch andere Gelehrte erzählen, beschreiben und analysieren das Leben des hl. Franz, um daraus seine Spiritualität zu entwikkeln. Bernhard von Andermatt († 1909) schreibt sein «Franziskusleben» (Innsbruck 1892), das ins Französische, Italienische und Spanische übersetzt wird. Der dänische Konvertit Johannes Jörgensen († 1956) bringt in seiner Muttersprache sein Buch «Der Heilige Franz von Assisi» heraus, ein Werk, das in verschiedene Sprachen übersetzt wird. 1912 ist das «Leben des hl. Franz» von Cuthbert von Brighton († 1939) an der Reihe, eines gelehrten Schülers von A. G. Little († 1945), der seinerseits mit Paul Sabatier († 1928) zusammenarbeitet, aber nicht immer die gleichen Ideen hat. Auch diesem Werk wird die Ehre vieler Übersetzungen zuteil. Schließlich ist es der Bürgermeister von Assisi, Arnaldo Fortini, der ein großangelegtes Werk über den Heiligen herausgibt.

Parallel zu den biographischen Werken, die zu tausend anderen Lebensbeschreibungen in allen Weltsprachen führen, bekommen die Schriften und Werke des Heiligen selbst eine immer größere Aufmerksamkeit. Ein Bonner Professor, H. Böhmer († 1927), gibt 1904 in Leipzig und Tübingen eine kritische Textausgabe heraus, die «Analekten zur Geschichte des hl. Franz von Assisi». Diese Sammlung gibt den persönlichen Schriften des Heiligen die Bedeutung zurück, die ihnen zu-

kommt. Wer die persönliche Spiritualität des Heiligen und seine Lehre kennenlernen will, muß zu ihnen greifen. Es geht allerdings ziemlich lange, bis man Böhmers Einsichten akzeptiert. Ubald von Alençon († 1937) gibt zum Beispiel 1905 eine andere Sammlung heraus, gegen Böhmer und im erneuten Anschluß an Lukas Wadding. Mit Kajetan Esser († 1977), der sein ganzes Leben für die Schriften des hl. Franz einsetzt, und seiner Schule ist inzwischen die Forschung weiter gediehen und zu einem vorläufigen Abschluß gekommen.
So kann sich der Schüler des hl. Franz, ob Ordensmann, Ordensfrau oder Laie, nur freuen, daß er sich nicht mehr wie in der Zeit der Romantik einem Franziskus gegenübersieht, der nur Ritter und Troubadour ist oder eine unnütze mythische Gestalt wie bei Renan. 800 Jahre franziskanische Tradition bringen zwar Abweichungen, auch Abnützung des hohen Ideals. Aber die franziskanische Erneuerung ist immer noch auf der Tagesordnung, und die Vergangenheit will uns einladen, in die Zukunft zu blicken, besser noch: sie will uns die Augen öffnen.

TEIL III

FRANZ VON ASSISI UND SEINE ERBEN HEUTE

von
Thaddée Matura OFM

EINLEITUNG

1. Aufgrund der historischen Quellen, der Schriften des hl. 160
Franz und seiner ersten Biographien, formulierte der Theologe im ersten Teil des Buches den geistlichen Reichtum des evangelisch-franziskanischen Lebensentwurfes. Der Historiker zeigte uns in einem zweiten Teil das Panorama eines vielfältigen Abenteuers, Höhen und Tiefen einer achthundertjährigen Geschichte, die durch Franziskus ausgelöst wurde. So liegen vor uns ein Lebensprogramm und die vielgestaltigen Versuche, es in das konkrete Leben zu übersetzen.

2. Diese doppelte Vergangenheit, der Entwurf und die Geschichte seiner Verwirklichung, ist nicht nur historisch interessant. Heute noch fühlen sich einige hunderttausend Christen vom franziskanischen Geist angesprochen, aufgerufen und getragen. Für sie ist das evangelische Leben nach der Art des hl. Franz aktuell bedeutsam. In der franziskanischen Familie sind Tausende von Menschen, die sich Franz von Assisi zuwenden, weil sie überzeugt sind, daß er auch in unserer Zeit etwas zu sagen hat.

3. Darum stellt sich die Frage: Auf welche Weise ist Franziskus heute noch lebendig? Wie verstehen wir ihn am Ende des 20. Jahrhunderts? Welche Botschaft erwarten wir von ihm? Wie sieht die Nachkommenschaft aus, die sich auf ihn beruft? Mit welchem Recht beruft sie sich überhaupt auf ihn? Wie lebt sie, was bewegt sie, was sind ihre Sorgen? Die Antwort auf diese Fragen ist Gegenstand dieses dritten Teiles.

FRANZISKUS HEUTE

Allgegenwärtiger Name

1. Wenn man von der Geschichte oder der Spiritualität des Christentums spricht, wird der Name des hl. Franz fast immer an erster Stelle genannt. Vor allem in der modernen Zeit, seit der Mitte des letzten Jahrhunderts, nimmt er in Literatur, Geschichte und Spiritualität einen überraschend breiten Raum ein. Das Bild, das man von ihm zeichnet, und die Meinungen, die man von ihm hat, sind widersprüchlich. Unterscheidung tut not. **161**

2. Ich beginne mit einem Hinweis auf den *Sprachgebrauch*. Was bei einer nur oberflächlichen Lektüre der Zeitungen und Zeitschriften auffällt, ist die Häufigkeit des Adjektives «franziskanisch» und des Namens «Franziskus». In allen Zusammenhängen und in allen Farben kommen sie vor. Selbst nichtchristliche Dichter und Ungläubige, aber auch der Musiker F. Liszt und die Atmosphäre eines Bildes werden «franziskanisch» genannt. Man will an das Licht in Umbrien, die Vogelpredigt, den Sonnengesang, an das brüderliche Naturverhalten erinnern. Rossellinis Christusfilm nennt man «franziskanisch» wegen seiner «Einfachheit und seiner naiven Herzlichkeit». Das Adjektiv bezieht sich auf Schriftsteller wie J. P. Sartre, den man nach seinem Tod «Franziskaner der Literatur» nannte, aber auch auf E. Michelet, den Bundesminister Frankreichs unter de Gaulle, den eine Zeitung als «franziskanischen Staatsmann» vorstellte. «Le Monde» nannte einen italienischen Politiker «Franziskaner von Ravenna», weil er «einfach, freimütig und froh» ist und weil er «wegen seiner Lauterkeit beeindruckt und wenig Geschmack findet, höhere Posten einzunehmen». Selbst Ho Chi Minh verdiente sich das Beiwort «franziskanisch», geschweige denn Männer der Kirche wie Johannes XXIII., Johannes Paul I., der Prior von Taizé und viele andere.

Wie sehr sich an Franziskus und das Adjektiv «franziskanisch» Hoffnungen knüpfen, zeigt auch ein Abschnitt aus K.

Walfs «Vermutungen zum Exodus der Kirche»: «Es verlassen die Kirche aber auch die religiös ansprechbaren Menschen, und zwar in steigender Zahl. Ein Phänomen, das es in der Kirchengeschichte zweifelsohne auch immer wieder gegeben hat. Dennoch ist es nun für eine Kirche, die wähnt, durch ihre starke institutionelle, bürokratische und nicht zuletzt finanzielle Macht ein Monopol in Religion zu besitzen, ein neuartiges Phänomen, auf das sie verunsichert reagiert. Zu viele der nach Verwirklichung drängenden Ideale der Abwanderer stehen in deutlichem Kontrast zu heutigen Werten der Kirche. Es seien einmal einige genannt: Eine schlichte, einfache, ‹franziskanische› Religiosität — oder wie immer man das nennen will — steht diesen Menschen vor Augen. Eine finanzstarke, zudem nicht selten um Geld bettelnde Kirche erscheint solchen Menschen fremd, ja suspekt. Nicht selten mögen damit sozialistische Ideale (gemeinsamer Besitz) verbunden sein, die man ja auch in gewissen Bereichen der Kirche, etwa in einigen Orden, antreffen kann ...» Daß das nicht nur eine theoretische Erwägung ist, sondern durchaus seinen Ort in der Sehnsucht der Menschen hat, zeigt das Gedicht von J. Schwarz:

Ich träume von einem
Stück Franz-Kirche
freie Stühle
sie bieten Platz
ich kann ausruhen.

Ich träume von einem
Stück Franz-Kirche
in der ich Trost finde
und Brot für den Weiterweg.
in der sich Schwester und Bruder
neben mich setzen
auch wenn ich
anders aussehe
und anders spreche
und anders denke
und andere Manieren habe
und anders rieche
und überhaupt
ein anderer Mensch bin.

Wenn ich
von diesem Stück
Franz-Kirche träume
an dem ich gerne
teilhaben möchte
und doch nicht weiß
ob ich dazu passe
dann sage ich Nein zu
Hinterhältigkeit
Ausbeutung
Betrug
Maßlosigkeit
Durchtriebenheit
als selbstverständliche
Bestandteile
der Kirche von heute.
Und ein Stück dieses Traums
geht mit mir in den Alltag.

Ich träume von einem
Stück Franz-Kirche
in der ich Vergebung
finde und vergeben kann
und ich weiß,
daß das alles
nicht vergeblich ist.

Um noch ein Beispiel aus dem deutschen Sprachraum zu nennen: Zum 200. Geburtstag von F. J. Haass, dem selbstlosen deutschen Arzt in Moskau, druckte «Die Zeit» einen Abschnitt aus den Literarischen Porträts von M. Gorki ab. Darin zählt der russische Schriftsteller den Deutschen aus Bad Münstereifel «zu den Menschen, die ich fröhliche Gerechte nennen möchte», deren Ahnherr «wohl nicht Christus ist, der ja nach dem Zeugnis der Evangelien ein wenig pedantisch war, sondern wahrscheinlich Franziskus von Assisi, der große Künstler der Liebe zum Leben, der nicht liebte, um Liebe zu lehren, sondern weil er die hohe Kunst, das hohe Glück schwärmerischer Liebe besaß und gar nichts anderes konnte, als dieses Glück mit den Menschen zu teilen. Ich spreche ausdrücklich vom Glück der Liebe (nicht von der Macht des Mitleids ...), die Charaktere hervorgebracht haben wie den berühmten Dr. Haass, den Humanisten der Tat in der schweren Zeit der Herrschaft Nikolai I.»

3. «Franziskanisch» und «Franziskus» bedeutet also vielerlei: poetische Nuancen von Schönheit, Naivität, Einfachheit, Freude, Phantasie ... und menschliche Werte wie Rechtschaffenheit, Wohlwollen, Anspruchslosigkeit, Hellhörigkeit, Offenheit, Freiheit, Selbstlosigkeit ...

Für den französisch sprechenden Raum ergibt sich aber noch eine Besonderheit. Das Wort «franciscain» kennzeichnet nach allen Wörterbüchern einfach «Mitglied des Ordens des hl. Franz», ist also eigentlich ein Hauptwort. Im heutigen Sprachgebrauch setzt sich nun immer mehr eine andere Bedeutung durch, die adjektivische, durch die eine ganze Fülle von Eigenschaften auf Personen oder Sachverhalte bezogen werden.

162 1. Franziskus ist seit der Romantik des 19. Jahrhunderts ein Thema der *Literatur und* der *Dichtung*. F. Châteaubriand, J. Görres, F. Ozanam, E. Renan hinterlassen beredte Seiten über ihn. Auch unser Jahrhundert besingt den Poverello: R. M. Rilke, H. Federer, P. Celan, H. Hesse, L. Rinser, G. K. Chesterton, P. Claudel, F. Timmermanns, N. Kazantzakis, J. Delteil, F. Fassbind und viele andere.

Selbstverständlich kann man über den Inhalt dieser Gedichte und Romane diskutieren, man kann aber nicht an ihrer literarischen Schönheit und tiefen Einsicht vorbeigehen. Franziskus selbst erscheint ja in vielen Farben. Er ist überdies eingetaucht in die Atmosphäre der Fioretti, die seit dem 14. Jahrhundert in vielen Ausgaben und Übersetzungen vorliegen und Rückwirkungen auf das historische Bild des Heiligen haben. Franziskus muß sich also dem poetischen Blick geradezu aufdrängen.

2. Dasselbe gilt für die *Plastik und* die *Malerei*. Unzählige Kunstbücher mit Bildern Umbriens, der berühmten franziskanischen Stätten und der Werke der großen Künstler, vor allem Cimabues und Giottos, und mit franziskanischen Texten machen Franziskus bekannt. Genannt seien bloß das Werk «Ein Mann aus Assisi» von W. Nigg und T. Schneiders,

das in verschiedenen Sprachen erschienen ist, aber auch die Werke von H. Schrade und G. Ruf.
3. Auch der *Film* kann am faszinierenden Bild des hl. Franz nicht vorbeigehen. Ich rede jetzt nicht von den «franziskanischen» Zügen, die man den Filmen von F. Fellini zugeschrieben hat, und nicht von weniger wichtigen Streifen, sondern von drei großen Persönlichkeiten des italienischen Films, die alle einen Franziskusfilm gedreht haben: Rossellini, L. Cavani und F. Zeffirelli, dessen farbenprächtiges Werk in vielen Ländern bewundert wird. Ein anderer Italiener, Antonioni, ist augenblicklich dabei, eine Fernsehserie über Franziskus zu drehen.

1. Wie kaum ein anderer ist Franziskus im *Geschichtsbewußtsein* lebendig: Der russisch-orthodoxe Denker N. Berdiaeff meint, daß Franziskus «die wichtigste Erscheinung der ganzen christlichen Geschichte» sei. Diesem Urteil wird sich die Mehrheit der Historiker gerne anschließen. Der Beweis für die Behauptung wird ja bereits durch die Überfülle historischer Forschungen und Studien über Franziskus erbracht. **163**
2. So werden seit Ende des letzten Jahrhunderts bis in unsere Tage die *Quellen* der franziskanischen Geschichte gesichtet, geordnet und herausgegeben. Von den Schriften des hl. Franz gibt es drei textkritische Ausgaben. Die letzte, jene von K. Esser (1976), ist ein Meisterwerk der Gelehrsamkeit. Die ersten Lebensbeschreibungen und andere Dokumente des 13. Jahrhunderts, die in Beziehung zu Franziskus stehen, sind nicht nur alle mit Sorgfalt herausgegeben, sondern in verschiedenen Sprachen — der Reihe nach in französisch, englisch, italienisch und spanisch — in einem Band gesammelt und mit ausgezeichneten Einleitungen versehen. Im deutschen Sprachraum haben wir dafür die «Franziskanischen Quellenschriften», in denen die bedeutendsten Werke von und über Franziskus aus dem 13. Jahrhundert zugänglich gemacht sind (inzwischen neun Bände).
3. In den verschiedenen Ländern gibt es *Fachzeitschriften* (in Deutschland «Wissenschaft und Weisheit» und «Franziskanische Studien»), welche die Ergebnisse der Geschichtswissenschaft veröffentlichen. In Assisi kommen in regelmäßigen zeitlichen Abständen die Fachleute zusammen, um die fran-

ziskanischen Ursprünge noch weiter zu erforschen. So erscheinen jedes Jahr viele *Problemstudien* über das religiöse, soziale, kulturelle und politische Milieu, in dem sich das franziskanische Abenteuer abspielte.
Man darf sagen, daß die historischen Kenntnisse über Franziskus außerordentlich zugenommen haben. Kaum ein Punkt seines Lebens, seines Charakters, seiner Krankheiten, seiner geistlichen Grundhaltungen wird bei diesen Forschungen ausgelassen.
4. Neben diesen geschichtlichen Forschungen, und leider fast ohne von ihnen Notiz zu nehmen, gibt es unzählige *Lebensbeschreibungen* und Essays über Franziskus. Man sagt, daß er nach Jesus der Mensch sei, über den am meisten geschrieben wird. Wie dem auch sei, jedes Jahr erscheinen über ihn in der ganzen Welt viele Bücher. Offen gesagt, handelt es sich meistens um Werke, die bloß wiederholen, was vorher P. Sabatier, J. Jörgensen, O. Englebert und A. Fortini geschrieben haben. Seit diesen schon Jahrzehnte zurückliegenden Biographien ist es keinem gelungen, eine neue Sicht zu vermitteln, welche die wichtigen Ergebnisse der neueren Forschung integriert hätte. Das geltende Franziskusbild müßte nämlich in vielen Punkten eine Änderung erfahren. Selbst Historiker übernehmen oft die gewohnten Clichévorstellungen.
Alle stimmen aber überein in der Bedeutung, die Franziskus für Kirche und Menschheit hat. Man kann unmöglich vom Mittelalter erzählen, ohne seinen Namen zu erwähnen. Er ist nicht nur im Abendland bekannt, sondern auch vielen nichtchristlichen Kulturen — vor allem in Japan — vertraut. Viel wichtiger als das Gesagte ist dabei das Ungesagte, das Gefühl nämlich, daß Franziskus tatsächlich «die wichtigste Erscheinung der christlichen Geschichte» ist.

164 1. Niemand zweifelt, daß das Gewicht, das Franziskus heute hat, *geistlicher Natur* ist. Als Mann des Evangeliums, als Mensch, der sich mit Leib und Seele den Verheißungen Jesu verschrieben hat, der radikal ist, d. h. von den Wurzeln her lebt, sticht Franziskus unter allen anderen christlichen Heiligen hervor.
2. Die Faszination, die von ihm ausgeht, drückt sich in ver-

schiedenen Formen aus. Da ist zuerst die *Frömmigkeit*: Franziskus ist eine erbauende Gestalt. Die Biographen und alle Bücher der Spiritualität vermitteln uns die außerordentlichen Phänomene im Leben des hl. Franz: die Wundmale, seine Leidensmystik, die Krippe, seine Armuts- und Naturliebe, seine Freude usw. All diese Aspekte sind wahr und echt, aber doch recht äußerlich. Sie sagen nichts aus über das Tiefste und Wesentliche, über seine Grunderfahrung und seine Nähe zum Evangelium.

3. Hinzu kommen dann die gelehrten Studien und theologischen *Deutungen*. Die einen (z. B. V. Breton, E. Longpré, E. Bettoni) folgen der systematischen Strömung, welche den großen Franziskanertheologen des 13. Jahrhunderts (Bonaventura, Duns Skotus) viel verdankt. Andere wollen das geistliche Antlitz des Heiligen im unmittelbaren Anschluß an die Texte zeichnen, die von Franziskus selber stammen, unter ihnen schon H. Felder und in neuerer Zeit K. Esser, S. Clasen, L. Hardick, E. Grau, O. Schmucki, D. Flood, A. Ghinato, M. Conti, L. Iriarte, S. Lopez und E. Leclerc. Ihre Studien zeigen den Reichtum, der in Franziskus lebt, die vielen Aspekte seiner Gestalt und die tieferliegende Einheit seines Lebens. Durch diese Studien gewinnt Franziskus an geistlicher Autorität und an evangelischer Authentizität. Doch bleiben viele Aspekte, wie wir sehen werden, erst noch zu entdecken.

4. Außerhalb des kleinen Leserkreises dieser Studien bleibt in der breiten Öffentlichkeit das Bild des hl. Franz konturlos und bruchstückhaft. In Vorträgen und Predigten wiederholen sich immer wieder die gleichen Themen: seine Verbundenheit mit dem Evangelium, das oft ausschließlich auf die Armut reduziert wird,; seine Fähigkeit, mit dem Gekreuzigten zu leiden; seine Treue zur Kirche; sein brüderliches Verhältnis zur Schöpfung, durch das er zum Patron der Umweltschützer wird. Selbstverständlich sind das alles wesentliche Aspekte des franziskanischen Charismas, aber sie genügen nicht, um ein wirkliches Bild des Heiligen zu zeichnen.

5. Franziskus ist bei Gott lebendig und «der Lehrmeister der Geschichte». Darum kann er nicht in Bücher eingeschlossen werden, mögen sie noch so vollkommen und vollständig

sein. Jenseits von dem, was geschrieben und ausgesprochen ist, jenseits der Intuitionen und jenseits selbst des Schweigens, gibt es eine unsichtbare Gegenwart. Eine lebendige Gestalt bringt sich zur Geltung. Franziskus fasziniert uns durch sein Geheimnis. Die erwähnten Untersuchungen sind nur Annäherungen. Kunst, Geschichte und geistliches Leben eröffnen Wege zu Franziskus. Er selbst aber stellt uns immer die gleiche Frage: «Und Du, wie lebst Du das Evangelium Jesu?» Er betet für uns: In der Gebetsgemeinschaft mit ihm ergeht der Ruf an uns und wird uns die Möglichkeit gegeben, auf dem Weg des Evangeliums voranzuschreiten.
6. Wirklich vermittelt wird Franziskus im Lauf der Geschichte durch seine Erben, Männer und Frauen, die sich von der Art, wie Franziskus das Evangelium gelebt hat, angesprochen fühlen und sich auf das gleiche Abenteuer einlassen.

Widersprüchliche Gegenwart

165 1. Die vorausliegenden Seiten zeigen, wie vielfältig das Bild des hl. Franz ist. Man müßte sogar von einem in sich widersprüchlichen Bild sprechen, dessen einzelne Aspekte überzogen werden.
2. In den letzten Jahrzehnten wurden relativ viele wissenschaftliche Studien zu den Schriften des hl. Franz unternommen. Die Forscher waren überrascht. Nicht daß man Neues zu seiner Lebensgeschichte erfahren hätte. Die Überraschung bezieht sich auf die Art und Weise, wie Franziskus Gott, den Menschen, das Evangelium usw. sieht. Ein originelles, ursprüngliches, starkes und klar umrissenes Denken und Fühlen wird sichtbar, das oft im Widerspruch zu den Angaben der Biographen steht. So ist das Gottes- und Christusbild, wie es in den Schriften des hl. Franz aufleuchtet, ein anderes als in den Werken des Thomas von Celano. Die Zeitgenossen Franzens (Chronisten, Schriftsteller) haben ihre eigene Ansicht. Zudem gilt ihre Aufmerksamkeit mehr der Bewegung, die von Franziskus ausgelöst wird, als seiner Person selbst, die eher im Hintergrund bleibt.
3. Die großen *Franziskus-Biographen des 13. Jahrhunderts*

sind ein besonderes Problem. Sie lassen sich in zwei verschiedene Gruppen einteilen: Auf der einen Seite stehen jene, von denen wir die Autoren (Thomas von Celano, Bonaventura) und auch das Jahr der Abfassung kennen (1228 und 1246 für Thomas von Celano, 1263 für Bonaventura), auf der anderen Seite jene, die einen anonymen Verfasser haben und deren genaue Abfassungszeit unbekannt und umstritten ist (der Anonymus von Perugia, die Legende von Perugia, die Dreigefährtenlegende, der Spiegel der Vollkommenheit). Nun weicht das Franziskusbild der beiden Gruppen wesentlich voneinander ab. In der ersten Gruppe ist es heller und froher, maßvoller und abgewogen (vor allem bei Bonaventura, der auch zeitlich später anzusetzen ist), in der zweiten viel griffiger, dramatischer, vor allem in der Legende von Perugia und im Spiegel der Vollkommenheit. Bereits die Hauptquellen der Franziskusbiographie vermitteln uns also ein widersprüchliches, kaum auszusöhnendes Franziskusbild. Der moderne Leser ist versucht, das Unversöhnliche zu versöhnen («Konkordismus») oder auszuwählen, was ihm gefällt. Der ernsthafte Leser jedoch muß mit Hilfe der historisch-kritischen Methode hinter den schriftlichen Zeugnissen die objektive Wahrheit zu entdecken suchen. Oft wird man nicht über Hypothesen hinauskommen. Damit soll jedoch nicht ein allgemeiner Zweifel gegenüber den Quellen gesät werden. Aber immerhin muß man sich der komplexen Problemlage bewußt sein und eine gewisse Vorsicht walten lassen.

1. Die Studien von S. de Campagnola haben bewiesen, daß **166**
alle modernen Franziskusbiographen zum großen Teil von einem Franziskusbild abhängen, das in der Zeit der *Romantik* (um 1830) in Deutschland (J. Görres, K. Hase) entstand, in Frankreich durch F. Ozanam, J. Michelet und E. Renan aufgegriffen, klarer umrissen und ausgeschmückt und schließlich durch den Historiker und Schriftsteller P. Sabatier endgültig festgelegt wurde.

2. Dieses Franziskusbild läßt sich zunächst durch seine besondere Beziehung zur *Natur und* zur *Schönheit* beschreiben: Franziskus ist Troubadour, Dichter, der Sonnengesang der beste und schönste Ausdruck des franziskanischen Geistes.

3. Der *revolutionäre Charakter* des Heiligen wird unterstrichen: Mit Franziskus erscheint ein neues Bewußtsein vom Menschen: der Freund der Natur, das subjektive Empfinden auch des Religiösen, das sich den Formeln und Dogmatismen widersetzt und Freiheit gegenüber den einengenden Strukturen von Kirche und Gesellschaft fordert. So wird Franziskus zweihundert Jahre im voraus zum Vorläufer der Reformation und der Renaissance.
4. Die Treue des hl. Franz zur Kirche ist allerdings über alle Zweifel erhaben. So stellt sich die Frage, wie er als freier, charismatischer Mensch sich der Institution der Kirche beugen und in ihr aushalten konnte. Genau in diesem Zwiespalt liegt denn nach dieser romantischen Auffassung auch das *Drama des heiligen Franz*: Die Entwicklung innerhalb des Ordens, der Druck der Verantwortlichen und der römischen Kurie habe das Ideal der evangelischen Freiheit, der absoluten Radikalität auf Vorstellungen zurückgeführt, die von allen angenommen werden können. Mit andern Worten: Das ursprüngliche Ideal des Heiligen ist im wesentlichen gescheitert. Was der Orden und die Kirche davon festgehalten haben, ist zwar wichtig und verläßt den Boden des Evangeliums nicht, ist aber ein Verrat an den eigentlichen Absichten des Franz von Assisi.
5. Die wesentlichen Grunderfahrungen des Heiligen stellen sich in einem *«pietistischen» Gewand* vor. Franziskus ist ganz Spontaneität, Frische, Phantasie. Er sieht Jesus vor allem in der Krippe und im Kreuz. Man hält sich vor allem an die auffallenden und sinnlichen Aspekte seiner Frömmigkeit: den Gesang, die Tränen, die Gesten, das Spiel.
6. Romantisch nennt man dieses Franziskusbild wegen der besonderen Betonung des *Gefühls*, der Naturverbundenheit, der Poesie und des Dramatischen in der Lebensgeschichte des Heiligen. Als ideologischen Hintergrund setzt es auch die liberale Theologie des 19. Jahrhunderts voraus, die zwischen Charisma und Institution der Kirche einen unüberwindlichen Gegensatz sieht: Franziskus ist so das Opfer der Institution.
7. Diesen Schriftstellern des 19. Jahrhunderts verdanken wir sehr viel: Sie haben Franziskus dem Volk nahe gebracht, haben sein Bild in sympathischen Farben gemalt. Aber wir müs-

sen trotzdem die Grenzen ihrer Annäherungsversuche und die falschen ideologischen Voraussetzungen aufzeigen. Es gilt, gegenüber diesem romantischen Franziskusbild kritisch zu bleiben, ohne die eigene Art, die Dinge zu sehen, absolut zu setzen und für unfehlbar zu halten.

167

1. Franziskus kann kaum lesen und schreiben. Trotzdem hinterläßt er, verglichen mit seinem Zeitgenossen, dem hl. Dominikus, *eine relativ wichtige Sammlung verschiedenartigster Schriften*: Regeln, Testamente, Mahnungen, zehn Briefe, die in einigen Fällen wahre Traktate sind, Gebete und Gesänge. Es fällt auf, daß nicht nur der reiche Inhalt, sondern sogar die Existenz solcher Schriften nahezu unbekannt ist, außer natürlich bei den Spezialisten und zum Glück immer mehr auch bei den Mitgliedern der franziskanischen Familie. Viele Gebildete, Theologen und Historiker, sind erstaunt, wenn man ihnen von diesen Schriften erzählt. Sie kennen höchstens den Sonnengesang und die Regeln, die aber ihrer Meinung nach durch Kirche und Ordensleitung verfälscht worden seien, und das Testament, durch das er gegen diese Verfälschung protestiere (was man so nicht mehr sagen darf).

2. Die Schriften werden seit dem 13. Jahrhundert immer wieder abgeschrieben. Doch hat das eigentliche Studium dieser Texte mit Hilfe der historisch-kritischen Methode erst seit etwa dreißig Jahren begonnen. Bis heute haben erst die erste Regel (A. Quaglia, L. Cassutt, D. E. Flood, K. Esser), das Testament (K. Esser) und das Passionsoffizium (L. Gallant) eine ausführliche Erforschung erfahren. Diese Studien sind allerdings streng wissenschaftlich und dem großen Publikum kaum zugänglich. Die Wissenschaftler, welche Spezialprobleme der Schriften erforschen und darstellen, sind heute zahlreich: K. Esser, S. Clasen, E. Grau, L. Hardick haben viele Themen behandelt, S. Verhey die Anthropologie des Franz von Assisi, R. Koper sein Weltverständnis, W. Egger und O. van Asseldonk sein Bibelverständnis, Nguyen-van-Khanh und F. Azzimonti sein Gottes- und Christusbild und O. Schmucki verschiedene geistliche Grundhaltungen. Diese Liste der Autoren und Forschungen könnte man noch verlängern. Man erkennt schon daran, wie wichtig diese Studien

sind und wie notwendig, daß man sie weiterführt. Eine aufgrund der Schriften erstellte Gesamtdarstellung gibt es noch nicht. Wir sind heute noch nicht einmal bei den Voraussetzungen dazu angelangt.

3. Das Franziskusbild, wie es heute meist noch vermittelt wird, ist von diesen Studien nicht berührt. Immer noch ist das Porträt, wie es P. Sabatier so meisterhaft gezeichnet hat, maßgebend, obwohl es in vielen Punkten völlig korrigiert werden muß. Man ist immer noch nicht zu einer alternativen Darstellung gekommen. Franziskus wartet immer noch auf einen modernen Biographen, der sich nicht einfach mit überkommenen Schemas und Clichés begnügt, sondern aufgrund der vielen Studien ein neues und kraftvolles Bild zeichnen würde. Das neueste Buch von R. Manselli kann vielleicht als ein erster Versuch in dieser Richtung gewertet werden.

Notwendige Unterscheidungen

168 1. Wenn man sich Franziskus zuwendet und von ihm Antwort auf die Frage erwartet, wie heute der Weg des Evangeliums aussehen könnte, muß man, wie mir scheint, einige notwendige Unterscheidungen treffen.

2. Wir kennen Franziskus als großen und begnadeten Menschen. Wir bewundern sein einmaliges und beispielhaftes geistliches Abenteuer, sind erstaunt über das, was er lebt und was er von Gott und vom Menschsein erfährt. Wir sind vor allem von der Konzentration menschlicher Eigenschaften in einem Menschen betroffen, durch die Franziskus ein *Glücksfall der Geschichte* ist. Die Bewegung, die von ihm ausgeht, bleibt durch gefühlsbetonte Bande mit ihm verbunden. Kaum ein anderer Ordensgründer ist im Herzen seiner Erben so sehr lebendig.

3. Umso mehr muß man *zwischen dem Gründer und seinem Lebensstil unterscheiden*. Franziskus schlägt uns, ausgehend vom Wort Gottes und aufgrund der Erfahrung, die er mit seinen Jüngern teilt, einen Lebensstil vor. Dieser ist in seinen Schriften enthalten: in den Regeln, im Testament und in einigen Briefen, was seine unmittelbaren Brüder betrifft; im Brief

an die Gläubigen, so weit Laien in der Welt ihm nachfolgen wollen. Doch ist dieser vom Evangelium durchdrungene Lebensstil nicht auf Franziskus bezogen. Er versteht sich nicht als Modell, schon gar nicht als Mittelpunkt.

4. Es besteht ein wesentlicher *Unterschied zwischen Franziskus und Jesus*, was man nicht immer beachtet hat. Zwischen Jesus und dem Evangelium gibt es keinen realen Unterschied: Jesus ist sowohl der Gegenstand des Evangeliums wie seine Mitte. Man kann den Lebensentwurf Jesu nur zu eigen machen und leben, indem man im Glauben Jesus annimmt. Nicht so bei den Heiligen, die uns zum Evangelium, zu Christus, dem einzigen Lehrmeister, hinführen wollen. Sie verstehen sich immer nur als Führer, die zurückzutreten haben, um für Jesus Platz zu machen. Der Lebensstil, den uns Franziskus vorschlägt, kann also kein anderes Zentrum als Jesus und sein Evangelium haben. Franziskus würde mit Abscheu alle zurückstoßen, die dem Personenkult verfallen sind und seiner Person zu viel Bedeutung beimessen.

5. Das heißt nicht, daß man Bild und Beispiel des hl. Franz aus dem Lebensprogramm streichen muß. Man muß ihnen nur den richtigen — und das heißt immer: den zweiten — Platz zumessen. Mit anderen Worten: Was vor allem und zuerst zur Geltung zu bringen ist, ist das Lebensprogramm selbst; sein Ziel, die großen Achsen, seine Forderungen, sein letzter Sinn. Die Verehrung des hl. Franz kann dabei nur anregen, erhellen. Franziskus selbst kann und darf nicht Norm sein. Er kann ohnehin nicht wiederholt werden. Er allein ist Franz von Assisi, wir haben wir zu sein, müssen uns selbst vom Evangelium leiten lassen, zu dem Franz uns hinführt. Wir dürfen und sollen also Franziskus nicht nachahmen. Wir brauchen keine nostalgischen Gefühle und kein schlechtes Gewissen zu haben, brauchen ihn auch gar nicht zu beneiden. Franziskus lädt uns bloß ein, auf Jesus zu blicken, der für ihn und für alle «der Weg, die Wahrheit und das Leben» ist.

1. Der Wille des hl. Franziskus, sich auf das Evangelium als **169**
der letzten und höchsten Norm zu beziehen — und zwar innerhalb der Kirche — ist unbestritten. Das gilt sowohl für ihn selbst als auch für das Lebensprogramm, das er uns vor-

schlägt. Ich teile die Ansicht derer, die glauben, daß die Art und Weise, wie Franziskus das Evangelium versteht und lebt, äußerst richtig, umfassend und authentisch ist. Das Evangelium und Franziskus sind einander so nahe, daß man sie beinahe austauschen könnte.

2. Dennoch muß man mit aller Demut, aber klar und deutlich das Leben des hl. Franz und sein Lebensprogramm von Christus und seinem Evangelium unterscheiden. Mehr noch: Man muß beides miteinander vergleichen und *Franziskus vom Evangelium her kritisch betrachten*, so wie wir es heute aufgrund der exegetischen Forschung und aufgrund des geistlichen Sinnes der Kirche verstehen. Ich bin überzeugt, daß das Lebensprogramm im allgemeinen mit dem Evangelium übereinstimmt, daß Franziskus aber nicht sklavisch am Buchstaben hängen blieb, wie man das allgemein annimmt.

Die Lebensgeschichte des hl. Franz ist eine Sache zwischen ihm, Gott und seiner Zeit. Wenn darin das Evangelium durchbricht, dürfen wir uns freuen. Aber wir sollen die Lebensgeschichte nicht nachahmen wollen, was ja ohnehin nicht möglich ist.

3. Ich habe bereits von *Personenkult* gesprochen. In der Vergangenheit hat die franziskanische Familie diesbezüglich nicht immer das richtige Gespür gehabt, hat es vielleicht auch heute noch nicht. Dem Personenkult zu verfallen bedeutet, daß man den einmaligen Platz, der Gott und seinem Christus zukommt, mißachtet. Zudem vergißt man, daß Franziskus ein Führer ist, der nicht auf sich fixiert, sondern auf Gott und das Evangelium lenkt. Schließlich vergißt man die Grenzen, die einem Menschen gesetzt sind, seine Schwachheit, die Sünde, die jeder Mensch begeht, selbst wenn er der größte der Heiligen ist, außer er wäre eben der «Allein-Heilige», Jesus.

4. Selbstverständlich haben die alten und modernen Hagiographen mit Freude übertrieben. Wenn man auf sie hört, dann ist Franziskus nichts als Vollkommenheit, Gleichgewicht, unfehlbares Fortschreiten auf dem geistlichen Weg. Ganz offensichtlich gibt es so etwas wie einen *Mythos des hl. Franz*, den man einmal analysieren müßte, wie man das z. B. bei Therese von Lisieux gemacht hat. Wenn man einmal die Grenzen und die Schwächen eines Menschen erkannt hat

(sagt Franziskus nicht von sich, daß er der größte Sünder sei, was in seinem Mund doch nicht ein leeres Wort ist?), dann leuchtet seine Gestalt nur umso mehr. Denn er ist uns nahe durch seine Menschlichkeit. Man würde damit auch als wahr erkennen, daß Gottes Macht in der menschlichen Schwachheit offenbar wird.

5. Ich sage das mit Angst und Zittern, ohne ein Bild zerstören zu wollen. Aber die Wahrheit fordert es. Wenn man Franziskus zu sehr idealisiert, dann macht man aus ihm einen unnahbaren Menschen, einen Gegenstand der Verwunderung, der uns nichts mehr zu sagen hat. Wenn Franziskus aber in seiner widersprüchlichen menschlichen Situation gesehen wird, in seinen Vorzügen und in seinen Fehlern, wird man ihn besser verstehen, wenn er sagt, daß allein die Barmherzigkeit Gottes den Menschen rettet. Franziskus wirft sich in die unergründliche und bedingungslose Barmherzigkeit Gottes, und zwar so, wie er ist: klein, schwach, sündig. Das ist der Grund, warum der Sohn des Bernardone zu den ganz großen Menschen zählt. Sein Sonderfall lädt uns ein, unseren Weg zu gehen und die christliche Freiheit im Zeichen des Evangeliums zu leben. Franziskus versteht sich uns gegenüber weder als Vater noch als Lehrer, so wie es ja das Evangelium ausdrücklich will, und wie er selbst solche Titel innerhalb der Bruderschaft ebenso ausdrücklich ausschließt. Er weiß sich als Bruder, der anregt, hilft, die eigene Identität in Christus zu finden. Wenn er eine lebendige Ikone Christi ist, dann nicht im Sinn eines Filmbildes, das den Blick gefangennimmt und die ganze Aufmerksamkeit für sich beansprucht, sondern im Sinn eines Symbols, das für einen Augenblick den Blick auf sich zieht, dann aber über sich hinausweist.

6. Im Bericht über den Tod des hl. Franz steht ein Wort, das der erste Biograph, Thomas von Celano, dem Heiligen in den Mund legt: «Ich habe meine Aufgabe erfüllt. Christus möge euch lehren, eure Aufgabe zu erfüllen» (2 Cel 214). Dieser Satz unterscheidet das persönliche Charisma des Heiligen von der Aufforderung, die von ihm ausgeht. *Auf dem Weg des gleichen Evangeliums haben wir verschiedene Antworten zu geben, bedingt durch das, was wir selber sind und durch die Zeit, in der wir leben.* Franziskus eröffnet uns einen Raum

schöpferischer Freiheit, die allein durch das Evangelium Christi begrenzt ist. Er ist ein Finger, der eindeutig und doch zärtlich auf den hinweist, der ein und alles ist, für ihn selbst wie für uns: Jesus.

170 1. Es gehört zum guten Ton, den außerordentlichen menschlichen und evangelischen Wert des hl. Franz zu rühmen, zu unterstreichen, daß er zu den größten Menschen gehört, und gleichzeitig zu sagen, daß er im Grunde gescheitert ist. Weder die Kirche, für die eigentlich seine Botschaft gedacht war, noch der Orden, den er gegründet hat, geschweige denn die Welt, hätten seine Vorstellungen vom Leben und vom Evangelium in die Tat umgesetzt. Franziskus ist dann der große Unverstandene und Verratene. Um die verwirrende Provokation zu verdecken, die von ihm ausgeht, hätte man ihm einen Heiligenschein umgelegt. Er sei ein explodierender Meteor, der für ein einziges Mal die Nacht der christlichen Mittelmäßigkeit aufgerissen habe, um ein ständiges Heimweh und darüber hinaus ein schlechtes Gewissen zu hinterlassen.
J. Green schreibt dazu: «... Ich kann nichts über diesen Heiligen lesen, das mich nicht aufwühlte, denn er ist wahrscheinlich der größte Heilige, den das Abendland hervorbrachte. Doch man kann nicht übersehen, daß er leider gescheitert ist.»
2. Was heißt «scheitern» im Fall des hl. Franziskus? Daß die Christenheit oder jene, die sich verpflichtet haben, ihm zu folgen, seinen Weg nicht ganz genau wiederholen? Wäre das aber möglich und überhaupt wünschbar gewesen? Steht hinter der Behauptung nicht mehr Rhetorik und Pathos als historische Wahrheit? Sind Welt und Kirche wirklich die gleichen geblieben, seit Franziskus gelebt hat?
Ist die Behauptung nicht auch eine Art Alibi, eine Art Versteck? Man verurteilt die Männer der Vergangenheit und der Gegenwart, um der Aufforderung zu entgehen, die noch heute jeden Menschen trifft. Der zitierte Schriftsteller, J. Green, hat das offenbar gespürt. Denn er fährt fort: «Wo Franziskus scheitert, scheitert Christus selbst. Zum Beispiel in deiner Seele. Du mußt nicht in der Ferne suchen. Du hast das Evangelium vergeblich empfangen.»

Darum wollen wir nicht über den «Mißerfolg» des hl. Franz in der Kirche und im Orden traurig sein. Sonst könnten wir die Frage überhören, die *heute von uns eine Antwort fordert.*

DIE ERBEN DES HL. FRANZ IM LETZTEN VIERTEL DES 20. JAHRHUNDERTS

1. Es gibt Menschen, die versprechen, sich vom Lebenspro- **171**
gramm des hl. Franz inspirieren zu lassen und es in den gesellschaftlichen Bedingungen von heute zu leben. Diese Menschengruppe ist nicht einheitlich strukturiert, sondern in verschiedenen Gemeinschaften organisiert. Aber alle werden durch das Lebensprogramm des Heiligen zusammengehalten. Allein schon durch diese Tatsache bleibt Franziskus eine lebendige Quelle, von der immer wieder neue Impulse ausgehen. Er bleibt bis heute für eine große Bewegung eine echte Führerpersönlichkeit: Er, die gemeinsame Regel, die gemeinsame Geschichte, gleiche Probleme und heute besonders auch ein starker Wille, zusammenzuhalten und zusammenzuarbeiten, sind stärker als die Spaltungen und Unterschiede, die sich vor langer Zeit herausgebildet haben.

Die geistliche Familie

1. Innerhalb der katholischen Kirche, aber auch in den angli- **172**
kanischen und lutherischen Kirchen, gibt es Männer- und Frauengemeinschaften, Orden und Kongregationen, die sich ausdrücklich auf Franziskus berufen und die den Geist seines Lebensprogrammes leben wollen.
2. Unter ihnen wählt eine Gruppe die Franziskusregel, wie sie 1223 von Papst Honorius III. bestätigt wurde, zur Grundlage ihres gemeinsamen Lebens. Entsprechend dieser Regel nennt sie sich *«Minderbrüder»*. Diese Gruppe, von der wir später auch noch eine numerische Vorstellung bekommen sollen, ist seit dem 16. Jahrhundert in *drei unterschiedliche und autonome Gemeinschaften* gespalten: die Konventualen (Minoriten, schwarze Franziskaner), die Franziskaner (Observanten, braune Franziskaner) und die Kapuziner. Alle drei zusammen bilden den ersten Orden des hl. Franz.
Über zwanzig andere, aber zahlenmäßig nicht sehr große *Männergemeinschaften* sind über die Regel des «Regulierten

Dritten Ordens» mit Franziskus verbunden. Diese Regel hat im Lauf der Geschichte verschiedene Formulierungen angenommen und befindet sich seit dem 2. Vatikanischen Konzil in Revision. Man nennt diese Gruppe *«Regulierte Terziaren des hl. Franz»*.

3. Hinzu kommen die *kontemplativen Frauengemeinschaften*. Der größte Teil von ihnen — die *Klarissen* — beruft sich auf Klara von Assisi und ihre Regel, die sehr stark, zum großen Teil bis in den Wortlaut hinein, von Franziskus abhängig ist und 1253 vom Papst bestätigt wurde. Zur gleichen Gruppe muß man aber auch die *Konzeptionistinnen*, eine spanische Gründung des 15. Jahrhunderts, zählen, ebenso die *Annunziatinnen*, die im gleichen Jahrhundert von der hl. Johanna von Valois gegründet wurden, und einige *Terziarinnenklöster*, die in strenger Klausur leben. Ungefähr 450 Frauenkongregationen, die sich in einem aktiven Sinn an der apostolischen Sendung der Kirche beteiligen, befolgen die Regel des Regulierten Dritten Ordens. Alle tragen den Namen *«Franziskanerinnen»* mit dem einen oder anderen Beiwort. Die Bedeutung dieser großen Zahl von Schwestern kann kaum überschätzt werden.

4. Auch die *franziskanische (Laien)Gemeinschaft*, Männer und Frauen, Verheiratete und Ledige, ist unübersehbar groß. Die kürzlich neu redigierte Regel stützt sich ausdrücklich auf Texte, die von Franziskus stammen, vor allem auf seinen Brief an die Gläubigen. Ohne die angestammten gesellschaftlichen Verpflichtungen und den damit gegebenen Lebensrahmen zu verlassen, versuchen sie, einzeln und in Gemeinden, dem Geist des hl. Franz zu folgen.

5. Zu diesen franziskanischen Institutionen müßte man heute auch einige *Säkularinstitute* zählen, die aus franziskanischer Inspiration entstanden sind. Bereits im 19. Jahrhundert entdeckten weitsichtige Männer und Frauen eine neue Form des Ordenslebens. So der berühmte Kapuziner H. Kozminski in Polen, der die Bedürfnisse der Zeit erfühlte und auf sie eingehen konnte, obwohl er das Kloster nie verließ. Über 20, zum Teil heute noch bestehende Gemeinschaften, gehen auf ihn zurück. Um ein wenig zu erahnen, worum es ihm geht, müssen wir seine Briefe lesen: «In diesen Kongregationen wird

vor allem das den Augen der Welt verborgene Leben beobachtet. Diese Art von Ordensleben ist nicht nur von der Klugheit oder der Notwendigkeit eingegeben, sondern von der Pflicht, das verborgene Leben Marias nachzuahmen ... Das heiligste Herz Jesu sei unser Kloster, die Sammlung und das innere Stillschweigen sei unsere Zelle, die Abtötung mit dem Opfergeist sei das Gitter, das uns von der Welt trennt, die Tugenden seien unser Ordensgewand, Gott allein unser ganzer Reichtum ... Diese Lebensweise und die damit gegebene Möglichkeit, sich in die Lage der Zeit und des Ortes einzuordnen, erkläre ich mit absoluter Sicherheit und ohne irgendein Zaudern, daß es nichts Vollkommeneres gibt ... Gott, der Allmächtige, bereitet ihr eine große Zukunft. In nicht ferner Zeit wird sie das Ordensleben in sich selbst und im Schoß der Kirche selbst charakterisieren, weil nach dem Zusammenbruch des Glaubens dies das einzige Mittel bleibt, das christliche Leben zu erneuern ... Das Ordensleben hängt nicht vom Kleid ab und nicht einmal vom Kloster, nicht von der Weltferne, nicht von der Vielfalt der geistlichen Übungen und Bußwerke, sondern vom beharrlichen Streben nach Vollkommenheit, der Reinheit des Herzens und der Treue zu den evangelischen Räten und zu den Gelübden. Ich bestreite nicht, daß ich alle zu dieser Lebensart dränge, weil ich in dieser Welt nichts Schöneres kenne. Ich bin überzeugt, daß man auf keine andere Art sich so heiligen kann wie durch das verborgene Leben, weil es weit größere Opfer verlangt als das Leben in einem Kloster» (Tonello). Leider haben die damaligen kirchlichen Instanzen das Anliegen und die Notwendigkeit dieser neuartigen Institutionen nicht ganz begriffen. Die Zeit dafür brachte eigentlich erst das 20. Jahrhundert. Bahnbrechend wurde der Franziskaner A. Gemelli mit seinen Missionaren vom Königtum Christi, die sich über viele Länder verbreiten konnten.

6. Erstaunlich ist die Tatsache, daß seit dem Ende des letzten Jahrhunderts der Atem des hl. Franz in vielen nichtkatholischen Kirchen weht. Auch hier bildeten sich franziskanische Männer- und Frauenorden heraus. So gibt es in der *anglikanischen Kirche* eine sehr starke Franziskanergemeinschaft (Society of Saint Francis), aber auch Klarissen und Terziaren.

Auch die *lutherischen Kirchen* in Schweden und Deutschland kennen Franziskusbruderschaften und Drittordensgemeinden. Zwischen ihnen und den katholischen Brüdern und Schwestern gibt es eine rege Verbundenheit, die sich zum Beispiel in der DDR in jährlichen gemeinsamen Exerzitien und Besinnungstagen äußert.

173 1. Neben diesen klar umgrenzten Gruppierungen der franziskanischen Familie gibt es — gleich dem *Hof*, der sich um den Mond bildet — unzählige Männer und Frauen, die sich «Freunde des hl. Franz» nennen oder als solche fühlen. So die «Gefährten des hl. Franz», die in vielen Staaten bekannt sind, oder auch die «Marienthaler», die sich jedes Jahr in einem andern Land Europas treffen.

2. Dazu gehören auch die «Franziskanisanten», wenn man dieses Wort prägen darf für all die Männer und Frauen, Katholiken und andere, die sich historischen Studien über Franziskus, seine Lebensbedingungen und seine ersten Jünger widmen. Ein gemeinsames Interesse und eine Leidenschaft für Franziskus verbindet sie. Oft trifft man die einen oder andern an Kongressen, unter anderem in Assisi selbst.

Zu nennen sind: R. Manselli in Italien, J. Paul in Frankreich, der anglikanische Bischof J. R. G. Moorman, R. Brocke und D. Lambert in England, R. Brown in den USA, K. Ruh und D. Berg in der Bundesrepublik und G. Wendelborn in der DDR. Wenn man die Namen aller, die über Franziskus schreiben, sei es von einem geistlichen, historischen oder literarischen Gesichtspunkt aus, aufzählen würde, würde daraus eine endlose Liste. Fügen wir nur noch drei Namen an, die im deutschen Sprachraum bekannt sind: L. Rinser, A. Holl, M. v. Galli. Solche «Franziskanisanten» gibt es sogar in anderen Zivilisationen und Religionen, zum Beispiel in Japan.

3. Eine dritte Gruppe in diesem Hof sind die Naturfreunde und Umweltschützer, die in Franziskus ein Modell sehen für ein besseres Verhalten zur Umwelt. Aber auch die Mitglieder der Friedensbewegung berufen sich oft auf Franziskus. Das fälschlich Franziskus zugeschriebene Friedensgebet «Herr, mache mich zu einem Werkzeug Deines Friedens» ist für das

sozial-politische Engagement vieler wichtig geworden und erfüllt weite Kreise mit franziskanischem Geist.

4. So gibt es außerhalb und oft beziehungslos neben der offiziellen franziskanischen Familie eine Freundschaft für Franziskus, Menschen, die in franziskanischen Wassern schwimmen, weil sie Franziskus lieben und sich darum für seine Geschichte und seine Wirkungen interessieren. Man kann sie nicht eigentlich einordnen oder organisieren, aber ihre Bedeutung ist groß.

174

1. Im «Bund des hl. Franziskus mit der Herrin Armut», einem Werk aus der Frühzeit der franziskanischen Geschichte (1230?), werden die Franziskaner aufgefordert, Kloster und Klausur zu zeigen. Sie weisen auf den weiten Horizont der Welt und sagen: «Das ist unser Kloster!» *Die weite Welt* ist also der Ort der franziskanischen Familie.

2. So gibt es heute nur wenige Länder, in denen Franziskus nicht durch den einen oder anderen Vertreter aus seiner geistlichen Familie gegenwärtig bleibt. Sie leben auch in sozialistischen Ländern, z. B. in Polen, wo die franziskanische Familie auch zahlenmäßig bedeutsam ist (M. Kolbe stammt aus diesem Land), in Ungarn, in der Tschechoslowakei, aber auch in Rußland (Litauen), Rumänien und in China. Eine Statistik aus dem Jahr 1978 weist allein für die Franziskaner eine Verbreitung in 89 Ländern aus. In den meisten asiatischen und afrikanischen Ländern gibt es franziskanische Männer- und Frauengemeinschaften. Da und dort sind sie sogar sehr bedeutsam: in Vietnam, Indien, Japan, den Philippinen, Zaire, Indonesien, Zentralafrika. Die meisten Franziskaner leben allerdings in Europa (65 % aller Mitglieder, 21 % allein in Italien), in Nord- (15 %) und Südamerika (14 %). Die Prozentzahlen für Afrika, Asien und Ozeanien übersteigen nie die 5 %-Grenze. Die zahlenmäßige Überlegenheit in Europa nimmt jedoch zusehends ab. Viele Gruppen haben vor allem in Amerika Zuwachs, andere, wie die Franziskanermissionarinnen, vor allem in Asien. Den Klarissen gelingt die Einpflanzung des Ordens in anderen Kulturen ganz offensichtlich besser als ihren franziskanischen Brüdern. Inzwischen gibt es mehr als zehn Klarissenkonvente in asiatischen oder

afrikanischen Ländern. In Japan, Vietnam, Indien und Zaire sind aber auch bei den Männerorden die Mitglieder mehrheitlich Asiaten oder Afrikaner.
3. Bei der Einpflanzung der franziskanischen Gemeinschaften in den Ländern der Dritten Welt ergeben sich besondere Probleme, nicht nur aus der Tatsache, daß die Christen in der Minderheit sind, sondern auch aus den besonderen Einstellungen der betreffenden Gemeinschaften. Die Klarissen haben einen bestimmten Lebensstil gebracht, während die aktiven Brüder und Schwestern bestimmte Aktivitäten und Dienste ausüben. Mit Ausnahme von Vietnam, Zaire, Zentralafrika und Madagaskar hat man sich nicht um die Einführung eines neuen gemeinsamen Lebensstiles bemüht. Man weiß jedoch um diesen Mangel und sucht, ihn zu beheben.

175 1. Hier nur einige Zahlen (von 1980), die ein Bild über die Größe der franziskanischen Familie vermitteln können: 21066 Franziskaner, 12206 Kapuziner, 4013 Konventualen, 868 Regulierte Terziaren (= 38153 Brüder).
Wenn man die Zahlen der Regulierten Terziaren aus den kleineren, bloß örtlich gebundenen Gemeinschaften der Anglikaner usw. dazuzählte, käme man auf die stolze Zahl von *39000 Männern*, die ihre Gelübde mit der franziskanischen Lebensform verbinden. Im Verhältnis zur Gesamtmitgliederzahl der Männerorden in der katholischen Kirche (238255 in über 100 Orden im Jahr 1980) ist das ein respektabler Anteil: 16 Franziskaner auf 100 Ordensmänner (16%).
2. Bei den *kontemplativen Frauengemeinschaften* ist der Anteil noch größer: Auf ungefähr 58000 kontemplative Ordensfrauen fallen 22680 Franziskanerinnen (Klarissen und andere), was einen Anteil von 39% ausmacht, also vier von zehn Schwestern.
Dann gibt es in über 450 *aktiven Franziskanerinnengemeinschaften* ungefähr 200000 Schwestern. Das sind etwas mehr als 20% im Verhältnis zu allen aktiven Frauenorden (986786 Schwestern in mehreren tausend Kongregationen). Mit andern Worten: Zwei von zehn Schwestern sind Franziskanerinnen.
Die franziskanischen Säkularinstitute haben wahrscheinlich

etwa 5000 Mitglieder (die Missionarinnen vom Königtum Christi allein schon etwa 4000!).

3. Die katholischen Orden haben insgesamt etwa 1300000 Mitglieder. Davon sind 261680 oder 20% Brüder und Schwestern aus dem Franziskanerorden. Wenn man bedenkt, wie vielgestaltig die Ordensgemeinschaften sind, ist das ein gewaltiger Anteil. Im Vergleich dazu hat die Familie des hl. Benedikt in all seinen verschiedenen Zweigen 38000 Mitglieder, was einen Anteil von bloß 3% ausmacht.

4. Die Zahl der Terziaren bzw. der *franziskanischen (Laien-) Gemeinschaft* ist schwieriger herauszufinden. Wahrscheinlich sind es etwa eine Million Mitglieder.

5. Diese Aufzählung ist aber nichts anderes als eine Folge von Zahlen, die nur die mengenmäßige Bedeutung der franziskanischen Familie unterstreicht, aber noch nichts über die eigentliche Bedeutung aussagt. Die franziskanische Familie ist, wenn man bloß die Zahlen anschaut, die bedeutendste religiöse Bewegung der Kirche.

1. Welches ist die eigentliche Bedeutung der Erben des hl. 176
Franz? Welches ist ihr Gewicht in der Kirche, welchen Einfluß üben sie aus, welche Bedeutung haben sie für die heutige Zeit?

Auf solche Fragen kann man nur schwer, wenn überhaupt antworten. Besonders wenn man sie auf der Ebene der Präsenz, des Seins, des Lebens selbst ansiedeln will. Die materielle Präsenz ist, wie wir bereits gesehen haben, nahezu überall auf der Welt gesichert. Wie steht es aber mit der geistlichen Ausstrahlungskraft, mit der Provokation, die vom Evangelium ausgeht, mit dem Aufruf zu einem alternativen Lebensstil? Im allgemeinen sagt man, daß die Franziskaner die Werte Brüderlichkeit, Freundlichkeit, Humor und Gastfreundschaft leben. Das ist viel; aber noch wichtigere Werte, Gebet Kontemplation, Armut und andere, verbindet man kaum mit ihnen. Von den Klarissen und einigen wenigen Ausnahmen (z. B. dem Kapuzinerkloster Arth in der Schweiz) abgesehen, kann man ihre Häuser und Klöster nicht als eigentliche Orte des Gebetes und der geistlichen Erneuerung bezeichnen.

Ich werde darauf zurückkommen.

2. Leichter ist eine Beschreibung der Tätigkeiten. Denn das Tun ist sichtbarer und greifbarer.
Man muß zwischen den abendländischen Ländern, die auf eine große Tradition zurückblicken können (Europa, Nord- und Südamerika) und den sogenannten Missionsländern unterscheiden. Aber schon in den erstgenannten Ländern gibt es erhebliche Unterschiede. In Italien, Polen, zum Teil auch in Spanien, Deutschland, Österreich und der Schweiz hat man im allgemeinen die alten Klöster bewahrt, die das Lebenszentrum der Brüder bilden. Von diesen historisch oft interessanten und künstlerisch wertvollen Gebäuden aus leisten die Brüder ihre Dienste. Die ihnen angeschlossenen Kirchen sind vielbesucht, oft Wallfahrtsorte. In anderen Ländern ist dies infolge der Revolution oder geistesgeschichtlicher Entwicklungen nach dem 2. Vatikanischen Konzil (u. a. Niederlande) anders. Die Niederlassungen haben nicht dasselbe historische Gewicht. Es sind bloß Orte, wo die Brüder zusammenfinden. In letzter Zeit haben sie auch vermehrt Pfarreien übernommen. In den USA kommt es immer häufiger vor, daß sich drei bis vier Brüder zusammenschließen. Wenn man von den Tätigkeiten der Brüder spricht, darf man die materielle Einpflanzung an einem bestimmten Ort nicht vergessen: Häuser, Klöster oder Fraternitäten genannt, wo Brüder einerseits zusammenleben, anderseits aber von andern Menschen getrennt sind.
3. Die Tätigkeiten sind zur Hauptsache klerikaler Natur (acht von zehn Brüdern sind Priester): Predigt, Katechese, Sakramentenspendung, Pfarreiseelsorge, Spezialseelsorge. In vielen Ländern leiten die Brüder Schulen, Seminarien, in anderen unterrichten sie an öffentlichen Schulen. In letzter Zeit kann man ein größeres Problembewußtsein und Engagement im sozialen Bereich feststellen. Ganze Provinzen in Nordamerika haben sich entschlossen, ihre ganze Aufmerksamkeit auf diesen Bereich zu lenken. In Südamerika gehören die Brüder zur Avantgarde, so die Kardinäle A. Lorscheider und K. Arns und der Theologe L. Boff. In Frankreich und in den USA geht man so weit, daß ganze Gruppen von Franziskanern politische Zielrichtungen verfolgen («Franziskaner für den Sozialismus»). Hierher muß man auch die vielen Brüder

rechnen, die unter Arbeitern leben, wo sie nicht in erster Linie Animatoren im geistlichen und gesellschaftlichen Leben sind, sondern einfache Arbeiter (besonders in den französisch sprechenden Ländern).
Die Missionsländer stellen, wie bereits gesagt, eine bedeutungsvolle Gruppe von Brüdern (17% aus dem Franziskanerorden, 12% der Kapuziner). Hier geben sie sich mehr traditionellen Seelsorgsformen hin oder widmen sich Aufgaben im Bereich der Erziehung, der Caritas und der Sozialarbeit.
4. Es gibt zwar kein gemeinsames Organ, welches diese große Zahl von Brüdern zusammenhalten könnte. Aber die Generalminister kommen regelmäßig zusammen, um gemeinsame Initiativen zu ergreifen und gemeinsame Briefe zu schreiben. Die Schwesterngemeinschaften sind autonom, aber in Föderationen aufgeteilt, und haben durch diese ihre Vertretungen bei den Generalministern. Der Regulierte Dritte Orden hat begonnen, eine gemeinsame Regel zu erarbeiten, und die Laiengemeinschaft hat eine zentrale Leitung bekommen. Außerdem müssen Werke erwähnt werden, die dem ganzen Orden oder großen Teilen innerhalb desselben anvertraut sind. In Rom gibt es ein allen gemeinsames Institut für franziskanische Forschung, eine allen gemeinsame franziskanische Universität ist geplant. Die bisher unabhängigen Forschungsinstitute der Kapuziner und Franziskaner in Rom bauen ihre Zusammenarbeit aus, und die Zeitschriften, die sie herausgeben, haben Mitarbeiter aus allen Zweigen.
Auch im deutschen Sprachraum versucht man zusammenzuarbeiten: Da gibt es eine gemeinsame Hochschule der Franziskaner und Kapuziner in Münster. Ein Seminar für franziskanische Spiritualität ist geplant. Die Zeitschriften «Wissenschaft und Weisheit», «Franziskanische Studien», «Bruder Franz», «TAU» ... stehen allen zur Verfügung.
5. Die Zahl der Franziskanerinnen ist fünfmal größer als die der Männerorden. Sie sind vor allem in der Erziehung, Krankenpflege, Sozialarbeit und jetzt immer mehr auch in der Katechese und in der geistlichen Animation tätig. Ein unermeßliches Reservoir an Hingabe und Dienst ist hier vorhanden. Die Schwestern treten in vielfältigen Formen in Erscheinung, in imponierenden Krankenhäusern und Schulen oder als be-

scheidene Gruppe von 3—4 Schwestern, die sich im afrikanischen Busch verlieren. Man darf dabei nicht vergessen, daß der größte Teil dieser Gemeinschaften im 19. Jahrhundert entstanden ist, um einer konkreten Not zu begegnen.
6. Die kontemplativen Schwesterngemeinschaften können nicht unter dem Gesichtspunkt «Aktivität» beschrieben werden. Was man von ihnen kennt, ist ihr Gebetsleben, das nur wenigen zugänglich ist, ihr Bruch mit der Welt durch Mauern und Klosterpforten, ihr einfaches Leben, das in vielen Fällen von der Großzügigkeit der Leute abhängt, und ihre leidende und fragende Solidarität mit den Menschen, die sie umgeben.

177 1. Ich möchte diese Betrachtung schließen mit einem Gedanken, der vielleicht Reaktionen hervorrufen wird. Es ist wahr, daß die franziskanische Bewegung den größten Anteil am Ordensleben der Kirche ausmacht. Aber entspricht dem materiellen Gewicht auch ein geistliches, ein wahrhaftes Leben und ein entsprechendes Tun?
Wenn man nicht einem naiven Triumphalismus verfallen ist, muß man zugeben, daß der weitaus große Teil guter Durchschnitt ist, ohne großes Profil, nützlichen und alltäglichen Aufgaben hingegeben. Es gibt keine großen Skandale, aber auch keine großen Sprünge. Wenn man mit den Anfängen vergleicht oder mit einigen Abschnitten innerhalb der Geschichte, dann bekommen wir den Eindruck der Mittelmäßigkeit. Der franziskanische Geist, den man oft beschwört und den man für heute herbeisehnt, trifft für Franziskus zu, nicht für die Franziskaner. Sie stellen *keine große geistliche Kraft* dar. Auf jeden Fall spricht man heute nicht von ihnen, wenn die großen dynamischen Bewegungen aufgezählt werden, die heute von Bedeutung sind.
Ich weiß, daß es jetzt Freunde und Mitbrüder gibt, die protestieren, die mich des Defätismus anklagen oder mir geistliche Blindheit zuschreiben. Ich weiß auch, daß wir ein alter Ölbaum sind (7 Jahrhunderte), der nicht mehr die gleiche Jugendkraft haben kann. Ich weiß ferner, daß die wahre Ausstrahlung innerlich ist, daß man sie nicht mit Zahlen benennen oder mit Umfragen oder durch die Gunst der Massenmedien erfassen kann. Die Frage bleibt.

2. Die Frage deckt sich mit derjenigen von C. de Hueck-Doherty, einer russischen Emigrantin, die in Amerika ein vielbeachtetes Gebetszentrum schuf. In einem Brief bedrängt sie die Franziskaner: «Schon lange wollte ich Euch einen Brief schreiben. Aber aus dem einen oder andern Grund bin ich bisher nie dazugekommen. Wer von Euch zu uns kommt, ist zutiefst verwundet — oder scheint es zu sein — und muß darum unbedingt geheilt werden. Nicht für alle, gewiß, aber für eine große Zahl gilt diese Diagnose. Ich bin keine Wundertäterin. Ich bin nur jemand, der liebt. Ich hatte einen Traum. Und seitdem ich in die Träume Gottes eingegangen bin, die auch meine Träume zu sein scheinen — vielleicht können wir gemeinsam träumen, ich weiß nicht — habe ich die leidenschaftliche Sehnsucht, den Dritten Orden des hl. Franz zu erneuern. Man kann nämlich nicht leugnen, daß Franziskus der Heilige unserer Tage ist. Es ist nicht lange her, da hat man mich gebeten, für eine Zeitschrift einen Artikel über den hl. Franz zu schreiben. Ich gab ihm den Titel: ‹Franziskus und die Bombe›. Sehr leicht und eindeutig konnte ich zeigen, daß wir im Frieden schlafen könnten, wenn wir die Bombe in die Hände des hl. Franz legten. Wir müßten uns keine Sorgen mehr machen über diese so befremdliche Neutronenbombe, deren Wirkungen alles Vorstellbare übersteigt. Aber ich will ja nicht von Bomben sprechen, sondern von Franz von Assisi. Warum, liebe Brüder aus dem 1. Orden, seid Ihr nicht auf der Höhe Eurer Aufgabe wie Franziskus? Warum gebt Ihr uns nicht wenigstens die Möglichkeit, ihn kennenzulernen, ihn, zu dem Ihr gehört und von dem Ihr die Söhne seid?
In ‹Madonna House› gehen jährlich 4000—5000 junge Menschen aus und ein. Ich kann Euch sagen: Die Jugend hat Hunger. Sie hungert so sehr nach Gott und nach den Gaben Gottes, daß ich in der Nacht vor Unruhe aufgewühlt werde. Ich zittere davor, ich könnte das Schiff verpassen und das Reich Gottes nicht verkünden. Der Hunger darnach ist so groß, daß er alles frißt, was um mich herum ist, um uns alle herum, um alle Mitglieder von ‹Madonna House›, überall in Portland, Oregon, Arizona, Yukon, Edmont, Regina, Gravelsbourg, Cleveland, Ottawa, Raleigh, Monoti und an zwei Orten

in West-Indien: Barbados und Carriacou. Alle diese Leute wollen nach Art des Franziskus leben. Aber sie wissen nicht, wie. Und wir sind nicht zahlreich. Wir können nicht alle Aspekte des hl. Franz ausdrücken. Ihr, Ihr Söhne des hl. Franz, Ihr seid die einzigen, die das können.
Ja, Ihr seid vom Orden her beauftragt, liebe Brüder, kommt uns zu Hilfe. Helft uns erneuern, was verloren scheint. Franziskus ist nicht verloren. Wir sind von ihm abgefallen. Er geht immer auf dem Weg des Herrn, wir sind davon abgekommen. Ich bitte Euch inständig. Die Sehnsucht nach Euch brennt wie ein Feuer in meiner Seele. Ich rufe Euch auf: Hört! Ihr seid berufen, das Evangelium zu verkünden, wie es Franziskus tat. Wie steht es damit? Was tut Ihr? Wo seid Ihr? Was ist mit Euch passiert? Sagt es uns! Kommt zu uns! Wir brauchen euch!
‹Madonna House› wurde durch den franziskanischen Geist gebildet, weil Franziskus eine universelle Spiritualität hat. Ich habe gehört, daß Frau Francis Rich vor einigen Jahren für Schweden und andere Länder eine Statue formte, die Franziskus mit den Vögeln darstellt. Selbst Kommunisten glauben an Franziskus, weil er lebte, was er predigte. Können wir diese universelle Sendung nicht wieder zurückgewinnen? Kommt Ihr uns zu Hilfe? Werdet Ihr kommen, um uns zu lehren, das Evangelium zu leben? Oder habt Ihr Angst? Ist es möglich, daß Ihr Angst habt? Ich kann mir das nicht vorstellen, aber ich bitte Euch demütig, am Boden liegend wie mein Volk und wie die frühen Verehrer Christi, die ihn anbeteten. Ich bete Euch nicht an, ich bitte nur, mit aller Ehrfurcht und in Demut, Euch in Bewegung zu setzen, um uns den Geist des hl. Franz zu bringen. Danke.»

Tendenzen und Strömungen

178 1. Die Franziskanische Familie scheint in einer schweren Krise zu sein. Dem zahlenmäßigen Rückgang, den Nachwuchssorgen, der Überalterung steht ein erstaunliches Erwachen in geistlicher Hinsicht gegenüber. Diese Krise kann sowohl zum Tod als auch zum Leben führen.

2. Die franziskanische Familie nahm im Lauf der Jahrhunderte eine spektakuläre Entwicklung. Schon zu Lebzeiten des hl. Franz: Die Gemeinschaft der zwölf Brüder von 1209 wuchs bis zum Tod des hl. Franz im Jahr 1226 zu einer Schar von über 5000 Brüdern an. Mit Ausnahme der Pestjahre, in denen der Orden dezimiert wurde (1350), kann man ein ständiges Wachsen feststellen. Die vielen Reformbewegungen (Observanten, Kapuziner, Riformati, Alkantariner und Rekollekten) ließen die Zahlen noch höher steigen. Gegen Ende des 18. Jahrhunderts waren es in allen Zweigen des Minderbrüderordens ungefähr 130000 Mitglieder. Die französische Revolution und die politisch-religiösen Wirren in Europa ließen dann aber die Zahl auf 25 000 im Jahr 1850 zusammensinken. Doch fing man sich sehr schnell wieder auf: Hundert Jahre später (1963) war die Zahl doppelt so hoch (49000 Brüder). Die Zahlen bei den Klarissen bewegen sich im gleichen Verhältnis. Die aktiven Frauengemeinschaften sind nahezu alle erst im 19. Jahrhundert entstanden. Sie wuchsen bis vor einigen Jahren stetig an und erreichten die 200000-Grenze.

3. 1963 war ein Höhepunkt. Seither geht die Zahl der Brüder regelmäßig zurück: Heute (1980) sind es bloß noch 38000, das ist innerhalb von 17 Jahren ein Rückgang von 22,5 %. Mir fehlen die genauen Zahlen der Klarissen und Franziskanerinnen. Doch darf man mit Grund annehmen, daß sich die Entwicklung im gleichen Verhältnis zeigt. Das gleiche gilt für die Terziaren, deren Gemeinschaften ebenso überaltert sind und ebensowenig Nachwuchs haben. 1934 waren es noch ungefähr 4 Millionen, 1970 noch 1 243000 Mitglieder, was gleichbedeutend ist mit einem Rückgang von 3 Millionen Mitgliedern in bloß 40 Jahren.

4. Zum erstenmal in der Geschichte sind die Gründe für diesen Rückgang nicht in äußeren Faktoren wie Epidemien, Aufhebungen, Verfolgungen allein zu suchen. Zu den Todesfällen, die ja ganz natürlich sind, kommen viele Austritte. Bei den Observanten ist die Zahl der Todesfälle und der Austritte ungefähr gleich hoch (von 1967—1972 insgesamt 1886). Hinzu kommt ein starker Rückgang der Eintritte. 1960 gab es bei den Observanten noch 1022 Novizen, seit 1970 sind es jährlich nur noch selten 500.

Das hat natürlich eine Überalterung zur Folge (mit Ausnahme in Polen, Jugoslawien, Mexiko, Südamerika) und damit auch Begeisterungsschwund, Resignation, Unbeweglichkeit. In vielen Ländern leeren sich die Klöster. Man fragt sich, ob man als Museumswärter bleiben oder ob man sie aufgeben soll.

5. Diese *«demographische»* Krise ist in den gleichen Proportionen allen traditionellen religiösen Gemeinschaften gemeinsam. Sie verläuft zudem parallel zum Geburtenrückgang in den westlichen Ländern. Zum Teil erklärt sie sich auch durch das Faktum, daß das Eintrittsalter heute höher ist als früher. 1960 trat man noch mit 18—20 Jahren ein, heute durchschnittlich mit 25 Jahren. Hinzu kommt die kirchenamtliche und theologische Aufwertung der Laien: ihre Verantwortung, die neu erkannte Möglichkeit, als Laie zur Fülle des christlichen Lebens gelangen zu können. Ebenso muß man beachten, daß früher der Eintritt in ein Kloster einem sozialen Aufstieg gleichkam. All das muß berücksichtigt werden, wenn man die heutige Situation beurteilen will. Doch bleibt der zahlenmäßige Rückgang so oder so ein beunruhigendes Zeichen.

6. Die «demographische» Krise stellt eine Grundfrage: Hat der Weg des Evangeliums, wie er von Franziskus vorgezeichnet wurde, seine Anziehungskraft verloren? Oder sind wir den Weg der Bürgerlichkeit und Mittelmäßigkeit gegangen?

179 1. Die franziskanische Familie erleidet auch eine noch nie dagewesene Veränderung. Bisher suchten alle Reformbewegungen das Heil in der buchstäblichen Befolgung der Regel, vor allem bezüglich der Armut (Besitzlosigkeit, Geldverzicht, Kleidervorschriften ...). Man legte mehr oder weniger Gewicht auf die Länge des Gebetes und die Strenge des Lebens. Im übrigen lebte man aber in einem alltäglichen, immer gleichbleibenden Ritus: Alles war bis ins Detail vorgezeichnet und vorgeschrieben. Der Orden versprach, die Regel «rein und einfach» zu leben, und im allgemeinen traf das auch zu. Ein so organisiertes Leben erlaubte viele apostolische Tätigkeiten: Predigt, Liturgie, Missionen, Studien, Schule ... Aber alles blieb innerhalb eines klösterlichen Rahmens: Die

Brüder und Schwestern (erst recht die kontemplativen) waren von den übrigen Menschen getrennt. Diese lebten anders, kleideten sich anders, arbeiteten anders. Vor dreißig Jahren noch trat man mit dem Ordenseintritt auch in eine fremde, ja mittelalterliche Welt ein.

2. Durch das 2. Vatikanische Konzil (seit 1960) trat nun eine *grundlegende Änderung* ein, die sich schon im Bereich der Äußerlichkeiten kundtut, etwas, was ja zuerst immer schokkierend wirkt: Die Zivilkleidung ist für eine große Zahl — vielleicht schon für die Mehrheit — eine Selbstverständlichkeit geworden. Die Lebensform unterscheidet sich nicht mehr total von der der anderen Leute, ja stimmt im großen und ganzen sogar mit der Konsumgesellschaft überein. Obwohl wesentliche Punkte gleichgeblieben sind — Ehelosigkeit, Gütergemeinschaft, Gehorsam — so ist doch auch diesbezüglich einiges geschehen: Die Autoritätsfunktion des Oberen ist — ganz der franziskanischen Lebensform entsprechend — zurückgetreten, die Mitverantwortung wird von allen gefordert. Die großen Gemeinschaften schwinden immer mehr, viele Brüder und Schwestern leben in kleinen Gruppen oder gar allein.

Die Kontemplativen scheinen weniger von diesen Änderungen betroffen. Aber wenn man ihr konkretes Leben betrachtet, hat sich auch hier in Kleidung, Klausur, Leitungsstruktur, Gebetsleben ... einiges getan. Ebenso sind die Veränderungen bei den Terziaren augenfällig. Innerhalb von 20 Jahren haben sich die Form der Fraternitäten und die Regel vollständig verändert. Man vergleiche die Regel Leos XIII., die bis vor kurzem galt, mit der Regel Pauls VI.

3. Diese Bemerkungen entspringen nicht dem nostalgischen Blick in die Vergangenheit. Sie wollen nur auf den Wendepunkt aufmerksam machen, in dem sich die franziskanische Familie heute befindet. Die Vergangenheit ist in vielen Bereichen tot. Eine Zukunft bildet sich heraus, von der man die Konturen noch nicht feststellen kann. So ist denn die Gegenwart zwiespältig, macht Alte und Junge unruhig. Doch ist diese Krise, wie mir scheint, gottgewollt und darum eine große Chance für einen neuen franziskanischen Frühling.

180 1. Die «demographische» Krise und die großen inneren Veränderungen werden als negativ oder doch als sehr beunruhigend empfunden. Doch fehlt es nicht an Zeichen der Hoffnung. Interessanterweise sprudelt es auf der Ebene der Reflexion und der Vertiefung in einem noch nie dagewesenen Ausmaß ausgerechnet zu einem Zeitpunkt des numerischen Rückgangs. Es ist etwas im Gang, das mit den Vorgängen in der Kirche unmittelbar vor und nach dem Konzil vergleichbar ist.

2. Es besteht heute ein *großes und waches Interesse für die Schriften* des hl. Franz. Durch Spezialstudien aufmerksam gemacht, fühlen sich die Söhne und Töchter der Heiligen Franz und Klara ermutigt, die Quellen zu erschließen. Die Schriften des hl. Franz sind zwar nicht sehr umfangreich, aber dafür von einer großen Tiefe und Intensität und Quellen der Inspiration und Dynamik. Kurze Zeit nach dem Konzil konnte man den darin neu entdeckten Geist in die offiziellen Richtlinien (Konstitutionen) einbringen. Genügend Männer und Frauen (Verantwortliche, Fachleute und Berater) fanden sich, um an diesem Werk mitzuarbeiten. Man darf ruhig sagen, daß diese offiziellen Texte mit dem Geist und den Worten des hl. Franz durchtränkt sind wie noch nie in der langen franziskanischen Geschichte. So konnte eine vor allem rechtliche Auslegung der Franziskusregel ersetzt werden durch eine mehr geistliche Deutung, die sich auf die grundlegenden Erfahrungen des hl. Franz abstützt, wie sie in dessen Schriften zum Ausdruck kommen.

Diese Feststellung gilt für alle drei Zweige des ersten Ordens, ebenso für die Klarissen, aber auch für die Regel der franziskanischen Laiengemeinschaft. Die zahlreichen Frauenkongregationen haben jede für sich allein im gleichen Sinn gearbeitet. Und heute gehen sie daran, eine Regel zu verfassen, welche als gemeinsame Grundlage für alle gelten kann und das Wesentliche des franziskanischen Lebensentwurfes zusammenfaßt.

3. Wenn das Wesentliche der franziskanischen Lebensform näher bestimmt werden soll, dann kann ich nur auf den ersten Teil dieses Buches zurückverweisen, wo es ausführlich erklärt wird. Wie immer der Raster ist, durch den man den franziska-

nischen Lebensstil zu erfassen sucht, man wird immer zu einigen wesentlichen Punkten kommen: das Evangelium als Mitte und Orientierung; ein Glaube, der sich auf die Suche nach Gott begibt; das gemeinsame und individuelle Gebet; die Einsamkeit bzw. Einsiedelei; die treue Bindung an die Kirche Jesu Christi; das Leben in der brüderlichen Gemeinschaft und der Wille, diese Brüderlichkeit mit allen zu teilen, mit den Kleinen, den Dienenden und mit denen, die sich für Frieden und Versöhnung einsetzen; die Armut des Herzens und an Gütern; das Leben unter den Menschen, Gläubigen oder Ungläubigen, in Arbeit, durch Dienen, freundschaftliche Beziehungen; das Wort des Evangeliums.
Diese Achsen finden sich mehr oder weniger alle und mehr oder weniger ausgewogen in den meisten Richtlinien, die in den letzten Jahren erlassen wurden. Das ist bestimmt ein Grund der Hoffnung, sofern man an die Macht der Worte und der Möglichkeiten, die sich so ergeben, glaubt. Denn ein großes Programm bietet sich da den Erben des hl. Franz an. Man muß es aber ins Leben übersetzen. Sonst begnügt man sich mit einer Ideologie, die schöne Wege aufweist, aber niemanden verpflichtet.
4. Wenn von der Rückkehr zu den Quellen die Rede ist, so sind in erster Linie die Schriften des hl. Franz gemeint. Wie ich bereits gesagt habe, sind diese noch lange nicht genügend ausgeschöpft. Die Lebensbeschreibungen und andere Quellen können ihrerseits erhellend wirken. Doch ist offenbar die Auseinandersetzung mit ihnen nicht so erneuernd. Was die großen Gestalten der Franziskanergeschichte betrifft: Bonaventura, Skotus, Ockam und andere Lehrer, stellt man heute eher eine Stagnation fest. Früher interessierten diese Persönlichkeiten die Philosophen und Theologen, z. B. M. Heidegger, E. Gilson und R. Guardini. Teilweise tun sie es immer noch, wie die Studien von J. Ratzinger, A. Gerken, B. Strack, W. Hülsbusch, M. Wiegels, K. Hemmerle, H. Stoevesandt, H. Schalück und anderen beweisen. Innerhalb der franziskanischen Familie jedoch ist unzweifelhaft ein Desinteresse vorhanden, ebenso eine abnehmende intellektuelle Kraft. Man kann das bedauern oder darüber unruhig werden. Vielleicht darf man darin aber auch eine Konzentration auf das Wesent-

liche sehen. Je stärker die Stürme des Windes sind, um so tieferreichende Wurzeln muß man haben. Nachher kann man dann unsere großen Lehrer nochmals lesen oder sogar — warum eigentlich nicht? — die Tradition fortschreiben und Theologie und Philosophie in einem franziskanischen Sinn reflektieren.

So kann denn die offenkundige Schwäche zu einer Gnade werden, wenn wir unsere Kräfte sammeln und mit Hilfe der heutigen (historisch-kritischen, literarischen, strukturalen, theologischen, symbolischen usw.) Auslegungsmethoden die Schriften des hl. Franz studieren.

181 1. Gute theoretische Grundlagen nützen wenig, wenn sie nicht zur Tat führen. Darum soll jetzt von einigen Punkten die Rede sein, die eine Erneuerung des franziskanischen Geistes anzeigen. Auch hier zeigt sich das Paradox, daß gerade in einem Zeitpunkt des numerischen Tiefstandes, der Überalterung und der grundlegenden Infragestellung Zeichen einer neuen Lebendigkeit greifbar werden. Und das auf dem traditionellen Grundstock ebenso wie in neuen Pflanzen.

Zuerst will ich einige Züge der *allgemeinen Erneuerung* aufzeigen, die sich in allen franziskanischen Gruppierungen zeigen.

2. An erster Stelle sind die *Erneuerung des Gebetes* und die *Sehnsucht nach dem kontemplativen Leben* zu erwähnen. Wenn das gemeinsame Beten ein neues Gewicht bekommen hat und wenn es in den meisten Gemeinschaften regelmäßig stattfindet, oft liturgisch ausgefaltet (Gesang, Gesten, Raumgestaltung ...), dann geht das gewiß auf das Konzil zurück. Aber auch das erneuerte Bewußtsein der Franziskaner, daß dem Gebet innerhalb der franziskanischen Lebensform ein besonderer Stellenwert zukommt, darf als Grund gelten. Die besondere Form, welche das kontemplative Gebet in der franziskanischen Familie angenommen hat, die «Einsiedelei», um es mit dem traditionellen Wort zu sagen, hat allerdings noch keine allgemeine Erneuerung erfahren. Es gibt bloß einige Versuche und Projekte, im deutschen Sprachraum u. a. das Kloster Ermitage in der Nähe von Siegen oder das

Meditationskloster der Kapuziner in Arth und das der Kapuzinerinnen in Schüpfheim in der Schweiz.
Eine große Zahl von Brüdern und Schwestern und die Ordensleitungen sind überzeugt, daß die Erneuerung des kontemplativen Gebetes der einzige Weg ist, um eine echte Gesamterneuerung zu erreichen. Denn nach dem Zeugnis der Geschichte entstanden sowohl die franziskanische Lebensform als solche selbst wie auch sämtliche Reformen innerhalb der franziskanischen Bewegung im Lauf der Jahrhunderte in der Einsamkeit der Einsiedeleien.
3. Ein weiteres Moment der allgemeinen Erneuerung sind die *brüderlichen Beziehungen innerhalb der Gemeinschaften* und *das Amtsverständnis*. Alle sind heute aufgerufen, die Verantwortung gemeinsam zu tragen, Entscheidungen gemeinsam zu treffen, Güter und Arbeiten gemeinsam zu teilen. Die Autorität der Obern und Verantwortlichen orientiert sich wieder mehr an der Fußwaschung Jesu, auf die Franziskus seine Brüder so eindrücklich verwiesen hat.
4. Ein drittes Zeichen der Erneuerung zeigt sich in einem *neuen Verhältnis zur Welt*. Die Brüder sind den Menschen näher gekommen, und die Beziehungen zu ihnen sind familiärer geworden. Die oft künstlichen Abtrennungen sind gefallen. Man ist mehr mit dem Leben der Menschen verbunden und lebt mit ihren Sorgen und Hoffnungen. Die Mehrzahl der Brüder und Schwestern sind heute überzeugt, übrigens in Übereinstimmung mit den offiziellen Texten, daß ihre Sendung innerhalb der Kirche und in der Welt darin besteht, das evangelische Leben zu leben und so — durch dieses Leben selbst und, wenn sich die Gelegenheit bietet, durch das Wort — das Kommen von Gottes neuer Welt zu verkünden.
Zu Recht spricht man nicht mehr so viel von Armut. Dieser Ausdruck paßt nur schlecht in den heutigen Lebenskontext und, was gemeint damit ist, hat noch nicht einen angemessenen Begriff gefunden. Daher spricht man mehr vom bescheidenen Gebrauch der Dinge, vom Teilen mit den Armen, vom Leben unter ihnen — was übrigens sehr viele Brüder und Schwestern konsequent tun.
5. Selbstverständlich gilt das nicht so sehr für die Klarissen.

Ihre Probleme sind besonderer Art. Die franziskanische Laiengemeinschaft erlebt ihrerseits eine mehr innere Erneuerung. Sie manifestiert sich weniger in Strukturen, die ja in allen Zeiten weniger akzentuiert waren. Ein großes Hoffnungszeichen sind die franziskanischen Jugendgruppen, die da und dort entstanden sind. Sie sind zwar nicht so zahlreich, aber oft sehr dynamisch.

Die Erneuerung wird vorangetrieben durch viele Kapitel, Räte, Tagungen, Begegnungen, die sich in den letzten zehn Jahren fast zum Überdruß vermehrt haben, mit der Gefahr der Übersättigung und des Tretens an Ort.

182 1. Die allgemeine Erneuerung des Ordens führte auch zu besonderen Formen, zu den *«kleinen Fraternitäten»*. Diese Bewegung ist — seit Ende der sechziger Jahre — vor allem im 1. Orden angesiedelt, aber auch in gewissen Schwesternkongregationen. Sie versteht sich als Rückkehr zu den Ursprüngen und gleichzeitig als Antwort auf die Zeichen der Zeit. Die traditionellen Strukturen des gemeinsamen Lebens (Kloster, Kleidung, große Zahl) werden aufgegeben, die ursprünglichen zurückgewonnen: Lohnarbeit als Mittel des Lebensunterhaltes, Nähe zu den Menschen. In einigen dieser Gruppen besteht ein sehr starkes soziales und politisches Engagement. Oft werden sie von den Mitbrüdern nicht verstanden oder gar angegriffen, nicht zuletzt auch wegen vieler Mißerfolge und Austritte, aber auch wegen einer gewissen Verweltlichung. Doch haben sie einen großen Einfluß auf den Gesamtorden und sind für viele ein Zeichen der Hoffnung und der Zukunft geworden. Daß diese Fraternitäten ihre Probleme haben (Gleichgewicht von Gebet, Bruderschaft, Arbeit und sozialem Engagement) und daß viele mißlungen sind (ungefähr ein Drittel besteht nicht mehr), darf nicht zum Anlaß werden, die Bewegung selbst zu verurteilen. Man lernt aus den Erfahrungen. So zeigt sich in ihr in der letzten Zeit ein mehr kontemplativer Zug. Einige Fraternitäten stellen sich sogar als «Haus des Gebetes» vor.

1978 zählte man allein im ersten Orden etwas über hundert solcher Fraternitäten. Freilich muß man hinzufügen, daß sie sich vor allem in französisch sprechenden Ländern entwickelt haben (ungefähr die Hälfte), die andern verteilen sich auf fünf andere Länder in Europa und Amerika.

Das Experiment, das noch im Gang ist und seit einigen Jahren offenbar eine Stagnation erlebt (nur wenige Neugründungen), ist etwas Neues, noch nie Dagewesenes und voller Möglichkeiten. Die Erfahrungen, die aus all diesen Fraternitäten zusammenkommen, werden — vielleicht in anderen Formen — unzweifelhaft eine wichtige Rolle für die Zukunft der franziskanischen Bewegung spielen.

2. Der Vollständigkeit halber muß ich auch auf eine Bewegung hinweisen, die zahlenmäßig nicht so bedeutend ist und gewissermaßen im Gegensatz zu den «kleinen Fraternitäten» steht: die *«Frati Minori rinovati»*, eine Gruppierung von sizilianischen Franziskanern, die zur integralen und wörtlichen Regelbefolgung zurückkehren wollen. Es handelt sich dabei um eine heroische Restaurationsbewegung, welche die alte Regeltreue, die z. B. in der Ablehnung des Geldes und ähnlichem Ausdruck findet, wieder aufleben läßt. Ähnliche Tendenzen kann man auch bei Schwesterngemeinschaften feststellen, die — verwirrt durch die Folgen des Konzils — einige Züge der alten Strenge und Disziplin aufgreifen wollen.

3. Die franziskanische Familie ist wie die Kirche gezwungen, veraltete Strukturen aufzugeben und im Gefolge davon sich allen möglichen Strömungen und Spannungen auszusetzen. Man darf nicht in Einseitigkeiten fallen. Wenn man die evangelische Berufung froh und wesentlich leben will, muß man ebenso tief in der Vergangenheit wurzeln, wie man sich möglichst weit öffnet für die Gegenwart und die Zukunft. Mir scheint, daß die franziskanische Bewegung trotz allem nicht an Temperament verliert. Auf dem, was vielen wie eine Ruine erscheint, ersteht ein Neubau, der vielleicht noch schöner als der alte ist. Ja, selbst in diesen schwierigen Zeiten, ist es gut, Franziskaner zu sein.

KLARSTELLUNGEN

1. Unsere Aufmerksamkeit muß sich auf einige besondere Punkte lenken, damit das franziskanische Charisma klar herausgestellt wird. 183
Der erste Teil dieses Buches stellt das franziskanische Lebensprogramm in seiner Ganzheit und Ausgewogenheit dar, ebenso die tiefen Wurzeln, die hinter allem zu beachten sind. Ich will nicht darauf zurückkommen und keine weiteren Erklärungen abgeben, vielmehr einige Tendenzen der heutigen Welt aufgreifen und sie mit dem franziskanischen Lebensprogramm konfrontieren. So wird ersichtlich, mit welcher Kraft und Intensität und in welchen Formen wir es heute zu leben haben.

2. Für viele Menschen unserer Tage, Gläubige und Ungläubige, stellt sich eine einzige Grundfrage: Welchen Sinn können wir dem Leben und dem eigenen Tun geben? Dieser Sinn scheint nicht einfach in das Wesen des Menschen selbst eingezeichnet zu sein. Der Weg, der zur menschlichen Verwirklichung führt, ist nicht evident. Viele Stimmen drängen auf den Menschen ein. Viele Meister, Lehren, Ideologien kommen auf ihn zu. Einige geben vor, klare Zielvorstellungen zu haben, ohne zu merken, daß sie sich oft widersprechen. Andere betonen, daß eine für alle geltende Sinnrichtung gar nicht existiere und daß infolgedessen jeder seinen Sinn selber schaffen müsse. Auf der anderen Seite wissen wir alle, daß es dem Menschen unmöglich ist, seine Reife zu erlangen, sich zu verwirklichen, wirkungsvoll zu handeln, wenn er nicht eine *Mitte* gefunden hat, die ihn zusammenhält und in eine Richtung drängt. Diese Mitte kann nicht eine Schöpfung des Menschen sein. Eher umgekehrt: Diese Mitte erschafft den Menschen. Sie ist gegeben und kommt wie Gnade über den Menschen.

3. Für den Christen ist diese einheitschaffende Mitte nicht eine Lehre, nicht ein abstraktes Prinzip, sondern das göttlich menschliche Antlitz Jesu von Nazaret. Indem man auf Jesus schaut, entdeckt man den Weg und gleichzeitig das Ziel des

Weges: die wahre Menschlichkeit des Menschen. Die Christen, die der franziskanischen Bewegung angehören, sollten wissen, daß die Mitte nichts anderes sein kann als Jesus, auf den sie allerdings auf eine besondere, eben franziskanische Weise, schauen. Gerade hier stellt sich aber noch einmal das Problem: Welches ist die Mitte innerhalb der franziskanischen «Weltanschauung»?

4. Wenn man von Franziskus und von seinem Lebensentwurf spricht, betont man meistens, daß er sich unterscheide durch die Art, wie er mit dem Wort des Evangeliums ernst macht. Er versteht es wörtlich und setzt es sofort in die Praxis seines Lebens um. Man nennt das die «evangelische Radikalität» des hl. Franz. Diese *Evangelizität* ist in der Tat ein Grundzug des hl. Franz und seiner Bewegung. Nur muß man wissen, was man darunter verstehen will.

Wenn man dieses Schlüsselwort aus der Nähe betrachtet, stößt man gewöhnlich auf drei verschiedene Erklärungen. Für die einen besteht die franziskanische Evangelizität in der Armut: Weil er die evangelischen Vorschriften, die sich auf sie beziehen, wörtlich nimmt, ist er wie kein anderer ein Mann des Evangeliums. Für andere ist es die konsequente Praxis jener Lebensform, die in der Aussendungsrede (Lk 10,1—12) grundgelegt ist: Letzte Entäußerung des Gesandten, volles Vertrauen in die Gastfreundschaft, Predigt- und Friedenstätigkeit als wesentliche Elemente der franziskanischen Evangelizität. Für die dritten endlich besteht sie in der Identifizierung mit dem gekreuzigten Christus, die aus Franziskus den Stigmatisierten macht, «einen anderen Christus», und aus dem franziskanischen Weg einen Weg der leidenden Konformität und Übereinstimmung mit Christus.

Armut, evangelische Sendung oder Konformität/Mitleiden sind demnach die Grundzüge der franziskanischen Evangelizität, Zentren, die sich für die einen komplementär ergänzen, für die andern gegenseitig ausschließen. Eine solche Betrachtung scheint mir eine Reduktion zu sein. Nicht nur wird hier der Akzent auf übertriebene Weise auf einen einzelnen Punkt des Evangeliums gelegt; andere Punkte, die gleichwertig oder noch wesentlicher sind, werden völlig außer acht gelassen. Die Evangelizität muß sich doch auf das ganze Evangelium beziehen, um gültig und ausgewogen sein zu können. In unserem Fall heißt das, daß man das Augenmerk nicht bloß auf einzelne Stellen des Evangeliums richten darf. Evangelizität besteht vielmehr darin, daß man für das ganze Evangelium offen und hellhörig ist. *Jesus im Glauben bejahen und annehmen, und zwar sowohl in seinem Geheimnis wie in seinen radikalen Forderungen*, das ist in Wahrheit das einende Zentrum der christlichen Grundentscheidung und darum auch der franziskanischen Lebensform. Man darf also die franziskanische Spiritualität nicht in diesem oder jenem Aspekt des Evangeliums sehen, mag er noch so gewichtig und entscheidend in der Lebensgeschichte des Heiligen stehen. Die Mitte ist vielmehr die bedingungslose Nachfolge Jesu, die radikale Verfügbarkeit, ihm und seinem Willen überallhin zu folgen. Als man Franziskus nach der Mitte seines Lebens fragte, sagte er: «das heilige Evangelium beobachten», «der Lehre und den Fußspuren Jesu folgen», «die Worte, das Leben, die Lehre und das hl. Evangelium» Jesu beobachten.

5. Man kann und muß anerkennen, daß dieses oder jenes Wort des Evangeliums bei Franziskus einen besonderen Widerhall gefunden hat. Nur würde man das Lebensprogramm verfälschen, wenn man es an die Stelle des Zentrums setzte. Für die Familie, die sich heute noch auf ihn beruft, bedeutet das, daß man sich vor künstlichen und oberflächlichen Einteilungen hüten muß.

Vielmehr gilt die Aufmerksamkeit jener Person, welche die Mitte einnimmt. Diese Mitte ist Jesus von Nazaret, den wir als Christus und Herrn anerkennen. Durch seine Existenz und seine Worte zeigt er uns, wer Gott ist und wer der Mensch, wohin die Welt und ihre Geschichte geht. Darin wurzelt, wie der erste Teil des Buches gezeigt hat, das franziskanische Lebensprogramm, die Art, wie Franziskus Gott sieht, der über allem erhaben und doch ganz nahe ist; seine Auffassung vom Menschen als Bruder; seine Natur- und Weltbetrachtung.

Das müssen wir in Rechnung stellen, wenn wir nicht einfach romantisch, gefühlsmäßig oder andächtig, sondern wesentlich und wahrhaft evangelisch-franziskanisch sein wollen. Die Konzentration auf Jesus in seinem Mysterium wird uns den

Zugang zum Geheimnis Gottes und zum Geheimnis des Menschen öffnen. Das ist die Mitte.

184 1. Die Unterscheidung von Sein und Haben drängt sich heute immer wieder auf und ist relativ einfach. Die Unterscheidung von Sein und Tun dagegen ist etwas schwieriger. Denn wenn der Mensch zuerst immer *ist*, so drückt er dieses Sein doch immer in einem bestimmten Tun aus. Denn das Sein des Menschen ist immer aktiv: Es knüpft Beziehungen, verändert Situationen, verwandelt und bringt Neues hervor. Das Sein des Christen — die neue Schöpfung, der Sohn Gottes, die Wohnung des Geistes — zeigt sich in seinem Tun: im Halten der Gebote, in der Erfüllung des Willens des Vaters. Trotzdem muß man zwischen Sein und Tun unterscheiden. Man kann ja nur im Rahmen und in den Bedingungen des Seins handeln. Ohne das Tun ist das Sein steril und unecht. Auf der andern Seite ist Tun ohne das Sein unmöglich.
2. Wenn man eine Gruppe, eine Bewegung beschreiben soll, ist es leichter, vom Tun, von den Funktionen und Aktivitäten zu sprechen. Dieser Versuchung droht auch der zu erliegen, der die franziskanische Bewegung beschreiben soll. Handelt es sich bei ihr um einen bestimmten christlichen Typ oder um eine Aktionsgruppe?
Die Frage ist alles andere als bloß theoretisch. Sie geht ebenso alle Brüder und Schwestern im einzelnen als auch die Gesamtheit der franziskanischen Familie an. Eine aufmerksame Lektüre der Regeln, die Franziskus für seine Brüder geschrieben hat, und des Briefes an die Gläubigen, zeigt, daß es beim ursprünglichen Lebensentwurf vor allem um das Sein geht, um das Leben nach dem Evangelium in der Situation eines Laien oder eines Ordens. Arbeiten oder Betteln ist eine Konsequenz der Armut. Die Predigt ist nicht besonders hervorgehoben, im Testament des hl. Franziskus ist sie nicht einmal erwähnt. Erst um 1230 herum, als die Kleriker die Mehrheit der Brüder ausmachen, bekommt das Tun, konkret die Pastoration (Predigt, Sakramentenspendung und andere Formen der Mission), einen solchen Stellenwert, daß sich der Orden fortan durch die Mission definiert. Er versteht sich sozusagen als Zwillingsorden zu den Dominikanern (Predigeror-

den) und wird eine Gemeinschaft armer Prediger. Die Mehrzahl der franziskanischen Frauengemeinschaften gehen aus einer objektiven sozialen Not des 19. Jahrhunderts hervor und sind darum in erster Linie Aktionsgemeinschaften. Gegen Ende des 19. Jahrhunderts lassen sich vor allem in Frankreich auch der Dritte Orden, die franziskanische Laiengemeinschaft, um die soziale Aktion sammeln (Léon Harmel). Bloß die Klarissen und andere kontemplative Gemeinschaften entgehen mit Erfolg der Reduzierung auf die Aktion.

3. Heute stellt sich die Frage neu. Sind wir zuerst eine Bewegung, deren wesentliche Aufgabe es ist, einen evangelischen Menschen herauszubilden, gewissermaßen eine bestimmte Art des Seins, des Lebens? Oder sollen wir uns als Tatmenschen, als Macher definieren und bestimmte Tatziele verfolgen? Ich glaube, daß der erste Teil des Buches, die Darlegungen zum franziskanischen Lebensprogramm, die Antwort eindeutig enthält: Durch das Sein und nicht durch das Tun ist die franziskanische Bewegung definiert. Damit soll allerdings nicht gesagt sein, daß sie sich aus der Aktion und dem Tun heraushalten soll. Franziskus selbst wie auch die Geschichte, die er ausgelöst hat, beweisen das Gegenteil.

Es geht bloß darum zu zeigen, daß sich die franziskanische Bewegung nicht durch bestimmte Aktionsziele versteht und daß sie nicht darauf aus sein soll, in Organisation und Aktion aufzugehen. Das franziskanische Charisma lehrt, wie man sich vom Evangelium her verwirklicht und wie man sich als Jünger Jesu verhält. Das führt dann auch zum Engagement und zur Tat, aber nicht einfach in diesem oder jenem Bereich.

Ich will richtig verstanden werden. Die Mission, die Sendung in die Welt, Zeuge zu sein für die frohe Botschaft vom Heil des Menschen (Evangelium), gehört zum Wesen des evangelischen Menschen und ist darum auch ein Wesensmerkmal der franziskanischen Berufung. Aber der Franziskaner wird diese Sendung zuerst als Bekenner und durch die Art seines Lebens mitten unter den Menschen leben. Wort und Tat sind Konsequenzen, Ausfaltungen des Seins, Ausdruck des Gelebten. Nicht die Funktion, nicht eine besondere Aufgabe oder ein besonderer Dienst, nichts im Bereich des Tuns kann den franziskanischen Weg voll beschreiben: nur eine Art, das Evangelium zu *leben*.

185 1. Wir sind in das Leben der Kirche und der Welt von heute eingegliedert. Das ist nicht ein notwendiges Übel, sondern die allgemeine Bedingung des Menschen. Wir sind solidarisch, vielleicht auch gegen den eigenen Willen in menschliche und kirchliche Situationen verfilzt. Das Engagement, das wir dabei notgedrungen übernehmen, kann unterschiedlich sein und sich verändern. Wir können der Wirklichkeit, die uns umgibt, nicht neutral gegenüber stehen.

2. Franziskus und seine Brüder haben weder die Kirche noch die Welt verlassen. Sie sind daringeblieben als lebendige Zellen. Auch wir, selbst wenn wir uns zunächst durch das Sein definieren wollen, sind *zur Tat aufgerufen*. Wir müssen für mehr Gerechtigkeit, Liebe und Wahrheit um uns herum arbeiten. Aber wie? Sollen wir zuerst das Übel entlarven, es bekämpfen, gegen Ungerechtigkeit, Ungleichheit, Mißbrauch auftreten? Oder sollen wir in uns, um uns herum, in der Kirche und in der Gesellschaft Neues, Gerechtes, Wahres schaffen? Wenn wir die Frage so stellen, müssen wir sie auch beantworten. Die beiden Aspekte stehen an sich nicht unversöhnlich nebeneinander, aber sie ziehen die Aufmerksamkeit auf zwei verschiedene Möglichkeiten, sich an der Gestaltung einer neuen Kirche und einer neuen Gesellschaft zu engagieren.

3. Zur Zeit des hl. Franz war die Welt vor allem durch politische und religiöse Kämpfe zerrissen. Die Ungerechtigkeiten waren offenkundig. Auch die Kirche war belastet durch den Reichtum, die Spaltungen, den Sittenzerfall. Die Menschen mußten Partei ergreifen und sich auf die eine oder andere Seite schlagen. Auch Franziskus hätte sich öffentlich auf die gute Seite stellen können. Es wäre natürlich gewesen, sich in Wort und Tat einer Kampagne gegen die häretischen Bewegungen, die Mißbräuche in der Kirche oder gar gegen den Kreuzzug, der ihn zuerst begeisterte, anzuschließen oder selbst eine solche Bewegung zu begründen. Doch Franziskus läßt zwischen den Fronten einen *Hauch der Bergpredigt* aufleben. Es ist in

der Tat interessant zu sehen, welche biblischen Texte ihn bewegen, die Haltung seiner Brüder inmitten der Dispute, Auseinandersetzungen und Kämpfe zu beschreiben. Da sind zuerst die Seligpreisungen: Die Brüder sollen sanft sein, Friedensstifter; dann die Empfehlungen der Bergpredigt: Sie sollen niemanden verurteilen, sich nicht erzürnen, nicht kritisieren, nicht die Sünde der andern beachten, dem Bösen nicht widerstehen, sich entblößen, nichts zurückverlangen, was man ihnen nimmt. Eine andere Quelle der franziskanischen Inspiration wird dreimal zitiert: der 2. Timotheusbrief (2,14) und der Brief an Titus (3,1—2). Darnach sollen die Brüder das «Wortgezänk» meiden und «andern untertan» sein, «nicht schmähen, nicht streitsüchtig, sondern freundlich und gütig zu allen Menschen sein». Dieses Verhalten unterscheidet sich wesentlich von dem der meisten Menschen seiner Zeit. Die genannten Texte bilden das Knochengerüst der Kapitel über das Leben der Brüder inmitten der Welt (NbReg 11,14,16; BReg 3).

Auf diesem Hintergrund versteht man die Einleitung zum 11. Kapitel der nichtbullierten Regel besser: «Und alle Brüder sollen sich hüten, zu verleumden und sich in Wortgezänk einzulassen (vgl. 2 Tim 2,14); vielmehr sollen sie bemüht sein, Schweigen zu bewahren, wenn immer ihnen Gott die Gnade geben wird. Auch sollen sie nicht untereinander oder mit anderen herumstreiten, sondern bemüht sein, demütig zu antworten und zu sagen: Ich bin ein unnützer Knecht.» In der Nachfolge Jesu und seines Evangeliums geht Franziskus den schwierigeren Weg, der am Ende aber am wirkungsvollsten sein wird, wenn die Strukturen der Kirche und der Gesellschaft wirklich verändert werden sollen.

4. Die Anweisungen des hl. Franz sagen allerdings *nichts* aus *über konkrete Situationen*, auch nichts über das Engagement selbst. Es geht darum, ein Mensch zu sein, der zum Menschen ja sagt, ihn liebt, respektiert, keine Ansprüche an ihn stellt, weil man sich nicht im Haben ansiedeln und keine Besitzrechte geltend machen will. Heute müssen wir uns gewiß die Augen öffnen lassen für das fehlende Gleichgewicht in der Welt, für die großen Ungerechtigkeiten. Wir müssen uns, jeder nach seinen Möglichkeiten und in seinen Bedingungen, ein-

setzen, daß sich das ändert. Darüber sagt uns Franziskus nichts (übrigens auch nicht Jesus). Was er jedoch sagt, erreicht die Tiefenschicht des Menschen. Es scheidet den Haß aus und beinhaltet den Willen, Frieden zu schaffen.

Außer dieser Forderung, die in allen Situationen gültig bleibt, gibt es noch eine andere franziskanische Art, sich nicht gegen, aber für etwas einzusetzen: *Neues schaffen*. Eine evangelische Gemeinschaft aufbauen, in der alle gleich sind, alle gleich verantwortlich, mit gleichen Rechten und Pflichten, in der man sich gegenseitig verzeiht und sich erträgt, wo jeder seinen eigenen Freiheitsraum innerhalb der Gemeinschaft hat. So entsteht für viele ein greifbares Zeichen der Hoffnung. Bei aller Kritik an Kirche und Gesellschaft und bei aller Notwendigkeit, für Gerechtigkeit und Frieden zu kämpfen, ist damit die franziskanische Haltung umschrieben. Man darf sich nicht gleichgültig verhalten, man muß im Gegenteil klar sehen und offen sein, hie und da vielleicht sogar opponieren und kämpfen — aber alles muß mit einem friedvollen Herzen geschehen, mit einer echten Liebe zu jedem Menschen und mit der Weigerung, sich in ideologisch vorgegebene Klassierungen einzuschließen.

5. Im Anschluß an diese Grundhaltung des Wohlwollens, der Ehrfurcht, könnte man auch die Frage der *Umweltkrise* anschließen. Man weiß um die Beziehung des hl. Franz zur Natur, um den Sonnengesang, in dem diese so großartig ausgedrückt ist, um die vielen Anekdoten aus seinem Leben, welche diese Frage angehen. Dieses Verhalten hat neuerdings dazu geführt, daß man ihn zum Patron der Umweltschützer proklamierte. Diese Haltung der Freundschaft und Ehrfurcht für alles Sein und alle Dinge, die er Bruder oder Schwester nennt, geht auf eine tiefe Überzeugung zurück: Alles, was ist, hat seine eigene Wahrheit und im Gesamten des Universums seinen Platz, wo es angeschaut, bewundert — wenn nötig — gebraucht werden soll. Anders würde man die Ordnung zerstören, an die Harmonie des Kosmos rühren, das Band verleugnen, das alles zusammenhält was ist. Statt Freund und Diener wäre man dann Ausbeuter und Besitzer.

1. Die *Armut* nimmt im Lebensprogramm des hl. Franz und im Lauf der Geschichte eine zentrale Stelle ein. Doch drängt sich hier eine Klarstellung auf. 186

2. Historisch gesehen bedeutet die franziskanische Lebensform eine wahre Revolution: Die Ablehnung des gemeinsamen Besitzes, jeder materiellen Sicherheit und des Geldgebrauchs, die Einschränkung des Gebrauchs der Dinge auf das strikt Notwendige, die Handarbeit und die Bettelei bedeuten nichts anderes als eine völlig neue Organisationsstruktur des Ordenslebens. Zudem ist es eindeutig, wenn auch nicht immer genügend erkannt und hervorgehoben, daß sich die franziskanische Armut auf eine spirituelle Dimension stützt. In seiner Armut anerkennt Franziskus die absolute Abhängigkeit der Schöpfung von Gott, ihre radikale Leere, die Unfähigkeit, aus eigener Kraft Gutes zu tun, das ständige Schuldigbleiben gegenüber Gott und den Menschen, die Unmöglichkeit, zu bezahlen. Interessant ist, daß Franziskus für seine Brüder und für die Schwestern der hl. Klara der materiellen Armut eine große Bedeutung gibt, daß er aber im Brief an die Gläubigen, in dem er seine Lebensform den Lebensbedingungen der Laien anpaßt, nicht einmal davon spricht.

3. Bis heute erblickt man in der materiellen Armut den Nerv der franziskanischen Geschichte. Alle Brüder, die Rigoristen («Spiritualen») ebenso wie die Gemäßigten bzw. Erlahmten im Orden, sahen in der materiellen Armut das unterscheidende Kennzeichen der franziskanischen Familie. Sie gingen sogar noch weiter, indem sie in ihr eigentlich gegen das Evangelium das Herz eben dieses Evangeliums sahen. Bis in neueste Zeit hinein suchte man dann mit juristischen Spitzfindigkeiten, konkrete Fragen zu lösen: Die Güter gehörten dem Heiligen Stuhl; das Geld wurde angenommen und verwaltet durch Mittelsmänner, wohlwollende Laien, die sich dafür hergaben; man war von der Wohltätigkeit der Leute abhängig (Bettelei). So lebte man die Armut, wenn auch nicht wirklich, so doch auf besondere Weise.

4. Diese «Originalität» der franziskanischen Armut ist heute fast nur noch Erinnerung. Die Brüder benützen wie alle Welt Geld; ihre nicht umfangreichen Güter gehören mit wenigen Ausnahmen Vereinigungen oder Stiftungen, die hauptsäch-

lich aus den Brüdern selbst bestehen; die Brüder haben im allgemeinen keine Kapitalanlagen und leben nur noch teilweise vom Wohlwollen ihrer Freunde. Die «kleinen Fraternitäten» verdienen ihren Lebensunterhalt selbst, wohnen in Mietwohnungen und Miethäusern und teilen so die Lebensbedingungen gewöhnlicher Arbeiter. Man kann nicht sagen, daß sich die Franziskaner durch eine besondere Armut von anderen unterscheiden. So muß man sich fragen, ob es nicht eine Inkonsequenz, ein innerer Widerspruch oder gar eine rhetorische Aufblähung ist, wenn man immer wieder von der Armut spricht. Die Franziskaner sind nicht arm, weder im Vergleich mit den Armen (Marginalen und Assozialen) der westlichen Länder noch im Vergleich mit den Armen in der Dritten Welt. Nicht daß die franziskanische Bewegung als solche zu den Reichen und Mächtigen gehörte, nein, das nicht, aber wir können auch nicht behaupten, daß wir ein besonderes Zeugnis der Armut in Kirche und Gesellschaft geben. Mir scheint, die Franziskaner sollten das anerkennen und nur noch mit einer gewissen Scham von der Armut reden.
5. Man muß einen Schritt weiter gehen. Die Armut auch im materiellen Sinn ist zwar nicht das Ganze und auch nicht der wichtigste Aspekt des franziskanischen Lebens, sie ist aber so wesentlich mit ihm verbunden, daß sie nicht vernachläßigt werden darf. Ich glaube, daß die Franziskaner im Bereich der materiellen Armut eine Rolle zu spielen haben. Sie müssen darüber nachdenken, unterscheiden lernen und eine neue Armutspraxis begründen.
Die Franziskaner müssen zunächst unterscheiden lernen und begreifen, was die Bibel und vor allem das Neue Testament über die Armut sagt: Was ist Inhalt und Bedeutung der evangelischen Armut? Welche Haltung muß der Mensch gegenüber den materiellen Gütern einnehmen? Vielleicht darf man daran erinnern, daß eine solche Studie inzwischen gemacht wurde, und zwar auf Anregung von Konstantin Koser, dem ehemaligen Generalminister der Minderbrüder (vgl. «La Pauvreté évangélique», Lire la Bible 27, Paris 1971). Die biblische Perspektive muß dann mit der Vision des hl. Franziskus verglichen werden, um diese zu prüfen, zu nuancieren, vielleicht sogar zu korrigieren, wenn das nötig sein sollte.

Dann muß man sich fragen, wie die Armut des Evangeliums und des hl. Franz heute, inmitten unserer sozio-ökonomischen Bedingungen ausgedrückt werden kann. Es gibt sicher vergängliche Aspekte in der Armutsauffassung des hl. Franz. Bereits die Wortbedeutung von «arm» ist heute nicht die gleiche wie im 13. oder 19. Jahrhundert, auch nicht die gleiche in einem westlichen System oder in der Dritten Welt. Schon diese Feststellung ruft uns zu kreativer Gestaltungskraft auf, zur Phantasie, ohne verspätete Romantik eine Alternative zur Überfluß- und Konsumgesellschaft zu leben. Vielleicht ist es heute leichter als früher, nicht Eigentümer zu sein, von der eigenen Arbeit zu leben und kein Kapital anzuhäufen. Aber das Teilen dessen, was man hat, das großzügige Gebenkönnen im Geist des Evangeliums, ist vielleicht noch schwieriger und noch notwendiger geworden. Und damit das Teilen und Geben nicht das Gehabe des Reichen ist, muß man auch mit den Armen leben, ihr Leben und ihre Arbeit teilen, selbst wenn man sich nie ganz in ihre Situation versetzen kann.

6. Die franziskanische Armut ist heute keine Wirklichkeit. Sie bleibt aber eine Aufgabe, die der ganzen franziskanischen Familie gestellt ist, nicht nur den Brüdern und Schwestern, die sie neu entdecken und in der Welt ausdrücken sollen, sondern allen, die sich so oder anders auf Franziskus berufen.

Also keine verbalen Überhöhungen der Armut mehr, wie wir sie aus der Vergangenheit ererbt haben, sondern Realitätssinn, Bescheidenheit, Demut und dadurch auch, vielleicht, eine größere Nähe zur Armut, wie sie das Evangelium meint!

1. In der Beschreibung der franziskanischen Familie wurde 187
gesagt, daß die *kontemplativen Schwesterngemeinschaften* im großen und ganzen gut dastehen: eine relativ große Zahl (ungefähr 22000), ein Drittel aller kontemplativen Schwestern überhaupt. Aber auch sie kennen den numerischen Rückgang wie alle traditionellen religiösen Gemeinschaften, Stagnation und Überalterung. Und auch hier muß man die Frage nach der Erneuerung des Ordenslebens stellen. Es geht um die Wahrheit der Beziehungen der Schwestern untereinander, um ein echtes Gebetsleben, um Beweglichkeit, die eine Veränderung der Klausur fordert, um mit den Menschen in Kon-

takt zu bleiben bzw. zu kommen. Das alles scheint bereits in Gang gekommen zu sein.

2. Viele fragen sich jedoch, ob man nicht einen viel radikaleren Schritt tun müßte. Nicht daß die kontemplativen Schwestern in neue aktive Gemeinschaften umgewandelt und zum Beispiel Arbeiterinnen oder Katechetinnen werden sollten. Denn die hl. Klara wollte den evangelischen Weg des Gebetes, der Armut, der Einsamkeit, der Freundschaft mit allen gehen, und zwar in tiefer Verbundenheit mit dem ersten Orden. Wenn «kontemplativ-sein» bedeutet: das Evangelium vor Gott und den Menschen in einer totalen Unverzwecktheit zu leben, in einer gewissen Freiheit gegenüber kirchlichen und gesellschaftlichen Verpflichtungen, dann müssen die Klarissen kontemplative Schwestern bleiben. Das ist ihr Beruf. Aber müssen die heute geltenden Regelungen und Strukturen, die ja ohnehin im Wandel begriffen sind, nicht einen noch größeren Spielraum zulassen? Muß man nicht die ganze Konzeption der Klausur neu überdenken? Auch bei den Klarissen gibt es da und dort einige Versuche von «kleinen Fraternitäten». Leider werden sie auf ihrer Suche nicht sehr ermutigt. Müßte man ihnen nicht größeres Verständnis und Vertrauen entgegenbringen, nicht mehr Mittel und Personal zur Verfügung stellen, nicht eine größere Beweglichkeit in der Handhabung der kirchlichen Gesetze zugestehen? Nur so können neue Wege auch zu neuen Formen führen. Ich glaube zu sehr an die geistliche Dynamik dieser Frauengruppen, ebenso wie an das Band, das sie mit den Brüdern verbindet, als daß ich glauben könnte, daß sie in den bestehenden Verhältnissen ersticken müßten. Auch die Brüder sind aufgerufen, die ursprüngliche Intention Klaras zu vertiefen und nach Übersetzungsmöglichkeiten in der ganz anderen Welt von heute zu suchen.

3. Die aktiven Frauengemeinschaften haben weniger Strukturen, die gleichzeitig schützen und belasten. Sie haben darum größere Möglichkeiten der Erneuerung. Übrigens ist es interessant, daß bei vielen aktiven Genossenschaften ein starker Zug zum Kontemplativen festzustellen ist: Man sucht die Stille, ein tieferes Gebet, unverzwecktere Formen. Zeigt sich hier nicht eine Konvergenz, die zu einer spezifisch fraulichen

Form des franziskanischen Lebens führen könnte? Auch diese Gemeinschaften sind, wie der erste Orden, nicht zuerst auf ein bestimmtes Tun angelegt, sondern auf das Sein.

188

1. Der *erste Orden*, also jene Brüder, welche die Franziskusregel befolgen wollen, ist seit dem 16. Jahrhundert in drei verschiedene und autonome Gruppen gespalten: Franziskaner, Konventualen, Kapuziner. Die jetzige Situation dauert nun schon vier Jahrhunderte und ist nicht nur historisch, sondern auch spirituell begründet.

Die Observantenbewegung verstand sich als Reaktion auf den spirituellen Verlust des Ordens im 14. Jahrhundert. Sie wollte zur ursprünglichen Regelpraxis zurückkehren, was 1517 zu einer ersten Spaltung des Ordens führte, der von nun an aus Konventualen und Observanten bestand. Die Observanten ihrerseits waren eigentlich nie eine Einheit.

Im 16. Jahrhundert kam es zu verschiedenen Reformbewegungen: italienische Riformati, spanische Diskalzeaten (Barfüßer) bzw. Alkantariner, französische, belgische und deutsche Rekollekten. Alle diese Gruppen genossen zwar eine interne Autonomie und hatten eigene Statuten, blieben aber unter der Leitung eines einzigen Generalministers. Anders die Kapuziner, die ebenfalls im 16. Jahrhundert entstanden. Sie erhielten von Anfang an die völlige Autonomie und wurden so zum dritten Zweig des Franziskanerordens. Trotz der Spaltung und der damit gegebenen negativen Erscheinungen bleibt das Urteil der Geschichte positiv: Diese Reformen zeigen die Vitalität des Ordens, seine Fähigkeit, neu anzufangen oder sich anzupassen. Alle drei Gruppen haben viele Früchte des geistlichen Lebens und faszinierende Werke gezeigt.

2. Doch wie stellt sich die Situation heute dar? Wie ich bereits gesagt habe, hat jeder Zweig seine Autonomie und seinen Generalminister, einen «legitimen Nachfolger des hl. Franz». Jede Provinz überlagert Provinzen anderer Zweige. Jeder Zweig hat seinen Familiengeist, seine historisch gewachsenen Traditionen, die in der Vergangenheit sehr oft auch polemisch gegeneinander standen. Abgesehen von der unterschiedlichen Form des Habits, der immer weniger getragen wird, gibt

es auch unterschiedliche Empfindlichkeiten, je nachdem man Konventuale, Kapuziner oder Franziskaner ist.
Was allerdings am meisten auffällt, ist die Tatsache, daß, wenn man einmal von den Namen und Strukturen absieht, die drei Orden sich angeglichen haben, so daß man heute fast von Identität reden kann. Alle beziehen sich auf die gleiche Regel, alle sind von der gleichen Erneuerung getragen, alle haben die gleichen geistlichen Grundhaltungen, alle stehen den gleichen Problemen und Schwierigkeiten gegenüber. Dort, wo sich die verschiedenen Gruppen gespalten und auseinandergelebt haben, in der Armut, in der Sehnsucht nach der Einsiedelei, ist es heute schwierig, wenn nicht unmöglich, noch Unterschiede wahrzunehmen. Das kann man bedauern, aber die Tatsache besteht und kann kaum angefochten werden. Hinzu kommt, daß sich auf allen Ebenen, an der Basis und an der Spitze des Ordens eine Zusammenarbeit angebahnt hat. Unterschiedslos werden Experten aus dem einen oder andern Zweig konsultiert. In einigen Ländern hat man sogar gemeinsame Noviziate. Die Provinzial- und Generalminister treffen sich regelmäßig und unterzeichnen gemeinsam Briefe und Erlasse. Ein Atem der Annäherung und Einheit macht sich überall bemerkbar.
Muß man bei brüderlichen Worten, Umarmungen, Zusammenarbeit bleiben? Ist es nicht unverständlich für jeden Außenstehenden, daß wir juristisch getrennt bleiben? Wie soll man das den Jungen einsichtig machen, wie die Trennung rechtfertigen, wenn nicht durch eine nicht mehr aktuelle Vergangenheit und durch bloß formale Unterscheidungen? Die Mehrheit der Brüder, wie eine Umfrage ergab, wünscht oder sieht es wenigstens als unvermeidlich an, daß die drei Zweige eine Union anstreben.
Ich möchte richtig verstanden sein. Es geht nicht um eine Zusammenlegung der Administrationen. Das würde mehr Probleme schaffen als lösen. Mehr als 35000 Menschen zu einer einzigen Masse zusammenzuschweißen wäre ein Unglück: Man würde die bestehenden unterschiedlichen Empfindlichkeiten nicht berücksichtigen, würde die Minoritäten vergewaltigen, alle über einen Leisten schlagen. Darum sollte man eher an eine Art Föderation denken, wenigstens als erste

Etappe. Die Observanten bringen dafür ja eine eigene Tradition mit, die sich in vierhundert Jahren bewährt hat. D. h.: Ein einziger Generalminister (gewählt, vielleicht der Reihe nach aus den verschiedenen Zweigen), ein einziger Name (derjenige, der durch die Regel gegeben ist), Generalkapitel, an dem alle Provinziale der verschiedenen Zweige vertreten sind. Gewisse Verwaltungsaufgaben, vor allem die Ausbildung der Jungen, aber auch gewisse Tätigkeiten könnten gemeinsam wahrgenommen werden. Aber jeder Zweig könnte autonom bleiben, seine eigene Administration, die eigenen Konstitutionen, die eigenen Provinzen usw. beibehalten.
Vielleicht ist dieser Vorschlag eine Utopie. Aber müssen wir den jetzigen Zustand für Zeit und Ewigkeit annehmen, ohne an die Möglichkeit einer Weiterentwicklung zu denken? Würden wir nicht Situationen verewigen, die heute keinen Sinn mehr haben? Auch wir Franziskaner sind aufgerufen, innerhalb der großen Sehnsucht nach Einheit Platz zu nehmen.
3. Bereits habe ich gesagt, daß die Klarissen die Regel der hl. Klara als ihren letzten Bezugspunkt anerkennen. Ebenso wurde darauf hingewiesen, daß die aktiven Frauengemeinschaften eine eigene gemeinsame Regel erarbeiten. Eine mehr strukturierte Einheit der franziskanischen Familie könnte eine Herausforderung des 800. Geburtstages des hl. Franz sein.

1. Ungefähr eine Million Menschen binden sich innerhalb des **189**
Dritten Ordens, bzw. der franziskanischen (Laien-)Gemeinschaft. Das ist eine große Zahl, die kaum von einer anderen Gruppierung erreicht wird.
Wenn man näher hinsieht, bietet sich die Situation nicht so großartig dar. Einerseits zeigen die Statistiken, die auf Schätzungen beruhen, daß die Mitgliederzahl innerhalb von vierzig Jahren von vier auf eine Million gesunken ist. Das muß Aufsehen erregen! Anderseits waren früher Menschen aller Altersklassen Mitglieder dieser Gemeinschaft. Heute ist der weitaus größte Teil hochbetagt. Gewiß fehlt es nicht an lebendigen und dynamischen Persönlichkeiten und — da und dort — an Jugendgruppen. Im Verhältnis zum größten Teil der Mitglieder sind es aber erschreckend wenige.

2. Zu dieser Tatsache muß man eigentlich nicht viel sagen. Auch die betagten Menschen haben, ebenso wie die Jungen, das Recht, nach dem franziskanischen Geist zu leben. Beunruhigend ist allerdings, daß die Lebensform, die man Dritten Orden oder franziskanische (Laien-)Gemeinschaft nennt, der Jugend nicht sehr zusagt.
Woran liegt das? Es besteht heute kein Zweifel, daß die Terziaren in der Zeit ihrer großen Ausdehnung nichts anderes als ein frommer Verein oder eine Andachtsform darstellten. Gebete waren zu sprechen, Ablässe zu gewinnen, Feste zu begehen, ein Skapulier zu tragen. Das alles war weitaus wichtiger als der Wille und die Anstrengung, an die Wurzeln des Evangeliums zu gehen und eine bestimmte Lebensform für die Welt zu entdecken. Die geistliche Absicherung und fromme Versponnenheit lähmten die Dynamik des Evangeliums, verhinderten ein Erwachen zu einer neuen Jugend, die ja in jedem Alter möglich ist. Ich möchte diese Beschreibung, die leicht in die Karikatur umkippt, nicht weitertreiben. Die Tatsache bleibt, daß der alte Stil überholt ist und eine neue Form sich herausstellen muß. Unter Stil verstehe ich nicht bloß eine Anzahl äußerer Verhaltensweisen, sondern eine innere Dynamik, die aus den geistlichen Wurzeln stammt, wie sie im ersten Teil unseres Buches beschrieben sind. Dann wird diese «unübersehbare Menge», selbst wenn sie noch um vieles kleiner wird, eine wichtige, wenn auch stille Rolle im Leben der Kirche und der Gesellschaft spielen. Sie wird ein Sauerteig sein, durch welche die Welt im Geist des hl. Franz in Bewegung gebracht und verwandelt wird.

1. Der Leser dieses dritten Teiles wird den Eindruck gewonnen haben, daß ich mich zu sehr auf Franziskus und seine geistliche Familie konzentriert habe. Mir geht es aber um die Dynamik, mit der Franziskus heute gegenwärtig ist. Mit anderen Worten: Die aktuelle Frage ist, ob die evangelische Botschaft des hl. Franz auch heute noch verkündet wird und die Menschen unserer Zeit erreicht. 190

2. Die wahre Gegenwart des Franz von Assisi kommt nicht aus der historischen Forschung allein, selbst wenn ihre Ergebnisse in allen Teilen richtig dargestellt werden. Es genügt auch nicht, sein Lebensprogramm ausgewogen und richtig darzustellen, damit Franz von Assisi sozusagen automatisch unter uns lebendig wird. Ebenso nützt es nichts, zehn- oder hunderttausend Brüder und Schwestern, Ordensleute oder Laien aufzuzählen, wenn diese nicht vom franziskanischen Elan getragen sind und die verwandelnde Kraft des Evangelium in sich tragen. Gerade darum geht es.

Die theoretischen und positiven Voraussetzungen für einen neuen Elan sind gegeben. Das Lebensprogramm des hl. Franz wurde im ersten Teil unseres Buches in seiner außerordentlichen evangelischen Fülle dargelegt. Es ist zudem verbunden mit einem unvergleichlichen Menschen, dem die Sympathien spontan zufliegen. Keine Bewegung in der Kirche hat je so viele Sympathisanten um sich geschart, so viele «Erben», wenn man so will. Andere Gruppierungen sind vielleicht elitärer und strenger, die franziskanische Bewegung stößt überall auf eine Vorgabe von Sympathie. Woher kommt dann aber diese Grauzone, diese Atemnot, die offensichtliche Abwesenheit des franziskanischen Geistes im Schoß der Kirche und der Welt?

Gab es je einmal eine solche Erwartung, ein solches Bedürfnis nach einem realen evangelischen Geist, nach der Erfahrung Gottes, nach menschlicher Bruderschaft, nach dem Geist des Dienens, nach Zärtlichkeit, nach Armut und Teilen, nach Freiheit und Freude? Das alles könnte der Beitrag sein, den die Franziskaner der Welt von heute geben könnten. Doch ehe man solche Werte vermitteln kann, muß man sie selbst erleben.

3. Gegen Ende seines Lebens lud Franziskus seine Brüder zu einem neuen Anfang ein: «Wir wollen anfangen, denn bisher haben wir wenig, ja nichts getan» (1 Cel 103). Die franziskanische Berufung ist somit ein Appell zu einer stets neuen Anstrengung, zu einem Neubeginn, eine Aufgabe, die nach Franziskus darin besteht, lange und geduldig («ausharren») im wahren Glauben und in der evangelischen Umkehr zu leben (NbReg 23).

Daher müssen wir, wie schon so oft in der langen Geschichte, aufwachen und die Aufgabe wieder übernehmen. Wir wollen uns für ein Leben engagieren, das eine Verkündigung der frohmachenden Botschaft vom Kommen Gottes in die Mitte der Welt ist. Dafür müssen wir erneut das Gehör für das öffnen, was Franziskus sagt.

Im Brief an den Orden faßt er am Ende des Lebens seine Botschaft noch einmal zusammen:

«Hört, ihr Söhne des Herrn und meine Brüder,
und vernehmt mit euren Ohren meine Worte,
Neigt das Ohr eures Herzens,
und gehorcht der Stimme des Sohnes Gottes.
Haltet seine Gebote in eurem Herzen,
und erfüllt seine Räte in vollkommener Gesinnung.
Lobpreiset ihn, denn er ist gut,
und verherrlicht ihn in euren Werken.
Denn dazu hat er euch in alle Welt gesandt,
daß ihr durch Wort und Werk
seiner Stimme Zeugnis gebt
und alle wissen laßt,
daß niemand allmächtig ist außer ihm.»

So muß man zuerst hören können (hört, leiht euer Ohr, neigt euer Ohr, gehorcht ...), nicht zuerst auf Franziskus, sondern auf die Stimme des Sohnes Gottes. Hören und Gehorsam sind austauschbare Worte. Von der Wortbedeutung her meinen sie gleiches. Es geht um das Hören auf Gott und sein Evangelium. So verstandenes Hören und so gelebter Gehorsam werden dann zum Zeugnis, zur Verkündigung. In den Werken, in

Wort und Tat verweist man auf die Güte und die Größe Gottes, auf seine Allmacht und seine freie Verfügungsgewalt über die Welt. Das ist die Sendung, für die Gott Franziskus, seine Brüder und Erben in die Welt gesandt hat: Sie sollen der Welt sagen, wie groß und wie zärtlich er für die Menschen ist.
Die Gegenwart des hl. Franz und seiner Erben heute ist demnach ein einziger Freudenschrei: Gott ist gut und allmächtig inmitten der Menschen. Er fängt mit ihnen seine neue Welt an.

Anmerkung

Da dieser letzte Teil im Unterschied zum ersten des Buches mehr den Charakter eines Essays hat, ist es nicht möglich und auch nicht wichtig, Bücher, Artikel und anderes aufzulisten, die im Hintergrund stehen. Was die Beschreibung und Statistiken betrifft, die sich auf die franziskanische Familie beziehen, habe ich mich auf die offiziellen Angaben gestützt, wie sie im Annuario Pontificio Romano stehen, ebenso auf L. Iriarte, Historia Franciscana, Valencia 1979, und auf die verschiedenen Bände des Dizionario degli Istituti di Perfezione, I—VI, Roma 1974—1980.

Anhang I
Quellen- und Literaturhinweise zu Teil I

Im folgenden werden zu den einzelnen Leseeinheiten des ersten Teiles einige Quellen- und Literaturangaben gemacht, die der weiteren Verarbeitung durch den Leser oder durch Gruppen dienen sollen. Verzeichnis der Abkürzungen siehe *Anhang V*.

Zu 1
2. Fortini I/1, 112
3. 3 Gef 2; 2 Cel 3; Voragine 1; 1 Cel 120; Rotzetter H

Zu 2
1./2. 1 Cel 37; 58; 59; 3 Cel 20—26; Fioretti 16; 21; 22; 24; 26; Bernhart
3. Doornik, Galli, Heinrichs, Lang, Rotzetter C

Zu 3
1. 1 Cel 24; 90; Bigaroni 11; 39; Perusinus 76; NbReg VII, 17; Thier
2. Bigaroni 104; 1 Cel 45; 2 Cel 195

Zu 4
2. Tschuang Tse, Hülsmann
3. Test 34. 29; BrAnt

Zu 8
Fortini I/1, 120—126

Zu 9
Fortini, I/1, 129—132

Zu 10
Schmucki; N

Zu 11
1./2. Fortini I/1, 135—140
3. Fortini I/1, 164—178; 3 Gef 2; 7; 1 Cel 73; 2 Cel 7; 107

Zu 12
Fortini I/1, 151—160; 182—200; 3 Gef 4

Zu 13
3 Gef 2—5; 2 Cel 4

Zu 14
1. 1 Cel 3
2. 3 Gef 5; 6; 1 Cel 6; 2 Cel 6; Bigaroni 103; Fortini I/1, 213—251; Schmucki N 291—298

Zu 15
1. 3 Gef 7; 1 Cel 7
2. 3 Gef 8; 2 Cel 6; GebKr; Rotzetter — Hug A 176

Zu 16
1. 3 Gef 9
2. 3 Gef 10; 2 Cel 8

Zu 17
1. Fortini I/1, 266—273
2. Test 1—3; 3 Gef 11; 2 Cel 9
3. 3 Gef 12; 2 Cel 9; Bigaroni 9; 54; 64; 65

Zu 18
1. GebKr; 3 Gef 13; 1 Cel 7
2. Fortini I/1, 277, Anm 1; LobGott; SegLeo
3. 3 Gef 14; 2 Cel 10
4. 3 Gef 21—24; 2 Cel 12; Rotzetter G 194—212

Zu 19
1. 3 Gef 19; 1 Cel 43
2. 3 Gef 20; 2 Cel 12; 1 Cel 16

Zu 20
1. 3 Gef 16—19; 21; 34; 38
2. 1 Cel 21; 22; 103; 3 Gef 25

Zu 21
1. 3 Gef 27—33; Test 14
2. 3 Gef 28;29; Test 15; 3 Gef 46—53

Zu 22
1./2. Odo; 3 Gef 50; 2 Cel 16; Beer 19—21; Rotzetter K
3. 3 Gef 53

Zu 23

1. 3 Gef 55; 1 Cel 42
2. 3 Gef 32; 41; 56; 57; 1 Cel 21; 22; 2 Cel 18; 20; 67; 91; 4 Cel 8; Tractatus; Canonici

Zu 24

1. 4 Cel 5—8; Fortini I/1, 409—453
2. Fortini I/1, 446f.; Fioretti 15
3. Klara, Test 11; 14; Regel I, 3
4. 2 Cel 204; Bigaroni 85; Boccali; Schmucki S; Rotzetter — Hug A, 155f.; LebKlara; VermKlara; MahnKlara

Zu 25

1 Cel 35; Bonaventura A XII, 1.2

Zu 26

1. 1 Cel 37; 84—87; Bigaroni 74; Perusinus 34; NbReg XXIII; BrGl I und II; Meerssemann; Roggen A; Schmucki G
2. Dirks 177—181

Zu 27

1. 1 Cel 55; 56
2. NbReg XVII; BReg XII; Rotzetter A; K; G 154—169; H; Beer
3. Giano 1—19
4. 1 Cel 57; Giano 10—14; Vitry C; Beer 25—114; BrKl; BrKust I und II; BrLenk; BrOrd

Zu 28

1./2. Giano 11—14; Perusinus 76; Bigaroni 11; 18; 101; 108

3. BReg; BrMin; BrOrd; BrKl; BrGl; Test; TestSien; Giano 106

Zu 29

1 Cel 84—87

Zu 30

1. 1 Cel 57; 90; 94; 114—115; 119; 3 Cel 2—5; LobGott; SegLeo; Zweermann
2. Koser; Guardini

Zu 31

1. Schmucki C; L; M
2. Bigaroni 83; 2 Cel 113; Leclerc; Rotzetter M
3. Bigaroni 66; 83; 86; 2 Cel 126; 166
4. 1 Cel 105; TestSien
5. Bigaroni 13; 22; 96; 2 Cel 77; 214—217; 1 Cel 108—111; 3 Gef 68; BrJak; Schmucki L; R; S

Zu 32

2. Test; TestSien; NbReg; Rotzetter D

Zu 33

1. 3 Gef 25—29; 1 Cel 22; NbReg 0, 2; I, 2; BReg I, 1; Matura B; Optatus; Egger; Rotzetter L

Zu 34

1. Bigaroni 46; 102; 2 Cel 208
2. Test 14—15.34.36.38—39
3. Erm III

Zu 35

2. 2 Cel 102

4. 3 Gef 25; 46—52; 1 Cel 32f.

Zu 36

BrGl II, 2; 87

Zu 37

2. 1 Cel 22; 3 Gef 25—29; NbReg XIV
3. NbReg XVII, 17—19; XXIII, 9; PreisHor 11; Off (nach dem ersten Psalm); BrGl II, 61—62; LobGott 3
4. NbReg IV, 6; V, 9—12; VI; Erm IV, 1; NbReg II, 2; XXIII, 22
5. NbReg XIV; Erm XIII–XXVIII; Esser A 273
6. NbReg IV, 4; Erm XVIII, 1; BrGl II, 43; BrMin 17; NbReg VI, 2; X, 1; Fragm II, 8; Erm XVII, 22; ErklVat 5
7. NbRegI; BReg I; NbReg X, 2—3; BReg II, 5; 1 Cel 15; 24; 29; 2 Cel 67; 81; Egger; Cassutt
8. Off; 1 Cel 84—87

Zu 38

1. Optatus 95—110; NbReg XVII, 19

2. BrGl I und II
3. Erm I; VII; BrGl II, 19—20; BReg X, 8—9
4. NbReg XXII, 39; Fragm I, 25; BrGl I, 2,21; BrGl II, 3; Test 13; Erm I; VII
5. NbReg XX, 32; Fragm I, 19; BrGl I, 13; II, 56; Erm VI
6. 1 Cel 110; 2 Cel 217; NbReg VI, 3; Erm IV, 3
7. Erm I; NbReg XX, 40; Fragm I, 26
8. Erm I, 12; BrGl I, 6—13; II 47—56; NbReg XXII, 27—56; Fragm I, 16—29; Optatus 104
9. Optatus 104—107; NbReg XXII; BrGl I; TestSien; Optatus 106
10. BrGl I, 19; II, 87; NbReg XVII, 5; XXII, 26; Fragm I, 15; 43; LobGott 4; 6; ErklVat 2; Optatus 107
11. LobGott

Zu 39

Optatus 112—116
1. NbReg XXII, 2; Fragm I, 1—2; BrGl II, 13; BrOrd 51—52; Erm VI, 2; BrLeo 3; Off VII, 8; XV, 13; VermKlara 1
2. NbReg XVI, 6; BrGl II, 47—48; GrTug 14—18; BReg III, 10—14; NbReg XI, 1—13; Test 19; NbReg VII, 2; 13—15
3. BReg VI, 2; Test 24
4. Erm III,6; BrOrd 46; NbReg V, 13—15; VII; GrTug 3; BrMin 8
5. NbReg XVII, 17—19
6. NbReg X, 1.3.7.9; XVI, 6; BReg III, 11

Zu 40

Off

Zu 41

1. Test; BrOrd 52; Müller; Erm IX, 4; VII, 4; XVIII, 2; Fragm I, 54; NbReg XXIII, 8—9
2. NbReg VII, 16; 2 Cel 128; VollFreud; Zerfass
3. Tractatus

Zu 42

1. Test 14—15. 34—39; Bonaventura A IV, 11; III, 8; Flood; Matura A
2. Giano 11-15; Speculum, Prolog

Zu 43

1. NbReg XXIII, 9—11; XXII, 9—18; Rotzetter — Hug A
2. RegEins
3. Bigaroni 108; 2 Cel 201; 108

Zu 44

1. Schmucki D; E; O; P; Rotzetter — Hug A
2. Test 5. 8; 1 Cel 45; Schenk 17—20
3. LobGott; Off; ErklVat; PreisHor; BrAnt (Sonn 2; NbReg XXIII, 5—6), Off

Zu 45

NbReg V, 17

Zu 46

2 Cel 152

Zu 47

Vitry A 114; GrTug 14—18; Erm III,6

Zu 48

1. NbReg II, 10; V, 16; BReg II, 9.11; XII, 4; Erm III,3
2. 2 Cel 32; 33; 154
3. Test 27—30; 2 Cel 151

Zu 49

1. 2 Cel 32; 33; 120
2. BrMin; vgl. 2 Cel 193
3. 2 Cel 57; 58; Test 31—33

Zu 50

1. NbReg IX, 11; BReg VI, 8; BrLeo 2; RegEins 1. 2. 4. 8. 9. 10. BrMin 13—20; NbReg VI; X; Erm V,2; BrGl II, 2; Fragm II, 7; BReg VI, 9; NbReg V, 14; X, 1
2. 2 Cel 22; Bigaroni 45; 53;

LobGott; BrLeo; SegLeo; 1 Cel 39; 45; Rotzetter — Hug A 86—88

Zu 51

1. NbReg V, 9—12; VI, 3—4; VII, 1—2; BrGl II, 4—15; Erm I; BrOrd 23—29
2. 1 Cel 110; 2 Cel 217; NbReg VI, 3—4; Erm XIX, 4
3. Vitry A 116
4. 2 Cel 120; 148; NbReg VII, 1—2

Zu 52

Vitry A 118—120; BReg VIII; X; NbReg V, 3. 11; VI, 2; IV, 6

Zu 53

1. NbReg V, 3—6; BReg VIII, 4
2. NbReg IV, 2; XVI, 3; XVII, 2; BReg XII, 1
3. NbReg IV, 2; Bigaroni 1; 2 Cel 153
4. Test 31—33

Zu 54

3 Gef 42

Zu 55

NbReg IX; S. Commercium 4

Zu 56

BReg VI, 4—7

Zu 57

1. S. Commercium 1; 9; Wörterbuch 29
2. TestSien 4; S. Commercium 16; 56—69
3. Schlageter; Synode III, 2
4. S. Commercium 42—45

Zu 58

1. 3 Gef 19—20; 1 Cel 14; 2 Cel 12
2. Odo; Bigaroni 16
3. Test 22; 1 Cel 29; 55; 2 Cel 44

Zu 59

1. Erm II; XVIII, 2; VII, 4; S. Commercium 25; 26; BrKust I, 7; BrGl II, 61; Fragm I, 54; PreisHor 11; NbReg XVII, 17; XXIII
2. Bigaroni 10; 2 Cel 133; 141
3. NbReg XXIII, 1. 8; 1 Cel 97; 2 Cel 116; 117; 129; 210; 211

Zu 60

1. Erm II; Fragm I, 42. 67; II, 14; BReg VI, 1; NbReg XVII, 4; VII, 13; Aspurz
2. S. Commercium 46; 47

Zu 61

1. NbReg VIII; BReg IV; Test 1; NbReg II, 4—7; BReg II, 5—8
2. 1 Cel 8; 14; 2 Cel 65—68; 77; Bigaroni 96

Zu 62

1. S. Commercium 2—4; 25—31
2. 1 Cel 15; 63; 2 Cel 64; 83; 117; 194; 214; 217; Bonaventura A II, 4; B VII, 28; Bernards

Zu 63

1. NbReg I, 1; BReg I, 1; 2 Cel 59
2. BReg IV, 1; NbReg II, 6; Test 25; Schlageter
3. NbReg VII, 13—14
4. Bigaroni 115; Fioretti 26
5. 3 Gef 35
6. NbReg IX, 1—2; VII, 7; BReg III, 2

Zu 64

1. Weil 13—49
2. NbReg IX; X

Zu 65

1. 2 Cel 5
2. NbReg IX, 3; 2 Cel 86—90; 92; 196; 215; Bigaroni 31—34
3. 2 Cel 5

Zu 66

1. Test 1—3; 1 Cel 16; 17; 39; 103; 2 Cel 9; Bigaroni 64
2. Bigaroni 9; 54
3. Bigaroni 64; 65
4. Giano 13; 14
5. Bigaroni 53

Zu 67

2. 2 Cel 91
3. 2 Cel 67

Zu 68

Test 24; BReg VI, 2; 2 Cel 48; 59; 60; 61; 94; 165; 197; 3 Gef 38; 39

Zu 69
1. NbReg XIV—XVII
2. Bonaventura A XII, 1; 1 Cel 39; 2 Cel 70; 71; 72; 103; 164; 3 Gef 36

Zu 70
1. NbReg XXIII, 10—11; 1 Cel 35; Bonaventura A XII, 1
2. Vitry A 116f.; S. Commercium 58; Zerfass; Rotzetter — Hug A 128—175

Zu 71
1. NbReg XIV—XVII
2. 1 Cel 23; 58; 59; 3 Cel 20; 21
4. NbReg XVI, 6; IX, 2; VII, 1—2; V, 9

Zu 72
1. NbReg VII
2. Test 19—21; BReg V; 2 Cel 75; 81; Bigaroni 62; 97
3. Test 22
4. BReg V, 2; BrAnt; NbReg VII, 1—2

Zu 73
1. NbReg XVII; 3 Gef 52; 53
2. 2 Cel 17; Zerfass
3. Bigaroni 83; NbReg XXI
4. Thomas von Spalato; Auerbach 160

Zu 74
1. NbReg XVII, 1—4
2. NbReg XVII, 9—16
3. NbReg XVII, 5—8
4. NbReg XVII, 17—18; 2 Cel 103; 163; 164

Zu 75
1. Bigaroni 103; 2 Cel 164
2. RegEins; 2 Cel 97; 131; 169; 175; 197
3. BrMin 1—12; Auerbach 161

Zu 76
1. Test 3. 23; 3 Gef 26; 39; 1 Cel 41; 2 Cel 37; 108; 146; Thomas von Spalato; Fioretti 11; Bigaroni 12; 19; 58; 69; 75; 84; 108
2. Alexander 469; Rotzetter G 220—235

Zu 77
1./2. NbReg XVI
3. Vitry C; Beer; 1 Cel 56; 57; Fioretti 24; Bigaroni 77
4. NbReg XVI, 4; BReg XII, 2

Zu 78
1. Felder 41—58
2. Esser C 165; BrGl I und II; BrKust I und II; BrOrd; BrLenk
3. Bigaroni 108; 2 Cel 201

Zu 79
1. Bonaventura A XII, 3; Erm V, 2; 1 Cel 81
2. 2 Cel 165—171; Bigaroni 86; Sonn; NbReg IX, 4; 2 Cel 111; 1 Cel 58—61; 77—79; Leclerc; Rotzetter M

Zu 80

BrLenk; Eccleston 6; Bigaroni 14; 74; 2 Cel 30; 199; 200; 1 Cel 42; 57; Rotzetter F

Zu 81

NbReg XVII, 5

Zu 82
1. NbReg 0; NbReg XXIII, 7; BReg 0; XII, 3—4
2. 3 Gef 46—53; NbReg XXIII, 7

Zu 83
1. 3 Gef 17—40
2. 1 Cel 13—15; 2 Cel 100; Test 25—26; Bigaroni 20
3. Clasen A und B; Ratzinger
4. Matanic 178; Costa
5. Esser A 11

Zu 84
2. NbReg XVII, 19
3. Nigg; Bacon; Schlageter
4. Roggen C

Zu 85

Test 6—13

Zu 86
1. Test 5. 18
2. Bigaroni 60; 61; 2 Cel 190

Zu 87
1. Test 6—10
2. Test 7; Bigaroni 60; 2 Cel 146

3. Felder 45; 1 Cel 46; 62; 2 Cel 147; 201; 3 Gef 57; 59; Erm XXVI; Clasen C

Zu 88

Test 13

Zu 89

1. Test 30—33; NbReg XIII, 1; XIX, 2;

2./3. 3 Gef 46; 2 Cel 23; 24; BReg XII, 3—4; Test 33

Zu 90

2 Cel 148

Zu 91

NbReg XXIII, 7

Zu 92

GrMar 1; Off, Antiphon; BrGl II, 49—56

Zu 93

1./2. Esser B 282; 3 Gef 10; 23; 24; 33; LobGott 6; Test 3; BrGl II, 56; NbReg XXIII, 9; 2 Cel 196; Holl 60—62

Zu 94

1. Massa
2. Massa 51; Bartholomäus; Sonn
3. Massa 57; LobGott 3; PreisHor 11; NbReg XXIII, 1—5; ErklVat 1
4. Massa 58; Off; Test 5; PreisHor 3

Zu 95

2. BrKl I, 3; Test 10—13
3. Erm I; vgl. NbReg XXIII, 8—11; BrGl II, 19—21; 48—60

Zu 96

1. Erm I; NbReg XXIII, 11; LobGott 1—2
3. Sonn

Zu 97

ErklVat 1; NbReg XXIII, 1

Zu 98

ErklVat 2; 3; Bonaventura C 1; BrOrd; Sonn; Bigaroni 83

Zu 99

ErklVat 2; 5; Fioretti 15; Moltmann 46; BrOrd 31; LobGott 6; NbReg XXIII, 8—11

Zu 100

ErklVat 2; 4; LobGott 3; PreisHor 11; BrGl II, 54—56; BrOrd 27; ErklVat 1; 1 Cel 86; 115; 2 Cel 196; 199; NbReg XVIII, 6—19

Zu 101

1./2. BrGl II, 4—15

3. Erm I; BrOrd 21—29

Zu 102

1. 1 Cel 84—87
2. Bigaroni 14; 2 Cel 199; 200
3. 1 Cel 86; Off V

Zu 103

Erm I; BrOrd 21—29; GrMar; Off, Antiphon; NbReg XXII, 27

Zu 104

1.–3. ErklVat 6

4. Bigaroni 79

Zu 105

1. 1 Cel 45; 76; 77; 2 Cel 10; 11; 127; 199
2. Test 4—5
3. BrGl II, 61—62

Zu 106

1. Off
2. Off I, 3; BrGl II, 11-13
3. Off I, 5; II, 11; IV, 9; V, 9. 15; VI, 12; VII, 3
4. Off VII, 9
5. Off VII, 8; XV, 13

Zu 107

1 Cel 22; 45; 48; 58; 66—69; 80; 93; 2 Cel 30; 41; 122; 165; Bigaroni 73; 86; 95

Zu 108

1. Vitry C
2. NbReg XVI, 10—11; Erm VI
3. 1 Cel 55—57; Aegidius 45—47; 102
4. Jacopone, Lauda 90

Zu 109

1. Off IX
2. Sonn
3. 1 Cel 16

Zu 110

2 Cel 61; Bigaroni 74

Zu 111

1. Erm I
2. BrKl I, 1—6; II, 1—6; BrKust I, 2. 5; BrGl II, 2—4. 34; BrOrd 34—37; Test 10—13

Zu 112

1 Cel 82

Zu 113

BrOrd 4

Zu 114

Erm I, 9; BrKl I und II, 1—2; BrKust I, 2; BrOrd 26—29

Zu 115

Erm I; GrMar; Off, Antiphon; BrGl II, 49—56; NbReg XXII, 27

Zu 116

BrOrd 14. 23. 29. 34—37; NbReg XX; BReg VII

Zu 117

BrOrd 30—33; Felder 42; Schmucki K

Zu 118

Test; TestSien; Rotzetter G 219. 289

Zu 119

2. Esser B 282; NbReg XVI, 10f.
3. ErklVat 2—5
4. BrOrd 23—33
5. 2 Cel 196
6. 1 Cel 17; 2 Cel 77; VollFreud 12; Bigaroni 82; 89; 90; 91; 104; 114; 115; 120; Erm XV, 2; XX, 2; Bigaroni 86

Anhang II
Querverweise

Diese Querverweise möchten ein anderes Lesen des Buches möglich machen, nicht von vorne nach hinten, sondern quer durch das ganze Buch. So könnte man von jedem Punkt des Buches aus thematische Zusammenhänge entdekken.

Leseeinheit			andere Fundorte zum Thema
1	3	Freiheit	2; 3,1; 41; 42; 46
		Vater Bernardone	19
2	1	Schöpfung	1,3; 22; 31,2; 44,4; 59; 79; 94,2; 122,4; 166, 1.2; 185,5
	2	geistliche Familie	21; 24; 26; 120; 172; 175; 178; 187—189
3	1	Profess	2,2
		Regel	3,1; 21,2; 28,1; 32,2; 34
		Amt/Autorität	21,3; 22,2; 28,2; 51—54; 64,2
	2	Gebet	4,3; 15,2; 18,1; 20,2; 23,1; 25; 27,4; 44; 98; 134—139; 143; 181
4	3	Gebet	3,2; 15,2; 18,1; 20,2; 23,1; 25; 26,1; 98; 134—139; 143
7	1	Klassen: minores	8; 12; 21,1; 37,4; 39,2; 45—54 (51!); 57,3; 71,4; 131
	2	gut	37,3; 59; 93,3; 100; 105,3
		Besitz	19; 21,1; 22,1; 23,2; 26,2; 37,7; 44,4; 62—65
8	1	Hierarchie	37,4; 39,2; 46; 52
	2—3	Klassen	7,1; 12; 21,1; 37,4; 39,2; 45—54; 57,3; 58,3; 131
	3	Betteln (Tisch des Herrn)	13,4; 16; 22; 58,2; 117
9		Kreuzzug/Mission	27,2—4; 41,4; 71; 77; 126; 128; 146
10		Schule	40
11	2	Gehorsam	14,3; 45—54; 190
	3	Tänzer	15,1; 16
		Großzügigkeit	13,3—4; 16,2; 18,4; 26,2; 65,2; 186;
		Predigt	73; 140,1
12		Krieg	8; 9; 11,2
	1	San Damiano	18,4
13	2	Maßlosigkeit	7,2; 11,3; 16; 18,4; 19; 26,2
	3	Sendung	22,2—3; 27; 37; 71
	4	Arme, Bettler	8,3; 16; 65,2; 117

Leseeinheit			andere Fundorte zum Thema
	5	Marginale/Gefängnis	17; 65,2; 41,2; 63,4
14	1	Krankheit	31
	2	Abenteuer/Ritterlichkeit	12; 13,3
15	1	Tanz	11,3
	2	Gebet	3,2; 18,1; 23,1; 25; 26; 27,4; 43; 44; 134—139
16	1	Arme, Bettler	13,4; 22; 58,2; 65,2; 117
	2	Rom	21,2; 22
		Großzügigkeit	11,3; 13,2; 18,4; 26,2; 65,2; 186
17		Aussätzige	13,5; 41,2; 51,3; 65,2; 66; 151; 152
18		San Damiano	12,1; 31,2
		Gebet	3,2; 15,2; 23,1; 25; 26,1; 27,4; 43; 44; 134—139; 143; 181
		Kreuz/Leiden	25; 30; 31; 37,8; 38,5. 11; 44,2; 62,2; 86; 105—107; 141
		Leo	30; 44,3; 50,2
		Christus	14,3; 96; 101—117
	4	Kirchenbau	12,1; 21; 22
		Oblate	19,1
		Geld	11,3, 13,2–3; 19,1; 26,2; 60; 61; 143; 152,5; 182,2; 186
19	1	Vater	1,3
		Mutter	22,2; 24,3; 38,8; 48,2; 50,2; 51,4; 64,2; 67,3; 92; 103; 115; 144
		Oblate	18,4
		Geld	11,3; 13,2—4; 18,4; 26,2; 60; 61; 143; 152,5; 182,2; 186
	2	Armut	7,2; 27,4; 37,7; 55—68; 125,2; 186
		Vaterschaft Gottes	8,3; 22; 38,9; 44,3; 57,4; 58; 97; 101,1; 106,3
	3	Konflikt	20,1; 22,1; 38,1; 39,6; 83; 84,2—3; 122,4; 185,3
20	1	Konflikt	19,3; 22,1; 38,1; 39,6; 83; 84,2—3; 122,4; 185,3
	2	Aussendungsreden	21,2; 37,2; 38,9; 183,4
21	1	Brüderlichkeit/Fraternität	7,1; 8,2—3; 28,3; 39,4; 45-54; 64,1; 182
		Besitz	19,2; 22,1; 23,2; 26,2; 62; 63
	2	Evangelium	20,2; 33—44; 47; 67,2; 121,1; 168—170; 183
		Regel	3,1; 28; 34; 38; 42; 137; 183,2
		Rom	16,2; 22; 27,2.4
22	1	Kirche	16,2; 21,2; 27,2–4; 28, 3; 35,4; 38,8; 41,2; 57,3; 82—92; 161,2; 166,4
		Besitz	7,2; 19,2; 21,1; 23,2; 26,2; 62; 63

Leseeinheit			andere Fundorte zum Thema
		Vaterschaft Gottes	8,3; 19,2; 38,9; 44,3; 55—58; 97; 101,1; 106,3
	2	Franzsikus=Frau	3,1; 24,3; 38,8; 48,2; 50,2; 51,4; 64,2; 67,3; 92; 103; 115; 144
	3	Sendung	13,3; 22,3; 27
23	1	Gebet	3,2; 4,3; 15,2; 18,1; 20,2; 25; 26,1; 27,4; 44; 98; 134—139; 143
		Rivotorto	20,2
	2	Portiuncula	24,1—2; 41,4
		Besitz	19,2; 21,1; 22,1; 23,2; 26,2; 37,7; 44,4; 62—65
		Ablass	41,4
24	1	Klara	7; 12; 25; 31,2; 98; 99; 129; 155; 172,3
		Narr	19; 20
		San Damiano	18; 31,2; 98
	3	Franziskus=Frau	22,2; 38,8; 48,2; 50,2; 51,4; 67,3; 92; 103; 115; 144
25		Meditation/Kontemplation/Einsiedelei	15,2; 24; 26,1; 29; 43,2; 47; 70; 72,4; 74,3; 75; 122; 123,3; 124; 129; 130,5; 132,1; 138,4; 147; 157; 181; 187
		Kreuz	18; 30; 31; 38,5.11; 42,2; 44,2; 62,2; 86; 105—107; 141
		Welt	22,3; 27; 43,3; 69—81; 172,5; 174
		Predigt	73; 74; 145
26		Laiengemeinschaft	38,2; 126,1; 156; 157; 158; 172,4; 189
	1	Einsiedelei	15,2; 25; 29; 43,2; 47; 70; 72,4; 74,3; 75; 122; 123,3; 124; 129; 130,5; 132,1; 138,4; 147; 157; 181; 187
		Greccio	29; 141,2
	2	Reichtum/Armut	7,2; 19; 21,1; 22,1; 23,2
27	1	Mission	9; 37; 38,9; 69—81; 126,1; 128
	2	Kirche	16,2; 21,1; 22,1; 28,3; 38,8; 41,2; 57,3; 82—92; 106,3; 161,1
		Kreuzzug	9; 41,4;
	4	Islam	9; 77; 128
		Eucharistie	8,3; 27,4; 29; 38,2; 41,4; 58,2; 71; 79; 104; 114; 117; 126; 128; 146
		Gebet	3,2; 4,3; 15,2; 18,1; 20,2; 23,1; 25; 26,1; 98; 134—139; 143
		Armut	7,2; 19,2; 22; 27,4; 37,7; 55—68; 125,2; 186
28	1	Regel	3,1; 21,2; 32,2; 34; 38; 42; 137; 183,2
	2	Autorität	3,1; 21,3; 22,2; 38,8

Leseeinheit			andere Fundorte zum Thema
	3	Kirche	16,2; 22,2; 27,2—4; 35; 38,8; 41,2; 57,3; 82—92; 161,2; 166,4
		Bruder	7,1; 8,2—3; 21,1; 39,4; 45—54; 64,1; 182
29		Einsiedelei	15,2; 25; 26,1; 43,2; 47; 70; 72,4; 74,3; 75; 122; 123,3; 124; 129; 130,5; 132,1; 138,4; 147; 157; 181; 187
		Greccio	26,1; 141,2; 142,4
		Weihnachten	37,8; 101—103; 115; 116; 142,4
		Demut Gottes	51,3; 62; 101,2; 102; 116
30		Kreuz	18; 25; 31; 37,8; 38,11; 44,2; 62,3; 86; 105—107; 132,2; 141,1; 143; 3—7
		Leo	18; 50,2
		Stigmatisation	18,3; 141,2
31		Krankheit	14,1
	2	San Daminao	12,1; 18
		Klara	24; 25; 98; 99; 129; 155; 172,3
		Sonnengesang	2; 44,4; 79; 98; 140
	5	Tod	38,6
32	1	Kontemplation	15,2; 25; 26,1; 29; 30; 43,2; 47; 75; 122; 123,3; 124; 129; 130,5; 132; 138,4; 147; 157; 181; 187
		Regel	3,1; 21,2; 28,1; 34
33		Portiuncula	21,2; 41,4
34		Regel=Evangelium	3,1; 21,2; 28,1; 34
		Wort	112
	3	Glosse	63,2; 122,4; 186
	4	Kirche	16; 21; 22,1; 27,2—4; 28,3; 38,8; 41,2; 57,3; 82—92; 161,2; 166,4
37	2	Aussendung	13,3; 20,2; 21,2; 183,4
		Apostel	27; 43,3
	3	gut	7,2; 59; 93,3; 100; 105,3
	4	minores	7,1; 8; 39,2; 45—54; 57,3; 131
	7	Besitz	7,2; 19; 21,1; 22,1; 23,2; 26,2
		Kirche	16,2; 21,2; 22; 27,2—4; 28,3; 35,4; 38; 41,2; 57,3; 82—92; 161,2; 166,4
	8	Weihnachten	29; 38; 142,4
		La Verna	25; 30; 31; 38,5.11; 44,2; 62,2; 86; 105—107; 141
38	1	Menschwerdung	25; 29; 37,8; 101—110
		Polemik/Kritik	19; 20,1; 22,1; 38,1; 39,6; 83; 84,2—3; 122,4; 185,3
	3	Geist	35; 111
		Eucharistie	8,3; 27,4; 29; 41,4; 58,2; 71; 79; 104; 114; 117; 126; 128; 146

Leseeinheit			andere Fundorte zum Thema
	5	Guter Hirt	105,3
	6	Fußwaschung	31,5; 51,2
	7	Leben	21,2; 22
	8	Mystik	93—119
		Kirche	22,2; 24,3; 35,4; 48,2; 50,2; 51,4; 67,3; 92; 103; 114; 115
	9	Vaterschaft Gottes	8,3; 19,2; 22; 44,3; 55—68; 101; 106,3
		Sendung	27; 37
	10	Liebe	97; 101—109; 119
	11	Leidenslamm	18; 25; 30; 31; 44,2; 62,2; 86; 105—107; 141
39	2	untertan/Minores	8,1; 37,4; 45—54; 57,3; 131
	3	Pilgerschaft	68; 110
	4	Gehorsam=Liebe	45—54; 64
	6	Polemik	19; 20,1; 22,1; 38,1; 83; 84,2—3; 122,4; 185,3
40		Psalmen	10; 18,3; 30; 44,3
41	2	Gnade	1,3; 20,2; 23,2
		Aussätzige	13,5; 17,2; 51; 65,2; 66; 151; 152
	4	Kreuzzug	9; 27,2.4
42		Evangelium	1,3; 20,2; 21,2; 33—40; 47; 67,2; 121,1; 168—170; 183
43		Kontemplation/Liturgie	4,3; 15,2; 20,2; 23,1; 25; 26,1; 29; 43,2; 47; 70; 72,4; 74,3; 75; 122; 123,3; 124; 157; 181;187
44		Gebot	3,2; 4,3; 15,2; 18,1; 23,1; 27,4; 134—139; 143
	2	Kreuz	18; 30; 31; 38,5.11
	3	Leo	18; 30; 50,2
		Psalmen	40; 105—110
	4	zurückgeben	59; 74,4
		Sonnengesang	2; 31,2; 98; 140
		Schöpfung	1,3; 22; 31,2; 59; 166,2
45		Hören	46—54; 132,3; 190
46		Kadavergehorsam	1,3; 2; 41; 42
47		Kontemplation	15,2; 26,1; 29; 43,2; 70; 72,4; 74,3; 75; 122; 123,3; 124; 129; 130,5; 132,1; 138,4; 147; 157; 181; 187
48		Gemeinschaft/Fraternität	21,1; 182,1
	2	Mutter	22,2; 24,3; 38,8; 50,2; 51,4; 64,2; 67,3; 92; 103; 115; 144
	3	Bruder	7,1; 8,2—3; 28,3; 39,4; 50; 54; 64,1
49	1	Erbarmen	48,2
50		Gehorsam=Liebe	39,4

Leseeinheit			andere Fundorte zum Thema
	2	Fasten	42
		Leo	18,2; 30
		Mutter	22,2; 24,3; 38,8; 48,2; 51,4; 64,2; 67,3; 92; 103; 115; 144
51	1	Minoritas	7,1; 8; 12; 21,1; 37,4; 39,2; 71,4; 131
		Macht	14,3
	2	Fußwaschung	31,5; 38,6
	3	Demut	17,3; 29
	4	Mutter	22,2; 24,3; 38,8; 48,2; 50,2; 64,2; 67,3; 92; 103; 115; 144
52		Hierarchie	8,1; 37,4; 39,2; 46
53		Dienen/Herrschen	51; 52
54		Bruder	7,1; 8,2—3; 21; 28,3; 39,4; 48,3
55		Armut	7,2; 19; 22; 27,4; 37,7; 55—68; 125; 152,5; 182; 186
57	3	Kirche	7; 22; 63,2
	4	Vaterschaft Gottes	8,3; 19,2; 22; 38,9; 44,3; 58; 101,1; 106,3
58	1	Vaterschaft Gottes	8,3; 19,2; 22; 38,9; 44,3; 57,4; 101,1; 106,3
	2	Tisch des Herrn	8,2—3; 13,4; 16; 22; 58,2; 117
59		Schöpfung	2,1; 7,2; 22; 31,2; 37,3; 44,4; 59; 93,3; 100
		Leib	38,1—2
61		Geld	60; 7,2; 11,3; 13,2; 18,4; 19,1; 152,5
62	1	Enteignung	60; 25; 29; 30
	2	Kreuz	25; 30; 31; 38,5; 44,2; 86; 105—107; 141
63		ohne Eigentum	62; 19; 21; 22
	2	juristische Spitzfindigkeit	35,3; 57,3; 122,4
	4	Räuber von Monte Casale	17; 65,2; 41,2
	5	verteidigen/Frieden	19; 20,1; 22,1; 38,1; 39,6; 76; 83; 122,4; 153; 185,3
	6	radikale Armut	125,2; 182,2; 186
64	1	Bruder	7,1; 8,2—3; 21,1; 28,3; 39,4; 45—54; 182
	2	Mutter	22,2; 24,3; 38,8; 48,2; 50,2; 51,4; 92; 103; 115; 144
65	1	Teilen	131; 186
	2	Großzügigkeit	11,3; 13,2—4; 16; 18,4; 26,2
		Aussätzige	13,4—5; 17; 41,2; 51,3; 66; 151; 152
66		Aussätzige	13,5; 17; 41,2; 51,3; 65,2; 66; 151; 152
67	2	Evangelium	20,2; 21,2; 33—44; 47; 121,1; 168—170; 183
	3	Maria	22,2; 24,3; 38,8; 48,2; 50,2; 51,4; 64,2; 92; 103; 115; 144
68		Pilgerschaft	39,3; 110
69	1	Welt	22,3; 25; 27; 43,3; 70—81; 172,5; 174

Leseeinheit			andere Fundorte zum Thema
70	1	Krise	24
	2	Kontemplation	15,2; 25; 26,1; 29; 43,2; 47; 72,4; 74,3; 75; 122; 123,3; 124; 129; 130,5; 132; 138,4; 157; 181; 187
71		Mission	27,2—4; 37; 38,9; 77; 126; 128; 146
	4	Gehorsam	45—54
72		Arbeit	184—186
	4	Kontemplation	15,2; 25; 26,1; 29; 43,2; 47; 70; 74,3; 75; 122; 123,3; 124; 129; 130,5; 132; 138,4; 157; 181; 187
73		Lobpredigt	11,3; 142
74		Predigt	25; 130; 145
	1	Kirche	22,1
	3	Kontemplation	15,2; 25; 26,1; 29; 43,2; 47; 70; 75; 122; 123,3; 124; 129; 130,5; 132,1; 138,4; 147; 157; 181; 187
	4	Erfolg	44,4
75		Einsiedelei	15,2; 25; 26,1; 29; 43,2; 47; 72,4; 74,3; 75; 122; 123,3; 124; 129; 130,5; 132,1; 138,4; 147; 157; 181; 187
76		Frieden	63,3; 153; 185,3
77		Mission	27; 41; 71; 77; 126; 128; 146
78		Eucharistie	8,3; 27,4; 41,4; 71; 126; 128; 146
79		Schöpfung	2,1; 22; 31,2; 44,4; 59; 79; 94,2; 122,4; 166,1; 185,5
80		Politik	130,3; 153; 182; 185
82		Kirche	16,2; 21,2; 22,1; 27,2—4; 28,3; 38,8; 41,2; 57,3; 83—92; 161,2; 166,4
83	1	Pfarrei	19; 20
	4	Recht	22
	5	Papst	22
84		Konflikte/Polemik	19; 20,1; 22,1; 38,1; 39,6; 83; 122,4; 185,3
86		Kreuz	18; 25; 30; 31; 38,5.11; 44,2; 105—107
89		Strafen	53
90		Amt	7,1; 8; 48—54
92		Maria	22,2; 24,3; 38,8; 48,2; 50,2; 51,4; 64,2; 67,3; 103; 144
93		Mystik	38,3; 94—119
94	1	Mystik	93
	2	Schöpfung	2,1; 22; 31,2; 44,4; 59; 79; 98
	3	Güte	13,2; 100
	4	Passion	18; 29; 30
96		Gott	97—100
		Jesus Christus	14,3; 101—117

Leseeinheit		andere Fundorte zum Thema
97	Vaterschaft Gottes	8,3; 19,2; 22,1; 38,9; 44,3; 57,4; 58; 101; 106,3
98	Licht	18
	Sonnengesang	31; 79; 140
	Klara	24,1; 25; 31,2; 98; 99; 129; 155; 172,3
99	Liebe	97; 101—109; 119
	Klara	25; 31,2; 99; 129; 155; 172,3
100	Güte	7,2; 37,3; 59; 93,3; 94
101	Wort des Vaters	19,2; 22
2	Demut Gottes	29; 51,3; 102—110; 116
102	Geburt Jesu	29; 37,8; 102—103; 115; 116
103	Maria	22,2; 24,3; 38,8; 48,2; 50,2; 51,4; 64,2; 67,3; 92; 103; 144
104	Kontemplation	15,2; 26,1; 29; 43,2; 47; 70; 72,4; 74,3; 75; 122; 123,3; 124—129; 130,5; 132,1; 138,4; 147; 157; 181; 187
	Eucharistie	8,3; 27,4; 29; 38,2; 41,4; 58,2; 71; 79; 114; 117; 126; 128; 146
105	Passion	18; 25; 31; 37,8; 44,2; 62,3; 106—107; 132,2; 143, 3—7
3	Guter Hirt	38,5
106 3	Vaterschaft Gottes	19,2
	Weihnachten	29
107	Kreuz	18; 24; 31; 37,8; 44,2; 62,3; 105; 106; 132,2; 143,3—7
109	Ostern	19,2
110	Pilgerschaft	68; 110
111	Geist	38,3
112	Wort	35
114	Eucharistie	8,3; 27,4; 29; 38,2; 41,4; 58,2; 71; 79; 104; 117; 126; 128; 146
115	Maria/Priester	22,2; 24,3; 38,8; 48,2; 50,2; 51,4; 64,2; 67,3; 92; 103; 115
116	Demut/Ehrfurcht	29; 114
117	Eucharistie/Caritas	8,3; 13,4; 22; 58,2; 152
119	Liebe	97; 99; 101—109
120	Geistliche Familie	2,2; 21; 24; 26; 172; 175; 178; 187-189
121	Evangelium	20,2; 33—44; 47; 67,2; 168—170; 183
122 1	Einsiedelei	15,2; 26,1; 29; 43,2; 47; 70; 72,4; 74,3, 75; 123,3; 124; 129; 130,5; 138,4; 147; 157; 181; 187
4	Juristische Spitzfindigkeiten	63,2
	Polemik	19; 20,1; 22,1; 38,1; 39,6; 84,2—3; 122,4; 185,3

Leseeinheit		andere Fundorte zum Thema
	Schöpfung	2,1; 22; 31,2; 44,4; 59; 79; 94,2
123	Einsiedelei	15,2; 25; 26,1; 29; 43,2; 47; 70; 72,4; 74,3; 75; 122; 124; 129; 130,5; 132; 138,4; 147; 157; 181; 187
124	Einsiedelei	15,2; 25; 26,1; 29; 43,2; 47; 70; 72,4; 74,3; 75; 122; 124; 129; 130,5; 138,4; 147; 157; 181; 187
125 2	Armut	7,2; 19; 22; 27,4; 37,7; 55—68; 125,2
126	Mission	9; 27; 37; 38,9; 69—81; 128
	Laiengemeinschaft	26; 38,2; 156; 157; 158; 172; 189
128	Islam	9; 27,4; 77
129	Klara	24,1; 25; 31,2; 98; 155; 172,3
	Kontemplation	15,2; 25; 26; 29; 32—44; 47; 70; 72,4; 74,3; 75; 122; 124; 130,5; 138,4; 147; 157; 181; 187
130 1	Tat	25
2	Predigt	73; 74
3	Politik	80; 153; 182; 185
5	Einsiedelei	15,2; 25; 26; 29; 47; 70; 72,4; 74,3; 75; 122; 124; 129; 138,4; 147; 157; 181; 187
131	Caritas	7,1; 65—67
132	Einsiedelei	15,2; 25; 26; 29; 47; 70; 72,4; 74,3; 75; 122; 124; 130,5; 138,4; 147; 157; 181; 187
137	Regel	3,1; 21,2; 28; 34; 38; 42; 183,2
138	Kontemplation	15,2; 25; 26; 29; 47; 70; 72,4; 74,3; 75; 122; 124; 130,5; 138,4; 147; 157; 181; 187
140	Sonnengesang	11,3; 73,2; 79; 98
141 1	La Verna	18; 25; 31; 37,8; 38,11; 44,2; 62,3; 105—107; 132; 143
2	Greccio	29
142		11,3; 73,2
4	Greccio	29
	Passionsfrömmigkeit	18; 25; 30; 31; 37,8; 38,11; 44,2; 62,3; 105—107; 132; 141
144	Maria	22,2; 24,3; 38; 48,2; 50,2; 51,4; 64,2; 92; 103
145	Predigt	73; 74
	Polemik	19; 20,1; 22,1; 38,1; 39,6; 83; 84; 122,4; 146
146	Mission	27,2—4; 41,4; 71; 126; 128
147	Kontemplation	15,2; 25; 26; 34—44; 47; 70; 72,4; 74,3; 75; 122; 123,2; 124; 129; 130,5; 132,1; 138,4; 147; 157; 181; 187

Anhang III
Sachregister

Bei den einzelnen Stichworten wird bloß auf eine Leseeinheit verwiesen (mit einigen Ausnahmen). Auf jeden Fall ziehe man die Querverweise zu Hilfe, die in Anhang II angegeben sind.

Anhang IV
Ein Kursprogramm

Wiederholt wurde der Wunsch geäußert, ein Kursprogramm zu haben, das der Einführung in die franziskanische Spiritualität dienen könnte. Zum erstenmal 1974 in Tanzania, wo man mich (A. Rotzetter) um 24 Lektionen bat. Aufbau und Konzeption trug ich dann 1977 in New York dem Generalrat der franziskanischen Laiengemeinschaft vor. Eine Ausarbeitung konnte wegen des neuen Auftrages, dieses Buch herauszugeben, nicht mehr erfolgen. Auch im deutschen Sprachraum verstummt der Ruf nach einem solchen Programm nicht. Ich denke, daß dieses Buch mit Hilfe des folgenden Aufbaus und mit Hilfe der vorausgehenden Anhänge diesem Bedürfnis genügend Rechnung trägt. Zudem erlaubt es Gruppenarbeit, Selbststudium, Diskussion.

I. Worum es geht

Lektion 1:	Welche Hoffnungen verbinden sich mit Franz von Assisi? 161—167
Lektion 2:	Notwendige Unterscheidungen 168—170; 190

II. Franz von Assisi und seine Familie

Lektion 3:	Die Lebensgeschichte des hl. Franz 6—31
Lektion 4:	Die geistliche Familie des hl. Franz 172—182; 120—159 (diagonal)

III. Die franziskanische Lebensform

Das Evangelium leben

Lektion 5:	Das Evangelium als Mitte 33—40; 183
Lektion 6:	Die Konsequenzen 41—43
Lektion 7:	Gebets- und Meditationspraxis 44; 138; 139

Im Gehorsam stehen

Lektion 8:	Hören 46; 47; 50; 54
Lektion 9:	Die Gemeinschaft als Ort des Hörens 48; 49; 51
Lektion 10:	Eine neue Gemeinschaftsstruktur 52; 53

Die heilige Armut suchen, finden und treu festhalten

Lektion 11:	Die Grundentscheidung 55—57; 186

Anhang V
Quellen- und Literaturverzeichnis

In diesem Verzeichnis finden sich die Quellen und die Literatur, welche diesem Buch zugrunde liegen. Dabei werden folgende Siglen und Abkürzungen gebraucht:

Aeg	Aegidius von Assisi, Die Weisheit des Einfachen. Ausgewählt, übersetzt, kommentiert und eingeleitet von Anton Rotzetter und Elisabeth Hug, Zürich-Einsiedeln-Köln 1980
Alexander	Alexander Minorita, Expositio in Apocalypsim. Herausgegeben von A. Wachtel, Weimar 1955
Auerbach	Auerbach, E., Mimesis. Dargestellte Wirklichkeit in der abendländischen Literatur, Bern [5]1971
Aspurz	Lazaro de Aspurz, «Appropriatio» et «Expropriatio» in doctrina sancti Francisci, in: Laurentianum 11 (1970), 3—35
Bacon	Ruggero Bacone, Lettera a Clemente IV. Testo latino e traduzione italiana con introduzione e note a cura di P. Efrem Bettoni OFM, Milano 1964
Bartholomäus	Bartholomaeus von Pisa, Liber de Conformitate, in: Analecta Francescana V
Beer	Beer, F. de, François, que disait-on de toi? Paris 1977
Berchthold	Berchthold von Bombach, Das Leben der hl. Luitgard von Wittichen (1291—1348), Stein am Rhein 1976
Bernards	Bernards, M., Nudus nudum Christum sequi, in: Wissenschaft und Weisheit 14 (1951), 148—151
Bernhart	Bernhart, J., Heilige und Tiere, München 1937
Bigaroni	«Compilatio Assisiensis» dagli Scritti di fr. Leone e Compagni su S. Francesco d'Assisi. Edizione integrale dal Ms. 1046 di Perugia con versione italiana a fronte. Introduzione e note a cura di M. Bigaroni, Assisi 1975
Boccali	Boccali, G., Parole di esortazione di S. Francesco di S. Damiano, in: Forma Sororum 14 (1977), 54—70
Brooke	Brooke, R. B., Scripta Leonis, Rufini et Angeli Sociorum S. Francisci, Oxford 1970
Bonaventura A	Bonaventura, Franziskus, Engel des sechsten Siegels. Sein Leben nach den Schriften des heiligen Bonaventura. Einführung, Übersetzung, Anmerkungen von S. Clasen, Werl/W. 1962 (Franziskanische Quellenschriften 7)
Bonaventura B	Apologia Pauperum contra Calumniatorum, in: Opera omnia VIII, 233—330
Bonaventura C	De reductione artium ad theologiam. Die Zurückführung der Künste auf die Theologie, München 1961

Campagnola — Campagnola, S. da, Le origini francescane come problema storiografico, Perugia 1974

Canonici — Canonici, L., La Porziuncola. Storia del Santuario del «Perdone», Assisi 1970

Cassutt — Cassutt, L., Die älteste franziskanische Lebensform. Untersuchungen zur Regula non bullata, Graz 1955

1—3 Cel — Thomas von Celano, Leben und Wunder des heiligen Franziskus von Assisi. Einführung, Übersetzung, Anmerkungen von E. Grau, Werl/W. [2]1964, (Franziskanische Quellenschriften 5)

4 Cel — Ders., Leben und Schriften der heiligen Klara. Einführung, Übersetzung, Anmerkungen von E. Grau, Werl/W. [3]1960 (Franziskanische Quellenschriften 2)

Clasen A — Clasen, S., Der hl. Bonaventura und das Mendikantentum. Ein Beitrag zur Ideengeschichte des Mendikantentums (1252—1272), Werl/W. 1940

Clasen B — Ders., Die Kampfpredigten des Wilhelm von Saint-Amour gegen die Mendikantenorden, Kolmar 1941

Clasen C — Ders., Priesterliche Würde und Würdigkeit. Das Verhältnis des hl. Franziskus zum Priestertum der Kirche, in: Wissenschaft und Weisheit 20 (1957), 43—58

Clasen D — Ders., Legenda antiqua S. Francisci. Untersuchung über die nachbonaventurianischen Franziskusquellen, Leiden 1971

Costa — Costa, A. S., La dottrina ecclesiale della vita religiosa e il suo influsso sulla «Forma vitae» di S. Francesco, in: G. Cardaropoli — M. Conti (Hrsg.), Lettura biblico-teologica delle fonti francescane, Roma 1979, 117—164

Dirks — Dirks, W. Die Antwort der Mönche. Zukunftsentwürfe aus kritischer Zeit von Benedikt, Franziskus, Dominikus und Ignatius, Olten-Freiburg/Br. 1968

Doornik — Doornik, N. G. M. van, Franz von Assisi, Prophet und Bruder unserer Zeit, Freiburg—Basel—Wien 1977

3 Gef — Die Dreigefährtenlegende des heiligen Franziskus. Die Brüder Leo, Rufin und Angelus erzählen vom Anfang seines Ordens. Einführung von S. Clasen, Übersetzung und Anmerkungen von E. Grau, Werl/W. 1972 (Franziskanische Quellenschriften 8)

Eccleston — Thomas von Eccleston, Chronik, in: Nach Deutschland und England (Hrsg. L. Hardick), Werl/W. 1957 (Franziskanische Quellenschriften 6)

Egger — Egger, W., Nachfolge als Weg zum Leben. Chancen neuerer exegetischer Methoden dargelegt an Mk 10,17—31, Klosterneuburg 1979

Esser A — Esser, K., Anfänge und ursprüngliche Zielsetzungen des Ordens der Minderbrüder, Leiden 1966

Esser B — Ders., Studien zu den Opuscula des hl. Franziskus von Assisi, Rom 1973

Esser C	Ders., Die Opuscula des hl. Franziskus von Assisi. Neue textkritische Edition, Grottaferrata (Rom) 1976
Felder	Felder, H., Die Ideale des heiligen Franziskus von Assisi, Paderborn ^{5}1941
Fioretti	in: Franz von Assisi, Die Werke: Sonnengesang, Ordensregeln, Testament, Briefe, Fioretti, Zürich 1979 (Diogenes Taschenbuch 201)
Flood	Flood, D., La Genèse de la Règle, in: D. Flood-W. van Dijk — T. Matura, La naissance d'un charisme. Une lecture de la première Règle de Saint François, Paris 1973, 23—84
Fortini I—IV	Fortini, A., Nova vita di San Francesco, Assisi 1959
Franziskus	Die Schriften des heiligen Franziskus von Assisi. Einführung, Übersetzung, Erläuterungen von L. Hardick und E. Grau, sechste, völlig neu bearbeitete Auflage, Werl/W. 1980 (Franziskanische Quellenschriften 1)
Auff	Aufforderung zum Lobe Gottes
BrAnt	Brief an den heiligen Antonius
BrGl I	Brief an die Gläubigen I
BrGl II	Brief an die Gläubigen II
BrKl	Brief an die Kleriker
BrKust I	Brief an die Kustoden I
BrKust II	Brief an die Kustoden II
BrLenk	Brief an die Lenker der Völker
BrLeo	Brief an Bruder Leo
BrMin	Brief an einen Minister
BrOrd	Brief an den gesamten Orden
ErklVat	Erklärung zum Vaterunser
Erm	Ermahnungen
Fragm	Fragmente zur nicht bullierten Regel
GebKr	Gebet vor dem Kreuzbild von San Damiano
GrMar	Gruß an die selige Jungfrau Maria
GrTug	Gruß an die Tugenden
LebKlara	Lebensform für die heilige Klara
Off	Offizium vom Leiden des Herrn
PreisHor	Preisgebet zu allen Horen
BReg	Bullierte Regel
NbReg	Nicht bullierte Regel
RegEins	Regel für Einsiedeleien
LobGott	Lobpreis Gottes (für Bruder Leo)
SegLeo	Segen für Bruder Leo
Sonn	Sonnengesang
Test	Das Testament
VermKlara	Vermächtnis für die heilige Klara
Von den Dikaten:	
BrJak	Brief an Herrin Jakoba
MahnKlara	Mahnung für die Schwestern der hl. Klara

VollFreud	Die wahre und vollkommene Freude
SegBern	Segen für Bruder Bernhard
TestSien	Testament von Siena
Fries—Valeska	Fries, H. — Valeska, U., Versöhnung. Gestalten — Zeiten — Modelle, Frankfurt 1975
Galli	Galli, M., Gelebte Zukunft: Franz von Assisi, Luzern 1970
Gemelli	Gemelli, A., Das Franziskanertum, Leipzig 1936
Giano	Jordan von Giano, Chronik, in: Nach Deutschland und England (Hrsg. L. Hardick), Werl/W. 1957 (Franziskanische Quellenschriften 6)
Guardini	Guardini, R., Nachwort zu: Der Spiegel der Vollkommenheit oder: Der Bericht über das Leben des heiligen Franz von Assisi, München 1953
Heimbucher	Heimbucher, M., Die Orden und Kongregationen der katholischen Kirche, 2 Bände, Paderborn 1933
Heinrichs	Heinrichs, M., Der große Durchbruch. Franziskus von Assisi im Spiegel japanischer Literatur, Werl/W. 1969
Holl	Holl, A., Der letzte Christ, Stuttgart 1979
Holzapfel	Holzapfel, H., Handbuch der Geschichte des Franziskanerordens, Freiburg 1909
Hülsmann	Hülsmann, H., Technik — Tao und Mania, in: A. Rotzetter (Hrsg.), Geist und Welt. Politische Aspekte des geistlichen Lebens, Zürich-Einsiedeln-Köln 1981 (Seminar Spiritualität 3)
Iriarte	Iriarte, L., Historia Franciscana, Valencia 1979
Jacopone	Jacopone da Todi, Le Laudi, a cura di L. Fallacara, Firenze 1976 (= Jacopone da Todi, Lauden. Italienisch mit deutscher Übertragung von H. Federmann, Köln 1957)
Lexicon	Lexicon Capuccinum. Promptuarium historico-bibliographicum Ordinis Fratrum Minorum Capuccinorum (1525—1950), Rom 1951
Lindner	Lindner, E., Die Heiligen des Kapuzinerordens, Altötting 1978
Klara	Klara von Assisi, Schriften (Regel, Testament, Briefe, Segen), in: 4 Cel 89—130
Koser	Koser, C., L'Insegnamento della Verna, in: Studi Francescani 72 (1975), 163—180
Lang	Lang, J., Die vollkommene Freude. Ein religionsgeschichtlicher Vergleich zwischen Franziskus und den Chassidim, in: Franziskanische Studien 58 (1976), 47—54
Leclerc	Leclerc, E., Le cantique des créatures ou les symboles de l'union. Une analyse de Saint François d'Assise, Paris 1970
Manselli	Manselli, R., San Francesco, Roma 1980
Massa	Kontemplative Meditation: Die Wolke des Nichtwissens. Einführung und Anleitung, herausgegeben von P. W. Massa, Mainz 1974

Matanic A — Matanic, A., Del viaggio di San Francesco in Oriente, in: O. Schmucki — F. Mastroianni — A. Matanic, San Francesco d'Assisi pacificatore e missionario, Napoli 1976 (Studi scelti di Francescanesimo 5)

Matanic B — Ders., «Novitas franciscana». Francesco d'Assisi nel suo rapporto con le preesistenti forme e dottrine di vita religiosa, in: G. Cardaropoli — M. Conti (Hrsg.), Lettura biblico-teologica delle fonti francescane, Roma 1979

Matura A — Matura, T., La règle devant nos questions, in: D. Flood — W. van Dijk — T. Matura, La naissance d'un charisme. Une lecture de la première Règle de saint François, Paris 1973, 149—188

Matura B — Ders., Die Lebensordnung nach dem Evangelium. Franziskus von Assisi damals und heute, Werl/W. 1979

Meersseman — Meersseman, G. G., Dossier de l'ordre de la Pénitence au XIIIe siècle, Fribourg 1961

Moltmann — Moltmann, J., Gotteserfahrungen. Hoffnung, Angst, Mystik, München 1979

Müller — Müller, M., Lustgefühle ganz eigener Art, in: Der Spiegel Nr. 44/1979, 243—245

Nigg — Nigg, W., Der Tor der göttlichen Liebe: Jacopone da Todi, in: Ders., Der christliche Narr, Zürich-Stuttgart 1959, -63—111

Nigg – Schneiders — Nigg, W. — Schneiders, R., Der Mann aus Assisi. Franziskus und seine Welt, Freiburg/Br. 1975

Odo — Odo von Cheriton, Frater Franciscus ..., in: Archivum Franciscanum Historicum 22 (1929), 584—586 (=Beer, 21)

Optatus — Optatus von Asseldonk, Insegnamenti biblici «privilegiati» negli Scritti di San Francesco, in: G. Cardaropoli — M. Conti (Hrsg.), Lettura biblico-teologica delle fonti francescane, Roma 1979, 83—116

Ozanam — Ozanam, A. F., Italiens Franziskaner-Dichter im 13. Jahrhundert, Münster 1853

Perusinus — Di Fonzo, L., L'anonymo Perugino tra le fonti francescane del sec. XIII. Rapporti letterari e testo critico, Roma 1972

Pohlmann — Pohlmann, C., Franziskus — ein Weg. Die franziskanische Alternative, Mainz 1980

Ratzinger — Ratzinger, J., Der Einfluß des Bettelordensstreites auf die Entwicklung der Lehre vom päpstlichen Universalprimat. Unter besonderer Berücksichtigung des heiligen Bonaventura, in: Theologie in Geschichte und Gegenwart, München 1957, 697—724

Roggen A — Roggen, H., Geschichte der franziskanischen Laienbewegung, Werl/W. 1971

Roggen B — Ders., Die Lebensform des hl. Franziskus in ihrem Verhältnis zur feudalen und bürgerlichen Gesellschaft Italiens, in: Franziskanische Studien 46 (1964), 1—57; 287—321

Roggen C — Ders., Lex deux Abbesses: Histoire et leçon d'une longue résistance, in: Etude Franciscaine 19 (1969), 201—210

Rotzetter A — Rotzetter, A., Kreuzzugskritik und Ablehnung der Feudalordnung in der Gefolgschaft des Franziskus von Assisi, in: Wissenschaft und Weisheit 35 (1972), 121—137

Rotzetter B — Ders., Versöhnung im Leben und in den Schriften des Franz von Assisi, in: Tertius Ordo 34 (1974), 81—104

Rotzetter C — Ders., Zwischen Afrika und Europa: Franziskus von Assisi. Gemeinsamkeiten, Alternativen, Chancen, in: Wissenschaft und Weisheit 39 (1976), 42—60

Rotzetter D — Ders., Die weltzugewandte Spiritualität des Franz von Assisi — Provokation für heute, in: Diakonia 7 (1976), 30—37

Rotzetter E — Ders., Franz von Assisi zwischen Basis und Hierarchie der Kirche, in: Katholische Akademie Augsburg (Akademie-Protokolle), Franz von Assisi — ein Heiliger für unsere Zeit?, Augsburg 1976, 28—57

Rotzetter F — Ders., Gottzugewandtheit als Zuwendung zur Welt, in: Katholische Akademie Augsburg, a. a. o., 58—87

Rotzetter G — Ders., Die Funktion der franziskanischen Bewegung in der Kirche. Eine pastoraltheologische Interpretation der grundlegenden franziskanischen Texte, Schwyz 1977

Rotzetter H — Ders., Der franziskanische Mensch zwischen Autorität und Freiheit. Eine Re-Lectio der Regula non bullata des hl. Franziskus, in: Franziskanische Studien 59 (1977), 97—124

Rotzetter I — Ders., Franziskus von Assisi, Realisator und Künder des Evangeliums in unserer Zeit, in: Geist und Leben 51 (1978), 338—347

Rotzetter K — Ders., Zuversicht aus dem Glauben: Franz von Assisi, in: Lebendige Seelsorge 31 (1980), 211 f.

Rotzetter L — Ders., Mystik und buchstäbliche Befolgung des Evangeliums bei Franz von Assisi, in: Concilium 17 (1981) (Novemberheft)

Rotzetter M — Ders., Der Sonnengesang als missionarisches Lied von aktueller Bedeutung, in: G. Hunold — A. Camps (Hrsg.), Festschrift der Missionszentrale der Franziskaner zum Franziskusjubiläum (in Vorbereitung)

Rotzetter – Hug A. — Rotzetter, A. — Hug, E., Franz von Assisi, Die Demut Gottes, Meditationen, Lieder, Gebete, Zürich-Einsiedeln-Köln [3]1980

Rotzetter – Hug B. — Dies., Aegidius von Assisi. Die Weisheit des Einfachen, Zürich-Einsiedeln-Köln 1980

S. Commercium — Der Bund des heiligen Franziskus mit der Herrin Armut. Einführung, Übersetzung, Anmerkungen von K. Esser und E. Grau, Werl/W. 1966 (Franziskanische Quellenschriften 9)

Sabatier	Sabatier, P., Leben des hl. Franz von Assisi. S. Ottilien 1979 (Photomechanischer Nachdruck von 1919, gekürzt)
Schenk	Schenk, J. C., Exercitia spiritualia pro tironibus FF. Minorum S. Francisci Capuccinorum. Editio nova et emendata, Roma 1893
Schlageter	Schlageter, J., Wurde die Armutsauffassung des Franziskus von Assisi von der «offiziellen» Kirche schließlich abgelehnt? Francisci Armutsverständis und der Streit über «dominium Christi» und «paupertas Christi» unter Papst Johannes XXII. (1316—1334), in: Franziskanische Studien 60 (1978), 97—119
Schmucki A	Schmucki, O., Das Leiden Christi im Leben des hl. Franziskus von Assisi. Eine quellenvergleichende Untersuchung im Lichte der zeitgenössischen Passionsfrömmigkeit, Rom 1960
Schmucki B	Ders., De Sancti Francisci stigmatum susceptione historico-critica luce testimoniorum saeculi XIII, in: Collectanea Francescana 33 (1963), 210—266; 392—422; 34 (1964), 5—62; 241—338
Schmucki C	Ders., De infirmitatibus S. Francisci Assisiensis inde a juventute usque ad stigmatum susceptionem, in: Miscellanea Melchior de Pobladura I, Roma 1964, 99—129
Schmucki D	Ders., «Secretum Solitudinis». De circumstantiis externis orandi penes sanctum Franciscum Assisiensem, in: Collectanea Francescana 39 (1969), 5—58
Schmucki E	Ders., Franciscus «Dei laudator et cultor». De orationis vi ac frequentia in eius cum scriptis tum rebus gestis, in: Laurentianum 10 (1969), 3—36; 173—215; 245—282
Schmucki F	Ders., Das Geheimnis der Geburt Jesu in der Frömmigkeit des hl. Franziskus von Assisi, in: Collectanea Francescana 41 (1971), 260—287
Schmucki G	Ders. (Hrsg.), L'Ordine della Penitenza di san Francesco d'Assisi nel secolo XIII. Atti del Convegno di Studi Francescani, Assisi 1972, Roma 1973
Schmucki H	Ders., L'Annuncio del mistero eucaristico di S. Francesco d'Assisi. Esempio per la pietà e predicazione eucaristica dei suoi figli, in: Atti dei Frati Minori Cappuccini della Provincia di S. Carlo, in: Lombardia 15 (1976), 5—19
Schmucki I	Ders., S. Francesco d'Assisi messaggero di pace nel suo tempo, in: Studi Scelti di Francescanesimo 5 (1976), 5—24
Schmucki K	Ders., Franziskus erfährt Kirche in seiner Brüderschaft, in: Franziskanische Studien 58 (1976), 1—26
Schmucki L	Ders., Gli ultimi due anni di San Francesco d'Assisi e il rinnovamento della nostra vita, in: Laurentianum 17 (1976), 209—250
Schmucki M	Ders., Le malattie di Francesco durante gli ultimi anni

della sua vita, in: Atti del IV Convegno internazionale sul tema: Francesco d'Assisi e Francescanesimo dal 1216—1226, Assisi 1977, 317—362

Schmucki N — Ders., «Ignorans sum et idiota». Das Ausmaß der schulischen Bildung des hl. Franziskus von Assisi, in: I. Vazquez (Hrsg.), Studia historico-ecclesiastica. Festgabe für Prof. L. G. Spätling, Rom 1977, 283—310

Schmucki O — Ders., Preghiera liturgica secondo l'esempio e l'insegnamento di san Francesco d'Assisi, Roma (o.J.) (Subsidi formazione permanente 7)

Schmucki P — Ders., Das Stundengebet in Leben und Lehre des hl. Franziskus von Assisi, in: Fidelis. Provinzzeitschrift der Schweizer Kapuziner 66 (1979), 322—342

Schmucki Q — Ders., Linee fondamentali della «Forma vitae» nell esperienza di San Francesco, in: G. Cardaropoli — M. Conti (Hrsg.), Lettura biblico-teologica delle fonti francescane, Roma 1979, 183—231

Schmucki R — Ders., «Laudato si, mi Signore, per quelli che . . . sostengo infirmitate.» L'interpretazione francescana della malattia, in: Fidelis. Zeitschrift der Schweizer Kapuziner 68 (1981), 6—16

Schmucki S — Ders., Das wiederentdeckte Mahnlied «Audite» des hl. Franziskus für die Armen Frauen von San Damiano, in: Fidelis 68 (1981), 17—30

Schwarz — Schwarz, J. — Liedtke, R., Lebensregeln für den Alltag, Eschbach 1981

Speculum — Der Spiegel der Vollkommenheit oder der Bericht über das Leben des heiligen Franz von Assisi, München ²1953

Synode — Unsere Hoffnung. Ein Bekenntnis zum Glauben in dieser Zeit, in: Gemeinsame Synode der Bistümer in der Bundesrepublik Deutschland. Offizielle Gesamtausgabe I, Freiburg 1977, 85—111

Thier — Thier, L., Leben aus dem Geist des hl. Franziskus: Albert von Pisa, in: L. Thier — N. Hartmann (Hrsg.), Geschichte in Gestalten. Lebensbilder aus der kölnischen Franziskanerprovinz, Mönchengladbach 1979

Thomas v. Spalato — Historia Salonitarum, in: L. Lemmers, Testimonia minora saeculi XIII de S. Francesco, Ad Claras Aquas 1926, 10

Tonello — Tonello, F., Ein moderner Apostel des katholischen Polen: Honorat Kozminski, Altötting 1979

Tractatus — Tractatus de Indulgentia S.M. de Portiuncula (ed. P. Sabatier), Paris 1900

Tschuang Tse — Tschuang Tse, Reden und Gleichnisse (hrsg. von M. Buber), Zürich 1951

Vitry A — Jacobi Vitriacensis Episcopi et Cardinalis Sermones ad Fratres Minores, in: Analecta Ordinis Minorum Cappuccinorum 19 (1903), 22—24; 114—122; 149—158

Vitry B	Huygens, R. B. C. (Hrsg.), Lettres de Jacques de Vitry. Edition critique, Leiden 1960
Vitry C	Hinnebusch, J. F. (Hrsg.), The Historia Orientalis of Jacques de Vitry, Fribourg 1972
Voragine	Die Legenda aurea des Jacobus de Voragine aus dem Lateinischen übersetzt von R. Benz, Heidelberg [4]1963: Von Sanct Franciscus 828—843
Walf	Walf, K., Stille Fluchten — Vermutungen zum Exodus aus der Kirche, in: Orientierung 45 (1981), 41—45
Weil	Weil, S., Zeugnis für das Gute. Traktate, Briefe, Aufzeichnungen, Olten 1976
Wendelborn	Wendelborn, G., Franziskus von Assisi, Leipzig 1977
Willwert	Willwert, B., Die Heiligen und Seligen der franziskanischen Orden, Altötting 1979
Wörterbuch	Wörterbuch zur biblischen Botschaft, hrsg. von X. Léon-Dufour, Freiburg-Basel-Wien 1964
Zweermann	Zweermann, T., «Timor Domini». Versuch einer Deutung der 27. Ermahnung des hl. Franziskus von Assisi, in: Franziskanische Studien 60 (1978), 202—223
Zerfass	Zerfass, R., Der Streit um die Laienpredigt. Eine pastoralgeschichtliche Untersuchung zum Verständnis des Predigtamtes und zu seiner Entwicklung im 12. und 13. Jahrhundert, Freiburg/Br. 1974

Aus der Reihe «KLASSIKER DER MEDITATION»:

Franz von Assisi
Die Demut Gottes

Meditationen, Lieder, Gebete
Ausgewählt, übersetzt, kommentiert und eingeleitet von Anton Rotzetter und Elisabeth Hug
3. Auflage, 204 Seiten, broschiert, 10.80

In diesem Band liegt eine Sammlung der wichtigsten Meditationstexte von Franz von Assisi vor. Im ersten Teil sind die Meditationen in den franziskanischen Lebensstil eingebettet. Der zweite und umfangreichere Teil widmet sich dem Vollzug der franziskanischen Meditation. Er enthält Schriftmeditationen, Lieder, Gebete, ein Meditationsbild und eine Lebensmeditation des Heiligen. – Benutzungsregister ermöglichen es, das Buch vielfältig zu gebrauchen: Ein erstes Register folgt dem Aufbau der Eucharistiefeier, ein zweites jenem des Kirchenjahres, ein drittes ist themenorientiert.

«Anton Rotzetter OFMCap und Elisabeth Hug haben mit ihrem Buch ‹Franz von Assisi – Die Demut Gottes› einen gültigen Maßstab gesetzt. Der Heilige wird uns in historischer Genauigkeit, zugleich anziehend und fordernd und überdies in einer sprachlichen Gestalt vorgestellt, die den modernen Menschen packt.»

Josef Sudbrack in Geist und Leben

Benziger